INFOSYS
की
शिखरगाथा

INFOSYS
की
शिखरगाथा

संपादन

डॉ. मैट बार्ने

प्राक्कथन

एन.आर. नारायण मूर्ति
एस. गोपालकृष्णन

प्रभात प्रकाशन, दिल्ली
ISO 9001:2008 प्रकाशक

प्रकाशक • **प्रभात प्रकाशन**
4/19 आसफ अली रोड,
नई दिल्ली–110002

संस्करण • प्रथम, 2014
मूल्य • चार सौ रुपए
अनुवाद • प्रणय कुमार सुमन
मुद्रक • भानु प्रिंटर्स, दिल्ली

INFOSYS KI SHIKHARGATHA

Ed. Dr. Matt Barney Rs. 400.00
Published by Prabhat Prakashan, 4/19 Asaf Ali Road, New Delhi-2
by arrangement with Penguin Books India
e-mail: prabhatbooks@gmail.com ISBN 978-93-5048-766-2

प्राक्कथन

जिन सात संस्थापकों ने सन् 1981 से इंफोसिस का नेतृत्व किया है, उनमें हम दो भी मौजूद थे। इस नाते हम कह सकते हैं कि इंफोसिस का नेतृत्व करना हमारे जीवन का महत्त्वपूर्ण काम है। शुरू में हमारे पास सपने थे, साझा मूल्य थे, पूरक कौशल थे और थी कंपनी की वृहत्तर भलाई के लिए अपनी व्यक्तिगत वरीयताओं को गौण रखने की इच्छाशक्ति इस अवधि में हमने कुछ नपे-तुले जोखिम उठाए और एक साथ मिलकर अपेक्षाकृत ऐसी बड़ी उपलब्धियाँ हासिल कीं, जोकि हममें से कोई भी अपने बूते हासिल नहीं कर सकता था।

पिछले दशकों में हमने एक नेतृत्व टीम के रूप में अपनी कंपनी का निरंतर रूपांतरण किया है और परिवर्तन की गति भी तेज हुई है। मात्र पंद्रह साल पहले, सन् 1999 में इंफोसिस के पास केवल 3,000 कर्मचारी थे, जबकि आज हमारे पास 1,22,000 से भी अधिक कर्मचारी हैं। पहले हम मात्र प्रौद्योगिकी प्रदान करते थे, लेकिन आज हम पूरी तरह एक सेवा कारोबार समाधान कंपनी हैं।

हम एकदम निर्दोष तो नहीं रहे, लेकिन हमने जब भी कोई गलती की, तुरंत उसे सुधारा और अपनी गलतियों से सीखा है। अगर हमें इंफोसिस को अगले 200 वर्षों तक सफल बनाए रखने का अपना सपना साकार करना है, तो बाजार हमसे भविष्य की चुनौतियों के अनुरूप इस प्रकार के दक्ष अनुकूलन की माँग करता रहेगा। यदि हमें भविष्य के प्रतियोगी परिदृश्य के अनुरूप इंफोसिस को सफलतापूर्वक ढालने का काम जारी रखना है, तो प्रभावकारी नेतृत्व का होना अनिवार्य है।

हमें विश्वास है कि हमारे मूल्य इंफोसिस को भविष्य में भी संपोषित रखेंगे। हमने हमेशा अपने मूल्यों को वरीयता दी है। हमने प्रारंभ में ही यह फैसला कर लिया था कि हम इसे एक पारिवारिक स्वामित्ववाली कंपनी बनाकर नहीं रखेंगे। हमने ऐसा कुछ करने से इनकार कर दिया है, जो हमारे विविध पक्षकारों के लिए सम्मानजनक न होता। एकल नेतृत्व टीम के रूप में इंफोसिस के प्रति हमारे दृढ़ संकल्प के कारण इंफोसिस समृद्ध हुई है। हमारे लिए नेतृत्व का अर्थ रहा है कि कंपनी की जरूरतें पहले

9. **उद्यमशीलता नेतृत्व** 244
गौरव रस्तोगी

उपसंहार : नेतृत्व का महत्त्व 265
टी.वी. मोहनदास पई

योगदान करनेवालों पर टिप्पणियाँ *267*

भूमिका

–डॉ. मैट बार्ने

इंफोसिस के नेतृत्व के पैमानों या मानकों ने कंपनी का अपनी स्थापना के समय से ही मार्गदर्शन किया है, यहाँ तक कि इन्हें स्पष्ट रूप से संहिताबद्ध किए जाने के पहले से ही। पैमाने–नेतृत्व के हमारे आयाम और मूल्य–हमारे नेतृत्व के तरीके के केंद्रीय तत्त्व हैं। दुर्भाग्य से, दुनिया ने पिछले बीस वर्षों में नेतृत्व का जो पतन देखा है, इंफोसिस उसके एकदम विपरीत खड़ी नजर आती है। वैश्विक राजनीतिक नेताओं की धोखाधड़ी, रिश्वतखोरी, भ्रष्टाचार और नैतिक पतन के अपराधों का उल्लेख किया जाता रहा है। बहुराष्ट्रीय कॉरपोरेट नेताओं को अरबों डॉलर की योजनाओं के साथ बही-खातों में घपला करते पकड़ा गया है। उन्होंने अनिश्चितता और पारदर्शिता की दृष्टि से निकृष्ट फैसले लिये। अविश्वसनीय नेतृत्व ने कर्मचारियों, शेयरधारकों और राष्ट्रीय अर्थव्यवस्थाओं को नुकसान पहुँचाया। मूल कारण चाहे चालू किस्म के अपूर्ण कौशल या हुनर या मूल्य रहे हों, तमाम पक्षकारों के लिए अप्रभावकारी नेतृत्व के परिणाम गंभीर थे। नेतृत्व करनेवालों के लिए हमारा प्रमुख सवाल है: इन खतरों को कम करने के लिए क्या किया जा सकता है?

नेतृत्व करनेवालों एवं व्यवसायियों, जो अनिश्चितता का आदर करते हैं और प्रमाण के बारे में चिंता करते हैं, के पास उपयोगी अंतर्दृष्टि है। प्रमाणीकृत नेतृत्व पर मौजूदा शोध में एक मॉडल वैध नेतृत्व को फर्जी नेतृत्व से पृथक् करना चाहता है। प्रमाणीकृत नेताओं के बारे में कहा जाता है कि उनके पास एक स्पष्ट नैतिक केंद्र होता है और वे अपने इरादों में पारदर्शी होते हैं तथा वे उचित एवं संतुलित फैसले लेते हैं (एवोलियो, 2005)। पेशेवरों के तौर पर हमने इंफोसिस में मौजूदा रुझान से काफी पहले प्रामाणिक नेतृत्व का अपना रूप गढ़ने का प्रयास किया है।

इंफोसिस में नेतृत्व

नेतृत्व के प्रति हमारे प्रमाणीकृत दृष्टिकोण का केंद्रीय तत्त्व है–मूल्यों के प्रति हमारी प्रतिबद्धता। इंफोसिस के सबसे शुरुआती दिनों में हमारे संस्थापक ईमानदारी और निष्ठा के लिए प्रतिबद्ध थे, बावजूद इसके कि भारत में ऐसा कारोबारी माहौल था, जो रिश्वतखोरी और भ्रष्टाचार का अभ्यस्त था। इसी तरह, संस्थापकों ने इंफोसिस को एक ऐसी कंपनी बनाने का सपना देखा, जिसे तमाम पक्षकार सम्मान देंगे। जैसे-जैसे कंपनी परिपक्व हुई इंफोसिस के नेताओं ने हमारे मूल्यों को स्मृति-सहायक बनाने के लिए संहिताबद्ध किया, जो हर किसी को विविध पहलू याद रखने में मदद करती है: 'सी-लाइफ' (C-LIFE) का अर्थ है–ग्राहक की प्रसन्नता, नेतृत्व की मिसाल, ईमानदारी एवं पारदर्शिता, न्यायप्रियता और श्रेष्ठता के लिए प्रयास। नीचे दी गई तालिका प्रत्येक मूल्य का अर्थ बताती है–

तालिका 1 : सी-लाइफ मूल्य

ग्राहक की प्रसन्नता	: अपने ग्राहकों की अपेक्षाओं से आगे बढ़कर प्रतिबद्धता।
नेतृत्व की मिसाल	: मानक निर्धारित करने और उद्योग व अपने लोगों के लिए एक उदाहरण पेश करने की प्रतिबद्धता।
ईमानदारी एवं पारदर्शिता	: अपने कार्य-व्यवहारों व सौदों में नैतिक, ईमानदार और निष्कपट होने की प्रतिबद्धता।
न्यायप्रियता	: वस्तुनिष्ठ तथा कार्य-व्यवहार उन्मुखी होने की प्रतिबद्धता और इस तरह विश्वास और सम्मान अर्जित करना।
श्रेष्ठता का अनुसरण	: अपने को, अपनी टीमों को, अपनी सेवाओं और उत्पादों को सुधारने के लिए अथक प्रयास करने की प्रतिबद्धता, ताकि सर्वोत्तम बन सकें।

इन मूल्यों से संगति रखते हुए इंफोसिस में ऐसे नेताओं की स्थायी परंपरा रही है, जो अन्य नेताओं को कई क्षेत्रों में अपने से बेहतर नेता के रूप में विकसित करते हैं। यहाँ तक कि नारायण मूर्ति अपने लिए जो शीर्षक या पदनाम चुनते हैं, वह है–मुख्य मार्गदर्शक। यह पूरी कंपनी में नेताओं को विकसित करने की उनकी निजी प्रतिबद्धता को रेखांकित करता है। यह हमारे सबसे वरिष्ठ नेता के लिए केंद्रीय काम को दरशाता है।

इंफोसिस में नेतृत्व की प्रक्रियाएँ

हमारा दृष्टिकोण गहरी प्रतिबद्धता और लगन के साथ शुरू होता है, जोकि

प्रत्येक व्यक्तिगत नेता को उत्तरोत्तर बढ़ती जिम्मेदारी और कार्य-प्रदर्शन के प्रति अवश्य होना चाहिए। हम उच्च क्षमता के लिए लोगों का चयन अपने त्वरित नेतृत्व विकास कार्यक्रम में सम्मिलित करने के लिए करते हैं। हम इसे 'टीयर्स' या 'सोपान' कहते हैं। यह इस पर आधारित होता है कि अगले तीन से पाँच वर्षों में उच्च वरिष्ठ पदों व जिम्मेदारियों को सँभालने की उनमें कैसी संभावना है। अंततः हमारा लक्ष्य नेताओं का एक काडर तैयार करना है, जो हमारे वरिष्ठतम नेतृत्व पदों के उत्तराधिकारी बन सकें। नेताओं को चुनने के लिए हमारे पास एक चयन प्रक्रिया है ('नेताओं को वस्तुनिष्ठता से मापना' वाले अध्याय में इसे विस्तार से बताया गया है)। इसमें नेताओं के पिछले रिकॉर्ड, रुझान व प्रवृत्ति और अपने हुनरों को अगले स्तर तक ले जाने की उनकी प्रतिबद्धता देखी जाती है। एक बार चुन लिये जाने के बाद, प्रत्येक सोपान नेता या टीचर लीडर को एक मार्गदर्शक-एक सोपान नेता अथवा बोर्ड सदस्य जो उससे से वरिष्ठ होता है-और 'इंफोसिस लीडरशिप इंस्टीट्यूट' का एक परामर्शदाता-दोनों से संबद्ध कर दिया जाता है। एक निजी बैंकर की तरह 'इंफोसिस लीडरशिप इंस्टीट्यूट' का प्रत्येक काउंसलर (परामर्शदाता) प्रत्येक सोपान नेता के लिए एकल संपर्क सूत्र होता है, ताकि उसका उच्च व्यक्तिगत विकास सुनिश्चित किया जा सके।

परामर्शदाता आकलन की हमारी 'लीडरशिप जर्नी सीरीज' से जो जानकारी पाते हैं, (इसकी विस्तृत चर्चा भी 'नेताओं को वस्तुनिष्ठता से मापना' अध्याय में की गई है) वह उसकी व्याख्या करते हैं और इस तरह सोपान नेताओं के साथ अपने संबंध की शुरुआत करते हैं, ताकि व्यक्तिगत विकास कार्य-योजना बनाई जा सके। चूँकि हमें अत्यधिक प्रभावी नेताओं के साथ काम करने का मौका मिलता है, जो अपनी विशेषज्ञता को अगले स्तर तक ले जाने के इच्छुक होते हैं, इसलिए हमारा नजरिया उसी तरह का होता है जैसाकि एक ओलंपिक स्वर्ण पदक विजेता, जो अपना ही विश्व रिकॉर्ड तोड़ना चाहता है, के कोच का होता है। ऐसे नेताओं की अभिरुचियों, जरूरतों और क्षमता के मद्देनजर उन्हें बस थोड़ी सी मदद व सलाह की जरूरत होती है, थोड़ा निवेश ही उनके लिए पर्याप्त होता है। हमारे परामर्शदाता नेता को मजबूतियों और अवसरों की व्याख्या करने में मदद करते हैं और खास गतिविधियों पर ध्यान केंद्रित करते हैं, जो कि तब फलदायी होगी, जब हम अगले साल उनका आकलन करेंगे। इसके अतिरिक्त परामर्शदाता यह सुनिश्चित करते हैं कि काफी वरिष्ठ नेता जिस संदर्भ में विकास करते हैं, कनिष्ठ नेताओं को उन संगठनात्मक विकास प्रयासों से पूरी तरह एकीकृत कर दिया जाए।

इस तरह, हम उनके उन्नयन एवं प्रासंगिकता दोनों को हासिल करने का प्रयास करते हैं, जोकि नेतृत्व के विकास की वैज्ञानिक माँग है। प्रत्येक वरिष्ठ नेता

और सोपान नेता से अपेक्षा की जाती है कि वे खुद को विकसित करें और अपने से कनिष्ठ नेताओं का मार्गदर्शन और पोषण करें। सहायता, समर्थन, फीडबैक और पुनर्नवीकरण का यह माहौल नेताओं के विकसित करने के इंफोसिस के दृष्टिकोण का केंद्रीय तत्त्व है। महत्त्वपूर्ण बात है कि महाविश्लेषक शोध, विज्ञान में स्वर्ण पैमाना, इस तथ्य के महत्त्व को ध्वनित करता है कि नेता ऐसा समर्थन और सहयोग का माहौल पैदा करें कि प्रशिक्षण में किया गया निवेश प्रतिफल दे (ब्लूम, फोर्ड, बाल्डविन एवं ह्वांग, 2010)।

लेकिन हम क्या विकास करते हैं? हमने प्रभावकारी नेतृत्व के विभिन्न व्यवहारात्मक पहलुओं को नौ आयामों में संहिताबद्ध किया है, जिनकी विस्तार से चर्चा इस पुस्तक के आनेवाले अध्यायों में की गई है। तीन आयाम–परिवर्तन, प्रतिकूलता और संक्रमण नेतृत्व–बहुत अधिक आपस में संबद्ध हैं, इसलिए हमने उन्हें एक अध्याय में समाहित कर दिया है। अंतर्वस्तु नेतृत्व का हमारा आयाम भी उल्लेखनीय है, जोकि विभिन्न क्षेत्रों में काफी अलग-अलग है। इन्हीं क्षेत्रों में इंफोसिस का या कोई अन्य नेता काम कर सकता है। उदाहरण के लिए, एक मुख्य वित्तीय अधिकारी का काम एक मुख्य विधि परामर्शदाता के काम से गुणात्मक रूप से अलग होता है, यह और बात है कि दोनों ही अपने-अपने पेशे में चिंतक नेता बनने की इच्छा रखते हों। तालिका–2 इंफोसिस नेतृत्व के उन आयामों की रूपरेखा प्रस्तुत करती है, जिस पर इंफोसिस लीडरशिप इंस्टीट्यूट का काम आधारित है।

तालिका 2 : इंफोसिस नेतृत्व के आयाम

आयाम	*परिभाषा*
व्यवसायनीतिक नेतृत्व परिवर्तन, प्रतिकूलता एवं संक्रमणकालीन नेतृत्व	अनूठा स्थापन, विभेदक का पूर्वानुमान और प्रतिरोध के बीच नेतृत्व करना, संकटों से निपटना और नए किस्म के कारोबार को एकीकृत करना।
कार्य-संचालनात्मक नेतृत्व, प्रतिभा नेतृत्व, संबंध एवं संजाल नेतृत्व	त्रुटिहीन कार्यान्वयन, व्यक्तिगत एवं टीम का कार्य-प्रदर्शन, सामाजिक पूँजी संपदा का प्रबंधन।
अंतर्वस्तु नेतृत्व, उद्यमशीलता नेतृत्व	एक चिंतक नेता के रूप में विजयी होना, नए कारोबार और अभिनव प्रस्तावों की शुरुआत करना।

2010 में हमने 'रोड मैप' का इस्तेमाल करना भी शुरू कर दिया। ये 'रोड मैप' नेता को खास तौर पर अनुशंसा किए गए और प्रमाण-आधारित निवेशों के बारे में मार्गदर्शन करते हैं, जो वे स्वयं में रोपित कर सकते हैं। प्रत्येक 'रोड मैप' उन संभव निवेशों का एक पोर्टफोलियो है, जो एक नेता स्वयं में या अपनी टीम में निवेश कर सकता है और आकलनों की 'लीडरशिप जर्नी सीरीज' से प्राप्त अपने विशेष परिणामों से उस निवेश का मिलान या तुलना भी कर सकता है। ईमानदारी, निष्ठा और श्रेष्ठता के इर्द-गिर्द बुने गए हमारे मूल्यों से संगति रखते हुए, हम प्रत्येक निवेश का कठोरता से मूल्यांकन भी करते हैं कि वह नेता और कंपनी के लिए कितना फलदायी रहा। इसके लिए हम उच्च मनोमितीय (साइकोमेट्रिक) और शोध तरीकों का इस्तेमाल करते हैं।

वाहक

हम नेतृत्व निवेश के पोर्टफोलियो और एक दिए गए फोर्टफोलियो में निहित विशेष संपदाओं के बीच अंतर करते हैं। हम पोर्टफोलियो को विकास के लिए 'रोड मैप' (रास्ता) कहते हैं—'एक खास क्षेत्र में परिणाम पाने के लिए डिजाइन किया गया निवेशों का समूह और सीखने के विशेष तरीके, जिन्हें एक साथ समूहबद्ध कर दिया गया है।' जैसाकि वित्त में होता है, एक दिए गए क्षेत्र में कुछ वर्गों की संपदाएँ अन्यों की तुलना में ज्यादा समुचित होती हैं, वैसा ही नेतृत्व विकास में होता है। कुछ खास वाहक एक विशेष पोर्टफोलियो के लिए सर्वाधिक उपयुक्त होते हैं। वाहक वे हैं, जिन्हें हम विशेष प्रकार के हस्तक्षेप के लिए 'आई. एल.आई. मानक' कहते हैं, जो थोड़े अलग तरह से प्रत्येक मैप को समर्थन-सहयोग देते हुए विभिन्न अंतर्वस्तुओं को लक्ष्य बना सकते हैं। हम इंफोसिस नेतृत्व प्रतिमान के हरेक पहलू के विकास के लिए सर्वोत्तम उपलब्ध विज्ञान का सहारा लेने का प्रयास करते हैं। इसमें पुस्तकें, पाठ्यक्रम, अनुभव, सेमीनार, कार्यशालाएँ, सम्मेलन, संगठनात्मक विकास-हस्तक्षेप, कार्य शिक्षण कार्यक्रम, कार्य का अनुगमन करनेवाले अवसर आदि शामिल हैं।

हमने आई.एल.आई. में दो वाहकों की प्राथमिकता तय की है। पहला है अपने काम से सीखना या 'अनुभवजन्य सीख'। हमारी परिकल्पना है कि अधिसंख्य नेता कार्य करने के दौरान सीखते हैं। हमारे सलाहकारों की भूमिका में यह शामिल है कि वे सीखनेवाले प्रत्येक नेता को प्रशिक्षित करें कि वह अपने मौजूदा कार्यों व जिम्मेदारियों से ज्यादा सीखे, अपनी मौजूदा भूमिका में अपने कार्यों को समुचित विस्तार दे, उसकी सीमा बढ़ाएँ और अंततः अपने कॅरियर लक्ष्यों को साकार करने

के लिए आवश्यक कार्यों के अगले सेट की रूपरेखा बनाए। चाहे इसका आशय अनुगमन हो–अन्य सफल नेताओं को कार्य करते हुए देखना हो या एक नेता के सुविधाजनक क्षेत्र से बाहर निकलना हो–आई.एल.आई. के कई दृष्टिकोणों का ढाँचा तैयार किया है, ताकि नेताओं को अपने अनुभवों से अधिकतम उपयोगिता निचोड़ने में मदद दी जा सके।

दूसरा, हमने अनुरूपण (Simulations) का अपनी प्रमुख प्रणाली के तौर पर उन्नयन करना शुरू किया है। जिस तरह विमान-चालक उड़ान अनुरूपकों में प्रशिक्षण प्राप्त करते हैं या परमाणु बिजली संयंत्र की टीमें अनुरूपण की सुरक्षा में आपात प्रक्रियाओं का अभ्यास करती हैं, उसी तरह हम विविध नेतृत्व कौशलों के लिए आभासी वास्तविक माहौल पैदा कर रहे हैं। सन् 2010 में शुरू किया गया हमारा पहला अनुरूपण ग्राहक की प्रासंगिकता बढ़ाने पर केंद्रित है, जहाँ नेताओं को हाल में अवकाश-प्राप्त मुख्य कार्यकारी अधिकारियों (सी.ई.ओ.) से अवश्य ही संबंध बनाने की शुरुआत करनी चाहिए और दूसरे जीवन में एक वर्चुअल टीम के साथ एक छद्‌म कारोबारी समस्या को हल करना चाहिए। हम आभासी वास्तविकता में सीखने और विकास करने की संभावना के बारे में आशावादी किंतु सतर्क भी हैं। इस तरीके के साथ सफलता की घोषणा तब तक नहीं कर सकते जब तक कि हमारा शोध हमारी शंकाओं की पुष्टि नहीं करता कि सर्वाधिक कठिन नेतृत्व कौशल विकसित करने का यह एक प्रभावकारी और खर्चविहीन तरीका होगा; क्योंकि वास्तविक दुनिया में इसके विफल होने के गंभीर परिणाम होंगे। चूँकि हम वैश्विक विशेषज्ञों, जिसमें सेवानिवृत्त प्रो. रॉबर्ट सियालदिनि (अरिजोना स्टेट यूनिवर्सिटी), प्रो. डेविड डे (यूनिवर्सिटी ऑफ वेस्टर्न ऑस्ट्रेलिया) और प्रो. ग्रेगरी नीदर्ट (अरिजोना स्टेट यूनिवर्सिटी) के साथ काम कर रहे हैं, हम महसूस करते हैं कि अगली पीढ़ी की प्रणालियों और तरीकों के सहारे हमें अपने नेताओं को अगले स्तर पर ले जाने का अच्छा मौका है।

पूर्ववर्ती कारोबारी पुस्तकों की भूलों से बचना

न्यायप्रियता, पारदर्शिता और श्रेष्ठता के अपने मूल्यों के साथ संगति रखते हुए इस पुस्तक के लिए हमारा लक्ष्य नेतृत्व के एक प्रमाण-आधारित दृष्टिकोण का समर्थन करना है। हमने अन्य पुस्तकों में उल्लिखित अनेक वैज्ञानिक समस्याओं से बचने की काफी कोशिश की है। ये पुस्तकें वैज्ञानिक परिश्रम का दावा तो करती हैं, लेकिन उन्होंने इसे पूरी तरह अपनाया नहीं है। वैज्ञानिक-पेशेवर होने के नाते हम मानते हैं कि हमारा काम अनिश्चित है और कोई भी मॉडल एकदम सही नहीं है,

जिसमें हमारा मॉडल भी शामिल है। इंफोसिस में हमारे दृष्टिकोण का भिन्न संस्कृतियों और भिन्न व्यापार-नीतिवाली कंपनियों के लिए सामान्यीकरण नहीं भी किया जा सकता। खासकर हम फिल रोजेनवेग की अहम पुस्तक 'दी हैलो इफेक्ट' (2007) में वर्णित समस्याओं का हल ढूँढ़ने के लिए प्रेरित हुए हैं। रोजेनवेग ने अपनी अत्यंत सफल कारोबारी पुस्तकों में नौ घातक समस्याओं का उल्लेख किया है और हमने कई तरीकों से इनसे बचने की कोशिश की है–

1. प्रभामंडल का असर : जब कोई व्यक्ति या कंपनी अतीत में अच्छा कार्य-प्रदर्शन कर चुके होते हैं, तो लोग उनके बारे में अनुकूल पूर्वग्रह बना लेते हैं, यही प्रभामंडल का प्रभाव है। लोग मान लेते हैं कि यदि कंपनी ने अच्छा कार्य-प्रदर्शन किया है, तो वह जो कुछ भी करती है, वह महान् और शानदार होगा। यह प्रभामंडल वाला पूर्वग्रह किसी नेता के लिए भी सही हो सकता है। हमने बड़े परिश्रम से अभी तक उपलब्ध सबसे परिष्कृत प्रणालियों का इस्तेमाल किया है, ताकि अनुभवजन्य प्रतिमान बना सकें और इस पुस्तक में उल्लिखित नेताओं की रेटिंग से प्रभामंडल के असर को बाहर निकाल सकें। खास तौर पर लिनाकर (1994) के 'मेनी फैसेट रैच मॉडल' (बहुआयामी रैच प्रतिमान) का प्रयोग आकलन करने और कठोरता व नरमी के पक्षपात को संतुलित व समन्वित करने के लिए किया गया। 'रैच मापन दृष्टिकोण' उच्च गुणवत्ता नियंत्रण प्रक्रियाओं का समुन्नयन करते हुए इसका इस्तेमाल करता है, ताकि यह सुनिश्चित किया जा सके कि परिणामी सूचना न्यायपूर्ण, निष्पक्ष, सही और उपयोगी रूप से संक्षिप्त-सटीक हो। इन कष्टकारी विश्लेषणों के बाद ही हम निष्कर्ष निकालते हैं कि प्रत्येक क्षेत्र में कौन से इंफोसिस नेता प्रभावकारी थे–यहाँ तक कि रोजेनवेग से भी, जिन्होंने एंडी ग्रोव जैसे नेताओं का महिमामंडन किया था, के प्रयासों से भी थोड़ा अधिक।

2. सह-संबंध एवं कारणत्व का भ्रम : प्रत्येक अध्याय में हमने सतर्कता बरतने की कड़ी कोशिश की है कि जब हमारी शोध प्रणालियाँ संघ या संगठन के मापों पर आधारित हैं, तो कारणत्व के निश्चियात्मक दावे न किए जाएँ। यह एकदम संभव है कि हमारे नेताओं द्वारा दी गई व्याख्या कि वे क्यों सफल हुए, आंशिक रूप से या यहाँ तक कि पूरी तरह त्रुटिपूर्ण हो। लेकिन इस किस्म का विश्लेषण जहाँ दोहरे-अंध नियंत्रित प्रयोगों से कमतर है, हम उम्मीद करते हैं कि यह परीक्षण करने योग्य परिकल्पनाएँ उजागर करता है। महत्त्वपूर्ण बात है कि अल्फ्रेड बांडुरा (1997) जैसे लोगों द्वारा काफी अधिक सामाजिक-मनोवैज्ञानिक अध्ययन किया गया है, जिसमें यह सुझाव दिया कि दूसरों के उदाहरणों से प्रतिस्थानिकता द्वारा सीखना विकास का एक सुदृढ़ प्रतिमान है, और कारणत्व निष्कर्षों का समर्थन

करता है। हम आशा करते हैं कि हमारी अनियत परिकल्पनाओं में से कुछेक भविष्य के अध्ययनों में सफल सिद्ध होंगी।

3. एकल व्याख्या का भ्रम : हमने जो व्याख्याएँ यहाँ प्रस्तुत की हैं, या हमारे सोपान नेताओं ने जो अभिव्यक्त किया है, प्रभावकारी नेतृत्व के लिए उससे इतर, वैकल्पिक व्याख्याएँ संभव हैं। औद्योगिक-संगठनात्मक मनोविज्ञान का अध्ययन ऐसे प्रतिमानों से भरा पड़ा है, जो नेतृत्व में सभी नहीं, यहाँ तक कि अधिकांश भी नहीं, विभिन्नताओं का उल्लेख करते हैं। इस मामले में यह पुस्तक भिन्न नहीं है। इसमें अलग हटकर क्या है कि हमने विभिन्न पूर्वग्रहों के समंजन के लिए अपने सामान्य रास्ते से अलग हटकर भी अतिरिक्त प्रयास किया है और प्रतिस्थानिक शिक्षा में बांडुरा के सामाजिक संज्ञानात्मक दृष्टिकोण का समुन्नयन किया है। हम आशा करते हैं कि इनमें से कुछ विचार दूसरों के लिए उपयोगी होंगे—परीक्षण में शोध और पेशेवर नेताओं के उन्हें आजमाने पर विचार करने, दोनों के लिए। वैसे आपके परिणाम भिन्न भी हो सकते हैं।

4. विजयी बिंदुओं को जोड़ने का भ्रम : यह पूर्वग्रह नेता बनने की घटना को समझने के लिए नेतृत्व की पूरीशृंखला पर दृष्टिपात न करने की समस्या है। इस पुस्तक में हमने निराशाजनक या मध्यम दरजे के नेतृत्व पर बहुत अधिक गौर नहीं किया है। हम निश्चित रूप से उन तमाम कारकों में दिलचस्पी रखते हैं जो नेतृत्व परिणामों की पूरीशृंखला बनाते हैं। इस मकसद से हमारे मनोमितीय ढंग से चुने गए नेताओं ने खुलासा किया है कि अतीत में उन्होंने क्या गलतियाँ कीं, यह उजागर करने के लिए कि वे इतने उच्च दर्जे के नेता क्यों समझे जाते हैं। लेकिन हमारा प्राथमिक उद्‌देश्य भिन्न था। हमने अपने मिसाल बने नेतृत्व के लिए नमूनों का परिणामों से चयन उन्हीं कारणों से किया है, जैसाकि रोजेनवेग ने किया: 'जिस तरह से उन्होंने फैसले लिये, जिस तरह से उन्होंने अपनी कंपनियों का प्रबंधन किया, उन्हें सँभाला, जिस तरह उन्होंने आँखें खुली रखते हुए खतरनाक रणनीतिक विकल्प चुने और फिर उन्हें शानदार तरीके से लागू किया, इन सब बातों के लिए उनका चयन किया गया। इस तरह का दृष्टिकोण हर जगह प्रबंधकों के लिए एक उदाहरण है' (159)। इस पुस्तक के साथ हमारा प्राथमिक लक्ष्य 'लीडर्स टीच' (नेता पढ़ाते हैं) की हमारी परंपरा का एक विस्तार बनना था। 'लीडर्स टीच' ऐसा कार्यक्रम है जिसके तहत वरिष्ठ नेतागण अपने काम का एक बड़ा हिस्सा मानते हुए अपने कनिष्ठ नेताओं को सुनियोजित ढंग से पढ़ाते-सिखाते हैं। हम आशा कर रहे हैं कि यह पुस्तक 'लीडर्स टीच' को एक अन्य स्तर तक ले जाएगी। यह व्यापक पक्षकारों की मदद करेगी, जोकि हमारे आंतरिक पाठ्यक्रम के साथ संभव नहीं है।

5. घोर शोध का भ्रम : अन्य व्यापार पुस्तकें, जो अपने शोध और परिणामों में लगे प्रयास और विषयवस्तु की मात्रा पर जोर देती हैं, इसके विपरीत हम गुणवत्ता पर जोर देना चाहते हैं। हम यह मानते हैं कि हमने दोहरे-अंध नियंत्रित प्रयोग नहीं किए हैं और न ही हम जो अवधारणा साझा कर रहे हैं, उसके लिए कोई महा-विश्लेषण किया है। हमने क्या किया है कि एक साल के अंदर विविध 'पायलट स्टडीज' (नमूना अध्ययन) और पुनर्शोधन किए हैं और इसके बाद ही अपने मनोमितीय कारणत्व या नेता के परिणामों के बारे में निष्कर्ष निकाला है। एक कंपनी विशेष पर आधारित पुस्तक के लिए आम तौर पर जैसा किया जाता है, उससे हटकर हमने वास्तविक अनुभवजन्य प्रमाण और उच्च गुणात्मक प्रतिमान-निर्माण दोनों का इस्तेमाल किया है। हमने अपने उपकरणों या साधनों, खासकर नेतृत्व के व्यवहारों या आचरणों के पूर्वसूचकों का निर्माण करने के लिए कुछ परिश्रम किया है और इसके लिए हमने महा-विश्लेषणात्मक अध्ययनों, जो नेताओं की प्रवृत्ति और कार्य-प्रदर्शन के बारे में भविष्यवाणी करने के लिए तमाम ज्ञात बातों का सारांश पेश करते हैं, को अपना आधार बनाया है। जैसाकि पहले उल्लेख किया गया, हमने 'उच्च कंप्यूटर-अनुकूलित रैच मेजरमेंट' (रैच मापन-प्रणाली) आधारित 360 डिग्री के साधनों का इस्तेमाल किया है, जहाँ हमने स्पष्ट रूप से प्रभामंडल/कठोरता पूर्वग्रह को हटा दिया है और गुणवत्ता के मापन के लिए नियंत्रण किया है। इसके बावजूद, हम मानते हैं कि इसमें भी त्रुटियाँ हो सकती हैं और इसलिए हमारे परिणाम प्रयोगात्मक हैं, सुझाव स्वरूप हैं। हम आशा करते हैं कि आई.एल.आई. और अन्यों के भविष्य के शोध अपेक्षाकृत ज्यादा निश्चयात्मक निष्कर्ष प्रदान करेंगे।

6. स्थायी सफलता का भ्रम : हम गुजरते वक्त के साथ अपने सोपान नेताओं का सक्रियता से अध्ययन कर रहे हैं और यदि भविष्य के माप हमारी परिकल्पनाओं का खंडन करते हैं, तो हम अपनी प्रणालियों या तरीकों और निष्कर्षों को और परिष्कृत करेंगे। अंततः हमारे संस्थान की सफलता इस बात से मापी जाती है कि हम बोर्ड को उत्तराधिकारियों की पर्याप्त आपूर्ति सुनिश्चित करते हैं या नहीं। और हम सफलतापूर्वक ऐसे उम्मीदवारों को पहचानने और विकसित करने का काम करते हैं या नहीं, यह प्रायोगिक रिकॉर्ड का मामला है, जिसे भविष्य में जाँचा जाएगा।

7. संपूर्ण कार्य-प्रदर्शन का भ्रम : रोजेनवेग इंगित करते हैं कि नेता की प्रभावकारिता के विविध पूर्व-सूचक वस्तुतः सह-संबंधित होते हैं, जैसाकि हजारों अध्ययनों में प्रमाणित किया गया है। इसी तरह यह सुझाने के लिए भी भरपूर शोध उपलब्ध है कि कुछ कार्य-व्यवहार किसी समय में उपयुक्त होते हैं, तो दूसरे समय उपयुक्त नहीं होते हैं—और कारोबारी जरूरत बदल सकती है। इस पुस्तक के साथ

हमारा मकसद इंफोसिस के नेता के व्यवहारों, आचरणों का अपने मौजूदा प्रतिमान में अन्वेषण करना है और उन्हें क्या चीज संचालित कर रही है, उस बारे में सबसे बढ़िया शिक्षित अनुमान प्रस्तुत करना है; और जैसे-जैसे हमारे नेताओं के कामों की जरूरतें बदलती हैं, वे अनुमान और प्रेरक तत्त्व भी बदले जा सकते हैं।

8. छड़ी के गलत सिरे का भ्रम : इस भ्रम के साथ रोजेनवेग खोजों की प्रभावकारी व्याख्या के बारे में चिंतित हैं। क्या हमने प्रभावी ढंग से नेताओं की पहचान की या अपने पत्तों की गड्डी इस तरह जमाई, जहाँ चंद बड़े खतरे उठानेवाले नेता सबसे ऊपर होते हैं, जबकि अपने नेताओं के पास वास्तव में कुल मिलाकर बेहतर रणनीति थी? अनुकूलतम बनानेवाले मामले में हम आशा करते हैं कि हमने बहुस्रोतवाली, कंप्यूटर-अनुकूलित आँकड़ा संग्रह प्रणालियों को अपनाकर और बाद में मनोमितीय समंजन कर इससे बचने में कामयाबी पाई है। इससे यह संभावना बढ़ी है कि हमने अपने नेताओं को सही-सही और सटीक ढंग से मापा है। जिन गुणों या खासियतों और चालों का वे दावा करते हैं, हो सकता है कि वे बहुस्रोतीय आकलनों में भाग लेनेवालों की नजर में उनके प्रभावी होने के लिए उत्तरदायी हो सकते हैं या नहीं भी हो सकते हैं। उसके व्यवहार या आचरण के बारे में क्या धारणा है, यह तर्क दिया जा सकता है कि एक नेता की ख्याति यानी दूसरों को संचालनात्मक रूप से परिभाषित करने का कोई बढ़िया तरीका नहीं है। हम इस संभावना को स्वीकार करते हैं, लेकिन हमारा दृष्टिकोण इस सामाजिक-विश्लेषण पर आगे बढ़ता है कि अपने बारे में आंतरिक विचारों की तुलना में ख्याति ज्यादा अहम कारक हो सकती है (होगन, 1983)। फिर यह भी संभव है कि नेताओं ने कुछ कदम उठाए हों, कुछ काररवाई की हो, जो वस्तुत: उनकी सफलता के लिए जिम्मेदार हों, लेकिन उन्होंने उनके बारे में हमें बताने पर विचार न किया हो। फिर भी हम सोचते हैं कि परिकल्पनाएँ व अवधारणाएँ पैदा करने के लिए उनकी अंतर्दृष्टियों पर विचार करना उपयोगी होगा।

9. संगठनात्मक भौतिकी का भ्रम : रोजेनवेग का अंतिम भ्रम मशीनी निश्चितता और कारणत्व के अनुचित दावों को लेकर है। हम स्पष्ट तौर पर मानना चाहेंगे कि हम अनिश्चितता को अंगीकार करते हैं—हम जो प्रतिमान पेश करते हैं, उनमें त्रुटि है और हमारे नेताओं की प्रभावकारिता का कारण उनकी अंतर्दृष्टियाँ हैं, इस बारे में हम निश्चितता के दरजे को लेकर कोई दावा नहीं कर रहे हैं। हम प्रयोगशाला-शैली के प्रयोग नहीं कर सकते हैं, लेकिन हम इस बारे में प्रमाणीकृत हैं कि हम अनिश्चितता को कम करने और कारणत्व में अधिक अंतर्दृष्टि पाने के लिए सर्वोत्तम प्रयास कर रहे हैं। यहाँ तक कि यदि हम निश्चितता हासिल करने में

विफल रहते हैं कि प्रभावी नेतृत्व के कारण क्या चीज बन रही है, तो भी हम आशा करते हैं कि हमारा प्रयास उपयोगी परिकल्पना प्रस्तुत करता है, जिसे भविष्य में जाँचा-परखा जा सकता है।

इस पुस्तक में प्रत्येक अध्याय को एक साझा ढाँचे के इर्द-गिर्द संयोजित किया गया है। हम प्रत्येक अध्याय की शुरुआत इंफोसिस के नेतृत्व के एक आयाम की परिभाषा और समसामयिक वैज्ञानिक साहित्य की एक सामान्य समीक्षा से करते हैं। इसके आगे हमने उन नेताओं की पहचान करने के लिए अपने 'नेतृत्व-यात्रा आकलनों' (लीडरशिप जर्नी एसेसमेंट्स) का इस्तेमाल किया है, जो नेतृत्व के एक खास पहलू या आयाम में आपवादिक रूप से प्रवीण हैं। प्रभावी नेताओं ने अपनी नेतृत्व-यात्रा में से एक उद्धरण, एक उदाहरण, अनुशंसा का योगदान किया है और साथ में यह स्वीकारोक्ति भी दी है कि अतीत में वे कहाँ लड़खड़ाए थे।

'इंफोसिस लीडरशिप इंस्टीट्यूट' (इंफोसिस नेतृत्व संस्थान) आशा करता है कि यह पुस्तक इंफोसिस के नेताओं को अपने कॅरियर को अगले स्तर पर ले जाने में और हमारे मूल्यवान् ग्राहकों, आपूर्तिकर्ताओं, साझीदारों और भविष्य के ग्राहकों को अपनी यात्रा को उनके अपने बेहतर नेतृत्व की ओर अग्रसर करने में एक उपयोगी संसाधन के रूप में काम आएगी।

ग्रंथ सूची-

- बी.जे. एवोलियो, डब्ल्यू.एल. गार्डनर, एफ.ओ. वालुंबवा, एफ. लुथांस एवं डी.मे, (2004)-'अनलॉकिंग दी मास्कः ए लुक एट दी प्रॉसेस बाई व्हिच ऑथेंटिक लीडर्स इंपेक्ट फॉलोअर एंट्यूड्स ऐंड बिहेवियर्स', लीडरशिप क्वार्टरली, 15, 801-23।
- बी.जे. एवोलियो (2005)-लीडरशिप डेवलपमेंट इन बैलेंसः मेड/बॉर्न, न्यू जर्सीः अर्लबॉम ऐंड एसोसिएट्स।
- बी.जे. एवोलियो एवं डब्ल्यू.एल. गार्डनर (2005)-'ऑथेंटिक लीडरशिप डेवलपमेंटः गेटिंग द रूट ऑफ पॉजिटिव फॉर्म्स ऑफ लीडरशिप', लीडरशिप क्वार्टरली, 16-315-38।
- बी.जे. एवोलियो एवं एफ. लुथांस (2006)-हाई इंपेक्ट लीडरः मोमेंट्स मैटर इन ऑथेंटिक लीडरशिप डेवलपमेंट, न्यूयॉर्कः मैक्ग्रॉहिल।
- बी.जे. एवोलियो एवं ए. चान (2008)-'दी डॉनिंग ऑफ ए न्यू एरा फॉर जेंनुइन लीडरशिप डेवलपमेंट' जी. हॉगकिंसन एवं के.फोर्ड द्वारा संपादित, इंटरनेशनल रिव्यू ऑफ इंडस्ट्रियल ऐंड ऑर्गेनाइजेशनल साइकोलॉजी, 23।

- ए. बांडुरा (1997)–सेल्फ-इफिकेसी: दी एक्सरसाइज ऑफ कंट्रोल, न्यूयॉर्क: फ्रीमैन।
- बी.डी. ब्लूम, जे.के. फोर्ड, टी.टी. एवं जे.एल. ह्वांग (2010)–'ट्रांसफर ऑफ ट्रेनिंग: ए मेटा-एनालिटिक रिव्यू', जर्नल ऑफ मैनेजमेंट, 36(1), 1065-1105।
- डब्ल्यू.एल. गार्डनर, बी.जे. एवोलियो, एफ. लुथांस, डी.आर. मे एवं एफ. ओ. वालुंबवा (2005)–'कैन यू सी दी रीयल मी? ए सेल्फ-बेस्ड मॉडल ऑफ ऑथेंटिक लीडर ऐंड फॉलोअर डेवलपमेंट', लीडरशिप क्वार्टरली, 16, 434-72।
- डब्ल्यू.एल. गार्डनर, बी.जे. एवोलियो एवं एफ. वालुंबवा (2006)–ऑथेंटिक लीडरशिप थ्योरी ऐंड प्रेक्टिस: ओरिजिंस, इफेक्ट्स ऐंड डेवलपमेंट, एम्सटर्डम: अल्सेवियर जे.ए.आई. प्रेस।
- आर. होगन (1983)–'ए सोशियोएनालिटिक थ्योरी ऑफ पर्सनलिटी', एम.एम. पेज द्वारा संपादित, 1982, नेब्रास्का सिंपोजियम ऑन मोटिवेशन' लिंकन : यूनिवर्सिटी ऑफ नेब्रास्का प्रेस, 55-89।
- जे.एम. लिनाकर (1994)–मेनी-फैसेट रैच मेजरमेंट, दूसरा संस्करण, शिकागो: एम.ई.एस.ए. प्रेस।
- फिल रोजेनवेग (2007)–दी हैलो इफेक्ट''ऐंड दी एट अदर बिजनेस डेल्यूजंस दैट डिसीव मैनेजर्स, न्यूयॉर्क: फ्री प्रेस।

□

1

इंफोसिस में नेतृत्व
अतीत से वर्तमान तक

–टी.एस. श्रीकुमार

'कॉरपोरेट नेतृत्व का प्राथमिक उद्देश्य कानूनी और नैतिक रूप से धन का सृजन करना है। इसके फलस्वरूप पाँच क्षेत्रों–ग्राहकों, कर्मचारियों, निवेशकों, विक्रेताओं और व्यापक समाज–को उच्च स्तर की संतुष्टि प्रदान करना है। हर कॉरपोरेट निकाय का औचित्य इसमें है कि वह साल-दर-साल भविष्यसूचकता, निरंतरता और लाभ सुनिश्चित करे।'

–एन.आर. नारायण मूर्ति
चेयरमैन एवं मुख्य मार्गदर्शक
इंफोसिस टेक्नोलॉजीज लिमिटेड

इंफोसिस टेक्नोलॉजीज लिमिटेड की स्थापना सात सह-संस्थापकों द्वारा सन् 1981 में 10 हजार रुपए (करीब 200 अमेरिकी डॉलर) की पूँजी से की गई। आज यह चार अरब डॉलर से भी ज्यादा के राजस्व और 33 अरब डॉलर से भी ज्यादा की बाजार-पूँजी के साथ (मई, 2010 तक) 'अगली पीढ़ी' की आई.टी. और परामर्श सेवा में एक वैश्विक नेता है। इस क्रम में हमारे नेताओं ने नए कारोबारी मॉडल ईजाद किए, उद्यमियों की एक पीढ़ी को प्रेरित किया और दुनिया में भारत की छवि को पुनर्परिभाषित किया।

इंफोसिस के संस्थापकों की महत्त्वाकांक्षा एक ऐसी पेशेवर कंपनी बनाने

की थी, जो दूसरों की प्रशंसा प्राप्त कर सके। मूर्ति कहते हैं, "हमने कंपनी के उद्‌देश्यों के बारे में चर्चा की और फैसला किया कि हम भारत की सबसे सम्मानित कंपनी बनना चाहते हैं। हमने जानबूझकर राजस्व और लाभ से अपना ध्यान हटाया। हमारा लक्ष्य हर चीज नियमानुसार करना था हमने महसूस किया कि यदि हमने सही काम किया, तो राजस्व और लाभ स्वत: ही आ जाएँगे।"

इंफोसिस के शुरुआती वर्ष (1981-91)

उदारवाद-पूर्व के भारत में कारोबार

भारत में उस वक्त इंफोसिस के महत्त्वाकांक्षी लक्ष्यों समेत सभी तरह के संगठनों के लिए कारोबारी माहौल कठिन था। सामान एवं सेवाओं के लिए भारत में संरक्षणवादी बाजार था। इससे भी बदतर, घूसखोरी जोरों पर थी, पूँजी बाजार पर्याप्त रूप से विकसित नहीं थे और देश में चंद लोग भी कंप्यूटर का इस्तेमाल नहीं करते थे। इस कठिन माहौल के बावजूद इंफोसिस ने एक 'वैश्विक सॉफ्टवेयर पॉवरहाउस' बनने का सपना देखा।

पहले दो वर्षों में हमारी नेतृत्व-टीम ने दिल्ली के 20-25 दौरे किए, ताकि भारत सरकार से इंफोसिस के लिए पहला कंप्यूटर (डाटा जनरल 32-बिट एमवी 8000) आयात करने की अनुमति मिल जाए और अंततः जब यह कंप्यूटर आया तो उसे 150 प्रतिशत आयात शुल्क भरना पड़ा। एक टेलीफोन लाइन प्राप्त करने में साल भर लग गया और भारत के बाहर यात्रा करने के लिए हर बार भारतीय रिजर्व बैंक से दस दिन पूर्व अनुमति लेनी पड़ती थी। लेकिन नेतृत्व-टीम और उनके साझा मूल्यों के लिए सबसे अहम् बात थी कि इंफोसिस ने कभी भी अपना काम करवाने के लिए कानूनी और नैतिक रास्ते को दरकिनार नहीं किया और कभी भी 'शॉर्ट-कट' नहीं अपनाया। उन्होंने हमेशा ही अल्पावधि लाभ को परे हटा दिया, जिसमें कि हो सकता है प्रतिद्वंद्वी कारोबार शामिल होते हों। उन्होंने हमेशा हाथ साफ रखते हुए दीर्घकालीन लाभ को चुना। वे बेदाग ख्याति चाहते थे और अपने लक्ष्य के एक कदम करीब होना चाहते थे। इंफोसिस के सह-संस्थापक के. दिनेश याद करते हैं, "शुरू से ही हम न सिर्फ सफल होना चाहते थे, बल्कि एक अग्रगामी दूत बनना चाहते थे।"

इंफोसिस ने हार्डवेयर-विकास आजमाया

एस. गोपालकृष्णन ('कृश' नाम से जाने जाते हैं) बताते हैं कि इंफोसिस ने

इंफोसिस के ऐतिहासिक मील के पत्थर

एन.आर. नारायणमूर्ति के नेतृत्व में सात युवा लोगों ने 200 डॉलर और क्वालिटी सॉफ्टवेयर बनाने के सपने के साथ एक छोटी कंपनी पुणे में शुरू की।	एम.आई.सी.ओ. (माइको) के साथ जुड़ने पर इंफोसिस बेंगलुरू शिफ्ट कर गया।		100 से ज्यादा कर्मचारियों ने कार्य-स्थल पर और दूर देश (भारत) में काम शुरू किया। ग्लोबल डिलीवरो मॉडल की अवधारणाएँ शुरू हुईं।	रणनीतिक कारोबारी इकाइयाँ स्थापित की गइं।		कॉरपोरेट मुख्यालय इलेक्ट्रॉनिक सिटी चला गया। फ्रीमोंट मे विकास केंद्र खोला गया।		इंफोसिस फाउंडेशन की औपचारिक रूप से स्थापना की गई।	
1981	1983	1987	1987–90	1992	1993	1994	1995	1998	1999
पहला ग्राहक बना न्यूयॉर्क में डाटा बेसिक्स कॉरपोरेशन।		बोस्टन में अपना पहला अंतरराष्ट्रीय बिक्री कार्यालय खोला।	लबिफ और रीबॉक फ्रांस के साथ इंफोसिस ने यूरोप में भी कदम रखे।		इंफोसिस सार्वजनिक कंपनी बन गई और अपने कर्मचारियों के साथ धन की		इंग्लैंड में पहला यूरोपीय कार्यालय खोला गया।		इफोसिस ने 10 करोड़ डॉलर का स्तर छुआ और वह नस्डेक में दर्ज

(क्रमश:)

					साझीदारी की। ई. एस. ओ. पी. का आगमन हो गया।		टोरंटो और मेंगलोर में वैश्विक विकास केंद्र खोले गए		हो गई। वह सी. एम.एम. लेवल 5 स्टैंडर्ड की मान्यता- प्राप्त दुनिया की 21वीं कंपनी बन गई।
बी.ए.एन.सी. 2000 दुबारा लॉन्च किया गया। राजस्व 20 करोड़ डॉलर तक पहुँच गया।		इफोसिस ने सेकेंडरी ए.डी.एस. ऑफरिंग प्रायोजित की। विभिन्न उद्योगों में उसके 345 ग्राहक बन गए। डब्ल्यू. आइ. बो.टी.ए. नामक एक अवार्ड की स्थापना व्हार्टन स्कूल के साथ की। प्रोजियन को लॉन्च किया गया।		इंफोसिस एक अरब डॉलर की कंपनी बन गई। एक्सपर्ट इफॉर्मेशन सर्विसेज, पी.टी. वाई. लिमिटेड, ऑस्ट्रेलिया का अधिग्रहण किया। 400 से अधिक ग्राहक बन गए और 28 हजार कर्मचारी हो गए।		इफोसिस ने अपनी 25वीं सालगिरह मनाई, राजस्व 2 अरब डॉलर पार कर गया और कर्मचारियों की संख्या 52 हजार से ज्यादा हो गई।		इफोसिस का राजस्व 4 अरब डॉलर को पार कर गया।	

(क्रमशः)

2000	2001	2002	2003	2004	2005	2006	2007	2008	2009
	टाइम पत्रिका/सी.एन.एन. ने दुनिया के 25 सबसे अधिक प्रभावशाली कारोबारियों में नारायण मूर्ति को चुना। बिजनेस वर्ल्ड/हेबिट ने इंफोसिस को दुनिया का सबसे बढ़िया नियोक्ता माना।		पुणे और चेन्नई में कारोबार का विस्तार किया गया। तिरुअनंतपुरम में नया केंद्र स्थापित किया गया।		ग्लोबल मेकहॉल ऑफ फेम के लिए इफोसिस का चयन किया गया।		इफोसिस का राजस्व 3 अरब डॉलर को पार कर गया।		इफोसिस ने ब्राजील में अपना पहला विकास केंद्र खाला और मक्सिको के मॉन्टेरी में दूसरा लैटिन अमेरिको विकास केंद्र खोला।

शुरुआती दिनों का एक पुराना चित्र। नारायण मूर्ति एकदम बाएँ खड़े हैं, कृश गोपालकृष्णन मध्य में हैं और राघवन व शिबुलाल दाईं ओर हैं

कैसे सन् 1985 में कुछ समय के लिए हार्डवेयर विकास की दुनिया में कदम रखा और क्यों फिर अपने मूल कारोबार में लौट आया–'हमने इंफोसिस डिजिटल सिस्टम्स के नाम से एक सहायक कंपनी बनाई। हमने सफलतापूर्वक एक उत्पाद विकसित किया और इसे भारतीय बाजार में बेचा, लेकिन बहुत जल्द महसूस कर लिया कि हमारी सीमित इच्छा और सीमित क्षमता है और उस वक्त सीमित संसाधनों के बूते वैश्विक खिलाड़ियों से प्रतिद्वंद्विता करना कठिन था। इसलिए हमने जल्द ही कारोबार का वह हिस्सा बेच दिया और उससे बाहर निकल आए।'

ग्लोबल डिलीवरी मॉडल (जी.डी.एम.)

जब इंफोसिस ने अमेरिका में सीधे विपणन का दोहरा प्रयास किया, तो उसे ऐसे कई संभावित ग्राहक मिले जिन्होंने महसूस किया कि भारत और अमेरिका में उसी तरह फर्क है जैसे 'दिन और रात' में। समय के अंतर को देखते हुए यह शब्दशः सही है। इंफोसिस ने महसूस किया कि उसे कुछ ऐसा उपयोगी प्रस्ताव लाना पड़ेगा जिससे ग्राहक रोमांचित हों और इसी क्रम में इंफोसिस को चौबीसों घंटे कार्यदिवस का विचार सूझा। जिस वक्त अमेरिका में ग्राहक अपने काम से छुटकारा पाकर घर जाएँगे और अगली सुबह काम पर लौटेंगे, उनके लिए काम का समाधान इंतजार कर रहा होगा। इंफोसिस ने इस अवधारणा की शुरुआत की और 'ग्लोबल डिलीवरी मॉडल' (जी.डी.एम.), जिसका अब इंफोसिस के कई प्रतिद्वंद्वी इस्तेमाल करते हैं, का जन्म हुआ।

श्रीनाथ बत्नी के शब्दों में जी.डी.एम. का निरूपण, "मूलत: यह ऐसा है, जहाँ भारत नाभि है और उसके स्पोक दुनिया भर में विभिन्न स्थानों पर हैं। हमारा सेवा प्रदाय मॉडल है कि हमारी 20–30 प्रतिशत गतिविधियाँ अपने क्लाइंट (ग्राहक) के पास चलती हैं और बाकी 60–70 प्रतिशत काम भारत में हमारे विकास केंद्रों में निपटाए जाते हैं। यह देखना काफी महत्त्वपूर्ण है कि हम न केवल 'नाभि' और 'स्पोक' के बीच काम का वितरण किस प्रकार करते हैं, बल्कि विविध 'नाभियों' और 'स्पोकों' के बीच भी किस प्रकार काम का बँटवारा करते हैं। जी.डी.एम. के भविष्य के बारे में मेरा विचार है कि यह इससे पारिभाषित होगा कि नाभि-केंद्र वहाँ-वहाँ स्थित होने चाहिए, जहाँ वे सार्थक हों और दुनिया भर में उसके स्पोक फैले हुए हों।"

के.एस.ए.–इंफोसिस संयुक्त उपक्रम

सन् 1987 में इंफोसिस ने कंसल्टिंग फर्म 'कुर्ट सैलमॉन एसोसिएट्स' (के.एस.ए.) के साथ एक संयुक्त उपक्रम बनाया। के.एस.ए.–इंफोसिस गठजोड़ इसलिए किया गया कि कपड़े एवं वस्त्र के क्षेत्र में के.एस.ए. की प्रबंधकीय कंसल्टेंसी की ताकत और इंफोसिस की तकनीकी कंसल्टेंसी शक्ति का संयुक्त लाभ उठाया जा सके। 'कृश', जोकि इस रिश्ते को सँभालने के लिए उत्तरदायी थे, याद करते हैं, "उस वक्त इस संयुक्त उपक्रम ने हमें एक ऐसे बाजार में अपनी विश्वसनीयता बनाने का मौका दिया, जहाँ हम अपेक्षाकृत नए थे और हमें ऐसे कई अवसर प्रदान किए, जो हमें अन्यथा नहीं मिल पाते।" यह साझेदारी सन् 1994–95 में मैत्रीपूर्ण ढंग से समाप्त हो गई और इंफोसिस के दीर्घकालीन विकास लक्ष्यों के मद्देनजर यह फैसला किया गया। इंफोसिस अब अपने ग्राहकों के साथ सीधी पहुँच बनाना चाहती थी और अन्य क्षेत्रों में भी कदम रखना चाहती थी।

इंफोसिस को पहला प्रत्यक्ष ग्राहक मिला

डिजिटल इक्विपमेंट कॉरपोरेशन (डी.ई.सी.) इंफोसिस का अमेरिका में पहला प्रत्यक्ष ग्राहक सन् 1987 में बना। डी.ई.सी. अनेक किराया सेवाओं से हजारों वाहन किराए पर लेता था। इंफोसिस ने वाहन कार्य संचालन प्रणाली का डिजाइन बनाया, जिससे डी.ई.सी. इन वाहनों का सक्षमतापूर्वक किराया-व्यवस्थापन व प्रबंधन कर सका। इंफोसिस ने डी.ई.सी. और अन्य ग्राहकों के साथ काम करते हुए जो प्रतिष्ठा अर्जित की, उससे उसे अमेरिका में अपना ग्राहक आधार विस्तृत करने में मदद मिली। नारायण मूर्ति याद करते हैं, "हम जब डाटा बेसिक्स कॉरपोरेशन के साथ

पोशाक क्षेत्र में काम कर रहे थे, तो कई लोगों ने हमें कड़ी मेहनत करनेवाले, पर्याप्त रूप से तेज-तर्रार और समर्पित व्यक्ति के रूप में देखा। एक बार जब हमने डाटा बेसिक्स के साथ समझौते का नवीकरण न करने का फैसला किया, तो हमने टेक्नोलॉजी, बैंकिंग आदि अन्य क्षेत्रों में प्रवेश करने की योजना बनाई। कई ग्राहकों, जिनके साथ हमने काम किया था, ने इन क्षेत्रों में खुशी से अपने दोस्तों को हमारे बारे में बताया।"

भारत में उस वक्त कारोबार करना असाधारण रूप से चुनौतीपूर्ण था। मूर्ति जो तब मुख्य कार्यकारी (सी.ई.ओ.) थे, याद करते हैं, "आप जानते हैं, उस वक्त भारत का मतलब था एक गरीब देश, जहाँ बेहद कड़ी नौकरशाही आदि थी। इसीलिए हमें अपने भविष्य के लिए एक अति शक्तिशाली मॉडल पेश करना था और इसी प्रयास में हमारा जी.डी.एम., हमारा 24×7 मॉडल सामने आया और फिर हमारे लोगों ने कड़ी मेहनत करते हुए शानदार काम किया, तेज-तर्रार ढंग से कामों को अंजाम दिया और हम दूसरों की अनुशंसाओं का पर्याप्त लाभ उठा सके। मैं सोचता हूँ, उन सभी बातों ने हमारी मदद की। धीरे-धीरे हमने परंपरागत सोच और भारत के बारे में राय को बदला और हमने एक नई सोच पैदा की कि भारतीय स्मार्ट हैं, भारतीय कड़ी मेहनत करते हैं, भारतीय हमें वाकई ज्यादा प्रतियोगी बना सकते हैं।"

मृत्यु निकट होने जैसा अनुभव

यह मानते हुए कि इंफोसिस एक छोटी, अज्ञात कंपनी है जिसकी कोई ब्रांड इक्विटी नहीं है और मृतवत् है, संस्थापक अशोक अरोड़ा अलग हो गए और अमेरिका में अपने लिए मौके ढूँढ़ने निकल पड़े। सह-संस्थापक के. दिनेश याद करते हैं, "घंटों हम मेज के इर्द-गिर्द बैठकर पश्चात्ताप करते रहे कि कारोबार करना कितना कठिन है और उन सभी बाधाओं की सूची बनाई, जो हमें बाँध रही थीं। करीब छह घंटे की चर्चा के बाद एक विचार उभरने लगा कि हमें 15 लाख डॉलर या उससे अधिक रकम में कारोबार को बेचने के लिए तैयार हो जाना चाहिए। मूर्ति इस दौरान खामोश रहे थे और अब उन्होंने कहा, 'मुझे पक्का यकीन है कि कंपनी अंततः सफल होगी। अगर आपमें से कोई भी कंपनी को छोड़ना चाहे, तो मैं खुशी-खुशी उसकी हिस्सेदारी खरीद लूँगा।' कुछ पलों के लिए पूर्ण खामोशी छा गई। तब नंदन बोले, 'अगर आप बने रहते हैं, तो मैं भी आपके साथ बना रहूँगा।' एक-एक कर अन्य सह-संस्थापकों ने भी अपना विचार बदला और कंपनी में बने रहने को राजी हुए। हमने जब अपने प्रयासों को दुगुना करने का संकल्प लिया, तो मूर्ति ने एकदम स्पष्ट कर दिया,

'मुसीबत में कंपनी को बेचने के बारे में यह आखिरी बात होनी चाहिए'।"

जब नारायण मूर्ति से पूछा कि उन्होंने इंफोसिस के सह-संस्थापकों को अपनी कंपनी खरीदने के प्रस्ताव को न स्वीकार करने के लिए क्यों मनाया, तो उन्होंने खुलासा किया, "हमने नौ साल तक पहले ही मैराथन दौड़ लगा ली थी। मैंने महसूस किया कि हम सुरंग के अंत पर पहुँचने ही वाले हैं और चूँकि हमने पहले ही कितने त्याग किए थे, ऐसा सुसंगठित समूह बनाया था, धीरे-धीरे अमेरिकी बाजार में पैठ बनाई थी, चूँकि हमारे पास एक शानदार वरिष्ठ प्रबंधकीय टीम थी, मैंने सोचा कि महज एक मिलियन (10 लाख) डॉलर के लिए सबकुछ खो देना शर्मनाक बात होगी। हालाँकि मुझे इसका पूर्वाभास नहीं था, लेकिन वर्ष 1991 के आर्थिक सुधारों ने हमें एक अवसर प्रदान किया। हमने इतने लंबे समय तक कष्ट झेला था, मैंने सोचा कि ईश्वर हम पर दया दिखाएँगे। यह किसी तर्क पर नहीं, बल्कि विशुद्ध रूप से उम्मीद पर टिका एक फैसला था।"

इस फैसले के परिणामस्वरूप कारोबार बढ़ाने के लिए हममें एक नई ऊर्जा का संचार हुआ और सबने पूरे मनोयोग से प्रयास करना शुरू कर दिया।

प्रचंड विकास का दशक (1991-2000)

निर्णायक मोड़-आर्थिक उदारीकरण

हालाँकि सन् 1986 में भारत सरकार ने यह महसूस करते हुए कि भारत में एक 'सॉफ्टवेयर निर्यात शक्ति केंद्र' बनने की क्षमता है, एक कंप्यूटर सॉफ्टवेयर नीति बनाई थी, जिसने कई बंदिशों को ढीला कर दिया था और नए प्रोत्साहनों को स्थापित किया था, लेकिन भारतीय सॉफ्टवेयर उद्योग फिर भी विस्तृत नियमों और नियंत्रणों के जाल में उलझा रहा। सन् 1991 में भुगतान संतुलन संकट से पार पाने की कोशिश में सरकार ने आर्थिक उदारीकरण का एक कार्यक्रम शुरू किया, जिसने कई कारोबारी और विनिमय नियंत्रणों को लचीला कर दिया। मूर्ति सन् 1991 के आर्थिक सुधारों को एक 'बीजगर्भित बिंदु' मानते हैं, जिसने 'लाइसेंस और परमिट राज' को समाप्त कर दिया।

सह-संस्थापक नंदन नीलेकणि 1980 के दशक और 1990 के दशक में एक अहम फर्क बताते हैं, "ग्राहकों ने 1990 के दशक में ही भारतीय क्षमताओं को सराहना शुरू किया। इसलिए यदि आप शुरू से हमारे विकास-पथ पर गौर करें, तो आप देखेंगे कि हमें शून्य से 50 लाख डॉलर तक पहुँचने में करीब दस साल लग गए और 50 लाख डॉलर से 70 करोड़ डॉलर तक पहुँचने में बस दस साल लगे।

साफ है कि दूसरेवाले दस वर्षों में विकास दर नाटकीय रूप से भिन्न थी। इसका कारण यह था कि दो चीजें घटीं: एक, माहौल बदल गया और दूसरे, हमारी आकांक्षाएँ भी बदल गईं। हमने कहा, 'हमें अवश्य ही विश्व-श्रेणी का बनना चाहिए, हमें अवश्य ही एक बड़ी कंपनी बनना चाहिए। हमें अंतरराष्ट्रीय होना था, वैश्विक होना था, एक उच्च मूल्य व आदर्श प्रणाली अपनानी थी, उच्च नैतिक मानदंड रखने थे—ये सभी बातें पहले दिन से ही थीं, लेकिन यह 1990 के दशक की शुरुआत थी, जब हमने कहा, 'हमें वाकई अपने आपको सँभाले रखना है तथा विकास हासिल करने के लिए प्रणालियों और प्रक्रियाओं, टेक्नोलॉजी तथा इंफ्रास्ट्रक्चर तथा सभी चीजों को सुस्थापित करना है।' और यहीं हमारी सोच में परिवर्तन आया।"

इंफोसिस का यूरोप में प्रसार

सह-संस्थापक के. दिनेश भौगोलिक रूप से विविधीकृत होने की जरूरत को याद करते हैं, "सन् 1990 तक इंफोसिस का सौ प्रतिशत राजस्व अमेरिका से आ रहा था। हमें दीर्घकालीन आधार पर अपने भौगोलिक खतरों का पता करने और समीक्षा करने की जरूरत थी। दूसरे, यूरोप में ज्यादा संभावना थी। इसे ध्यान में रखते हुए हमने अपने काम को यूरोप में विस्तार देने का फैसला किया। इस क्षेत्र में 'लैबिफ टेक्नोलॉजीज इंफोसिस' का पहला ग्राहक बना। इसके शीघ्र बाद 'रीबॉक' (फ्रांस) के साथ करार हुआ। हमने उनके लिए अत्याधुनिक जटिल सूचना प्रबंधन प्रणाली बनाने का ठेका हासिल किया। इंफोसिस टीम ने कुशलतापूर्वक भाषा और संस्कृति की बाधाओं को पार किया और 'रीबॉक प्रोजेक्ट' को तय समय से पहले ही पूरा कर लिया और इस तरह उसे अपने ग्राहक की सराहना प्राप्त हुई।"

इंफोसिस का अपतटीय सॉफ्टवेयर विकास केंद्र

इंफोसिस ऐसी पहली भारतीय सॉफ्टवेयर हाउस बनी, जिसने 1992-93 के वित्तीय वर्ष में जनरल इलेक्ट्रिक के लिए 'ऑफशोर सॉफ्टवेयर डेवलमेंट सेंटर' (ओ.एस.डी.सी.) यानी 'अपतटीय सॉफ्टवेयर विकास केंद्र' संचालित किया। अमेरिकी सरकार की वीजा बंदिशों के कारण इंफोसिस को अपने पेशेवरों को मुक्त रूप से अमेरिका भेजने में दिक्कत थी। दिनेश के शब्दों में, "इंफोसिस मैनेजमेंट ने फैसला किया कि 'खतरे को अवसर में बदला जाए।' इसके लिए उन प्रक्रियाओं में निवेश किया जाए, जो ग्राहकों का भरोसा उनकी क्षमता में बढ़ाएँ और इंफोसिस को ज्यादा काम 'यहाँ' (बेंगलुरू में) और कम काम 'वहाँ' (अमेरिका में कार्यस्थल

पर) करने का मौका दे। ओ.एस.डी.सी. की अवधारणा जल्द ही इंफोसिस के अन्य ग्राहकों के बीच भी लोकप्रिय हो गई। इंफोसिस टीम ने समय से पहले प्रोजेक्ट को पूरा कर लिया और इस तरह खुद को बाजार में स्थापित कर लिया।"

उल्लेखनीय तथ्य

- इंफोसिस ने सन् 1992 में अपना औपचारिक मानव संसाधन विभाग खोला। तब कर्मचारियों की संख्या 250 थी। शुरू से ही कर्मचारियों के अनुकूल नीतियाँ विकसित करने पर जोर था।
- सन् 1992 में ही इंफोसिस ने अपना क्वालिटी विभाग स्थापित किया। उस वक्त सॉफ्टवेयर उद्योग में एक सजग प्रयास के तौर पर क्वालिटी एक नया-नया पनपता हुआ विचार ही था। इंफोसिस ने नवंबर 1993 में आई.एस.ओ. 9001 / टिकआई.टी. प्रमाणीकरण हासिल किया। यह प्रमाणीकरण पाने के हफ्ते भर के अंदर कार्नेगी मेलंस सॉफ्टवेयर इंजीनियरिंग इंस्टीट्यूट से 'कैपेबिलिटी मैच्यूरिटी मॉडल' (सी.एम.एम.) का लेवल 4 पाने के लिए काम शुरू कर दिया गया।
- सन् 1992 में इंफोसिस ने बोस्टन में अपना पहला अंतरराष्ट्रीय कार्यालय खोला। उस क्षेत्र में कार्यरत अपने ग्राहक 'डिजिटल इक्विपमेंट कॉरपोरेशन' के साथ रिश्तों को मजबूत व सहज बनाने के लिए और नई संभावनाएँ तलाशने के लिए इंफोसिस ने बोस्टन को चुना। वैसे भी बोस्टन अभिनव प्रयोगों व तकनीक का एक केंद्र है।

अपतटीय कार्य संचालन में मील-पत्थर—इंफोसिस ने 64 के.वी.पीएस. लिंक प्राप्त किया

हालाँकि यह एक बिक्री कार्यालय था, लेकिन बोस्टन में दो तरह का कामकाज हो गया और यह विदेश में पहले 'नेटवर्क हब' के रूप में भी काम करने लगा। इससे ग्राहक इंफोसिस के 'अपतटीय नेटवर्क' से प्रभावी रूप से जुड़ गए। दिसंबर 1992 में भारत में किसी कंपनी को पहली बार 64 के.बी.पी.एस. की अंतरराष्ट्रीय निजी लाइन मिल गई और यह लाइन इंफोसिस के बोस्टन कार्यालय और बेंगलुरू में मुख्यालय के बीच स्थापित की गई। सह-संस्थापक एस.डी. शिबुलाल याद करते हुए कहते हैं, "नब्बे के दशक की शुरुआत में इंफोसिस को जो पहले ग्राहक मिले, उनमें से एक था जी.ई.। जी.ई. (जनरल इलेक्ट्रिक) चाहता था कि हमारे बेंगलुरू कार्यालय और अमेरिका में उनके कार्यालय के बीच संपर्क

बन जाए। वे बेंगलुरू से अपने कार्यालय में सीधा संपर्क चाहते थे। हमने महसूस किया कि यदि हमारे पास ऐसा लिंक हो, जो बोस्टन में हमारे ऑफिस में समाप्त हो, तो हम उसी लिंक से अपने विविध ग्राहकों को जोड़ सकेंगे। सन् 1992 में हमने अपने कोरामंगल कार्यालय और बोस्टन कार्यालय के बीच अपना पहला 64 के.बी.पी.एस. का लिंक स्थापित किया। मूर्ति ने हार्डवेयर खरीदने, सॉफ्टवेयर और सिस्टम एकीकृत करने के लिए जो कुल बजट आवंटित किया, वह था एक लाख डॉलर, जो उस समय एक बड़ी राशि थी। हमने सफलतापूर्वक लिंक स्थापित किया, जी.ई. से लिंक जोड़ा और उसी लिंक पर वाक् संचार (बातचीत) भी चालू कर दिया।"

शेयरों की पहली सार्वजनिक बिक्री

सन् 1991 में भारतीय अर्थव्यवस्था के उदारीकरण ने इंफोसिस की किस्मत में नाटकीय सुधार कर दिया। इंफोसिस का राजस्व लगभग दोगुना हो गया। वित्तीय वर्ष 1992-93 में इंफोसिस का राजस्व 5.01 मिलियन (50.1 लाख) डॉलर था, जो वित्तीय वर्ष 1993-94 में बढ़कर 9.60 मिलियन (96 लाख) डॉलर हो गया।

सन् 1991 के सुधारों ने फर्मों को विदेश में ऑफिस खोलने, आसानी से यात्रा करने और विदेशी सलाहकारों की सेवाएँ लेने की अनुमति दी। सुधारों ने निजी कंपनियों के लिए पूँजी बाजार में पहुँच भी आसान कर दी, जिससे शेयर के जरिए धन जुटाना एक सार्थक विकल्प बन गया। उत्साहित होकर इंफोसिस ने फरवरी, 1993 में पहली बार अपने शेयर सार्वजनिक बिक्री के लिए पेश किए और जून 1993 में कंपनी भारत में शेयर बाजारों में सूचीबद्ध हो गई। कंपनी के शेयर का कारोबार 145 रुपए प्रति शेयर पर खुला, जबकि आई.पी.ओ. की कीमत 95 रुपए प्रति शेयर थी। इंफोसिस ने अपने शेयरों की पहली बिक्री के जरिए 44 लाख डॉलर की पूँजी जुटाई और फिर 1994 में शेयरों के प्राइवेट प्लेसमेंट के जरिए 77 लाख डॉलर और जुटाए।

इंफोसिस की पहली वार्षिक रिपोर्ट (1992-93) में शेयरधारकों के नाम पत्र का शीर्षक था 'भारत-आधारित सॉफ्टवेयर विकास के जरिए तरक्की करना'। इसमें इंफोसिस की रणनीति के मुख्य बिंदु भी दिए गए थे-

- विश्व बाजार में न केवल कीमत, बल्कि गुणवत्ता और उत्पादकता के आधार पर प्रतियोगिता करना।
- उच्च मुनाफे और सुदृढ़ कार्य-संचालन के लिए 'भारत-आधारित सॉफ्टवेयर कार्यशाला' का प्रयोग करना।

- उच्च मुनाफे के लिए आला बाजारों में समाधान प्रदान करनेवाला बनना।

उल्लेखनीय तथ्य

- इंफोसिस के पहले आई.पी.ओ. की पूरी बिक्री नहीं हो पाई थी और ऐसे में हामीदारों ने बाकी शेयर लेकर इशु को सँभाला।
- आई.पी.ओ. के दौरान एक शेयर के लिए लगाए गए 95 रुपए 31 मार्च, 2010 को 3,34,842 रुपए बन चुके थे।

'एंप्लाई स्टॉक ऑप्शन प्लान' (कर्मचारियों को शेयर का विकल्प देने की योजना)

इंफोसिस उन पहली कंपनियों में से एक थी, जिसने भारत में धन का लोकतंत्रीकरण किया। इसने सन् 1994 में 'धन कमानेवालों' को कंपनी का दावेदार बना दिया और इसके लिए वह पहला 'एंप्लाई स्टॉक ऑप्शन प्लान' (ई.एस.ओ.पी.) लाई। इस कदम ने भारतीय आई.टी. उद्योग में एक परिपाटी की शुरुआत कर दी। इंफोसिस के सह-संस्थापक एन.एस. राघवन कहते हैं, "रणनीति यह थी कि कर्मचारियों में अपनापन और स्वामित्व का एक बहुत मजबूत भाव पैदा किया जाए। इसके साथ जब कार्य-संतुष्टि के उच्च स्तर (चुनौतीपूर्ण कार्य का दायित्व) का समन्वय हुआ, तो इससे उल्लेखनीय कार्य-प्रदर्शन हुआ। इससे वे मानने लगे कि वे सचमुच संगठन के मालिक हैं और वे भी संगठन का धन साझा करते हैं। इस तरह कर्मचारियों में उच्च स्तर की प्रेरणा और समर्पण का भाव जागा।"

इंफोसिस अपना मुख्यालय नए परिसर में ले गई

इंफोसिस अपने कॉरपोरेट मुख्यालय को सन् 1994 में 'बेंगलुरू इलेक्ट्रॉनिक सिटी' में पाँच एकड़ में बने परिसर में ले गई। यह भारत का एक स्थान पर बना 'सबसे बड़ा सॉफ्टवेयर केंद्र' था और यहाँ देश का सबसे बड़ा कंप्यूटर नेटवर्क था। यहाँ एक व्यायामशाला और खेल-कूद क्षेत्र भी बनाया गया। इससे यहाँ का माहौल एक परिसर (कैंपस) की तरह का हो गया। यह सुविधा-केंद्र न केवल अत्याधुनिक था, बल्कि काम करने के लिहाज से भी यह एक मजेदार जगह थी।

इंफोसिस ने विकास के लिए कमर कसी

1990 के दशक के मध्य में इंफोसिस ने रणनीतिक कारोबारी इकाइयाँ स्थापित कीं, ताकि कार्य-संचालन की स्वायत्तता को बढ़ावा मिले और अगली

पीढ़ी के कारोबारी नेता पैदा किए जा सकें। जैसे-जैसे 'ग्लोबल डिलीवरी मॉडल' विकसित हुआ, ऑन-साइट-ऑफशोर (कार्यस्थल वाले ऑफिस और अपतटीय ऑफिस) के बीच संचार-संपर्क निर्बाध रूप से बढ़ता चला गया। सन् 1995 में इंफोसिस के बोस्टन और बेंगलुरू कार्यालयों के बीच पहला वीडियो सम्मेलन किया गया। पेशेवर प्रतिभाओं को आकर्षित करने की अपनी रणनीति के तहत दुनिया के सबसे ज्यादा संभावनाओं वाले विभिन्न स्थानों में 'विकास केंद्र' (डी.सी.) खोलने की योजना बनाई गई। इसी प्रयास के तहत सन् 1994 में फ्रीमॉन्ट में इंफोसिस ने अपना पहला विदेश स्थित 'विकास केंद्र' खोला। सन् 1997 तक इनफोसिस ने भारत में मेंगलोर, पुणे, चेन्नई और भुवनेश्वर जैसे शहरों में अपने विविध विकास केंद्र खोल लिये थे। इस अवधि के दौरान इंफोसिस ने अमेरिका भर में अपने बिक्री केंद्र खोले। इसके बाद इंग्लैंड, जापान और कनाडा में भी दफ्तर खोले गए।

जी.ई. से अलग होना

सन् 1995 में इंफोसिस ने अपना एक बड़ा ग्राहक 'जनरल इलेक्ट्रिक' खो दिया। 'जनरल इलेक्ट्रिक' से इंफोसिस को अपने कुल राजस्व का 25 प्रतिशत राजस्व (और कुल मुनाफे का 8 प्रतिशत मुनाफा) हासिल होता था। इंफोसिस ने अपनी सेवाओं के लिए अधिक दर के लिए बात करनी चाही, लेकिन एक दूसरी प्रतियोगी कंपनी ने ज्यादा प्रतियोगी प्रस्ताव रख दिया, इससे जी.ई. ने हमारे उच्च दर के प्रस्ताव को ठुकरा दिया। मात्र 48 घंटे के अंदर इंफोसिस ने वित्तीय विश्लेषकों के समक्ष इसका खुलासा कर दिया कि दोनों कंपनियाँ 'दोस्त की तरह अलग' हो गई हैं; और यह भी बताया कि इस कमी की कैसे भरपाई की जाएगी। इंफोसिस के लिए यह घटना एक सबक थी। खतरा समाप्त करने की नीति के तहत कंपनी ने तय किया कि किसी एक ग्राहक से कारोबार 10 प्रतिशत राजस्व तक सीमित रखा जाए।

इसके अतिरिक्त इस घटना के शीघ्र खुलासा करने और पारदर्शिता के लिए उद्योग जगत् में इंफोसिस को स्थापित कर दिया। इससे इंफोसिस के शेयर-भाव चढ़े। जैसाकि के. दिनेश कहते हैं, "जब संदेह में हों, खुलासा करें।"

कॉरपोरेट प्रशासन

बोर्ड के सदस्य टी.वी. मोहनदास पई याद करते हैं, "वित्तीय रिपोर्ट देने में हमारा दर्शन रहा है कि जब भी संशय हो, खुलासा कर दो। सन् 1994 में सार्वजनिक कंपनी बनने के बाद जब हमने सालाना रिपोर्ट देनी शुरू की, यह हमारा

दर्शन रहा है। अगले साल हमने उन तरीकों को खोजना शुरू किया जिससे शेयरधारकों को ज्यादा सूचना दी जा सके, क्योंकि हमारे शेयरधारक दुनिया भर में फैले हुए थे। हमने अमेरिकी जी.ए.ए.पी. (जनरली एक्सेप्टेड एकाउंटिंग प्रिंसिपल्स यानी आम तौर पर स्वीकृत सिद्धांतों) तथा छह अन्य देशों के जी.ए.ए.पी. के दिशा निर्देशों के आधार पर वित्तीय कथन तैयार करने शुरू कर दिए। साथ-ही-साथ हमने शेयरधारकों को अतिरिक्त सूचनाएँ दीं। हमारा मत था कि शेयरधारक को उतनी आवश्यक सूचना मिलनी ही चाहिए जिसके आधार पर वे जैसी चाहें राय बना सकें या निष्कर्ष निकाल सकें। सूचना का पर्याप्त खुलासा किया जाना शेयरधारकों का अधिकार है। हम मानते हैं कि पूरा और खुलकर खुलासा किया जाए और शेयरधारकों का न्यासी बना जाए।"

कॉरपोरेट प्रशासन पर इंफोसिस के अत्यधिक जोर देने से उसने भारत में एक नया चलन शुरू कर दिया, क्योंकि उसके प्रशासकीय तौर-तरीके कानून द्वारा तय सीमाओं के काफी आगे थे। इंफोसिस के खुलासों को अंतरराष्ट्रीय कॉरपोरेट प्रशासन के सर्वोत्तम चलनों में करार दिया गया। आई.पी.ओ. के समय से इंफोसिस ने उन सूचनाओं को शामिल किया है, जो प्रासंगिक हैं, लेकिन कानून के अनुसार सालाना रिपोर्ट में शेयरधारकों को बताना अनिवार्य नहीं है। इंफोसिस ने कानून की सीमा से परे जाकर भी शेयरधारकों को सूचित किया।

इंफोसिस मानता है कि निवेशक का विश्वास बनाए रखने और बढ़ाने के लिए ठोस कॉरपोरेट प्रशासन अत्यधिक अहम है। टी.वी. मोहनदास पई के अनुसार, "इसका कॉरपोरेट प्रशासकीय दर्शन इस सिद्धांत पर आधारित है कि 'शेयरधारक कॉरपोरेशन के मालिक हैं, प्रबंधन न्यासी हैं।' हम जब से सार्वजनिक कंपनी बने, हमने अपने सभी सिद्धांतों को इसी मूलभूत स्थिति पर आधारित किया है।"

उल्लेखनीय तथ्य

- वित्तीय वर्ष 1994-95 में इंफोसिस ने प्रॉस्पेक्टस में दिए गए लक्ष्यों की तुलना में वास्तविक कार्य-प्रदर्शन को दरशाया। अगले साल ऐसी सूचना का खुलासा करना भारत में अनिवार्य हो गया।
- इंफोसिस पहली भारतीय कंपनियों में रही जिसने वित्तीय वर्ष 1995-96 में स्वेच्छा से अमेरिकी जी.ए.ए.पी. रिपोर्टिंग को अपनाया।
- वित्तीय वर्ष 1998-99 में इंफोसिस भारत में पहली कंपनी बनी, जिसने त्रैमासिक आधार पर ऑडिट किया हुआ भारतीय वित्तीय विवरण प्रकाशित किया। त्रैमासिक परिणामों की घोषणा करना भारत में वित्तीय

वर्ष 1999-2000 से अनिवार्य कर दिया गया।

- इंफोसिस ने सन् 1995 से लेकर लगातार दस वर्षों तक 'इंस्टीट्यूट ऑफ चार्टर्ड एकाउंटेंट्स ऑफ इंडिया' से 'सर्वोत्तम सालाना रिपोर्ट अवार्ड' हासिल किया।
- कॉरपोरेट प्रशासन के लिए इंफोसिस ने जो शुरुआती पुरस्कार हासिल किए, उनमें से था सबसे पहले दिया गया 'कॉरपोरेट प्रशासन के लिए राष्ट्रीय श्रेष्ठता अवार्ड'। यह पुरस्कार उसे भारत सरकार ने सन् 1999 में दिया।
- सन् 1998 में इंफोसिस पहली कंपनी बनी, जिसने 'कंपनी ऑफ दी ईयर' अवार्ड जीता। यह एक नया अवार्ड था, जिसकी स्थापना 'इकोनॉमिक टाइम्स' ने 'कॉरपोरेट श्रेष्ठता' के लिए की थी। शेयरधारक का मूल्य बढ़ाने और तकनीकी सीमाओं को आगे बढ़ाने में योगदान के लिए इस राष्ट्रीय दैनिक अखबार ने पाठक सर्वे और सी.ई.ओ. का सर्वे किया और इस आधार पर 'कॉरपोरेट श्रेष्ठता' के लिए इंफोसिस को चुना।
- 'एशिया मनी' के कॉरपोरेट प्रशासन सर्वे 2005 में इंफोसिस ने सर्वोत्तम कॉरपोरेट प्रशासन की क्षेत्रीय रैंकिंग में शीर्ष स्थान हासिल किया। इसी तरह, इसे 'वर्ल्ड काउंसिल फॉर कॉरपोरेट गवर्नेंस', लंदन से कॉरपोरेट प्रशासन में श्रेष्ठता के लिए सन् 2002 का 'गोल्डन पीकॉक अवार्ड' मिला। फिर 'स्टैंडर्ड ऐंड पूअर्स कॉरपोरेट गवर्नेंस सर्विसेज' ने इंफोसिस को 8.6 की मजबूत सी.जी.एस. रेटिंग से नवाजा।

सामाजिक जिम्मेदारी: इंफोसिस फाउंडेशन

'एक स्थायी समाज के लिए एकमात्र उम्मीद यह है कि कॉरपोरेशन और 'समृद्ध' लोग कम किस्मतवालों के प्रति अपनी सामाजिक जिम्मेदारियों को महसूस करें।'

—इंफोसिस वार्षिक रिपोर्ट, 1996-97

इंफोसिस ने सन् 1996 में 'इंफोसिस फाउंडेशन' की स्थापना की। तब से इस लाभ-निरपेक्ष ट्रस्ट ने शिक्षा, स्वास्थ्य, ग्रामीण विकास और कला के क्षेत्र में व्यापक काम किए हैं। इसकी गतिविधियाँ वंचित लोगों को सहयोग देती हैं और देश भर में हजारों लोगों की जिंदगियों को छूती हैं।

मुख्य मार्गदर्शक एन.आर. नारायण मूर्ति इस बारे में स्पष्ट हैं कि उन्होंने एक फाउंडेशन स्थापित करने की जरूरत क्यों महसूस की: 'कॉरपोरेट लोकोपकार का कामकाज एक कंपनी चलाने से सर्वथा भिन्न है। शेयरधारकों को यह समझने

की जरूरत है कि कंपनी की 'कॉरपोरेट नागरिकता पहल' कंपनी के कार्य-संचालन को किसी भी तरह से कमतर नहीं करती है। कंपनी का प्राथमिक कार्य ग्राहकों और शेयरधारकों को संतुष्ट करना है और साथ ही एक कारोबार की कानूनी और नैतिक आवश्यकताओं को पूरा करना है; तथा अभिनव प्रयोग पर ध्यान केंद्रित करना है। इन दोनों कार्यों को अलग-अलग रखकर प्रत्येक कार्य दूसरे की वृद्धि कर सकता है, उसे कमजोर नहीं कर सकता।'

युवा मस्तिष्कों का पोषण

सन् 1997 और 1998 के बीच इंफोसिस ने समाज के दो अलग तबके के युवा लोगों के लिए सामाजिक कार्यक्रमों की शुरुआत की। 'रूरल रीच' (ग्रामीण पहुँच) कार्यक्रम के तहत गाँवों में बच्चों का परिचय कंप्यूटर से कराया गया। इसी तरह 'कैच देम यंग' (युवावस्था में उन्हें पकड़ो) कार्यक्रम के तहत हाई स्कूल के होनहार विद्यार्थियों की पहचान की गई, उन्हें प्रशिक्षित किया गया और उन्हें पेशेवर आई.टी. माहौल की पहली झलक दिखाई गई। दोनों कार्यक्रम आज भी जारी हैं और इसमें 'इंफोसियंस' (इंफोसिस के कर्मचारी खुद को यही कहते हैं) की भी सक्रिय भागीदारी है।

वाई 2 के (सन् 2000) एक अवसर के रूप में

1990 के दशक के उत्तरार्ध में इंफोसिस ने सन् 2000 (वाई2के) को ग्राहकों के साथ दीर्घकालीन संबंध बनाने के मौके के लिए एक संक्रमण के रूप में इस्तेमाल किया। कृश गोपालकृष्णन याद करते हैं:

'इंफोसिस ने वाई2के को जी.डी.एम. को सुस्थापित करने, आई.टी. की जरूरतों के लिए इंफोसिस को एक भरोसेमंद भागीदार के रूप में स्थापित करने और कारोबार बढ़ाने के एक मौके के रूप में देखा। जब सन् 1981 में इंफोसिस की स्थापना की गई थी, तो उन वर्षों में 'मेनफ्रेम्स' (मुख्य ढाँचों) का प्रभुत्व था। उस वक्त से हमने क्लाइंट सर्वर कंप्यूटिंग, नेटवर्क कंप्यूटिंग, वाई2के बग के मुख्य मसले के तौर पर उभरने, एक व्यापक कंप्यूटिंग प्रतिमान के सामने आने जैसी बातों को देखा है। इस पूरे दौर में हमारा जोर नए समाधान प्रस्तुत करने, शिक्षण-प्रशिक्षण से लोगों को काबिल बनाने और यह सुनिश्चित करने का काम किया कि जब हम लोगों को नियुक्त करें तो उनकी सीखने की क्षमता पर ध्यान केंद्रित किए रहें और एक टेक्नोलॉजी से दूसरी टेक्नोलॉजी पर निर्बाध रूप से सहजता के साथ संक्रमण कर सकें। हम अपने ग्राहकों के लिए प्रासंगिक बने हुए

हैं और उनकी जरूरतों को पूरा करने के लिए हमारे पास सही समाधान हैं।'

मिलन–ग्राहकों के साथ संपर्क करना या जुड़ना

1990 के दशक के उत्तरार्ध में इंफोसिस भारत की उन पहली आई.टी. कंपनियों में थी, जिसने अपने ग्राहकों के लिए एक वार्षिक वैश्विक बैठक करने की शुरुआत की। इसका नाम 'मिलन' रखा गया, जिसका संस्कृत में मतलब है 'मस्तिष्कों का मिलन'। इंफोसिस के 'सालाना ग्राहक फोरम' को हाल में 'कॉन्फ्लुएंस' (संगम) नाम दिया गया, ताकि उसकी वैश्विक पहुँच और बेहतर ढंग से परिलक्षित हो। विविध क्षेत्रों में किए जानेवाले इन सम्मेलनों में पैनल परिचर्चाओं, ग्राहकों और आई.टी. उद्योग के विचारकों की प्रस्तुतियों और सवाल–जवाब के जरिए सर्वोत्तम चलनों के बारे में विचारों के आदान–प्रदान का मौका मिलता है।

इंफोसिस का वैश्वीकरण–एक रणनीतिक विषय

सन् 1998 में इंफोसिस की रणनीति एवं कार्ययोजना थी 'इंफोसिस का अंतरराष्ट्रीयकरण'। इंफोसिस को एक वाकई वैश्विक खिलाड़ी बनाने के लिए कई रणनीतिक कदम उठाए गए। इंफोसिस ने दुनिया भर में कार्यालय और विकास केंद्र खोलकर अपनी छाप का विस्तार किया। इस विकास की जमीन तैयार करने के लिए इसने नेताओं की भूमिकाओं को समंजित किया। सन् 1999 में, नंदन नीलेकणि प्रबंध निदेशक, प्रेसिडेंट और प्रमुख संचालन अधिकारी तथा नारायण मूर्ति चेयरमैन व प्रमुख कार्याधिकारी (सी.ई.ओ.) बने, ताकि 'इंफोसिस को नई शताब्दी में ले जाने के लिए सही कदम उठाया जाना सुनिश्चित करने पर ध्यान केंद्रित किया जा सके।'

इंफोसिस की वार्षिक रिपोर्ट 1998–99 में प्रकाशित पुरानी यादों से भरे एक संदेश में नारायण मूर्ति ने इंफोसिस के नए प्रबंध निदेशक का परिचय कराया: 'नंदन 11 फरवरी, 1999 को नए प्रबंध निदेशक, प्रेसिडेंट और चीफ ऑपरेटिंग ऑफीसर (मुख्य कार्य संचालन अधिकारी) बने। वे सभी दैनिक कार्य संचालन को देखते हैं और मुझे सूचित करते हैं। मैं चेयरमैन और चीफ एक्जीक्यूटिव ऑफीसर (मुख्य कार्याधिकारी) बना हुआ हूँ। मैं नंदन को तब से जानता हूँ जब वे तेईस साल के एक युवक के रूप में मेरे कमरे में आए थे और मुझे इस तरह प्रभावित किया था कि मैंने उन्हें सॉफ्टवेयर इंजीनियर के रूप में नियुक्त कर लिया। तब मैं सन् 1979 में पी.सी.एस., बॉम्बे में सॉफ्टवेयर विभाग का प्रमुख था। मेरी पच्चीस साल की परिकल्पना है कि सॉफ्टवेयर जैसे तेजी से परिवर्तित होनेवाले उद्योग में ज्ञानाधार के बजाय नया सीखते रहने की योग्यता निरंतर सफलता के लिए

महत्त्वपूर्ण है। नंदन इस विचार के एक तेजस्वी आदर्श हैं। अन्य मशहूर कंपनियाँ भी इस विचार को स्वतंत्र रूप से स्वीकार करती हैं और उसे अपनाती हैं।'

इंफोसिस वैश्विक बन गई

इंफोसिस के वैश्विक विकास पथ के बारे में नंदन इंगित करते हैं: "1990 के दशक के उत्तरार्ध में हमने महसूस करना शुरू किया कि एक बहुत बड़ा अवसर हमारे सामने है और इसके लिए हमें कई मोरचों पर काम करने की आवश्यकता है। उदाहरण के लिए हमने कहा कि हमें 'नेस्डैक' (NASDAQ) जैसे एक अंतरराष्ट्रीय शेयर बाजार में सूचीबद्ध होना पड़ेगा, क्योंकि ग्लोबल 2000 फर्में हमारी ग्राहक थीं और वे एक ऐसी कंपनी के साथ काम करने की अपेक्षा रखेंगी, जो वहाँ सूचीबद्ध हो तथा सार्वजनिक प्रशासन व शेयरधारक पारदर्शिता के अपने अंतरराष्ट्रीय मानदंड के लिए जानी जाए। दूसरे, हम अपनी किस्मत की बागडोर अपने हाथ में रखना चाहते थे। हमें अमेरिका में अपना बिक्री कार्यालय रखने की जरूरत थी। अपने ग्राहकों से सीधा संबंध बनाने के लिए हमने विविध बिक्री केंद्रों में निवेश किया, ताकि वे इंफोसिस को अपने भागीदार और अपने विश्वस्त सलाहकार के रूप में देखें। तीसरे, हम इंफोसिस को वैश्विक स्तर पर मशहूर बनाना चाहते थे। हम इंफोसिस को एक 'वैश्विक ब्रांड' बनाने की यात्रा पर निकल पड़े। अंतत: हमने कहा कि हम इंफोसिस को एक वैश्विक नियोक्ता बनाना चाहते हैं और हमने एक 'वैश्विक कार्यबल' बनाने की यात्रा शुरू की। इन सभी चीजों ने मिलकर वैश्वीकरण की हमारी यात्रा तय की।"

इनस्टेप—अंतरराष्ट्रीय प्रतिभाओं का प्रशिक्षण

इंफोसिस ने तेजस्वी अंतरराष्ट्रीय प्रतिभाओं को आकर्षित करने का अपना अभियान सन् 1999 में शुरू किया। मौजूदा कार्यक्रम 'इनस्टेप' दुनिया भर के शीर्ष अकादमिक संस्थानों के स्नातक, स्नातकोत्तर और पी-एच. डी. विद्यार्थियों के लिए एक इंटर्नशिप कार्यक्रम है। यह भारत में सबसे बड़े संस्थागत वैश्विक इंटर्नशिप कार्यक्रमों में से एक है।

'नैस्डेक' के लिए एक छोटा कदम, इंफोसिस के लिए एक लंबी छलाँग

मार्च 1999 में इंफोसिस भारत में पंजीकृत पहली कंपनी बनी, जो 'नैस्डेक' में सूचीबद्ध हुई। इसने अमेरिकी डिपॉजटरी शेयर्स (ए.डी.एस.) कार्यक्रम के तहत

2.07 मिलियन ए.डी.एस. के इशु के जरिए 70.38 मिलियन (7.038 करोड़) अमेरिकी डॉलर जुटाए। नारायण मूर्ति ने उसी वर्ष बाद में प्रकाशित 'नैस्डेक' की 'एमेक्स' पत्रिका के साथ एक इंटरव्यू में कहा, "भारत के बाहर अपनी ब्रांड इक्विटी को आगे बढ़ाने के लिए हमें नैस्डेक जैसे एक वैश्विक स्टॉक एक्सचेंज में सूचीबद्ध होने की जरूरत थी...नैस्डेक के लिए यह एक छोटा कदम है, लेकिन इंफोसिस और भारतीय सॉफ्टवेयर उद्योग के लिए एक लंबी छलाँग है।" जब इंफोसिस 'नैस्डेक' में सूचीबद्ध हुई, तो नारायण मूर्ति ने कहा, "यही वह जगह है, जहाँ हमने महसूस किया कि हमें होना चाहिए।" वैश्वीकरण की दिशा में यह एक महत्त्वपूर्ण कदम था।

उल्लेखनीय तथ्य

- जुलाई 2006 में इंफोसिस को 'नैस्डेक ग्लोबल सेलेक्ट मार्केट' में शामिल किया गया। यह एक नई बाजार श्रेणी थी, जिसके दुनिया में सबसे ऊँचे सूचीबद्धता प्रतिमान थे। 'नैस्डेक ग्लोबल सेलेक्ट मार्केट' के पैमाने के बारे में नैस्डेक प्रेसिडेंट एवं सी.ई.ओ. बॉब ग्रीफेल्ड ने कहा, "ब्लू चिप कंपनियों के लिए एक ब्लू चिप बाजार।" इस बाजार की वित्तीय व तरलता आवश्यकताएँ किसी भी अन्य मार्केट की तुलना में उच्चतर हैं।
- सन् 1999 में 'बिजनेस वर्ल्ड-इंडिया पोल' में इंफोसिस ने छठे नंबर से शुरुआत की। यह सर्वे भारत की सबसे सम्मानित कंपनियों के बारे में था।
- सन् 1999 में भारतीय आर्थिक अखबार 'इकोनॉमिक टाइम्स' के भारतीय उद्योग के 1636 वरिष्ठ मैनेजरों के बीच कराए गए एक सर्वे में इंफोसिस को 'सबसे सराहनीय कंपनी' चुना गया।
- सन् 1999 में इंफोसिस को 'फोर्ब्स' की 300 सर्वोत्तम छोटी कंपनियों की सूची में शामिल किया गया। इस सूची को तैयार करने के लिए फोर्ब्स के सांख्यिकी विशेषज्ञों और रिपोर्टरों ने दुनिया की 13000 कंपनियों के डाटाबेस का अध्ययन किया, ताकि वे 'इस धरती की सबसे होनहार और तेज छोटी कंपनियों का पता लगा सकें।' इंफोसिस की कंपनी प्रोफाइल का शीर्षक था 'बिग बैंग इन बेंगलुरू' (बेंगलुरू में महाविस्फोट)। इस पत्रिका ने खबर दी, 'इंफोसिस का इतिहास और उसकी संस्कृति भारत से शायद ही मेल खाती है। भारतीय कारोबार आलसी वंशों से भरा पड़ा है''खासी पूँजीवाली,

अच्छे संपर्कोंवाली भारतीय सॉफ्टवेयर कंपनियाँ जहाँ भारतीय नौकरशाही की चमचागिरी में लगी रहती हैं, इंफोसिस ने अपना ध्यान विदेशी ग्राहकों पर केंद्रित किया है।'

इंफोसिस ने सी.एम.एम. 5 लेवल की प्रतिष्ठा पाई

सन् 1999 में इंफोसिस दुनिया की इक्कीसवीं और भारत की पहली कंपनी बनी, जिसका 'सॉफ्टवेयर इंजीनियरिंग इंस्टीट्यूट' द्वारा स्थापित 'कैपिबिलिटी मैच्युरिटी मॉडल' (सी.एम.एम.) के लेवल 5 के अनुसार आकलन किया गया। 'लेवल-5' बहुत ही उच्च स्तर की प्रॉसेस मैच्युरिटी का संकेतक है–उस समय दुनिया में करीब 1.5 प्रतिशत प्रतिशत सॉफ्टवेयर कंपनियाँ ही 'लेवल-5' को हासिल कर सकी थीं। सन् 2000 में इंफोसिस ने तब प्रदर्शन-श्रेष्ठता की ओर कदम बढ़ाया, जब उसने 'मैल्कॉम बाल्ड्रिज फ्रेमवर्क' के पैमाने पर अपने प्रॉसेस को परखना शुरू किया।

जब भारत सरकार ने भारतीय उद्योग के विकास को जकड़नेवाले नियमनों को सन् 1991 में हटा दिया, तो कारोबारी माहौल बदल गया और इसके साथ ही इंफोसिस की भी किस्मत बदल गई। वित्तीय वर्ष 1991-92 में महज 3 मिलियन (30 लाख) डॉलर से इंफोसिस का सन् 1999 में वार्षिक राजस्व बढ़कर 100 मिलियन (10 करोड़) डॉलर हो गया।

उल्लेखनीय तथ्य

- 'सी.एम.एम. लेवल-5' मुकाम की घोषणा इंफोसिस के पूर्व उपाध्यक्ष (क्वालिटी) डॉ. पंकज जलोटे द्वारा 'सी.एम.एम. इन प्रैक्टिस: प्रॉसेस फॉर एग्जीक्यूटिंग सॉफ्टवेयर प्रोजेक्ट्स एट इंफोसिस' नामक पुस्तक के विमोचन के मौके पर की गई। पुस्तक सी.एम.एम. की खास विशेषताएँ इंफोसिस में व्यावहारिक रूप में प्रॉसेस किए जाने के संबंध में थीं।

2000 से 2010 का दशक

आधारभूत मूल्य–सी-लाइफ को घनीभूत करना

नारायण मूर्ति उस एक चीज पर विचार करते हैं, जिसने संस्थापकों को शुरुआती दिनों की चुनौतियों से पार पाने में मदद की–

तेज-तर्रार लोगों को अपने साथ काम करने के लिए आकर्षित करना एक

चुनौती थी; हमारा कोई नाम नहीं था, पैसा नहीं था, कोई ब्रांड मान्यता नहीं थी और कोई भौतिक या वित्तीय संपदा नहीं थी। जब हमने सन् 1982 में नियुक्तियाँ कीं, तो मैंने एक दोस्त की कंपनी में कुछ मेज भर की जगह उधार ली। फिर मैं एक अन्य दोस्त के पास गया। उसकी एक बड़े कंप्यूटर केंद्र तक पहुँच थी। उसने हमें रात में कंप्यूटरों का प्रयोग करने की इजाजत आकर्षक दर पर दिला दी। दरअसल हमारे कर्मचारियों को वेतन देने के लिए मेरी पत्नी को अपने गहने गिरवी रखने पड़े। लेकिन सबसे बढ़िया बात यह थी कि इस दिक्कत भरे दौर में भी हमें अपने मूल्यों और आदर्शों से समझौता नहीं करना पड़ा।

मूर्ति आगे खुलासा करते हैं कि एक मूल्य-प्रणाली को क्या चीजें परिभाषित करती हैं–

यह विलंबित पारितोषिक को स्वीकार करने की योग्यता है, वर्तमान में त्याग करने की योग्यता है, 'क्या करना है और क्या नहीं करना है' के सर्वसम्मति वाले नियमों के आधार पर एक टीम के रूप में काम करने, व्यक्तिगत अहं को तवज्जो न देने, व्यक्तिगत हित से संगठन के हित को ऊपर रखने, लोगों की क्षमता को मान्यता देने और विभिन्न क्षेत्रों में व्यक्तियों के नेतृत्व को स्वीकार करने की योग्यता है। शुरू से ही मेरा ध्यान रणनीति और वित्त पर था। नंदन ने बिक्री और विपणन पर ध्यान लगाया हुआ था, राघवन लोगों के हुनर, कृश तकनीकी कौशल में लगे थे, तो शिबुलाल, दिनेश और अशोक अरोड़ा श्रेष्ठ कोटि के प्रोजेक्ट मैनेजर थे। जब भी रणनीति या वित्त पर बहस होती थी, लोग मुझे सुनते थे। वे ढेरों सवाल करते थे, लेकिन जब तक मैं तर्कपूर्ण ढंग से समझा पाता था कि क्यों खास चीजें खास तरीके से की जानी चाहिए, लोग इसे स्वीकार करते थे। इसी तरह मानव संसाधन के मामले में राघवन के विचार हमेशा स्वीकार किए जाते थे। एक टीम के सफल होने के लिए यह परम आवश्यक है: आपको अपने अहं को दबाना है; और फिर हम सबमें उन सभी सफलताओं पर खुशियाँ मनाने की योग्यता थी। मैं सोचता हूँ कि हमारी मूल्य प्रणाली के अनिवार्य सूत्र निम्न हैं: त्याग, विलंबित पारितोषिक, सामूहिक कार्य, हमेशा तयशुदा आचरण करना, दूसरे की सफलताओं का आनंद उठाना, अहं को दबाना, दूसरे लोगों की विशेषज्ञता को स्वीकार करना। फिर हर मसले पर आँकड़े और तथ्यों के आधार पर फैसला करना, प्रत्येक कार्यकलाप शून्य आधार पर शुरू करना और यह कहना कि आप मुझसे उस सीमा तक असहमत हो सकते हैं, जब तक कि आप असहमति योग्य नहीं हो जाते और अंततः उदाहरण के जरिए नेतृत्व करना। शुरुआती दौर में इन सभी गुणों की प्रचुर

मात्रा में जरूरत थी। उदाहरण के लिए, मेरा वेतन नंदन, कृश, शिबु या राघवन की तुलना में 15-16 गुना ज्यादा था। मैंने महसूस किया कि यदि मैं अपने सहयोगियों से त्याग करने के लिए कहता हूँ, तो मुझे अपने मामले में इसका उदाहरण पेश करना पड़ेगा। मैंने अपने वेतन में 90 प्रतिशत की कटौती कर दी और यह सुनिश्चित किया कि अन्य सभी साथियों के वेतन में 20 प्रतिशत की बढ़ोतरी हो जाए। परिणाम यह हुआ कि उन सभी ने महसूस किया कि टीम के नेता को अन्य लोगों की परवाह है, टीम के नेता ने उदाहरण पेश कर नेतृत्व किया और इसलिए हम उन पर विश्वास कर सकते हैं।

सन् 1984 में जब इंफोसिस ने बेंगलुरू में पहले कंप्यूटर का आयात किया, तो एक कस्टम अधिकारी ने अप्रत्यक्ष रूप से रिश्वत माँगी। जब नारायण मूर्ति ने बहाना किया कि उन्होंने उनका आग्रह नहीं समझा, तो उस अधिकारी ने उस सरकारी प्रमाणपत्र को मानने से इनकार कर दिया, जिसके अनुसार कंपनी को करीब दस लाख रुपए की नियमित ड्यूटी की जगह मात्र एक लाख रुपए का आयात शुल्क भरना था। कंपनी को आखिरकार ज्यादा राशिवाली ड्यूटी भरनी पड़ी और अतिरिक्त दी गई ड्यूटी को वापस पाने में छह साल तक एक लंबी प्रक्रिया से गुजरना पड़ा। नैतिक मूल्यों की ऐसी कई परीक्षाएँ जारी रहीं। सन् 1996 में कंपनी ने जमीन की खरीददारी के लिए चार लाख रुपए की रिश्वत देने से इनकार कर दिया। इसी भूखंड पर बेंगलुरू में इंफोसिस के आधुनिक कार्यालय हैं। नतीजा यह हुआ कि कंपनी को 40 लाख रुपए अतिरिक्त देने पड़े (उसी क्षेत्र में अन्य कंपनियों द्वारा भुगतान की गई राशि से हमें 40 प्रतिशत ज्यादा देना पड़ा)। इंफोसिस के पूरे इतिहास में ऐसे उदाहरण भरे पड़े हैं और विविध दावेदारों के साथ कार्य व्यवहार में परिलक्षित होते हैं।

शुरुआती दिनों में इंफोसिस के मूल्यों के बारे में मूर्ति का दृष्टिकोण है: *'हमारी मूल्य पद्धति ब्रिटिश संविधान की तरह थी—सबकुछ अलिखित था, लेकिन उसका अत्यधिक पालन किया जाता था। हम कैसे एक साथ रहते हैं? हमारे पास अलिखित नियम हैं। हर कोई जानता है कि यदि हम एक टीम के रूप में काम करना चाहते हैं तो हमें कार्य-संपादन आधारित होना होगा। हम प्रत्येक कार्य शून्य आधार से शुरू करते हैं। यह हमारे लिए एकदम संभव है कि किसी कार्य पर असहमति व्यक्त करें, लेकिन अगला कार्य हम बगैर किसी पूर्वग्रह के शुरू करते हैं। सिर्फ उसी तर्क की जीत होती है, जिसमें दम होता है, इसका वरिष्ठता-क्रम से कोई लेना-देना नहीं है।'*

भारत में काम करते हुए अमेरिका में ग्राहकों की सेवा करने से ऐसे मूल्यों की नींव स्थापित करने का महत्त्व उजागर हुआ, जो सभी संस्कृतियों में सार्वभौम रूप से प्रासंगिक हैं। मूर्ति मानते हैं कि 'संदर्भ और समय से परे' पाँच गुण ऐसे हैं, जो सफलता की नींव रखते हैं–

पहला है खुलापन–बहुलवाद के माहौल के नए विचारों के प्रति खुलापन, और अपने अहं को दबाते हुए दूसरों के बेहतर विचारों को स्वीकार करना। दूसरा है योग्यता का तंत्र–यह सुनिश्चित करना कि हम जो कुछ भी करते हैं, उसमें सर्वोत्तम विचार का चयन किया जाए; यह पक्का करें कि सभी परिचर्चाएँ आँकड़ों, तथ्यों और तर्क पर आधारित हों, न कि भावनाओं या अतीत के उदाहरण पर। जैसाकि मैं कहना पसंद करता हूँ, 'हम ईश्वर में विश्वास करते हैं; बाकी सबको आँकड़े के साथ ही सामने आना चाहिए।' तीसरा है–गति। हमें कल, पिछले महीने, पिछले त्रैमासिक और पिछले वर्ष की तुलना में ज्यादा गति से काम करना है। चौथा है–कल्पना। क्या हम कल की तुलना में बेहतर विचार और ज्यादा विचार लेकर चर्चा की मेज पर आ रहे हैं? पाँचवाँ है–कार्य-निष्पादन में श्रेष्ठता। विचारों का तब तक कोई मोल नहीं है जब तक कि उन्हें वास्तव में लागू न किया जा सके और अच्छी तरह लागू न किया जा सके; और फिर उसमें सुधार न किया जा सके, ताकि हम निरंतर ग्राहक और कर्मचारी को उच्चतर स्तर की संतुष्टि प्रदान कर सकें।

इंफोसिस ने अपने सभी पक्षकारों के साथ कार्य-व्यवहार में हमेशा ही ऊँचे नैतिक मानदंडों का पालन किया है, लेकिन सन् 2000 में कंपनी ने इन मूल्यों को औपचारिक रूप से इस तरह संहिताबद्ध करने का निर्णय किया कि यह रोमांचित करे और कंपनी के मूल मूल्यों के प्रति साझा स्वामित्व की भावना पैदा करे। इस प्रक्रिया में व्यापक रूप से नेताओं को शामिल करने के लिए इंफोसिस के बोर्ड सदस्यों ने वरिष्ठ नेतृत्व टीम और कंपनी के विभिन्न खंडों का प्रतिनिधित्व करनेवाले कर्मचारियों के प्रतिनिधियों का नेतृत्व किया। उन्होंने कारोबारी प्रक्रियाओं और पक्षकार संबंधों में निहित मूल्य प्रणाली के बारे में मौजूदा समझदारी और चिंताओं पर चर्चा की। इंफोसिस के प्रमाण के प्रति स्थायी प्रेम से संगति रखते हुए प्रत्येक सदस्य को अपने दृढ़ कथन को उदाहरणों से पुष्ट करना पड़ा। आखिरकार इस वैचारिक आदान-प्रदान की प्रक्रिया से ऐसे ठोस प्राथमिक गैर-समझौता योग्य, सभी संस्कृतियों में व्याप्त और व्यावहारिक मूल्यों का सेट निकलकर सामने आया, जो समय की कसौटी पर खरा उतर सकता है। टीम ने इन मूल्यों को आसानी से याद रखने के लिए 'परिवर्णी शब्द' गढ़ा 'सी-लाइफ' (C-LIFE)। इसका अर्थ है 'ग्राहक की प्रसन्नता', उदाहरण के जरिए नेतृत्व, ईमानदारी एवं पारदर्शिता, उचित और श्रेष्ठता के लिए काम करना। यह सुनिश्चित करने के लिए

कि जैसे-जैसे इंफोसिस विकसित होता है, हजारों नए कर्मचारियों में मूल्य विधिवत् ढंग से अंगीभूत हों, इस टीम ने उन प्रणालियों और तरीकों की पहचान की, जिन्हें कंपनी में स्थापित करना था। इससे सभी प्रक्रियाओं में कंपनी के मूल मूल्यों के प्रभावशाली पालन का एक सतत आधार सुनिश्चित हुआ। इसमें मूल्यों को मानव संसाधन प्रणालियों से एकीकृत करना, उन कठिन स्थितियों से निपटना, जिसमें मूल्यों की परख होती है और मूल्यों की अवमानना से निपटना शामिल थे। ऐसे उदाहरणों में भेद खोलनेवाले कार्यक्रम, शिकायत पुनरीक्षण बोर्ड और कर्मचारियों की बात सुनने और हल निकालने जैसे कार्यक्रम का सृजन शामिल है। इन मूल्यों को सकारात्मक रूप में बनाए रखने के लिए समूह ने 'वार्षिक श्रेष्ठता पुरस्कार समारोहों' का आयोजन करना शुरू किया। इन समारोहों का सीधा प्रसारण दुनिया भर में इंफोसिस के कार्यालयों में किया जाता है। इस तरह पुरस्कार समारोह भी 'श्रेष्ठता की वैश्विक संस्कृति' का उत्सव मनाता है, योग्यता तंत्र को बढ़ावा देता है और नेतृत्व के आदर्श प्रतिमानों को उजागर करता है, ताकि सभी उनका अनुसरण करें।

मूर्ति मानते हैं कि ये इंफोसिस के मूल्य ही हैं, जिनके कारण उसे प्रशंसा मिली। वह एक मूल मूल्य को इंगित करते हैं, जिसके कारण उनका मानना है कि टीम इतने लंबे समय तक एकजुट रही–

हमने हमेशा ही माना है कि निजी हितों से ज्यादा ऊँचा है कंपनी का हित; क्योंकि हमने महसूस किया है कि ऐसा करने से दीर्घ काल में वास्तव में हमारा निजी हित भी सधेगा। पहले दिन से ही हम अपने कारोबार को कानूनी और नैतिक आधार पर चलाना चाहते थे। हम यह दरशाना चाहते थे कि अपने निजी हितों के ऊपर कॉरपोरेशन का हित रखने से दीर्घ काल में हमें ही लाभ होगा। हम आश्वस्त थे कि सबसे बढ़िया उपाय अपनी आत्मा को साफ रखना है। सरल नियमों के जरिए कारोबार करने के बारे में हमें यकीन था, क्योंकि सरल नियमों को बताना आसान होता है, उस पर अमल करना आसान होता है और उन्हें समझना भी आसान होता है। सबसे महत्त्वपूर्ण बात यह है कि आप किसी को सरल नियमों के जरिए ठग नहीं सकते। निजी लाभ के लिए कॉरपोरेट संसाधनों का इस्तेमाल न करने के सिद्धांतों को भी हमने पहले दिन से ही अपनाया।

इंफोसिस के मुख्य मार्गदर्शक और अध्यक्ष के रूप में मूर्ति आज भी इस नियम का कड़ाई से पालन करते हैं। उदाहरण के लिए सन् 2004 में मूर्ति अपनी पत्नी के साथ यात्रा कर रहे थे। उनकी पत्नी इंफोसिस की कर्मचारी नहीं हैं। लिहाजा, उन्होंने कंपनी को होटल के सिंगल बेडरूम और डबल बेडरूम के किराए में फर्क के बराबर राशि लौटा दी। जब उनसे पूछा गया कि उन्होंने ऐसा क्यों किया, तो उन्होंने

कहा, "किसी संदेश को देने का सबसे बढ़िया तरीका है कि आप कहे पर चलें। इससे आपकी सबसे ज्यादा विश्वसनीयता बनती है।" मूल्यों पर नेतृत्व के ऐसे जोर देने के मद्देनजर इसमें आश्चर्य नहीं है कि कंपनी का नारा है 'विचार-शक्ति से संबलित और मूल्यों से संचालित'। मूर्ति के नेतृत्व को स्पष्टतः दूसरे भी साझा करते हैं, जैसाकि एक अन्य संस्थापक के. दिनेश बताते हैं : "इंफोसिस में सामूहिक नेतृत्व (संस्थापकों के बीच) एक मकसद के लिए था, जो हम सबसे बड़ा था। इंफोसिस के नेतृत्व का आशय एक सपना देखना और उस सपने को साकार करने से है—हमेशा एक वृहत्तर उद्देश्य के प्रति सजग रहना, जो औरों को लाभ पहुँचाता है, न कि खुद नेताओं को।"

मूर्ति कहते हैं, "हम अपने काम और एक-दूसरे के प्रति पूरी तरह समर्पित थे।" वे एक घटना को याद करते हैं। एक बार उन्होंने सह-संस्थापक शिबुलाल से कहा कि एक खास प्रोजेक्ट में आ रही एक समस्या को जब तक सुलझा न लें, तब तक वे घर नहीं जाएँ। मूर्ति अपने निर्देश को भूल गए और खुद घर चले गए। चार दिन बाद उन्होंने संयोगवश शिबुलाल को देर शाम तक काम करते हुए देखा। उन्होंने पूछा कि इतनी देर तक क्यों काम कर रहे हो, तो शिबुलाल ने मूर्ति से कहा, "आपने ही मुझसे कहा था कि जब तक काम न हो जाए, घर मत जाना।"

एक अन्य सह-संस्थापक एन.एस. राघवन इंफोसिस मूल्यों के स्रोत के बारे में बताते हैं: "हमारे मध्य-वर्गीय मूल्य हैं। यह सभी लोगों के लिए मान-सम्मान है, चाहे उनकी पृष्ठभूमि कुछ भी हो। हम ऐसा कुछ भी नहीं करते, जो हमारे सभी कार्य-व्यवहारों के लिए उचित न हो। यह पैसा कमाने का नैतिक जरिया है, इसलिए पैसा कमाना अनिवार्य चीज नहीं है। पैसा तो अपने आप आ जाएगा।"

इंफोसिस में ऐसी भी एक घटना है, जब इसने अपने सी.ई.ओ. पर जुरमाना लगा दिया, क्योंकि उन्होंने अपने शेयर स्वामित्व में परिवर्तन के बारे में समय पर सूचित नहीं किया था। कृश गोपालकृष्णन को अपनी माँ के हिस्से के 12,800 शेयर उत्तराधिकार स्वरूप मिले थे, इससे कृश के शेयर हिस्सेदारी में बदलाव हुआ था; लेकिन उन्होंने इस संबंध एक कारोबारी दिन के अंदर कंपनी को सूचित नहीं किया। लिहाजा इंफोसिस की ऑडिट कमेटी ने उनपर 5 लाख रुपए का जुरमाना ठोक दिया।

मूर्ति एक मूल्य-प्रणाली को परिभाषित करते है, "यह एक प्रोटोकॉल (नयाचार) या प्रोटोकॉल का सेट है, जिसका अनुपालन एक समुदाय अपने सभी कामों में करता है, ताकि इससे विश्वास, आत्मविश्वास, आराम, ऊर्जा और समुदाय के

प्रत्येक सदस्य में उत्साह बढ़े।" इंफोसिस का 'सी-लाइफ' इसके सार को समेटता है। मूर्ति खुलासा करते हैं–

> *"मैं सोचता हूँ कि अच्छी आदतें वे हैं, जो आपको खुशी और आनंद प्रदान करती हैं, लेकिन इसमें आपको कुछ पैसा खर्चना नहीं पड़ता। एक बार जब आपकी ऐसी आदतें हो जाती हैं, तो आप पैसे का शिकार नहीं बनेंगे। यदि आप पैसे का शिकार नहीं बनेंगे, तो आप निष्ठा, ईमानदारी, सौम्यता और सम्मान के समर्थक हो सकते हैं। मैं इसी में वाकई यकीन करता हूँ।"*

इंफोसिस कैंपस

सन् 2000 तक इंफोसिस का कॉरपोरेट मुख्यालय बेंगलुरू की 'इलेक्ट्रॉनिक सिटी' में एक विशाल परिसर में विस्तृत हो चुका था। पर्याप्त आरामदेह और उच्च तकनीकी ढाँचे के साथ यह विश्व-स्तरीय मुख्यालय एक सॉफ्टवेयर कंपनी के लिए भारत का पहला विशाल परिसर था।

आज बेंगलुरू में इंफोसिस के पचास भवन हैं, जो 80 एकड़ से भी ज्यादा क्षेत्र में फैले हुए हैं। यह दुनिया भर की वास्तु शैलियों का संगम है। इसके फूड कोर्ट की प्रेरणा सिडनी के 'ओपेरा हाउस' से ली गई है। इंफोसिस का अत्याधुनिक मल्टीमीडिया स्टूडियो एक शानदार शीशे के ढाँचे के अंदर बना हुआ है, जो पेरिस में लॉवरे म्यूजियम के प्रवेश द्वार पर शीशे के पिरामिड से मिलता-जुलता है।

टी.वी. मोहनदास पई कहते हैं, "हमारा एक सपना है, हमारे साथ काम करने आनेवाले उच्चस्तरीय लोगों को कार्य का सबसे बढ़िया स्थल प्रदान करने का सपना। हमारे कर्मचारी परिसर को काम करने, आनंद उठाने, लंबे समय तक टिकने के शानदार स्थान के रूप में देखते हैं। उत्पादकता ऊँची है, हमने इन सुविधाओं में जो निवेश किए हैं, उनकी वे सराहना करते हैं। जब हमारे ग्राहक यहाँ आते हैं और हम उन्हें परिसर में चारों ओर ले जाते हैं, तो वे चकित हो जाते हैं, वे हमें प्रमुख खिलाड़ी के रूप में देखते हैं जो अन्य कई कंपनियों से भिन्न हैं। हमारे प्रतियोगी कहते हैं, इंफोसिस से बेहतर करो।"

नारायण मूर्ति ने सन् 2000 में कहा, "कल, हम एक बेंगलुरू की कंपनी से आगे निकलकर एक भारतीय कंपनी बने, जिसका आधार बेंगलुरू है। आज हम एक भारतीय कंपनी से अपनी वैश्विक पहुँच के साथ एक वैश्विक कंपनी बनने जा रहे हैं, जिसका मुख्यालय भारत में है।"

इंफोसिस परिवार का विस्तार : एक त्रैमासिक में एक हजार कर्मचारी भरती हुए

सन् 1995 में इंफोसिस में 1000 से कम कर्मचारी थे। जिस रफ्तार से कंपनी बढ़ रही थी, कर्मचारियों की संख्या में कई गुना इजाफा होना अवश्यंभावी था। सन् 2000 में नियुक्ति टीम ने महज एक तिमाही में 1000 नए कर्मचारियों की भरती की। पाँच हजार कर्मचारी हो चुके थे और अगले ही साल यह संख्या दो गुनी हो गई।

एन.एस.आर. की विदाई

जब इंफोसिस के पहले कर्मचारी नदातुर सारंगपाणि राघवन सन् 2000 में सेवानिवृत्त हुए, तो नारायण मूर्ति ने अपने इस सहयोगी, मित्र और इंफोसिस के सह-संस्थापक के बारे में 1990-2000 वार्षिक रिपोर्ट में लिखा–

एन.एस.आर., जैसाकि उन्हें स्नेह से बुलाते हैं, में कई विरले गुण हैं। वे इंफोसिस के नंवर वन कर्मचारी थे। संस्थापकों के बीच वे सबसे उम्रदराज थे। इंफोसिस में उन्नीस वर्षों के दौरान एन.एस.आर. ने विविध प्रकार की जिम्मेदारियाँ निभाईं। इस संगठन में संभवत: उनका सबसे विविधतापूर्ण कॅरियर रहा। उन्होंने मानव संसाधन विभाग, डिलीवरी, शिक्षा एवं शोध, योजना एवं वित्त का काम सँभाला और हर जगह उन्होंने बेहतर काम किया। यहाँ तक कि वे इंफोसिस वाहन के पहले शोफर भी थे। यह किराए की एक वेस्पा स्कूटर थी, जो मुझे सन् 1983 में बेंगलुरू में यहाँ-वहाँ ले जाती थी। मैं शाश्वत रूप से एक पिलियन राइडर (स्कूटर की पिछली सीट पर बैठनेवाला) था। संस्थापकों के समूह में वे एकमात्र बढ़िया गायक और रेस्तराँ स्तर के रसोइये हैं। मैं बखान करता जा सकता हूँ, क्योंकि एन.एस.आर. में ढेरों अच्छे गुण हैं। उनका सबसे चित्ताकर्षक गुण है प्रसन्न रहना। मैंने शायद ही उन्हें किसी चीज के बारे में खिन्न होते देखा है। वे इंफोसिस में सबसे अच्छी तरह अपने इस कथन के लिए जाने जाते हैं: 'आप मुझसे उस सीमा तक असहमत हो सकते हैं—जब तक कि आप असहमत होने योग्य नहीं बन जाते हैं।'

इंफोसिस ने 'फिनैकल' शुरू किया : दुनिया का पहला पूर्णतः वेब-आधारित मूल बैंकिंग समाधान

वर्ष 2000 में इंफोसिस ने गिरीश जी. वैद्य के नेतृत्व में ऐसा प्रोडक्ट प्रस्तुत किया, जिसे आज 'फिनैकल' के नाम से जाना जाता है। यह एक एकीकृत मूल

बैंकिंग समाधान है, जिससे इंटरनेट टेक्नोलॉजी के जरिए बैंक के कार्यों को संचालित किया जा सके। नंदन नीलेकणि ने इसे लॉन्च करने के मौके पर कहा, "बैंक परंपरागत मूल बैंकिंग सेवाओं के अलावा विभिन्न वित्तीय सेवाओं के लिए एकल दुकान बनते जा रहे हैं। लेकिन मौजूदा तकनीकी प्लेटफॉर्मों में यह लचीलापन नहीं होता और इन विविध जरूरतों को संचालित करने के लिए 'अंतर-संचालन क्षमता' की आवश्यकता थी; इसलिए 'फिनैकल' जैसे भविष्य के लिए तैयार मंच की जरूरत पड़ी।"

उल्लेखनीय तथ्य

- इंफोसिस ने अपने पहले मूल बैंकिंग समाधान बैंक्स 2000 (BANCS 2000) का सन् 1989 में विकास आरंभ किया। इसे सन् 1992 में पहली बार अमल में लाया गया।
- सन् 2000 में 'फिनैकल' की पहुँच पंद्रह देशों में थी। इस समय यह संख्या 53 है।
- 'फिनैकल' के 85 ग्राहकों में से 31 प्रथम श्रेणी के बैंक हैं, जो विश्व स्तर पर शीर्ष 1000 बैंकों में गिने जाते हैं।

इंफोसिस ने शिक्षण एवं विकास समूह की स्थापना की; 'इंफोसिस लीडरशिप इंस्टीट्यूट' (इंफोसिस नेतृत्व संस्थान)

जनवरी 2000 में इंफोसिस ने औपचारिक रूप से अपने 'लर्निंग ऐंड डेवलपमेंट ग्रुप' (एल. ऐंड डी.) की स्थापना की। जैसाकि हमारे पहले के चंद नियुक्त लोगों ने पाया, 'इंफोसिस में प्रशिक्षण पाना स्नातकोत्तर कोर्स करने जैसा है और इसके लिए भुगतान भी किया जाता है।' यह बयान सन् 1991 के एक भरती विज्ञापन में प्रकट हुआ था, जो इंफोसिस में सीखने की भावना को अभिव्यक्त करता है।

इंफोसिस ने मैल्कम बाल्ड्रिज नेशनल क्वालिटी अवार्ड एम.बी.एन.क्यू.ए. के आधार पर इंफोसिस लीडरशिप इंस्टीट्यूट (आई.एल.आई.) की स्थापना की आकलन किया था। यह कारोबार परिणाम को प्रभावित करने में सबसे ज्यादा नेतृत्व पर जोर देता है।

आई.एल.आई. की स्थापना मूलतः तीन सिद्धांतों के आधार पर की गई: हमारी कंपनी हमारा कैंपस है, हमारा कारोबार हमारा पाठ्यक्रम है और हमारे नेता हमारे शिक्षक हैं। सन् 2001 की शुरुआत में बोर्ड ने इंफोसिस के नए मैसूर कैंपस में पहले भवन के रूप में इस संस्थान की शुरुआत की, ताकि भविष्य के नेताओं में

इनकी परंपरा को सुनिश्चित किया जा सके। सन् 2004 में 'लर्निंग ऐंड डेवलपमेंट ग्रुप' के साथ 'इंफोसिस लीडरशिप इंस्टीट्यूट' को ले आया गया। आई.एल.आई. प्रबंधकीय एवं नेतृत्व प्रशिक्षण प्रदान करता है।

आई.एल.आई. ने प्रभावी कार्य-प्रदर्शन के लिए नेतृत्व-आचरण का नौ कारकोंवाला एक मॉडल तैयार किया। अठारह विश्वस्तरीय कंपनियों द्वारा अपनाए जानेवाले दृष्टिकोणों और अन्य प्रासंगिक शोधों पर सावधानीपूर्वक अनुसंधान करने के बाद ही इस मॉडल का विकास किया गया। हर पहलू को 'स्तंभ' कहा जाता है और व्यक्ति के स्तर पर नेतृत्व के विकास के लिए इसकी अपनी अनूठी खासियत होती है। आई. एल.आई. की सभी पेशकश इस मॉडल से ही संबद्ध है जिसमें विविध स्रोतों (360 डिग्री) से प्रतिक्रिया, कोर्स, मार्गदर्शन, नौकरी के लिए सहयोग और कार्य-शिक्षण समेत विविध प्रायोगिक शिक्षण भी शामिल हैं।

अक्तूबर 2009 में वरिष्ठतम लोगों एवं उच्च क्षमतावाले नेताओं, जिन्हें 'टीयर लीडर्स' कहते हैं, के नेतृत्व विकास की जरूरतों पर अत्यधिक ध्यान देने के लिए आई.एल.आई. का पुनर्गठन किया गया। आई.एल.आई. का नया जोर व्यक्ति के विकास को सुनिश्चित करने पर है, जिसमें हर नेता की अनूठी जरूरतों का खयाल रखा जाता है। इसका मकसद यह है कि वरिष्ठ भूमिकाओं में आने के लिए विभाग में पर्याप्त संख्या में नेतृत्व क्षमतावाले लोग विद्यमान हों और वे ऐसे मौलिक शोध करें, जो इंफोसिस की रणनीति के अमल के लिहाज से प्रासंगिक हों और नेतृत्व-उत्तराधिकार के खतरे को कम करें।

ग्लोबल एजुकेशन सेंटर (जी.ई.सी.)–प्रशिक्षण केंद्रों का ताजमहल

इंफोसिस का ग्लोबल एजुकेशन सेंटर, जो विश्व की सबसे विशाल कॉरपोरेट प्रशिक्षण सुविधा है, मैसूर में सन् 2005 में खुला। जी.ई.सी. का पहला भवन (जी. ई.सी. I) एक समय में 4,500 कर्मचारियों को प्रशिक्षण दे सकता है। यहीं पर कंपनी में भरती होनेवाले कर्मचारी रहते हैं और साढ़े चौदह हफ्ते तक 'फाउंडेशन प्रोग्राम' का सघन प्रशिक्षण प्राप्त करते हैं। 'फॉर्च्यून' पत्रिका ने मार्च 2006 में जी. ई.सी. का दौरा किया और खबर छापी कि 'प्रशिक्षण केंद्रों के ताजमहल' में दाखिला पाना हार्वर्ड में प्रवेश पाने से ज्यादा कठिन है। तेरह लाख से भी ज्यादा आवेदकों में से सिर्फ एक प्रतिशत जी.ई.सी. के लिए चुने जाते हैं, जबकि हार्वर्ड में 9 प्रतिशत चुने जाते हैं।

सन् 2010 में जी.ई.सी. II का उद्घाटन किया गया। इससे प्रशिक्षण क्षमता में बढ़ोतरी हुई और अब 14,000 कर्मचारियों को एक साथ प्रशिक्षण दिया जा सकता

है। इस विस्तार के साथ, मैसूर का प्रशिक्षण केंद्र, हमारी जानकारी के मुताबिक, 2010 में दुनिया का सबसे विशाल कॉरपोरेट शिक्षा केंद्र है। इसके उद्घाटन के बाद यूनाइटेड प्रोग्रेसिव अलायंस (यू.पी.ए.) की अध्यक्ष और भारतीय राष्ट्रीय कांग्रेस की अध्यक्ष सोनिया गांधी ने कहा, "इंफोसिस ने साबित कर दिया है कि भारतीय कंपनियाँ विश्वस्तरीय श्रेष्ठता को पुनर्परिभाषित कर रही हैं।" इसी अवसर पर मुख्य मार्गदर्शक नारायण मूर्ति ने कहा, "यह एजुकेशन सेंटर अपने कर्मचारियों के क्षमता-निर्माण के प्रति इंफोसिस की प्रतिबद्धता का प्रमाण है।" आगे उन्होंने जोड़ा, "इसके अलावा जी.ई.सी. में ऑस्ट्रेलिया, भूटान, चीन, कोलंबिया, जापान, मलेशिया, मॉरिशस, पनामा, थाइलैंड, इंग्लैंड और अमेरिका के विद्यार्थियों के लिए विशेष कार्यक्रम आयोजित किए गए हैं।" 'ग्लोबल एजुकेशन सेंटर' (वैश्विक शिक्षा केंद्र) का उद्देश्य जीवन पर्यंत सीखने का माहौल तैयार करना है।

इंफोसिस और माइक्रोसॉफ्ट का वैश्विक गठबंधन

सन् 2000 में इंफोसिस और माइक्रोसॉफ्ट ने एक वैश्विक रिश्ते की घोषणा की। इस अवसर पर माइक्रोसॉफ्ट के बिल गेट्स ने कहा, "साथ मिलकर हम अपने मौजूदा और भविष्य के ग्राहकों को विश्व श्रेणी का 'ई-कारोबारी हल' प्रदान कर सकते हैं।" इसपर नारायण मूर्ति ने जोड़ा, "माइक्रोसॉफ्ट प्लेटफॉर्मों पर 1200 से ज्यादा प्रशिक्षित और दुनिया भर में तैनात पेशेवरों के साथ हम अपने ग्राहकों को सबसे आधुनिक माइक्रोसॉफ्ट टेक्नोलॉजी का लाभ पहुँचा सकते हैं। हमारा मानना है कि यह संबंध हमारे 'फॉर्च्यून 1000' ग्राहक आधार को और विस्तृत करेगा।"

उल्लेखनीय तथ्य

- सन् 2004 में, माइक्रोसॉफ्ट और इंफोसिस ने 80 लाख डॉलर के आई.टी. रूपांतरण पहल की घोषणा की, ताकि अपने ग्राहकों को कारोबारी प्रदर्शन सुधारने तथा प्रतियोगी क्षमता बेहतर करने में मदद दी जा सके। बाद में उसी साल इंफोसिस के बेंगलुरू परिसर में एक प्रेरणादायी 'आई.टी. अवधारणा केंद्र' खोला गया, जहाँ ग्राहक सूचनात्मक और वैचारिक आदान-प्रदान के अनुभव से आई.टी. समाधान सोच सकें, उसका खाका तैयार कर सकें और मूल्यांकन कर सकें।
- सन् 2010 में माइक्रोसॉफ्ट ने इंफोसिस के साथ 18.9 करोड़ डॉलर की एक साझेदारी तीन साल के लिए की, जिसके 24 करोड़ डॉलर तक बढ़ाए जाने की संभावना है।

डॉट कॉम का बुलबुला फूटा

सन् 2001 में डॉटकॉम कारोबार टूटने से आई.टी. उद्योग को आघात लगा। उस वर्ष कई कंपनियों ने तकनीकी विश्वविद्यालयों से पास होकर निकलनेवाले ग्रेजुएट इंजीनियरों को नौकरी की जो पेशकश की थी, उसे रद्द कर दिया। इंफोसिस ने 1500 इंजीनियरों को नौकरी की पेशकश की थी, और सभी तर्कों के विपरीत, अपने वचन का सम्मान रखते हुए उन सभी को नौकरी पर रख लिया, हालाँकि बहुत कम काम हमारे पास था। प्रत्यक्ष एवं अप्रत्यक्ष परिणाम गंभीर थे। इंफोसिस का न केवल उस कठिन वर्ष में हिसाब-किताब गड़बड़ाया, बल्कि कर्मचारियों का संतुष्टि-स्तर भी अभूतपूर्व ढंग से गिरा। इंफोसिस के आंतरिक सर्वे और बाहरी मापदंडों में भी यह गिरावट दिखी। सन् 2001-02 के इर्द-गिर्द किए गए 'काम करने के लिए सर्वोत्तम कंपनी' की कई सूचियाँ और 'सर्वोत्तम नियोक्ता सर्वे' में इंफोसिस का स्थान नीचे खिसका। पिछली बातों को याद करते हुए मूर्ति कहते हैं–

''कई कंपनियों ने अपने कर्मचारियों को बरखास्त कर दिया। आई.टी. कंपनियों के मानव संसाधन प्रबंधक दरवाजों पर खड़े हो गए और कर्मचारियों से पहचान-पत्र ले लिए और उन्हें कंपनी छोड़ने का आदेश दे दिया। हमने कहा, "हम यह नहीं कर सकते–यह हमारे कर्मचारियों की गलती नहीं है। यह हमारी गलती है।" इंफोसिस के संस्थापक के रूप में हमने अपनी जेबों से वेतनों का भुगतान किया होता, लेकिन हमारे लेखाकारों ने हमें ऐसा नहीं करने दिया। जब आपके पास इतने सारे लोग हों और इतना कम काम हो, तब वे बोर और हताश हो जाते हैं। लेकिन हमें अपने वचन पर खरा उतरना था। उस प्रकरण की अच्छी बात यह हुई कि हमें लोग ईमानदार और सज्जन के रूप में जानने लगे, जो अपनी बात का मान रखते हैं। परिसरों में हमें जो सद्भाव मिला, वह अद्वितीय है।"

हालाँकि उन्होंने कर्मचारियों के संदर्भ में अपनी जरूरतों की गलत गणना की थी, लेकिन इंफोसिस उन चंद आई.टी. फर्मों में थी, जिसने सन् 2001 के उत्तरार्ध में बाजार गिरने की भविष्यवाणी की थी। मूर्ति याद करते हैं–

''अक्तूबर 2001 में, ग्राहकों और अन्य विशेषज्ञों का सर्वे करने के बाद, हमने पूर्व घोषणा की थी कि सन् 2001-2002 के वित्तीय वर्ष में राजस्व में करीब 30 प्रतिशत गिरावट आएगी; इसके पिछले वित्तीय वर्ष में 90 प्रतिशत गिरावट रही थी। हमारे अपने उद्योग विश्लेषकों ने कहा कि हमारा सेक्टर 45 प्रतिशत के हिसाब से विकसित होगा और हमारी कुछ प्रतियोगी कंपनियों ने घोषणा की कि 50 प्रतिशत से ज्यादा विकास होगा। जैसाकि नतीजा सामने आया–2001-02 वित्तीय वर्ष में

हमारी टॉप लाइन में 32 प्रतिशत विकास हुआ, आई. टी. सेक्टर में करीब 25 प्रतिशत विकास हुआ और हमारी प्रतियोगी कंपनियों की विकास दर 20–25 प्रतिशत रही।''

भूमिका-आधारित ढाँचे की ओर अग्रसर होना

इंफोसिस ने सन् 2001 में भूमिका आधारित ढाँचे को अपनाने का फैसला किया। इस परिवर्तन के साथ कर्मचारी अपनी संभावित भूमिका की पहचान कर सकते थे और उस दिशा में काम कर सकते थे। तरक्की योग्यता पर आधारित थी, न कि किसी खास भूमिका में बिताए गए समय पर। इससे विविध कॅरियर मार्गों का सृजन हुआ और कॅरियर की योजना बनाने में मजबूती मिली। नया ढाँचा बेहद समतावादी सिद्ध हुआ। इसने उन कर्मचारियों के लिए अवसर खोले, जिन्होंने पहल की और कार्य प्रदर्शन कर लक्ष्य हासिल किया। संगठन के ढाँचे के तहत सभी भूमिकाओं के लिए यह एक विस्तृत क्षमता-प्रतिमान बनाने का कार्यक्रम था; इसके तहत पंद्रह सतहों को तोड़कर उसे सात पट्टियों में बाँटा गया।

इंफोसिस और वार्टन स्कूल ने कारोबार रूपांतरण में श्रेष्ठता का सम्मान किया

पेंसिलवेनिया यूनिवर्सिटी के वार्टन स्कूल और इंफोसिस टेक्नोलॉजीज लिमिटेड ने सन् 2001 में वार्टन-इंफोसिस बिजनेस ट्रांसफॉर्मेशन अवार्ड (डब्ल्यू.आई.बी.टी. ए.) की स्थापना की। तब से उन उपक्रमों और व्यक्तियों को अवार्ड से सम्मानित किया गया है, जिन्होंने अपने कारोबार का रूपांतरण किया और सूचना तकनीक का इस्तेमाल करते हुए समाज को प्रभावित किया। चार क्षेत्रों : उत्तर अमेरिका, दक्षिण अमेरिका, यूरोप और एशिया-प्रशांत के लिए अलग-अलग अवार्ड दिए जाते हैं। दुनिया भर में आयोजित समारोहों में दर्जन भर देशों के अमेजन.कॉम और सैमसंग जैसे तकनीकी नेताओं को सम्मानित किया गया है।

मॉरिशस आपदा पुनः प्राप्ति (डिजास्टर रिकवरी) केंद्र

इंफोसिस ने सन् 2002 में घोषणा की कि वह मॉरिशस में अपना 'पहला आपदा पुनः प्राप्ति केंद्र' खोलेगा। इसमें 2.5 करोड़ डॉलर खर्च किया जाना था। यह केंद्र सन् 2004 में चालू हो गया। इंफोसिस के किसी भी विकास केंद्र में यदि कोई विपदा आती है, तो 'मॉरिशस केंद्र' एक वैकल्पिक व्यवस्था के रूप में काम करता है। यहाँ पर्याप्त आधारभूत ढाँचा, नेटवर्क संपर्क, दूरसंचार सुविधाएँ व

बैक-अप ग्राहक आँकड़ा है। आपात स्थिति में यह दुनिया भर से किसी भी ग्राहक के प्रोजेक्ट को अपने हाथ में ले सकता है।

सर्वोत्तम नियोक्ता की प्रतिष्ठा से इंफोसिस का पतन

भारतीय सॉफ्टवेयर उद्योग और इंफोसिस दोनों के लिए सन् 1992 से शुरू हुआ दशक बेहद फलदायी साबित हुआ। मार्च 1993 से मार्च 2003 तक इंफोसिस की वार्षिक विकास दर 65 प्रतिशत रही और उसका राजस्व 50 लाख डॉलर से बढ़कर 75.4 करोड़ डॉलर हो गया। जैसे-जैसे इसका विकास हुआ इसने उसी शानदार गति से कर्मचारियों की भरती की। सन् 1992 में इंफोसिस में जहाँ महज 250 नए कर्मचारी भरती किए गए, वहाँ सन् 2002 में 15 हजार से भी अधिक नए कर्मचारी भरती किए गए। एक छोटी कंपनी से एक विशाल कंपनी के रूप में संक्रमित होते हुए इंफोसिस ने कई चुनौतियों का सामना किया।

तेजी से बदलती मानव संसाधन नीतियों ने कर्मचारियों और प्रबंधकों दोनों को ही भ्रमित किया। मानव संसाधन विभाग ने इन परिवर्तनों की जानकारी कर्मचारियों को देने के लिए मध्यम और वरिष्ठ मैनेजरों को जिम्मेदारी दी। कुछ मैनेजर आवश्यकतानुसार इन बदलावों की बारीकी से परिचित नहीं थे और वे कर्मचारियों के सवालों के जवाब नहीं दे सकते थे। गलत सूचना एवं अफवाहों ने असंतोष को और बढ़ाया और कुछ कर्मचारियों के बीच अविश्वास पनपा।

इंफोसिस ने हमेशा ही माना है कि उसके कर्मचारी उसकी शानदार सफलता के केंद्र में हैं। यह उन पहली भारतीय कंपनियों में से रही है जिसने अपने कर्मचारियों को शेयर विकल्पों की मंजूरी दी, जिससे हजारों करोड़पति पैदा हो गए। 'बिजनेस टुडे' पत्रिका ने सन् 2001 और सन् 2002 में 'बेस्ट इंप्लायर सर्वे' (सर्वोत्तम नियोक्ता सर्वेक्षण) किया था और दोनों ही बार इंफोसिस पहले नंबर पर आई थी।

मगर इसके बाद सन् 2003 एक सदमे की तरह आया। इसी पत्रिका के सर्वे में 'सर्वोत्तम नियोक्ता' की सूची से इंफोसिस का नाम हट गया। कंपनी के अपने 'आंतरिक कर्मचारी संतुष्टि सर्वे' ने भी कई तरह की रिक्तियाँ दिखाईं। इन नतीजों ने उद्योग में बड़ी बेचैनी पैदा की और भारतीय सॉफ्टवेयर उद्योग की इस 'लोकप्रिय कंपनी' की प्रतिष्ठा का जो पतन हुआ था, उसके विश्लेषण के लिए अखबारों में खूब लिखा गया।

इंफोसिस का शानदार विकास-क्रम जारी रहा। तत्कालीन मानव संसाधन विभागाध्यक्ष हेमा रविचंदर को भविष्य में ऐसे संकट को न होने देने के लिए उत्तर ढूँढ़ने की

जरूरत थी। एक बड़ी पहल यह की गई कि आंतरिक संचार खंड की स्थापना की गई। इससे नीतियाँ जिस तरह बनाई जाती थीं और इस बारे में जैसे जानकारी दी जाती थी, उसमें सुधार आया। एक 'नीति परिषद्' की स्थापना की गई और कर्मचारियों के रुख का आकलन बार-बार किया जाने लगा। इसके अतिरिक्त प्रत्येक डिलीवरी यूनिट में 'कारोबारी सहयोगी' पुकारे जानेवाले मानव संसाधन के सामान्य कर्मियों को तैनात किया गया। तेज छँटनी के परिणामस्वरूप इंफोसिस ने फिर से शीर्ष नियोक्ता सूची में अपना स्थान पा लिया।

कर्मचारियों की संतुष्टि को सुधारने के लिए इंफोसिस के नेताओं ने जो कदम उठाए, वे सन् 2001 में कारोबारी प्रदर्शन सुधारने के लिए लागू किए गए बदलावों के ही आवश्यक भाग थे। दोनों का लक्ष्य था—इंफोसिस को एक बड़े संगठन के रूप में भविष्य की प्रतियोगिता के लिए तैयार करना। लेकिन हेमा ने महसूस किया कि ये कदम आनेवाली चुनौतियों का सामना करने के लिए आवश्यक तैयारी से कम पड़ रहे हैं, क्योंकि इंफोसिस का उच्च विकास-दर पर आगे बढ़ना जारी था। वर्षों गुजारने के बाद इंफोसिस ने कर्मचारी संबंधों की गहरी समझ विकसित कर ली थी। कर्मचारी संबंधों के प्रमुख रिचर्ड लोवो स्पष्ट करते हैं, "हम तीन तरह से कर्मचारी का महत्त्व बढ़ाते हैं: प्रशिक्षण के जरिए महत्त्व-बढ़ोतरी सीखना, कार्य-वातावरण के जरिए भावनात्मक महत्त्व में बढ़ोतरी करना और मुआवजे व लाभों के जरिए वित्तीय महत्त्व में बढ़ोतरी करना।"

इंफोसिस ने प्रोजीऑन के साथ बी.पी.एम. के क्षेत्र में प्रवेश किया

इंफोसिस ने एक नई सहायक कंपनी 'प्रोजीऑन' का गठन अप्रैल 2002 में किया और इसी के साथ 'बिजनेस प्रॉसेस मैनेजमेंट' (बी.पी.एम.) के बाजार में प्रवेश किया। अपनी शुरुआत से ही प्रोजीऑन ने संपूर्ण आउटसोर्सिंग पर ध्यान केंद्रित किया। 'प्रोजीऑन' इस सिद्धांत पर काम करती है कि सच्चा 'बिजनेस प्रॉसेस आउटसोर्सिंग' (बी.पी.ओ.) रूपांतरणकारी होता है। इसे अपने ग्राहक को अपना कारोबार चार तरीकों से परिवर्तित करने में मदद करनी चाहिए—इसे सस्ते में करो, बेहतर करो, अलग ढंग से करो और काम को खत्म करो।

आज भारत में दस शीर्ष थर्ड पार्टी बी.पी.ओ. कंपनियों में 'प्रोजीऑन' का नाम शुमार किया जाता है। इसका संचालन चार देशों में किया जाता है—भारत, चेक गणतंत्र, चीन और फिलीपींस। इन चारों स्थानों में प्रोजीऑन में 8000 से अधिक लोग नियुक्त हैं।

इंफोसिस ने चीन में एक सहायक कंपनी की स्थापना की

दुनिया की सबसे तेज गति से विकास कर रही अर्थव्यवस्था में अवसरों का लाभ उठाते हुए और स्थानीय प्रतिभाओं का दोहन करते हुए, इंफोसिस ने सन् 2003 में अपनी पूर्ण-स्वामित्ववाली 'इंफोसिस टेक्नोलॉजीज (शंघाई) कंपनी लिमिटेड' नामक एक सहायक कंपनी की स्थापना की। शुरुआत में इसमें इंफोसिस ने 50 लाख डॉलर की लागत लगाई।

इंफोसिस का आकलन सी.एम.एम.आई. लेवल-5 पर किया गया

सन् 2003 में इंफोसिस का आकलन भारत के विकास केंद्रों और अमेरिका में कई ग्राहक स्थलों में सी.एम.एम.आई. लेवल-5 पर किया गया। न केवल अपने केंद्रों, बल्कि ग्राहक स्थलों पर भी विश्वस्तरीय गुणवत्ता बनाए रखने की इंफोसिस की यात्रा में यह एक महत्त्वपूर्ण कदम था। मुख्यतः कार्य-स्थल पर किया गया यह आकलन उद्योग (सॉफ्टवेयर) में अपने किस्म का अनूठा था। प्रमुख आकलनकर्ता एड वेलर ने लिखा, "इंफोसिस उच्च ग्राहक-केंद्रित और प्रक्रिया-संचालित है और उच्च गुणवत्ता और समय पर सेवा प्रदान करने के प्रति उसका दृढ़ रवैया है।" सन् 2005 में इस उपलब्धि को और आगे बढ़ाते हुए इंफोसिस के संपूर्ण वैश्विक कार्य-संचालनों का आकलन 'सी.एम.एम.आई. लेवल-5' पर किया गया।

इंफोसिस ने सेकेंडरी ए.डी.आर. ऑफर प्रायोजित किया

जुलाई 2003 में इंफोसिस पहली भारतीय कंपनी बनी जिसने सेकेंडरी ऑफर प्रायोजित किया और भारतीय शेयरधारक को वैश्विक बाजार में ले गई। इसने भारत में सूचीबद्ध 30 लाख इक्विटी शेयरों को 'नैस्डेक' में दर्ज 60 लाख अमेरिकी डिपॉजिटरी शेयरों (ए.डी.एस.) में तब्दील करने का अमेरिकन डिपॉजरी रिसीप्ट्स (ए.डी.आर.) का प्रायोजन किया। इस अवसर पर नंदन नीलेकणि ने कहा, "यह एक वृहत्तर घटना है; क्योंकि यह दरशाती है कि आउटसोर्सिंग और ऑफशोरिंग के प्रति पुराना रुझान अब मुख्यधारा बन गया है, यह दरशाती है कि इस पूरे रुझान के लिए भारत पसंदीदा देश बन गया है और इस नए रुझान के अग्रदूत के रूप में इंफोसिस 'सबसे सराहनीय कंपनी', 'सर्वोत्तम नियोक्ता', 'सर्वोत्तम कॉरपोरेट नागरिक' के रूप में सामने आई है।"

इंफोसिस द्वारा ऑस्ट्रेलिया में अधिग्रहण

सन् 2004 में, इंफोसिस ने ऑस्ट्रेलिया की एक प्रमुख आई.टी. सेवा प्रदान

करनेवाली कंपनी 'एक्सपर्ट इंफॉर्मेशन सर्विसेज पी.टी.वाई. लिमिटेड' का 2.43 करोड़ अमेरिकी डॉलर में अधिग्रहण किया। कंपनी का नया नाम रखा गया—'इंफोसिस टेक्नोलॉजी ऑस्ट्रेलिया पी.टी.वाई. लिमिटेड'। इस विलय ने ऑस्ट्रेलिया में इंफोसिस के बाजार-प्रवेश को तेज कर दिया। इंफोसिस ऑस्ट्रेलिया ने ऑस्ट्रेलियाई प्रतिभाओं को भरती किया है और उन्हें विकसित किया है। इसने रणनीतिक अवसरों पर प्रमुख स्थानीय आई.टी. कंपनियों के साथ काम किया है और सरकार व औद्योगिक निकायों को रणनीतिक सलाह देकर मदद की है। इस तरह इसने स्थानीय आई.टी. उद्योग के विकसित होने और वैश्विक बाजारों तक पहुँचने के अभूतपूर्व अवसर प्रदान किए हैं।

कृश गोपालकृष्णन कहते हैं, "हम अधिग्रहणों को रणनीतिक रिक्तता को भरने के रूप में देख रहे हैं। ऑस्ट्रेलिया में हमें एक ऐसी कंपनी मिली, जो कार्य-प्रदर्शन की हमारी आवश्यकताओं को पूरा करती है—यानी एक ऑस्ट्रेलियाई कंपनी जिसका एक महत्त्वपूर्ण सहायक इंजन भारत में है।"

इंफोसिस कंसल्टिंग की शुरुआत

कंसल्टिंग जैसी उच्च-मूल्य सेवा को ग्लोबल डिलीवरी मॉडल की शक्ति प्रदान करते हुए अप्रैल 2004 में 'इंफोसिस इनकॉरपोरेशन' की स्थापना की गई। दो साल से भी कम समय में इंफोसिस की इस अमेरिका स्थित सहायक कंपनी ने ग्लोबल 1000 कंपनियों में से 25 से भी ज्यादा कंपनियों के साथ काम किया। इसने अपने ग्राहकों को कार्य-संचालन परिवर्तनों (ऑपरेशनल चेंजेज) को डिजाइन करके और उन्हें लागू करने में मदद की, ताकि वे मूलतः ज्यादा प्रतियोगी बन सकें।

अमेरिका में इंफोसिस कंसल्टिंग के बोर्ड में 100 से भी ज्यादा सलाहकार हैं। उद्योग में उनकी विशेषज्ञता और अभिनव सोच के आधार पर उनका चयन किया गया है। इस टीम के नेता अमेरिकी स्टीफन प्रैट हैं, जिन्हें 2005 में 'कंसल्टिंग' मैगजीन द्वारा 'शीर्ष 25 सर्वाधिक प्रभावशाली परामर्शदाताओं' में चुना गया। इंफोसिस की योजना अमेरिका और यूरोप में 500 पेशेवर परामर्शदाताओं को नियुक्त करने की है, वह इस उपक्रम में अगले दो वर्षों में 2 करोड़ डॉलर निवेश करना चाहती है। नंदन नीलेकणि ने कहा, "सन् 2003 के आसपास हमारे ग्राहक संबंध ज्यादा जटिल और ज्यादा परिष्कृत हो गए। ग्राहक हमें नाजुक मोड़ पर परिवर्तनकारी सहयोगी के रूप में देखने लगे। हमें 'उच्च स्तरीय परामर्श हुनर' की क्षमता को निखारना था, ताकि हम अगली पीढ़ी के सिरे-से-सिरे कारोबारी व आई.टी. समाधान प्रदान कर सकें।"

कैंपस कनेक्ट : उद्योग के लिए तैयार प्रतिभा पैदा करना

जुलाई 2004 में इंफोसिस ने 'कैंपस कनेक्ट' शुरू किया। यह उद्योग-अकादमिक के बीच भागीदारी है। यह इंजीनियरिंग कॉलेजों को 'उद्योग के लिए तैयार' उम्मीदवार पैदा करने में सक्षम बनाता है। चाहे इंफोसिस के तकनीकी पाठ्यक्रम को वेब पर प्रकाशित करने की बात हो या फैकल्टी को भुगतान सहित परियोजनाओं के जरिए औद्योगिक दृष्टिकोण प्रदान करने की बात हो, 'कैंपस कनेक्ट' ऐसे कार्यक्रम चलाता है, जो आई.टी. शिक्षा की गुणवत्ता को महत्त्वपूर्ण ढंग से बढ़ाता है। भारत से शुरू करके यह पहल अब चीन में भी फैल गई है। अब तक इसका सबसे बड़ा योगदान इंफोसिस के 'मुख्य फाउंडेशन प्रोग्राम' का खुलासा करना और उसे साझा करना है। इंफोसिस यह प्रोग्राम अपने नए कर्मचारियों के लिए चलाता है, जोकि सघन प्रवेश-स्तरीय प्रशिक्षण कोर्स है। यह प्रोग्राम भारत भर में सैकड़ों कॉलेजों में चलाया गया।

उल्लेखनीय तथ्य

- सन् 2004 और सन् 2005 के बीच इंफोसिस ने नौकरी के लिए 14 लाख से भी ज्यादा आवेदनों को प्रॉसेस किया और 47 हजार से भी ज्यादा इंटरव्यू लिए। सिर्फ एक प्रतिशत आवेदक इंफोसिस के लिए चुने जा सके।

अंतरात्मावाला ब्रांड

सन् 2004 में इंफोसिस को उन सात अंतरराष्ट्रीय कंपनियों में शामिल किया गया, जिन्हें 'अंतरात्मावाले शीर्ष ब्रांडों' की वार्षिक सूची में चुना गया और यह मुकाम हासिल करनेवाली इंफोसिस अकेली भारतीय संगठन थी। यह सूची वित्तीय सेहत के बजाय मानवता और नैतिकता के सिद्धांतों के आधार पर तैयार की गई और 'मेडिन्नो ग्रुप' द्वारा प्रकाशित की गई। यह ब्रांड विशेषज्ञों का एक अंतरराष्ट्रीय समूह है, जो सालाना बैठक करता है। नैतिक कार्यक्रमों के सबूत और ब्रांड के मानवीय परिणामों से लेकर अपने विश्वासों के अनुरूप खतरे उठाने की ब्रांड की योग्यता के आधार पर कंपनियों का आकलन किया गया। नारायण मूर्ति के अनुसार, "ब्रांड एक विश्वास-पैमाना है।"

अरब डॉलर का मील-पत्थर

अपनी शुरुआत के तेईस वर्ष बाद इंफोसिस एक अरब डॉलर के पैमाने को पार कर गई। इसने वित्तीय वर्ष 2003-04 में 1.06 अरब डॉलर का राजस्व हासिल

करने की सूचना दी। देश भर से नेताओं ने बधाई-संदेश भेजे। दुनिया भर में फैला इंफोसिस परिवार इस मील-पत्थर पर खुशियाँ मनाने के लिए एक दिन एकत्रित हुआ। वरिष्ठ मैनेजमेंट, संस्थापकों, इंफोसिस के प्रथम ग्राहक, शुरुआती निवेशकों और कर्मचारियों के बच्चों द्वारा सुनाए गए किस्सों, विवेकपूर्ण वचनों और प्रेरक संदेशों ने इसे वाकई एक यादगार अवसर बना दिया। इसी क्रम में कर्मचारियों को एकबारगी विशेष नकद बोनस भी दिया गया।

उल्लेखनीय तथ्य

- इंफोसिस ने सन् 2004 में 3:1 बोनस और 100 रुपए प्रति शेयर के हिसाब से एक बार दिए जानेवाले लाभांश की घोषणा की।

इंफोसिस के पच्चीस वर्ष पूरे हुए, राजस्व 2 अरब डॉलर पार कर गया

अपने पच्चीसवें साल में इंफोसिस ने 2 अरब अमेरिकी डॉलर के राजस्व को भी पार कर लिया, जोकि एक मील का पत्थर था। इंफोसिस ने सन् 2005-06 की वार्षिक रिपोर्ट में शेयरधारकों को लिखे पत्र में सूचना दी, 'एक अरब डॉलर राजस्व के मील-पत्थर तक पहुँचने में हमें तेईस साल लगे। अगला एक अरब डॉलर राजस्व और हासिल करने में हमें बस तेईस महीने लगे।'

उल्लेखनीय तथ्य

- सन् 2005 में वैश्विक क्रेडिट रेटिंग प्रदान करनेवाली एजेंसी 'स्टैंडर्ड ऐंड पुअर्स' ने इंफोसिस को भारत की सार्वभौम रेटिंग से ऊँची रेटिंग प्रदान की। इंफोसिस ने स्थानीय मुद्रा में 'बी.बी.बी.' और विदेशी मुद्रा में 'बी.बी.बी.- रेटिंग हासिल की। यह भारत में पहली कंपनी थी जिसने भारत की सार्वभौम रेटिंग (बी.बी.+/स्टैबल/बी.) से ऊँची रेटिंग प्राप्त की। 'स्टैंडर्ड ऐंड पुअर्स' के अनुसार, यह इंफोसिस की बहुत संतुलित वित्तीय रूपरेखा और नीति को प्रतिबिंबित करता है; जिसका मतलब है—प्रचुर तरलता, सुदृढ़ नकदी प्रवाह और कर्ज-मुक्त बैलेंस शीट।
- मई 2005 में इंफोसिस ने भारत से एक अरब अमेरिकी डॉलर का सबसे बड़ा अंतरराष्ट्रीय इक्विटी प्रस्ताव पेश किया। इस ए.डी.एस. प्रस्ताव के हिस्से के रूप में इंफोसिस ने जापानी निवेशकों को बगैर सूचीबद्धता (पी.ओ.डब्ल्यू.एल.) के 32 लाख शेयर सार्वजनिक रूप से मुहैया कराने

का प्रस्ताव रखा। किसी भारतीय कंपनी द्वारा यह पहला पी.ओ.डब्ल्यू. एल. था। इसने न केवल भारत में जापानी रुचि को जगाया, बल्कि भारतीय कंपनियों के लिए बाजार भी खोला।

एक लाख से ज्यादा कर्मचारी

इंफोसिस में कर्मचारियों की संख्या सन् 2009 में एक लाख के निशान को पार कर गई। जैसे-जैसे इंफोसिस परिवार बढ़ा, भरती के नए रिकॉर्ड बनते गए। 26 जून, 2006 को एक दिन में 2,076 लोगों की इंफोसिस में भरती की गई—एक दिन में इंफोसिस से जुड़नेवाले कर्मचारियों की यह सबसे बड़ी संख्या थी। वर्तमान में, दुनिया भर से एक लाख 14 हजार से भी ज्यादा इंफोसिएंस हैं और हमारा अनुमान है कि अगले साल भर में हम 30 हजार और कर्मचारियों की भरती करेंगे।

इंफोसिस में आज 81 राष्ट्रीयताओं के कर्मचारी काम करते हैं। कंपनी विविधतापूर्ण और समावेशी कार्य-बल रखने के लिए दृढ़-संकल्प है। इंफोसिस पहली भारतीय आई.टी. कंपनी है, जिसने अपनी विविधता और समावेशी दृष्टि को आगे बढ़ाने के लिए बाकायदा एक विविधता कार्यालय की स्थापना की है। 'इंफोसिस डायवर्सिटी ऑफिस' का कहना है, 'जैसाकि आज हम इसे परिभाषित करते हैं, एक वैविध्यपूर्ण कार्य-बल जो लिंग, संस्कृति, विभिन्न रूप से योग्य, कार्य अनुभव और पारिवारिक स्थिति पर आधारित होता है। एक समावेशी परिवेश से हमारा आशय एक ऐसे स्थान के सृजन से है, जो बंदिशों और बाधाओं से मुक्त हो और जिसमें प्रत्येक कर्मचारी को स्वतंत्र और समान रूप से भाग लेने, योगदान करने और विकास करने का अवसर मिले।' विविधता युक्त कार्यालय व वैविध्यपूर्ण कार्यबल के बीच समान गुणों को बढ़ावा देकर अंतरों को पाटने पर ध्यान केंद्रित करेगा।

इंफोसिस के इतिहास में हम तीसवें साल में पहुँच रहे हैं और एक कंपनी के रूप में हमने जो कुछ हासिल किया है, हमें उसपर गर्व है। हम पूर्णतः आश्वस्त होकर आगे बढ़ रहे हैं कि हमारे कारोबारी मॉडल, हमारे ग्राहक मूल्य प्रस्ताव तथा हमारी भौगोलिक छाप हालाँकि विकसित होती रहेंगी, हमारे आदर्श और मूल्य बगैर डगमगाए निरंतर बने रहेंगे। हमारे संस्थापकों ने जिन मूल्यों का अनुपालन किया और बाद में इंफोसिएंस ने 'सी-लाइफ' में जिन्हें संहिताबद्ध किया, वे हमारी परंपरा के हिस्से हैं और दुनिया भर में अपने पक्षकारों के लिए इंफोसिएंस जो कुछ भी करते हैं, उन्हें यह परंपरा एक धागे के रूप में गूँथे रहेगी।

ग्रंथ सूची–

- एफ.आर. मैंफ्रेड, डी व्राइस, केट्स, अनुपम एवं फ्लोरेंट-ट्रियसी, एलिजाबेथ (2006)। दी मॉरल कंपासः वैल्यू-बेस्ड लीडरशिप एट इंफोसिस, फॉनटेनब्लूः आई.एन.एस.ई.ए.डी.।
- आशीष नंदा एवं थॉमस डेलांग (2002)। इंफोसिस टेक्नोलॉजीज, बोस्टन : हार्वर्ड बिजनेस स्कूल प्रेस।

□

2

नेताओं को वस्तुनिष्ठता से मापना

–डॉ. मैट बार्ने एवं
डॉ. सिद्धार्थ पटनायक

'आँकना जानना है।'

–लॉर्ड केल्विन, गणितीय भौतिक विज्ञानी, उन्नीसवीं सदी

चीन में हान वंश के सम्राट् वु (156–87 ई.पू.) दुनिया के पहले व्यक्ति थे, जिन्होंने लोगों का मूल्यांकन करने के लिए सुव्यवस्थित आकलन प्रक्रियाओं का इस्तेमाल किया। (इंफोसिस की तरह शुरुआती चीनी शासक चाहते थे कि लोगों का चयन करने के पूर्व यह सुनिश्चित कर लिया जाए कि वे अपना काम कर सकेंगे।) लेकिन पिछले 4000 वर्षों में नेताओं समेत सभी पेशेवरों को मापने और मूल्यांकन करने में महत्त्वपूर्ण प्रगति हुई है और नतीजों से नाटकीय सुधार भी देखने में आया है। संभवत: मापने की प्रणालियों का इस हद तक विकास हो चुका है, जहाँ वे भौतिक विज्ञानों की तरह ही जटिल और अत्याधुनिक हो गई हैं?

द्वितीय विश्व युद्ध के दौरान डेनमार्क के सांख्यिकी विशेषज्ञ का कार्य लोगों के वस्तुगत मापदंड की दिशा में पथ-प्रदर्शक प्रयास था। सन् 1944 में जॉर्ज रैच ने मानव को मापने की एक ऐसी विधि ईजाद की, जो उन कठिन मापदंडों के समान थी, जिसने सदियों से अन्य विज्ञानों को आगे बढ़ाया है। रैच और उनके समकालीनों का शुक्रिया कि पिछले साठ वर्षों में ऐसे इंजीनियरिंग यंत्र व उपकरण उपलब्ध हो गए हैं, जिनके आधार पर नेताओं का आकलन किया जा सके। अपने मूल आविष्कार

के बाद से रैच के नजरिए को हर क्षेत्र में सफलतापूर्वक प्रयोग में लाया गया है–डॉक्टर का परीक्षण प्रमाण-पत्र, पेशेवर गोल्फ क्षमता, भाषा क्षमता और संगीत हुनर से लेकर फिल्म की पसंद और शराब के बारे में राय तक। 'इंफोसिस लीडरशिप इंस्टीट्यूट' (आई.एल.आई.) में हम नेताओं के चयन और उन्हें विकसित करने के लिहाज से प्रासंगिक गुणों का प्रभावी आकलन करने के लिए 'रैच वर्ग की मनोमितीय प्रणाली' का प्रयोग करते हैं।

रैच आकलन द्वारा जो सूचना प्रदान की जाती है, वह पूर्ववर्ती सिद्धांतों की तुलना में ज्यादा सही और सटीक होती है। 'रैच आकलन' की एक अहम खासियत यह है कि इसे समझना बेहद आसान है। इंफोसिस के नेता अपने विकास को मापने के लिए 'रैच आकलन' का उसी तरह प्रयोग कर सकते हैं, जैसा वे तापमान को मापने के लिए थर्मामीटर या दूरी को मापने के लिए फीते के इस्तेमाल के बारे में सोच सकते हैं। जैसे हम शीशे की नली में पारे की स्तंभ की लंबाई से तापमान मापते हैं–ताप मापने का एक अप्रत्यक्ष तरीका; वैसे ही हम नेता के ज्ञान, हुनर और योग्यताओं के बारे में सूचना उनके व्यवहार से प्राप्त कर सकते हैं। इंफोसिस की 'लीडरशिप जर्नी सीरीज' में, जो 'उच्च नेता आकलन समूह' है, उसमें हम बहुस्त्रोतवाले कंप्यूटर अनुकूलित यंत्रों या साधनों का प्रयोग करते हैं। मल्टीसोर्स सर्वे, जिसे '360 डिग्री सर्वे' के रूप में भी जाना जाता है, का सबसे बढ़िया विश्लेषण 'मेनी फैसेट रैच मॉडल' (एम.एफ.आर.एम.) के जरिए किया जाता है। यह हर माप से रेटिंग करनेवाले की कठोरता और सुझाव या नरमी जैसे विविध पक्षपातों को खत्म कर देता है, ताकि यह सुनिश्चित किया जा सके कि सूचना सही, समुचित और संक्षिप्त तथा सटीक है। (लिनेकर, 1994 ए)।

चूँकि हमें कभी कोई ऐसा नेता नहीं मिला, जो लंबे, थकाऊ प्रश्नावलियों, सर्वे या परीक्षणों को पसंद करता है, इसलिए हम 'कंप्यूटर-अनुकूलित तकनीक' का प्रयोग करते हैं, ताकि आकलन यथासंभव छोटा और केंद्रित रहे (लिनेकर, 2000)। कंप्यूटर-अनुकूलित मापन, जोकि चिकित्सा और शैक्षणिक अनुप्रयोगों में चालीस वर्षों से अपेक्षाकृत व्याप्त है, नेता के चयन और विकास में इसका प्रयोग अपेक्षाकृत नया है। मापन के लिए 'कंप्यूटर-अनुकूलित दृष्टिकोण' के कई महत्त्वपूर्ण व्यावहारिक लाभ हैं–

पहला, परंपरागत कंप्यूटर-आधारित या कागज और पेंसिल आधारित तरीकों की तुलना में ये आकलन 20 से लेकर 90 प्रतिशत छोटे होते हैं। एक मेडिकल उदाहरण में, परंपरागत आकलन में पचास से भी अधिक प्रश्नों से जो आकलन सामने आया,

उतना ही सटीक आकलन 70 प्रतिशत मरीजों के लिए 'कंप्यूटर अनुकूलित मापन' के जरिए सिर्फ पाँच प्रश्नों के सहारे आ गया (वेयर, बोर्नर एवं कोसिन्स्की, 2000)। चूँकि 'अनुकूलित परीक्षण' छोटे होते हैं, हम सर्वे की थकान और भविष्य में सर्वे को भरने के प्रति विरोध से बचते हैं साथ ही, हम पूर्ववर्ती तरीकों की तुलना में कम समय में ज्यादा चीजें माप पाते हैं। यही कारण है कि कंप्यूटर-अनुकूलित मापन ज्यादा सूचनात्मक हो सकता है, क्योंकि यह उतने ही या कम समय में ज्यादा सूचना हासिल कर सकता है।

दूसरा, प्रमाणीकरण, परीक्षण या नियुक्ति, पूर्व स्क्रीनिंग जैसे उच्च दावों वाले माहौल में, आइटम बैंक कंप्यूटर-अनुकूलित मापन के जरिए ज्यादा सुरक्षित होते हैं। चूँकि हर व्यक्ति को प्रश्नों पर आधारित सुनिश्चित आकलन अनुभव होता है, हर व्यक्ति को प्रश्नों का एक अनूठा सेट प्राप्त होता है। इन प्रश्नों की स्थिति या दिक्कतें भी मालूम होती हैं। जब आपके पास आइटम का एक विशाल 'बैंक' होता है, तो इसकी बहुत कम संभावना होती है कि कोई दो लोगों को एकसमान प्रश्न मिलें। इसी तरह इंटरनेट पर बिना निरीक्षणवाले आकलनों में, आइटम बैंक आइटम सुरक्षा बनाए रखने का एकमात्र समुचित तरीका है। हालाँकि बिना निगरानीवाले टेस्टों में प्रश्नों का अभी भी दुरुपयोग किया जा सकता है। इस मामले में उन्हें चुराना बहुत कठिन होता है, बनिस्पत उस परिदृश्य के जहाँ प्रत्येक को एकसमान प्रश्न मिलते हैं। परंपरागत तरीकों का इस्तेमाल करते हुए इंटरनेट पर परीक्षा प्रश्नों और उत्तरों को निःशुल्क या बिक्री के लिए ढूँढ़ना अनहोनी बात नहीं है; लेकिन कंप्यूटर-अनुकूलित तरीके इसे बहुत ज्यादा कठिन बना देते हैं। कंप्यूटर-अनुकूलित परीक्षण (सी.ए.टी.) के साथ, हम ऐसी प्रक्रिया का इस्तेमाल कर सकते हैं, जो निगरानी युक्त परिवेश में नेताओं का दुबारा परीक्षण करती है। साक्षात्कारों के आखिरी चरण में सी.ए.टी. के जरिए इसकी पुष्टि की जा सकती है कि वे वही व्यक्ति हैं, जो इंटरव्यू-पूर्व आकलनों में थे।

तीसरा, कंप्यूटर-अनुकूलित कदम वस्तुतः वैकल्पिक तरीकों की तुलना में ज्यादा सटीक, ज्यादा उचित और ज्यादा सही होते हैं, कम-से-कम जब एम.एफ.आर.एम. तरीके का प्रयोग किया जाता है। वे ज्यादा सही होते हैं, क्योंकि सिर्फ वही प्रश्न इस्तेमाल किए जाते हैं, जो रैच के कठोर पैमाने पर खरे होते हैं । रैच एक 'लक्षित आदर्श' का प्रतिनिधित्व करता है। इसके जरिए यह सुनिश्चित करने का प्रयास किया जाता है कि हमारे प्रश्न व्यावहारिक उपयोगिता के पर्याप्त करीब हों। वे परंपरागत तरीकों से इसलिए भी ज्यादा सटीक होते हैं, क्योंकि इसमें गणनाओं के लिए 'अनुकूलित

नियमावली' को इस तरह निर्धारित किया जा सकता है कि जब सभी आकलनों में पर्याप्त रूप से छोटी गलतियाँ रह जाएँ तो वे प्रश्न पूछने बंद कर दें। रैच आधारित सी.ए.टी. इसलिए भी ज्यादा उचित होते हैं कि लिनेकर के एम.एफ.आर.एम. के जरिए किसी नेता के आकलन से रेटिंग करनेवाले की कठोरता (विरले ही उच्च रेटिंग प्रदान करना), नरमी (अधिकतर उच्च रेटिंग प्रदान करना) और अन्य किस्म के भेदभाव या पक्षपात को सुनियोजित ढंग से हटाया या खत्म किया जा सकता है, ताकि यह सुनिश्चित किया जा सके कि इसमें किसी भी तरह की विकृति न हो। जहाँ तक हमारी जानकारी है, सन् 2010 में वैश्विक स्तर पर सिर्फ हम ही ऐसे व्यवहार में लानेवाले वैज्ञानिक रहे, जिन्होंने नेता के विकास के आकलन के लिए इन उच्च प्रणालियों का इस्तेमाल किया।

तालिका 1 अन्य दो वैकल्पिक तरीकों की तुलना में 'रैच आकलन' के मुख्य लाभों का मोटा खाका पेश करती है। 'रैच आकलन प्रणाली' की एक सीमा यह है कि अन्य दो प्रणालियों के विपरीत सभी आँकड़े रैच के कठोर पैमाने पर खरे नहीं उतरते और आखिरकार हमें अन्य प्रणालियों की तुलना में ज्यादा प्रश्न पूछने पड़ते हैं। इसलिए जो आँकड़े रैच के कठोर गुणवत्ता नियंत्रण पैमाने पर खरे न उतरते हों, उन्हें सड़े सेब की तरह निकाल फेंकना चाहिए, ताकि वे पूरे समूह को खराब न कर दें। 'क्लासिकल टेस्ट थ्योरी' (सी.टी.टी.) और 'आइटम रेस्पांस थ्योरी' (आई.आर.टी.) इस मामले में ज्यादा सक्षम हैं। बहरहाल, ऐसे ढेरों फायदे हैं, जो सिर्फ रैच प्रणाली से ही मिल सकते हैं। इसलिए आई.एल.आई. में अन्य क्षेत्रों में सफलता की तुलना में हम इस छोटी सीमा को स्वीकार करते हुए आराम या सहज महसूस करते हैं।

आई.एल.आई. के लिए रैच आकलन प्रणाली को चुनने का संभवतः सबसे अहम कारण है वह ताकत जिसके साथ वह रैच के जरिए नेताओं को फीडबैक दे सकता है। अन्य प्रणालियाँ जटिल हैं, और उसमें नेताओं को पैमानों, पर्सेंटाइल (सी.टी.टी.) के साथ व्याख्या करनी पड़ती है या यहाँ तक कि ज्यादा जटिल सूचना (आई.आर.टी.) का सामना करना पड़ता है। न तो सी.टी.टी. और न ही आई.आर.टी. ऐसी सूचना प्रदान कर सकता है, जो बस एक थर्मामीटर या एक रूलर की तरह हो। सिर्फ 'रैच प्रणाली' अनूठे ढंग से ऐसी सूचना देती है जहाँ नेता और प्रश्न एक पैमाने पर स्थित होते हैं।

तालिका 1 : क्लासिकल टेस्ट और आइटम रेस्पांस थ्योरी के मुकाबले रैच मापन

	रैच	सी.टी.टी.	आई.आर.टी.
रद्द किए गए कच्चे आँकड़ों की मात्रा	मध्यम	निम्न	निम्न
अंशशोधन करने के लिए आवश्यक नेताओं का न्यूनतम नमूना आकर	30[1]	300[2]	250[3]
नमूना नष्ट करने से मुक्त	हाँ, गणितीय प्रमाण के साथ पुष्ट	नहीं, विभिन्न आदर्श समूह भिन्न नंबर प्रदान करते हैं	दावा किया जाता है, लेकिन गणितीय प्रमाण के साथ पुष्टि नहीं
स्पष्ट फीडबैक लिए उसी 'रूलर' पर सवाल एवं लोग	हाँ	नहीं	नहीं
रेटिंग करनेवाले की की कठोरता और नरमी का पूर्वग्रह हटाया गया	हाँ	नहीं	नहीं

1. लिनेकर, 1994 बी
2. नुनैली ऐंड बर्न्सटीन, 1994
3. एम्ब्रेटसन ऐंड रीस, 2000

इस फीडबैक का सबसे महत्त्वपूर्ण पहलू यह है कि यह व्यस्त नेताओं को सिर्फ उन्हीं कार्यों पर ध्यान केंद्रित करने में मदद करता है, जो न तो अति आसान और न ही अति कठिन होते हैं, बल्कि उनके मौजूदा क्षमता स्तर के हिसाब से 'बस सही' होते हैं।

चित्र 1 'रैच माप' का एक उदाहरण दरशाता है, जहाँ नेताओं को उन क्षेत्रों पर ध्यान केंद्रित करने के लिए इंगित किया जाता है, जो उनके

'व्यक्तिगत विचार से' विकसित होने के लिए सबसे अधिक फलदायी हैं। यह 'रैच माप' अच्छी तरह अध्ययन किए गए फुल रेंज लीडरशिप मॉडल (एवोलियो ऐंड बास, 1995) पर आधारित है, जिसका सृजन और जिसकी पुष्टि आई.एल.आई. द्वारा की गई। चित्र में आप देख सकते हैं कि यह आदमी ('ह्यूगो मन्सटरबर्ग') पहले ही 'अपने लोगों को प्रशिक्षित करने में काफी समय लगाने' और 'हर कर्मचारी के हिसाब से पुरस्कार गढ़ने' जैसे व्यवहारों में पारंगत है। लेकिन जिन क्षेत्रों में उसे काम करने की जरूरत है, उन्हें उजागर किया गया है: 'सुनियोजित ढंग से ऐसे उदाहरणों को जुटाना जहाँ प्रत्यक्ष रिपोर्टों ने बढ़िया काम किया' और 'हर व्यक्ति की विशिष्ट आवश्यकता के हिसाब से सीखने और विकास करने के समर्थक आधार को ढालना'। अंतत: ऐसे कई क्षेत्र हैं, जो नेता के लिए अभी अति कठिन हैं, जैसे 'नेताओं को परामर्श देना'; और पहले उन्हें अपेक्षाकृत आसान कार्यों में महारत हासिल करनी चाहिए, इससे पहले कि वह व्यक्तिगत लिहाज से ज्यादा घनिष्ठ और भावनात्मक क्षेत्रों में पहल करने की कोशिश करें।

व्यक्तिगत लिहाज

आकलन पूरा किया गया: 15 अप्रैल, 1913 ह्यूगो मन्सटरबर्ग

अंक: 75/100

नीचे धूसरवाले क्षेत्र वे हैं, जो आपके विकास के लिहाज से सबसे बढ़िया हैं। धूसर क्षेत्र से नीचे जो क्षेत्र उजागर किए गए हैं, वे क्षेत्र ऐसे हैं जिनमें आपने महारत हासिल कर ली है; जबकि धूसर के ऊपरवाले क्षेत्र ऐसे हैं, जिनपर आपको भविष्य में काम करना है; क्योंकि उनमें पारंगत होना ज्यादा कठिन है।

इंफोसिस के नेतृत्व के 9 आयाम

आई.एल.आई. का पूरा काम तालिका 2 में दिखाए गए नेता के व्यवहार के 'नौ खंभों' वाले नमूने (मॉडल) पर आधारित होता है। नौ व्यवहारात्मक क्षेत्र पूरे संस्थान के लिए सभी आकलनों, चयन प्रक्रियाओं और विकासात्मक हस्तक्षेप के वास्ते आधार बनाते हैं। आगे दी गई तालिका प्रत्येक आयाम की परिभाषाओं को दरशाती है। इस पुस्तक में एक-के-बाद-एक अध्याय इनमें से प्रत्येक आयाम की विस्तार से चर्चा करता है।

सन् 2010 में, आई.एल.आई. ने नए 'टीयर' नेताओं, उच्च संभाव्यता के लिए नियमन, और वरिष्ठ भूमिकाओं के लिए पार्श्व नियुक्तियों के चयन के लिए

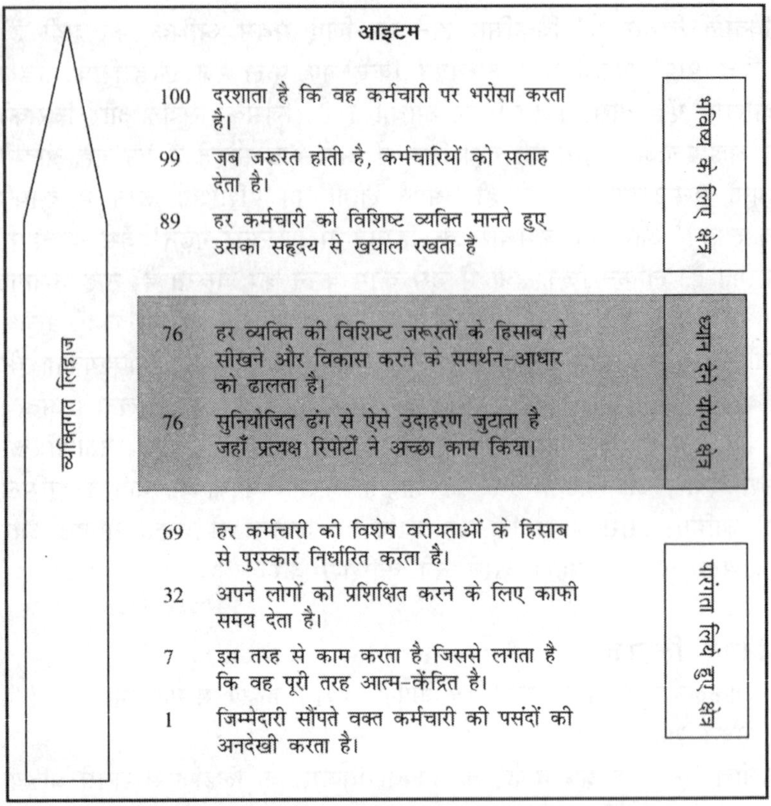

चित्र 1 : नेताओं के लिए 'रैच फीडबैक' का उदाहरण

आकलनों की 'नेतृत्व यात्रा श्रृंखला' का इस्तेमाल करना शुरू किया। 'नेतृत्व यात्रा श्रृंखला' की उपश्रेणी का प्रयोग करते हुए, ये व्यक्तित्व के गुण, बौद्धिक योग्यता (जिसे इंफोसिस में 'सीखने की योग्यता' कहते हैं।)

तालिका 2: आई.एल.आई. के नेतृत्व के आयाम

नेतृत्व आयाम	*परिभाषा*
रणनीतिक	एक दीर्घकालीन लक्ष्य को पाने के लिए एक दीर्घकालीन कार्य-योजना बनाना और उसे संपन्न करना, ताकि इंफोसिस को निरंतर बढ़त हासिल हो। मौजूदा रणनीति के बारे में निरंतर नई विभेदक और चुनौतीपूर्ण अवधारणाएँ बनाना, ताकि इंफोसिस प्रतियोगिता में लगातार आगे बनी रहे।

संबंध / नेटवर्किंग	दीर्घकालिक आंतरिक और बाह्य संबंधों/संपर्कों को विकसित करना, बनाए रखना और उन्हें ऊपर उठाना। सभी आंतरिक और बाह्य कारोबारी भागीदारों के साथ सौदों से परे जाकर इस कदर प्रभावशाली संबंध बनाना कि पूरी तरह विश्वस्त सलाहकार बन सकें।
प्रतिभा	ऐसी टीम का चयन करना, विकसित करना और कार्य-प्रदर्शन का प्रबंधन करना, जो लक्ष्य को साकार कर सके। अति सक्षम लोगों को आकर्षित करना, विकसित करना और उन्हें बनाए रखना, ताकि नेतृत्व की धारा बनी रहे और यह बात काफी केंद्रीय या अहम है। इसी तरह एक प्रभावी कार्य-माहौल बनाना, ताकि कार्य-प्रदर्शन बेहतर हों और आवश्यक शिक्षण-प्रशिक्षण देना भी अहमियत रखते हैं।
परिवर्तन, संक्रमण और प्रतिकूलता	नेतृत्व रूपांतरण के साथ प्रतिरोध के जो अनिवार्य स्रोत आते हैं, उनसे निपटना। परिवर्तन की रणनीति बनाना और ऐसी प्रक्रियाएँ व प्रणालियाँ तैयार करना, जो नए अभिनव प्रयोगों को लागू करने से जुड़े खतरों को कम कर सकें। ये बातें सफलता की कुंजी हैं।
कार्य-संचालन संबंधी	प्रमुख कार्य-संचालनों में सुनियोजित ढंग से ऐसी प्रणालियाँ और तरीके लगाने होते हैं, जो उच्च स्तर की सक्षमता, उत्पादकता और गुणवत्ता हासिल कर सकें। उपलब्धि प्राप्त करने की एक संस्कृति को सुस्थापित करना, दोषों और कमियों को पूर्वानुमान लगाकर रोकना, अभिनव प्रयोग और सुधार की प्रक्रिया बनाना बहुत महत्त्वपूर्ण होता है, ताकि ग्राहकों को दीर्घकालिक स्तर पर निरंतर प्रसन्न रखने का लक्ष्य पाया जा सके।
अंतर्वस्तु	अपनी भूमिका में सफलता के लिए आवश्यक, अपने विषय में गहरी विशेषता हासिल करना और इसे निरंतर उन्नत बनाते जाना। अपनी रणनीति और टीम को ऊर्जावान बनाने के लिहाज से यह अत्यंत महत्वपूर्ण है। अंतर्वस्तु के नेतृत्व से आशय है कि अपने मूल विषय में ऐसे ज्ञान और मानसिक मॉडल गढ़ना, जो दूसरों की सोच को पीछे छोड़ दें और प्रतियोगिता में सबसे आगे निकल जाएँ।
उद्यमशीलता	विकास को गति देने के लिए नए बाजारों में नए कारोबारी विचार, नमूने और कार्यकारी व्यवस्था पेश करना, नए उत्पाद समूह और सेवाएँ लेकर आना।

और मूल्यों के आकलनों का इस्तेमाल करेंगे। ये नेता के प्रदर्शन और अनुक्रम की भविष्यवाणी करते हैं।

प्रमाण-आधारित निर्णय लेने के प्रति इंफोसिस की लंबे समय से चली आ रही प्रतिबद्धता के कारण अपने नेताओं का उपयोगी मापन हमारे लिए महत्त्वपूर्ण है। हम यह सुनिश्चित करना चाहते हैं कि हम अपने नेताओं को उनके विकास के लिए जो परामर्श देते हैं, वह यथासंभव सबसे बढ़िया हो। हम यह भी पक्का करना चाहते हैं कि उन्हें विकसित करने के वास्ते हम जो करते हैं, उनका वास्तविक रूप से लाभ मिलता दिखे। चूँकि हमने इन उच्च प्रणालियों में निवेश किया है, इसलिए हम इस स्थिति में हैं कि वैकल्पिक तरीकों की तुलना में हमारे नेता प्रत्यक्ष नतीजों के साथ काफी बेहतर ढंग से विकास करें। अहम बात यह है कि यह हमारे अंतिम उपायों के लिए बहुत ठोस नींव प्रदान करता है। निकट भविष्य में, आई.एल.आई. का मकसद हमारे नेताओं के रणनीतिक लक्ष्यों को पाने की संभावना को बढ़ाना है। दूसरे शब्दों में, उन्हें अच्छा कार्य-प्रदर्शन करने के लिए सक्षम बनाना है। लेकिन अंततः हमारा महत्त्व इस स्तर से मापा जाता है कि इंफोसिस के निदेशक मंडल के अनुक्रम या उत्तराधिकार के लिए उत्पन्न होनेवाले संकट को संस्थान कितनी सफलतापूर्वक कम कर पाता है। हमारे भविष्यसूचक मॉडल, जोकि अधुनातन विज्ञान पर आधारित हैं, का काम नेता और नेतृत्व निवेशों के बारे में पोर्टफोलियो आधारित फैसलों की मोटी सूचना देना है। इसका कारण यह है हमने बड़े परिश्रम से ऐसी व्यवस्था बनाई है जिससे हमें लगता है कि आनेवाले कई वर्षों में सफलता के लिए हमारी शोध और अनुक्रम या उत्तराधिकारी प्रथा सुस्थापित की जाएगी। शुरुआत करने के लिए हमने इस पुस्तक के क्रमिक अध्यायों में दिए गए इन 'नेतृत्व यात्रा सीरीज' (लीडरशिप जर्नी सीरीज) आकलनों का उपयोग नेताओं के चयन के लिए किया है—ताकि हम जिन लोगों के परामर्श की सिफारिश कर रहे हैं, वे प्रतयेक क्षेत्र में प्रभावी ढंग से परिणाम दें।

ग्रंथ सूची—

- बी.जे. एवोलियो एवं बी.एम. बास (1995)। 'इंडिविजुअल कंसिडरेशन व्यूड एट मल्टीपल लेवल्स ऑफ एनालिसिस: ए मल्टी-लेवल-फ्रेमवर्क फॉर एग्जामिनिंग दी डिफ्यूजन ऑफ ट्रांसफॉरमेशनल लीडरशिप', लीडरशिप क्वार्टरली, 6, 199-218
- बी.एम. बास (1999)। 'टू डिकेड्स ऑफ रिसर्च ऐंड डेवलपमेंट इन ट्रांसफॉरमेशनल लीडरशिप'? यूरोपियन जर्नल ऑफ वर्क ऐंड ऑर्गेनाइजेशनल

साइकोलॉजी, 8(1), 9–32

- डी.वी.डे एवं एस.एम. हैल्पिन (2001)। 'लीडरशिप डेवलपमेंट: ए रिव्यू ऑफ इंडस्ट्री बेस्ट प्रैक्टिसेस', यू.एस. आर्मी रिसर्च इंस्टीट्यूट ऑफ बिहेवियरल ऐंड सोशल साइंसेज, 25 अक्तूबर, 2010 को http : //www.au.af.mil/au/awc/awcgate/army/trllll.pdf. से लिया गया।
- एस.ई. एम्ब्रेटसन एवं एस.पी. रीस (2000)। 'आइटम रेस्पांस थ्योरी फॉर साइकोलॉजिस्ट्स' एन.जे. माहवाह : लॉरेंस अर्लबॉम ऐंड एसोसिएट्स
- जे. हार्वे ऐंड एन. मोगेय (1999)। 'प्रैगमैटिक इशुज व्हेन इंटीग्रेटिंग टेक्नोलॉजी इन टु दी एसेसमेंट ऑफ स्टुडेंट्स', एस. ब्राउन, पी. रेस एवं जे. बुल (संपादित), कंप्यूटर-एसिस्टेड एसेसमेंट इन हायर एजुकेशन, लंदन: कोगन, पेज–7–20।
- इंफोसिस लीडरशिप इंस्टीट्यूट फैकल्टी (2002)। 'डेवलपिंग लीडर्स@ इंफोसिस', प्रैक्टिसेस-बिजनेस लाइन, जून, 38–43
- एस.के. कृष्णन एवं बी. वार्केय (2004)। 'नर्चरिंग फास्ट ट्रैक लीडर्स: ए कॉन्सेप्ट पेपर', 26 अप्रैल, 2006 को http : //stdwww.iimahd.ernet.in/ sandeepk/fasttrack.pdf से निकाला गया।
- जे.एम. लिनेकर (1994 ए)। मेनी-फैसेट रैच मेजरमेंट, दूसरा संस्करण, शिकागो: एम.ई.एस.ए. प्रेस।
- जे.एम. लिनेकर (1994 बी)। 'सैम्पल साइज ऐंड आइटम कैलिब्रेशन (ऑर पर्सन मेजर) स्टैबिलिटी' रैच मेजरमेंट ट्रांजेक्शंस, 7 (4), 328, http ://www.rasch.org/rmt/rmt74m.htm.
- जे.एम. लिनेकर। 'कंप्यूटर-एडाप्टिव टैस्टिंग: ए मेथेडॉलिजी हूज टाइम हैज कम' एम.ई.एस.ए., ममोरैंडम नंबर 69।
- जे.सी. नुनैली एवं आई.एच. बर्न्सटीन (1994)। साइकोमैट्रिक थ्योरी, न्यूयॉर्क: मैक्ग्रॉ-हिल।
- एस.पी. रीस, जे.यू. (1990)। 'पैरामीटर रिकवरी इन दी ग्रैडेड रेस्पांस मॉडल यूजिंग मल्टीलॉग', जर्नल ऑफ एजुकेशनल मेजरमेंट, 27, 133–44।
- जॉन ई., वेयर, जैकब बी. बोर्नर एवं मार्क कोसिंस्की (2000)। 'प्रैक्टिकल इंपलीकेंशस ऑफ आइटम रेस्पांस थ्योरी ऐंड कंप्यूटराइज्ड एडाप्टिव टेस्टिंग: ए ब्रीफ समरी ऑफ ऑनगोइंग स्टडीज ऑफ वाइडली यूज्ड हेडेक इंपैक्ट स्केल्स', मेडिकल केयर, 38(9), 73–82।

□

3

रणनीतिक नेतृत्व

–राजेश्वरी मुरली एवं डॉ. मैट बार्ने

'वर्ष 1995 की एक भीषण गरमीवाली एक दोपहर में फॉर्चून 10 कॉरपोरेशन ने इंफोसिस समेत अपने सभी भारतीय सॉफ्टवेयर विक्रेताओं को बेंगलुरू के 'ताज रेसिडेंसी' होटल के अलग-अलग कमरों में एकांत में बुलाया था, ताकि विक्रेता कंपनियाँ आपस में संचार-संपर्क नहीं कर सकें। कड़ी वार्त्ताओं के लिए इस ग्राहक की प्रवृत्ति सुपरिचित है। हमारी टीम काफी घबराई हुई थी। सर्वप्रथम अपने सिर्फ करीब 50 लाख डॉलर के राजस्व के साथ हम ग्राहक की तुलना में बेहद छोटी कंपनी थे। दूसरा, यह ग्राहक हमारे कुल राजस्व में पूरे 25 प्रतिशत का योगदान करता था। इस कारोबार के नुकसान से हमारी हाल ही में सूचीबद्ध कंपनी को तगड़ा झटका लगता। तीसरा, ग्राहक की सौदेबाजी की शैली काफी आक्रामक थी। ग्राहक टीम प्रत्येक कमरे में एक-एक कर जाती थी, प्रत्येक विक्रेता से सर्वोत्तम शर्तें हासिल करती थी और फिर एक विक्रेता को दूसरे विक्रेता के मुकाबले खड़ा करती थी। इसके कई दौर चले।

हमने उचित दाम के बारे में कई तर्क दिए, जैसे कि इससे हम अच्छे लोगों, शोध एवं विकास, आधारतंत्र, टेक्नोलॉजी और प्रशिक्षण में निवेश कर पाते हैं और यह वस्तुत: उनके ही हित में है; लेकिन इसका ग्राहक पर कोई असर नहीं पड़ा। आखिरी दिन शाम पाँच बजे हमें मौके पर ही फैसला करना था कि ग्राहक की शर्तों को स्वीकार किया जाए या नामंजूर कर दिया जाए। मैं जब फैसले पर विचार कर रहा था, तो सभी आँखें मुझ पर ही टिकी थीं।

मैंने अपनी आँखें बंद कीं और अभी तक की अपनी यात्रा पर विचार किया।

कई कठिन दौर में हमने हमेशा ही इंफोसिस के दीर्घकालीन हितों के बारे में सोचा है। मैंने ग्राहक टीम को साफ-साफ बता दिया कि हम उनकी शर्तें स्वीकार नहीं कर सकते; क्योंकि इससे हम उन्हें बाद में नीचा दिखाने को मजबूर हो सकते हैं। लेकिन मैंने वचन दिया कि हम ग्राहक की पसंद के विक्रेता को सहज ढंग से काम सौंप देंगे।

इंफोसिस के लिए यह एक अहम मोड़ था। इसके बाद हमने एक 'खतरा निवारण परिषद्' (रिस्क मिटिगेशन काउंसिल) का गठन किया, जिसने सुनिश्चित किया कि हम फिर कभी किसी एक ग्राहक, टेक्नोलॉजी, देश, कार्यान्वयन क्षेत्र या प्रमुख कर्मचारी पर निर्भर नहीं करेंगे। यह संकट प्रछन्न रूप में एक वरदान था। आज इंफोसिस के पास एक ठोस खतरा निवारण रणनीति है, जिसने इसके राजस्व और लाभ को स्थिरता प्रदान की है।'

—एन.आर. नारायण मूर्ति, इंफोसिस के मुख्य मार्गदर्शक एवं अध्यक्ष, के न्यूयॉर्क यूनिवर्सिटी के स्टर्न बिजनेस स्कूल में 9 मई, 2008 को सत्र-पूर्व व्याख्यान से।

1990 के दशक में इंफोसिस का राजस्व महज चंद लाख डॉलर का था, जो इक्कीसवीं सदी के पहले दशक में बढ़कर 5 अरब डॉलर हो गया। लेकिन इस तरह की घटनाओं ने यह परिभाषित करने में मदद की कि संगठन में रणनीतिक नेतृत्व क्या होना चाहिए।

इस अध्याय में तीन प्रमुख खंड हैं। पहला, हम रणनीति से संबद्ध प्रमुख सिद्धांतों की संक्षिप्त समीक्षा करेंगे। दूसरा, हम इंफोसिस की रणनीति के मील के पत्थरों की समीक्षा करेंगे, ताकि हम समझ सकें कि यह कैसे विकसित हुई। अंततः, हम रणनीतिक नेतृत्व के मामले में 'लीडरशिप जर्नी सीरीज' के पैमाने पर ऊँचे अंक प्राप्त करनेवाले इंफोसिस नेताओं द्वारा सीखे गए सबक और उनके खास कार्यों की समीक्षा करेंगे।

रणनीतिक नेतृत्व के प्रमुख सिद्धांत

इस विषय की पुस्तकों में रणनीति के बारे में कई सिद्धांत हैं और हम कई प्रमुख मॉडल की समीक्षा करेंगे। ये मॉडल बताते हैं कि कंपनियाँ किस प्रकार अपने पक्षकारों के लिए विशिष्ट मूल्य पैदा करती हैं। हालाँकि प्रत्येक सिद्धांत का अलग-अलग फोकस-बिंदु, विश्लेषणात्मक उपकरण और तैनाती नजरिया होता है, लेकिन सभी—

- इसपर विचार करते हैं कि कंपनियाँ कैसे बाजार में जीत हासिल करें। कुछ सिद्धांत विश्लेषण के दृढ़ स्तर से परे जाते हैं और मूल्य सृजन के लिए

राष्ट्रीय एवं वैश्विक रणनीतियाँ उद्योग को सुझाते हैं।

- वित्तीय संदर्भ में कम-से-कम इतनी सफलता अर्जित करने के बारे में जरूर बताते हैं, ताकि पूँजी-निवेश समेत अन्य लागतों के अलावा औसत से ऊपर कमाई फर्म को होती रहे।

एक साथ, सभी रणनीतिक सिद्धांतवादी सुझाव देते हैं कि प्रभावी नेता मूल्य पैदा करने के लिए, अनूठे दृष्टिकोण अपनाएँ, जिससे कंपनी अपने प्रतियोगियों की कमाई की तुलना में ज्यादा 'आर्थिक लाभ' या 'किराया' सुनिश्चित कर सके।

ढाँचा-आधारित रणनीति

'हार्वर्ड बिजनेस स्कूल' के प्रोफेसर माइकल पोर्टर ने रणनीति पर चालीस से ज्यादा वर्षों तक बड़े विस्तार से लिखा है। उनके सबसे शुरुआती एवं सबसे प्रभावी 'रणनीतिक नेतृत्व विश्लेषण फ्रेमवर्क' को 'फाइव फोर्सेस एनालिसिज' (पोर्टर, 1979) के नाम से जाना जाता है। इसे उद्योग स्तर की रणनीति की पड़ताल के लिए डिजाइन किया गया था। आर्थिकता के आधार पर पोर्टर का सुझाव है कि पाँच ताकतें एक बाजार की प्रतियोगी तीव्रता और सकल लाभ को तय करती हैं। पहली तीन ताकतें 'क्षैतिज' हैं, जैसे कि अनुरूप उत्पादों का खतरा, स्थापित प्रतियोगियों का खतरा और नए खिलाड़ियों का खतरा। दो खतरे 'ऊर्ध्व' हैं—आपूर्तिकर्ता और ग्राहकों की सौदेबाजी-क्षमता। व्यवहार में कई नेता पोर्टर की ताकतों का इस्तेमाल कंपनी की शक्तियों, कमजोरियों, अवसरों और खतरों (एस.डब्ल्यू.ओ.टी.) के विश्लेषण के लिए करते हैं। पोर्टर का काम सुझाता है कि रणनीतिक प्रतियोगी लाभ का स्रोत पाँच शक्तियों में से किसी एक की ढाँचागत बाधाओं की उपस्थिति है, जैसे कि पेटेंट या पूँजी निवेश, जो नए प्रतियोगियों को बाजार में प्रवेश करने से रोकता है।

पोर्टर अपने सिद्धांत को और आगे बढ़ाते हैं और तीन 'जेनेरिक स्ट्रेटजीज' (सामान्य रणनीतियों) के साथ फर्म स्तर पर विस्तार से बताते हैं, जो उद्योगों से भी आगे बढ़ जाती हैं (पोर्टर, 1985)। उनकी सामान्य रणनीतियाँ सुझाती हैं कि फर्में निम्न में से कोई एक रणनीति चुन सकती हैं—

1. **कम लागतवाला नेतृत्व :** बहुत कुछ वॉलमार्ट की मशहूर आपूर्ति शृंखला की तरह, जो उन्हें प्रतियोगियों की तुलना में कम कीमत पर बेचने में समर्थ बनाती है और फिर भी फर्म का विकास होता है।

2. **फर्क :** एप्पल की तरह इस रणनीति को अपनानेवाली फर्म सुनियोजित ढंग से ऐसी अनूठी चीजें पेश करती है, जिसे बड़ी संख्या में ग्राहक पाने की इच्छा रखते हैं। 'एप्पल' का आई पैड और आईफोन हाल के उदाहरण हैं। 'एप्पल' का दीर्घकालीन

दृष्टिकोण है–प्रतियोगियों की पहुँच के बाहर अभिनव प्रयोग करना।

3. फोकस : मैकिंसे की तरह यह रणनीति बहुत कम वर्गों में एक छोटा सँकरा भाग चुनती है और जान-बूझकर अन्य बाजारों की सेवा नहीं करती।

केंद्रीय क्षमता (कोर कंपीटेंस)

पोर्टर रणनीति पर जहाँ एक वृहत् दृष्टिकोण अपनाते हैं, वहीं सी.के. प्रह्लाद और गैरी हैमेल एक फर्म-स्तर का नजरिया रखते हैं (प्रह्लाद एवं हैमल, 1999)। उन्होंने सुझाया कि दीर्घकाल में प्रतियोगी लाभ के लिए स्रोत प्रतियोगियों की तुलना में बेहतर पेशकश, पूर्वानुमान से परे उत्पाद और सेवाएँ ज्यादा प्रभावी ढंग से देने की योग्यता है। इस तरह लाभ का वास्तविक स्रोत, मौजूदा क्षमताओं को बढ़ाने की नेता की योग्यता, में है। ऐसी क्षमता जो प्रतियोगिता से श्रेष्ठतर हो। इसमें न केवल प्रतियोगियों की तुलना में मौजूदा ग्राहकों को ज्यादा खुश करना शामिल है, बल्कि किसी भी अन्य बाजार-भागीदार की अपेक्षा निरंतर नई, बेहतर और कम कीमतवाली पेशकश रखना है। वे परामर्श देते हैं कि किसी फर्म के पास केंद्रीय या मूल क्षमता है या नहीं, इसके तीन परीक्षण हैं–

1. क्या यह कई बाजारों, उत्पादों और सेवाओं तक संभावित पहुँच प्रदान करती है?
2. क्या यह ग्राहक को अहम लाभ प्रदान करेगी (उदाहरणार्थ 'रुचिकर' जिनकी जरूरी नहीं कि वे माँग कर रहे हों, इच्छा रखते हों और कहीं और से इसे पा न सकते हों)?
3. क्या प्रतियोगियों के लिए इसकी नकल करना कठिन है?

संसाधन-आधारित दृष्टिकोण

हम जिस तीसरे मॉडल की समीक्षा करेंगे, उसकी उत्पत्ति 1950 के दशक में हुई थी और इसने पोर्टर एवं प्रह्लाद के काफी पहले रणनीति विशेषज्ञों के बीच दिलचस्पी जगाई थी (उदाहरणार्थ, पेनरोज, 1959)। सभी तीनों दृष्टिकोणों–ढाँचागत, क्षमता-आधारित और तीसरा, रणनीति का संसाधन आधारित दृष्टिकोण–में इस मायने में समानताएँ हैं कि प्रत्येक उस तरीके या प्रणाली की पड़ताल करता है, जिसके जरिए मूल्य आपूर्तिकर्ता से ग्राहक की ओर प्रवाहित होता है। पोर्टर की 'मूल्यश्रृंखला' की धारणा और प्रह्लाद एवं हैमेल का 'केंद्रीय या मूल क्षमता' का विचार, हमारे तीसरे सिद्धांत, फर्म का 'संसाधन-आधारित' दृष्टिकोण के सर्वथा सदृश हैं। (पोर्टर, 1985; बार्ने, 1991)। 'मूल्यश्रृंखला' कंपनी को इसके काम के हिस्सों में बाँटती है, जोकि फर्क के संभावित

स्रोत बनते हैं। पोर्टर (1985) का सुझाव है कि एक फर्म इन गतिविधियों को प्रतियोगी से सस्ता या बेहतर रूप में संपन्न कर प्रतियोगी बढ़त हासिल करती है। चित्र 1 पोर्टर के 'जेनेरिक वैल्यू चेन' को दरशाता है। इसका इस्तेमाल फर्म के संसाधन-आधारित दृष्टिकोण को समझने के लिए भी किया जा सकता है।

फर्म का संसाधन-आधारित दृष्टिकोण (आर.बी.वी.) सुझाता है कि नेता अच्छी रणनीतियाँ बनाते हैं, क्योंकि उनके संगठन में अनूठी सामर्थ्य है और वे उन संसाधनों से मूल्य हासिल करते हैं, जो प्रतियोगियों के पास नहीं हैं। इन क्षमताओं का वर्णन प्रक्रियाओं के रूप में किया जाता है—कार्यों-गतिविधियों का समूह, जिसका वर्णन पहले पोर्टर द्वारा किया गया था (आइजन हार्ट एवं मार्टिन, 2000)। आर.बी.वी. 1990 के दशक में तब लोकप्रिय हुआ जब जे. बार्ने ने सुझाया कि चार कारक कंपनियों को प्रतियोगी बढ़त देंगे, यदि एक फर्म निम्न गुणोंवाले संसाधन रखती है, जिसे व्रिन (VRIN) के रूप में जाना जाता है (बार्ने, 1991)—

1. **वैल्युबल (महत्त्वपूर्ण) :** संसाधन को महत्त्वपूर्ण होना चाहिए।

2. **रेयर (विरला) :** बाजार में इस संसाधन की कम आपूर्ति होनी चाहिए।

3. **इनइमिटेबुल (नकल न करने योग्य) :** संसाधन की नकल एकदम न की जा सके, या कम-से-कम आसानी से न की जा सके।

4. **नॉन-सब्सटिच्युटेबल (जिसका विकल्प न पेश किया जा सके) :** संसाधन ऐसा होना चाहिए, जिसका किसी अन्य चीज से विकल्प या स्थानापन्न खोजना मुश्किल हो।

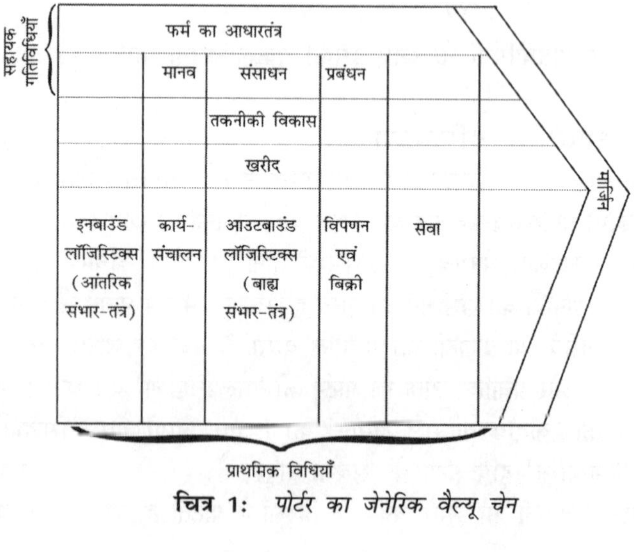

चित्र 1: *पोर्टर का जेनेरिक वैल्यू चेन*

आर.बी.वी. के प्रवर्तक सुझाव देते हैं कि नेता इन संसाधनों को हासिल कर या विकसित कर बढ़त प्राप्त कर सकते हैं। इसमें प्रतिभा आकर्षित करना, अनूठे आविष्कारों को खरीदना या व्रिन गुणों के साथ बेहतर सामर्थ्य पैदा करना शामिल हैं।

समालोचक आर.बी.वी. के साथ कई चिंताएँ इंगित करते हैं। सर्वप्रथम वे गौर करते हैं कि व्रिन संसाधनों को पाना या विकसित करना खास तौर पर मुश्किल है। इसका बड़ा कारण यह है कि वे अमूर्त, अस्पष्ट या जटिल सामाजिक प्रक्रियाओं के परिणाम हैं (प्रीम एवं बटलर, 2001ए, 2001 बी)। दूसरा, वे उल्लेख करते हैं कि आर.बी.वी. शोधकर्ताओं ने 'वैल्यू' को जिस तरह परिभाषित किया है, वह स्व-संदर्भित (पुनरुक्तात्मक) है। इसका आशय है कि इसे बाजार में महत्त्वपूर्ण या मूल्यवान के रूप में परिभाषित किया गया और फिर आर.बी.वी. कहता है कि बाजार से मिले लाभ का फर्क सुझाता है कि यह महत्त्वपूर्ण या मूल्यवान था।

बहरहाल, इंफोसिस लीडरशिप इंस्टीट्यूट में शोध का सुझाव है कि इसका समाधान संभव है। 'क्यू.सी. मॉडल' एक फ्रेमवर्क है, जो रणनीति को स्थापित करने में मदद करता है और फिर क्रम-प्रपात पूरी फर्म के 'वैल्यू चेन' को निशाना बनाता है। लक्ष्यों को इस तरह तय किया जाता है कि वे आवश्यक और पर्याप्त दोनों हों, जिससे कि फर्म स्तर के अंतिम उद्देश्यों को साकार किया जा सके। 'क्यू.सी. मॉडल' का सुझाव है कि यदि कोई एक संपदा या संपदाओं के समूह में ऐसी दृढ़ संभावना है कि वह रणनीतिक लक्ष्यों को लगातार हासिल कर सके या उससे आगे निकल सके, जोकि प्रतियोगिता से काफी आगे हो, तो वे प्रतियोगी बढ़त सुनिश्चित करने में फर्म के लिए उपयोगी हो सकते हैं (बर्ने, 2009 ए, 2009 बी)। इस तरह, मूल्य का आशय उपयोगिता से या उपयोग मूल्य से है। ऐसा सामर्थ्य, जो प्रक्रियात्मक लक्ष्यों के खास समूह को साकार करता है और जिसके आखिरी परिणाम का मूल्यांकन बाजार में ग्राहक द्वारा किए गए भुगतान से किया जाता है (लेपाक, स्मिथ एवं टेलर, 2007)। 'क्यू.सी. मॉडल' एक खास कारोबारी रणनीति के मद्देनजर, सभी संगठनात्मक प्रक्रियाओं पर विशेष आवश्यकताएँ आरोपित कर 'आर.बी.वी. मॉडल' में संशोधन सुझाता है। महत्त्व या मूल्य की परंपरागत आर.बी.वी. परिभाषाओं जैसाकि एक संपदा (या संपदाओं के एक समूह) का बाजार में परिसमापन मूल्य होता है, इसके बजाय 'क्यू.सी. मॉडल' सुझाता है कि संपदाओं को निश्चित रूप से निरंतर बेहतर गुणवत्ता, लागत, मात्रा और समय-चक्र परिणाम पैदा करना चाहिए और यह अंततः ग्राहकों को प्रसन्न करे; क्योंकि वे ही पेशकश का भुगतान करते हैं। 'आर.बी.वी.' और केंद्रीय क्षमता

दृष्टिकोण से संगति बैठाते हुए क्यू.सी. सुझाता है कि यदि एक फर्म ऐसा कोई संसाधन (जैसे सूचना, कर्मचारी, मशीन) सुनिश्चित कर लेती है, जो निरंतर गुणवत्ता, लागत, मात्रा या प्रक्रिया में समय-चक्र लक्ष्यों को हासिल कर सकता है और प्रतियोगी इसे सुनिश्चित नहीं कर सकते, नकल नहीं कर सकते, या किसी भी तरह वैसा परिणाम हासिल नहीं कर सकते हैं, तो प्रतियोगी लाभ या बढ़त प्राप्त की जा सकती है।

रणनीति संबंधी पुस्तकों के अनुसार 'क्यू.सी. मॉडल' का फायदा यह है कि यह रणनीति के सिद्धांतों, तरीकों और उपकरणों को एकीकृत करता है और औद्योगिक/सिस्टमम्स इंजीनियरिंग तथा गुणवत्ता विज्ञान प्रणालियों के बीच संपर्क बनाता है, जिससे रणनीति के कार्यान्वयन में सुधार आता है। उदाहरण के लिए, लीन एवं छह सिग्मा सुधार प्रणालियाँ खास लक्ष्यों को पाने के लिए आवश्यक नई प्रक्रियाओं एवं उत्पादों के डिजाइन बनाने, दोनों के लिए पूरी तरह उपयुक्त व प्रभावी हैं (उदाहरणार्थ, छह सिग्मा के लिए डिजाइन) या गुणवत्ता जैसे खास परिणाम में सुधार लाना (उदाहरणार्थ, लीन, छह सिग्मा डी.एम.ए.आई.सी.)।

अभीष्ट बनाम आपातिक रणनीति

हैरी मिंजबर्ग (1987) अन्य ज्यादा ढाँचागत दृष्टिकोणों के विपरीत रणनीति का एक वैकल्पिक दृष्टिकोण प्रदान करते हैं। उनका विचार है कि अनिश्चितताएँ जब तक सुलझती हैं और नए विचार उभरते हैं, रणनीतियाँ बन सकती हैं या गुजरते वक्त के साथ बनाई जा सकती हैं।

मिंजबर्ग तर्क देते हैं कि एक रणनीति क्रमशः विकसित हो सकती है, या यह सोच-विचार कर लिए गए फैसलों का समूह हो सकता है जिस पर आगे अमल किया जाए। बहरहाल, जब योजनाएँ पूरी होने पर आशानुरूप परिणाम नहीं देतीं, तो नेताओं की रणनीतियाँ फलीभूत नहीं हो पातीं। मिंजबर्ग विचार और कार्य के बीच संपर्क बनाते हैं। वह गौर करते हैं कि रणनीति निर्माण के लिए वैचारिक मनन और अवसर के अनुरूप कार्यान्वयन, दोनों की जरूरत होती है। यह देखते हुए कि बाजारों में अनिश्चितता है और अवसर उभरते हैं, मिंजबर्ग का नजरिया नेतृत्व के लचीलेपन की इजाजत देता है कि वह मूल्य पैदा करने के लिए नए अवसरों के बारे में तय करे।

मिंजबर्ग और अन्य द्वारा किए गए शोध सुझाते हैं कि प्रभावी रणनीतियाँ विचार और नियंत्रण को लचीलेपन और संगठनात्मक सीख के साथ मिलाकर बनाई जा सकती हैं। इनका परामर्श है कि एक विशाल संगठन में रणनीति विकास का

काम सबसे बढ़िया ढंग से 'छतरी नजरिया' (अम्ब्रेला एप्रोच) का उपयोग कर किया जा सकता है, जहाँ वरिष्ठ प्रबंधन मोटी रूपरेखा तय कर देता है, लेकिन रणनीति विशेष का काम संगठन में निचले स्तर के नेताओं के भरोसे छोड़ देता है। यह दृष्टिकोण संगठनव्यापी रणनीतिक नजरिए को बाजार, उत्पाद और भौगोलिक बारीकियों के साथ जोड़ता है और इस बारे में निर्णय करने का जिम्मा उन नेताओं के हवाले कर देता है, जो इन विस्तृत बातों के करीब हैं। इसके अतिरिक्त यह दृष्टिकोण निचले-स्तर के नेताओं को परिधीय दृष्टि को उठाने, उभरते पैटर्न की पहचान करने और तद्नुसार रणनीतियाँ बनाने की इजाजत देता है।

रणनीतिक नेतृत्व का विज्ञान एवं व्यवहार

इस विषय की सैद्धांतिक पुस्तकों से संगति रखते हुए इंफोसिस के पास एक अनूठी केंद्रीय या मूल क्षमता यह थी कि ग्लोबल डिलीवरी मॉडल उसकी मौलिक रचना थी। कंपनी की मूल रणनीति थी कि भारत में तेज-तर्रार, मूल्य-संचालित सॉफ्टवेयर विशेषज्ञ रखे जाएँ और विकसित दुनिया के ग्राहकों से रियायती कीमत वसूली जाए। पोर्टर के दृष्टिकोण से, एक खास केंद्रित क्षेत्र, सॉफ्टवेयर आउटसोर्सिंग में इंफोसिस शुरू में अपनी कम लागत और चौबीसों घंटे के प्रोग्रामिंग समर्थन के बूते प्रतियोगिता कर सकी। केंद्रीय या मूल क्षमता और फर्म के संसाधन-आधारित नजरिए से देखें, तो शुरुआत में इंफोसिस अकेली ऐसी फर्म थी, जिसने 'श्रम मध्यस्थता मॉडल' के साथ ग्राहकों को निरंतर खुश करने की कूवत का प्रदर्शन किया था। इसने दिखाया था कि यह अनूठे ढंग से इंफ्रास्ट्रक्चर कौशल और भारत की सरकारी बाधाओं से निपट सकती है और कम लागतवाले अति उच्च हुनरमंद कार्य बल के जरिए वैश्विक ग्राहकों की सेवा कर सकती है। आपातिक रणनीति पर मिंजबर्ग के शोध के नजरिए से इंफोसिस ने उभरते पैटर्न को देखते हुए मौका ताड़ा और समुचित रूप से अपनी रणनीतियों को विकसित किया।

कई वर्षों के संशोधन के बाद इंफोसिस के लिए रणनीतिक नेतृत्व की निम्न व्यवहारात्मक परिभाषा उभरकर सामने आई है–

नेताओं को अवश्य ही–

- ऐसी रणनीतियाँ ईजाद करनी चाहिए, जो प्रतियोगिता से निरंतर आगे हों।
- बाजार में हो रहे परिवर्तनों का पूर्वानुमान लगाकर अपनी भविष्य की दृष्टि को अनुकूलित करना चाहिए।
- बाह्य और आंतरिक ग्राहकों के लिए अनूठा मूल्य सृजन करने के लिए निष्कपट दृष्टिकोण सामने रखना चाहिए।

विशिष्ट सुविधाओंवाले आश्चर्यजनक परिसर

इंफोसिस के इतिहास की शुरुआत में जब संस्थापकों ने अमेरिका और अन्य विकसित बाजारों पर ध्यान केंद्रित करने का फैसला किया तो तत्कालीन सी.ई.ओ. नारायण मूर्ति ने सोच-समझकर ऐसी सुविधाएँ बनाने का फैसला किया, जो ग्राहकों की नजर में इंफोसिस और यहाँ तक कि भारत की छवि को बदलेंगी। खासकर, बेंगलुरू में वैश्विक मुख्यालय के पास परिसर में सबसे पहले आई.एल.आई. का मुख्यालय बनना था और यह 'जनरल इलेक्ट्रिक' के मशहूर 'क्रोटन विले' के परिसरों के समान शानदार बनाया जाना था।

आप इंफोसिस के इतिहास पर लिखित अध्याय से याद करेंगे कि सभी पक्षकारों की नजरों में सम्मान हासिल करने के लिए सुंदर भवन बनाना कंपनी की दीर्घकालीन रणनीति की एक खासियत थी। इंफोसिस की हमेशा यह मंशा रही है कि 'वह वैश्विक स्तर पर एक सम्मानित सॉफ्टवेयर कंपनी बने, जो सर्वोत्तम लोगों के जरिए सर्वोत्तम सॉफ्टवेयर हल प्रदान करे।' इंफोसिस के कई भव्य परिसरों की योजना इंफोसिस के विशाल कंपनी बन जाने के बाद नहीं, बल्कि 1990 के दशक में ही बनाई गई थी और तब परिसर की लागत कंपनी की सालाना आमदनी से ज्यादा थी।

दृष्टि यह थी कि ऐसा माहौल पैदा किया जाए जिसमें आधारतंत्र ग्राहकों में यह भरोसा पैदा करे कि इंफोसिस विश्व की सर्वोत्तम कंपनियों के समानांतर है और ऐसा कार्य-परिवेश प्रदान करे जहाँ भारतीय सॉफ्टवेयर पेशेवर तेजी से बढ़ते प्रतियोगी श्रम बाजार में शानदार प्रदर्शन करें और फलें-फूलें। उच्च गति का संपर्क, अपना बिजली उत्पादन और आधुनिक ग्राहक सेवा केंद्रों ने यह सुनिश्चित किया कि वैश्विक स्तर पर ग्राहकों को निर्बाध रूप से ऑफशोरिंग (अपतटीय) अनुभव मिले और कर्मचारियों का भी पूरा खयाल रखा जाए।

इंफोसिस का रिसॉर्ट की तरह का माहौल कर्मचारियों को प्रेरणादायी परिवेश

मैसूर में इंफोसिस लीडरशिप इंस्टीट्यूट का मुख्यालय भवन

आई.एल.आई. मैसूर में परिसर का दौरा करनेवाले ग्राहकों और नेताओं के लिए, खासकर 2010 में नियुक्त किए जानेवाले 36 हजार नए इंजीनियरों के लिए रिसॉर्ट की तरह आवास-व्यवस्था की गई है।

प्रदान करने के लिए डिजाइन किया गया है, जोकि अन्य वैश्विक संगठनों द्वारा प्रदान की जानेवाली सुविधाओं व परिवेश से भी आगे है। मैसूर में, जहाँ आई.एल.आई. का मुख्यालय है, हर स्तर के कर्मचारी मनोरंजक सुविधाओं, जैसे बास्केटबॉल कोर्ट, स्विमिंग पूल, हेल्थ क्लब, म्यूजिक सेंटर, योग कक्ष, क्रिकेट ट्रैक एवं फील्ड स्पोर्ट्स, पर्वतारोहरण, आठ लेनवाली बाउलिंग प्ले, फिटनेस सेंटर, जिसमें एरोबिक व्यायाम के लिए विशेष व्यवस्था है, एक एंफीथिएटर और चार थिएटरों वाले एक मूवी मल्टीप्लेक्स का आनंद उठाते हैं।

इंफ्रास्ट्रक्चर जरूरतों के मद्देनजर परिवहन के लिए तैनात बसों, चिकित्सा

इंफोसिस, बेंगलुरू

इंफोसिस, बेंगलुरू

सुविधाओं, एक बैंक, ए.टी.एम. और एक 'ट्रैवल काउंटर' की व्यवस्था की गई है। मैसूर में सुविधाओं का पैमाना इंफोसिस की विशिष्टता का एक अन्य पहलू है। सन् 2009 में इंफोसिस ने मैसूर परिसर में आजाद भारत के सबसे बड़े भवन को लॉन्च किया।

यह भवन 10 लाख वर्ग फुट के क्षेत्र में बनाया गया है, जहाँ नए इंजीनियरों को पढ़ाया जाता है। जरूरत पड़ने पर यहाँ कोई 15 हजार विद्यार्थियों को एक साथ पढ़ाया जा सकता है। संगठन को स्थापित करने और बाजार की बदलती जरूरतों को पूरा करने के लिए मानव संसाधनों के लिए बेहतर सुविधाएँ प्रदान करने की रणनीति का यह एक प्रमुख भाग है; और इंफोसिस के पास डिज्नी की तरह का सिर्फ मैसूर कैंपस ही नहीं है। ये तसवीरें दरशाती हैं कि भारत के बारे में कुछ विदेशी ग्राहक जैसा सोचते हैं, उसके विपरीत इंफोसिस ने किस स्तर की श्रेष्ठता हासिल की है।

समतल विश्व के लाभ एवं ग्लोबल डिलीवरी मॉडल

जब थॉमस एल. फ्राइडमैन इंफोसिस के तत्कालीन सी.ई.ओ. नंदन नीलेकणि का इंटरव्यू ले रहे थे, तब नीलेकणि ने उल्लेख किया कि तीव्र वैश्वीकरण और चीन व भारत के महत्त्वपूर्ण खिलाड़ी के रूप में उभरने के कारण 'खेल का मैदान

समतल किया जा रहा है।' (फ्राइडमैन, 2005)। यह बात फ्राइडमैन के दिमाग में गूँजी और उन्होंने इसका इस्तेमाल अपनी सर्वाधिक बिक्रीवाली पुस्तक 'दी वर्ल्ड इज फ्लैट' (दुनिया समतल है) लिखने के लिए प्रेरणा के रूप में कि ा। इंफोसिस ने फ्राइडमैन की पुस्तक से प्राप्त प्रचार को बखूबी भुनाया और अपने ग्राहकों को अपने 'ग्लोबल डिलीवरी मॉडल' के लाभों को स्पष्ट तौर पर बताया।

मिंजबर्ग की अनुशंसाओं से संगति रखते हुए इंफोसिस नेतृत्व ने इस पर जोर दिया कि श्रेष्ठ सॉफ्टवेयर एवं संबद्ध सेवाएँ दुनिया के किसी भी भाग में ग्राहकों को मुहैया कराई जा सकती हैं और यह बात कंपनी की एक प्रमुख विशिष्टता, ब्रांड और रणनीति थी। विचार यह था कि प्रौद्योगिकी के बुद्धिमत्तापूर्ण इस्तेमाल द्वारा उत्पादकता और लाभ निरंतर बढ़ाए जाएँ तथा श्रम मध्यस्थता प्रदान करते हुए एक वैश्विक प्रतिभा-कोष बनाया जाए।

इंफोसिस का प्रयास था कि काम को सूझबूझ के साथ विभाजित करके बाँटा जाए। ग्राहकोन्मुखी काम ग्राहक की सहभागिता से उसी भौगोलिक क्षेत्र में किया जाना था, जबकि सॉफ्टवेयर का काम 'ऑफशोर' (अपतटीय) किया जा सकता था, लेकिन ध्यान रखना था कि काम की उच्चतम गुणवत्ता बनी रहे। ग्राहकों के दोषमुक्त समर्थन के साथ इन निर्बंध कार्य-संचालनों के कार्यान्वयन के लिए भारत से बाहर के स्थलों—मैक्सिको, लैटिन अमेरिका, पोलैंड, चेक गणराज्य एवं चीन में केंद्र खोले गए। इसका मकसद वैश्विक ग्राहकों की जरूरतों को पूरा करना था।

रणनीति कार्यान्वयन एवं स्कोरकार्ड

रणनीतिक नेतृत्व की आवश्यकता है कि जो रणनीति अपनाई जाए उसे वाकई कार्य-संचालन में ढाला जाए। सन् 2002 में इंफोसिस ने यह सुनिश्चित करने के लिए 'स्कोरकार्ड पद्धति' को अपनाया कि रणनीतिक रूप से अनिवार्य कार्यों को संगठन के सभी स्तरों के लिए इस तरह विभाजित किया जाए कि वे समुचित ढंग से संपन्न किए जा सकें। 'संतुलित स्कोरकार्ड रणनीति' कार्यान्वयन के प्रमुख संकेतों को स्पष्ट करने में मददगार एक ढाँचा (फ्रेमवर्क) है, ताकि वित्तीय और ग्राहक परिणामों की खातिर उनका प्रबंधन किया जा सके (कैप्लान एवं नॉर्टन, 1996)।

इंफोसिस दरअसल दुनिया की पहली आई.टी. कंसल्टिंग एवं सर्विसेज कंपनी बनी जिसे रणनीति कार्यान्वयन के लिए 'बैलेंस्ड स्कोरकार्ड हॉल ऑफ फेम' में मान्यता मिली। यह मान्यता पाँच प्रमुख सिद्धांतों पर आधारित थी— 1. कार्यकारी नेतृत्व के द्वारा बदलाव लाना; 2. रणनीति को कार्य-संचालन में ढालना; 3. अपनी

रणनीति के अनुरूप संगठन को संयोजित करना; 4. प्रत्येक को रणनीति को अपना कार्य समझने के लिए प्रेरित करना, और 5. इस तरह प्रशासन करना कि रणनीति एक निरंतर प्रक्रिया बन जाए।

इंफोसिस में वार्षिक योजना प्रक्रिया के दौरान पिछली रणनीतियों की समीक्षा की जाती है और आवश्यकतानुसार उन्हें फिर से संयोजित किया जाता है। नए रणनीतिक विषयों, उद्देश्यों और पहलों की पहचान की जाती है। इसमें इंफोसिस बोर्ड समेत वरिष्ठ प्रबंधन टीम के सभी सदस्यों की सक्रिय भागीदारी रहती है। ऐसा करते हुए एक स्वतंत्र टीम द्वारा जुटाई गई कॉरपोरेट खुफिया जानकारियों, जिसमें आंतरिक एवं बाह्य विचार भी शामिल होते हैं, को भी ध्यान में रखा जाता है। तब सभी विषयों या मुद्दों के लिए रणनीतिक पहलों के लक्ष्यों पर उनके प्रभाव के आधार पर प्राथमिकता तय की जाती है। इसके बाद 'कॉरपोरेट योजना समूह' द्वारा एक आंतरिक पोर्टल (इंफी प्लस) के जरिए पोर्टफोलियो का प्रबंधन किया जाता है।

इंफोसिस का स्कोरकार्ड वह आधारभूत प्रणाली है, जिसके जरिए संगठन रणनीति निर्माण को एकीकृत करता है, इसे विविध इकाइयों में लागू करता है, प्रमुख कार्य-प्रदर्शन मापदंडों को जोड़ता है और रणनीति के मुकाबले बजट योजनाओं का अधिकतम उपयोग सुनिश्चित करता है। 'स्कोरकार्ड विकास प्रक्रिया' में जो प्रमुख कदम उठाए जाते हैं, वे निम्न हैं :

- मापकों का एक सेट बनाने के लिए प्रत्येक रणनीतिक लक्ष्य के एक अगले और पिछले संकेतों का सेट बनाया जाता है।
- सभी संभावित मापकों का समुचित मूल्यांकन किया जाता है, ताकि यह सुनिश्चित किया जा सके कि वे कंपनी की रणनीति को लागू करना सहज बनाएँगे।
- इन मापकों का एक आकलन प्रक्रिया के जरिए शोधन किया जाता है। वे वित्तीय या गैर-वित्तीय हो सकते हैं ।
- कॉरपोरेट स्कोरकार्ड को तब कार्यकारी टीम के सभी सदस्यों के लिए एक संयोजन साँचे में तब्दील किया जाता है, ताकि प्राथमिक और साझा लक्ष्यों के बारे में स्पष्टता बनी रहे।

यह प्रक्रिया त्रैमासिक आधार पर निगरानी को संभव बनाती है। समीक्षा ढाँचा सामयिक सुधार को भी संभव बनाता है, क्योंकि यह वरिष्ठ नेतृत्व निर्णय-प्रक्रिया को भी सुस्थापित करता है। इन नियंत्रण ढाँचों ने इंफोसिस को विकास और मंदी के दौर में बाजार को सफलतापूर्वक शीर्ष एवं निम्न दिशा-निर्देश देने में भी सक्षम

बनाया है। लेकिन आई.एल.आई. संतुलित स्कोरकार्ड की कुछ सीमाओं के समाधान निकालने की भी पड़ताल कर रहा है। इन सीमाओं में मूल कारणों की पुष्टि का अभाव और कर्मचारियों के सभी स्तरों के लिए लक्ष्य की सार्थकता को सुधारना शामिल है।

भविष्य सूचकता, धारणीयता, लाभार्जन, खतरों को समाप्त करना (पी.एस.पी.डी.)

इंफोसिस को जैसे-जैसे चुनौतियों का सामना करना पड़ा, यह स्पष्ट हो गया कि उसे नियोजित विकास पथ पर सफलतापूर्वक आगे बढ़ते रहने के लिए खुद को ग्राहक, प्रतियोगी और अन्य खतरों से बचने का इंतजाम करने की जरूरत है। इंफोसिस ने खतरा कम करने की अपनी रणनीति के लिए एक प्रशासकीय नियम बनाया, जिसे संक्षेप में 'पी.एस.पी.डी.' (प्रेडक्टिविलिटी, सस्टेनिबिलिटी, प्रोफिटेबलिटी, डी-रिस्किंग) कहते हैं, ताकि सभी नेता संगठनात्मक लक्ष्यों की ओर एक साथ तालमेल बनाकर काम करें। प्रमुख मार्गदर्शक नारायण मूर्ति पी.एस.पी.डी. के बारे में बताते हैं–

खंदकों से जुटाए गए आँकड़ों पर आधारित बिक्री के लिए एक अच्छी भविष्यवाणी प्रणाली भविष्यसूचकता को सुनिश्चित करती है (हालाँकि लाभ-धाराओं के बारे में भविष्यवाणी के लिए लागतों की भविष्यवाणी की भी जरूरत होती है)। ऊर्जावान एवं प्रेरित विक्रेताओं द्वारा जो रास्तों की खाक छानकर बिक्री को संभव बनाते हैं, उत्पादन में लगे लोगों द्वारा जो यह सुनिश्चित करते हैं कि गुणवत्तावाले उत्पाद ग्राहकों को समय पर उपलब्ध करा दिए जाएँ और बिल भेजकर और समय पर भुगतान वसूल कर धारणीयता हासिल की जाती है। हर उपक्रम को उच्च लाभ पर अवश्य ध्यान केंद्रित करना चाहिए, ताकि वह अपने शेयरधारकों को सर्वोत्तम लाभ सुनिश्चित कर सके। वस्तुतः एक कॉरपोरेशन की दीर्घकालीन सफलता ऐसे मॉडल अपनाने पर निर्भर करती है, जो लाभ को बढ़ाता जाए। अंततः कॉरपोरेशन के पास खतरों से निपटने का अच्छा नजरिया अवश्य होना चाहिए, जिसके जरिए हर आयाम के खतरों की पहचान, माप और निपटने का तरीका लागू किया जा सके। खतरा उठाने का स्तर (डी.ए.आर.) किसी कॉरपोरेशन की खतरा सीमा का एक संयुक्त या मिश्रित माप है। हर कॉरपोरेशन को अवश्य ही अपना डी.ए.आर. रखना चाहिए और इसमें निरंतर सुधार करना चाहिए।

इस अध्याय की शुरुआत में उल्लिखित घटना के बाद इंफोसिस में 'रिस्क मिटिगेशन ग्रुप' (खतरा प्रशमन समूह) की स्थापना की गई। पहला संकल्प यह सुनिश्चित करना था कि इससे आगे इंफोसिस एक संगठन के रूप में फिर कभी एक ग्राहक, प्रौद्योगिकी, देश या कार्यान्वयन क्षेत्र पर बहुत ज्यादा निर्भर नहीं करेगी। 'खतरा निवारण रणनीति' ने बीते वर्षों में कंपनी के राजस्व और आमदनी को स्थिरता प्रदान करने में मदद की है।

खतरों से छुटकारा पाने के निरंतर प्रयास के हिस्से के रूप में एक और महत्त्वपूर्ण रणनीतिक फैसला निवेश के बारे में लिया गया, जो इंफोसिस ने अनेक ग्राहकों के साथ नई सदी के आगमन के मौके पर किए थे। तब कंपनी वाई2के अवसरों के लिए आक्रामक ढंग से अपनी सेवाएँ पेश कर रही थी। कंपनी ने महसूस किया कि वह बहुमूल्य संसाधन एक ऐसे प्रयास में झोंक रही है, जिसकी उपयोगिता सीमित अवधि के लिए है। बहरहाल, इसने योजना बनाई और उसे सफलतापूर्वक अपने ग्राहकों के सामने दरशाया कि 'ऑफशोरिंग' (अपतटीय) कार्य-संचालन के क्या फायदे हैं। इनमें से कुछ ग्राहकों ने इसे किसी और तरीके से नहीं आजमाया होता। इंफोसिस ने पूरी सजगता से विश्वास और भरोसा पैदा किया और उन्हें अपना दीर्घकालीन ग्राहक बनाने में सफलता पाई। ज्यादातर खाते, जो 'वाई2के' समस्या के पूर्व शुरू हुए थे, अब ढाई से पाँच करोड़ डॉलर का राजस्व दे रहे थे।

इसी तरह सन् 2002 में डॉट कॉम कारोबार के बैठ जाने के दौरान इंफोसिस ने जान-बूझकर मंदी के दबावों के बावजूद अपने कार्यबल को बनाए रखा। कंपनी का अनुमान था कि मंदी के बाद बाजार बहुत तेजी से खुलेगा। जब ऐसा हुआ तो कंपनी आक्रामकता से आगे बढ़कर माँग को पूरा कर सकी। यह बात सन् 2008-09 की मंदी के दौरान दोहराई गई। इंफोसिस एकमात्र आई.टी. कंपनी थी, जिसने न केवल अपने कर्मचारियों की छँटनी नहीं की, बल्कि परिसर भरती के बाद नए स्नातकों को नौकरी के जो 18,000 प्रस्ताव पेश किए गए थे, उसका भी सम्मान किया।

चीन में उभार एवं ऑस्ट्रेलियाई रणनीति

इंफोसिस चीन में अपना एक कार्यालय स्थापित करने के बारे में सोचता रहा था, तभी सौभाग्य से चीन के प्रधानमंत्री जू रोंगजी सन् 2002 में भारत के दौरे पर आए और इस क्रम में इंफोसिस भी देखने आए। इंफोसिस परिसर का दौरा कर वे बहुत प्रभावित दिखे। उन्हें जब पता चला कि इंफोसिस की रुचि चीन में प्रवेश

करने की है, तो उन्होंने उत्साहपूर्वक मौके पर ही इसकी मंजूरी दे दी। इंफोसिस ने इस अवसर का लाभ उठाया और शंघाई में एक 'विकास केंद्र' खोलने की योजना बनाई। यह शहर पसंदीदा था, क्योंकि इसके पास आधारतंत्र था और यहाँ इंजीनियरिंग प्रतिभा उपलब्ध थी और यह महसूस किया गया कि कंपनी यहाँ बेंगलुरू की तरह ऑफशोरिंग मॉडल दुहरा सकती है। चीन में सहायक कंपनी की सफलता सुनिश्चित करने के लिए रणनीति का विकास होता गया है: शुरू में जोर इसपर था कि इसे स्थानीय कारोबार के लिए विकास केंद्र बनाया जाए, लेकिन जैसे-जैसे इंफोसिस ने इस बाजार में प्रवेश करने के लिए संघर्ष किया, इसने धीरे-धीरे चीन में कार्यरत बहुराष्ट्रीय निगमों से कारोबार करना शुरू कर दिया। चूँकि बहुराष्ट्रीय निगमों को संयुक्त उपक्रम के लिए एक स्थानीय चीनी भागीदार की जरूरत होती है, इसलिए वे भी ऐसे आई.टी. समर्थन के साथ काम करने में सहज महसूस करते हैं जो स्थानीय हों। इंफोसिस बदले में अमेरिका और यूरोप में इन बहुराष्ट्रीय निगमों के साथ अपने पुराने संबंधों को आगे बढ़ाने और उन्हें चीन में सुविधाएँ प्रदान करने में सफल रहा। यह 'सहायक केंद्र' कंपनी की इस दीर्घकालीन नीति को आगे बढ़ाने में सफल रहा कि जहाँ भी प्रतिभा उपलब्ध हो और उसकी जरूरत हो, वहाँ उस तक पहुँच बनाई जाए।

ऑस्ट्रेलिया में सहायक कंपनी खोलने की कहानी भी उन अवसरों का लाभ उठाने की है, जो किसी समय खुद को पेश करते हैं। इंफोसिस ने बहुत छोटे स्तर पर ऑस्ट्रेलिया में प्रवेश किया था। सबसे पहले उसने टेल्स्ट्रा के साथ काम प्रारंभ किया था। यह कारोबार जैसे-जैसे बढ़ा, सन् 2003 में 'एक्सपर्ट इंफॉर्मेशन सर्विसेज प्राइवेट लिमिटेड' का अधिग्रहण करने का अवसर आया। उस वक्त उसके करीब 450 कर्मचारी थे। इंफोसिस ने कर्मचारियों समेत इस ऑस्ट्रेलियाई कंपनी का अधिग्रहण कर लिया और यह उसकी एक मजबूत रणनीतिक सफलता साबित हुई। यह सहायक कंपनी वहाँ स्थानीय तौर पर बिक्री एवं समर्थन के लिए फ्रंट ऑफिस के तौर पर काम करने लगी और भारत से किए जा रहे विकास कार्यों को वहाँ पूरा समर्थन प्रदान करने लगी। यह रणनीति आपातिक थी और इंफोसिस ने इसकी मौजूदगी का लाभ उठाते हुए न्यूजीलैंड और अन्य 'एपेक' देशों (एशिया-प्रशांत क्षेत्र के देशों) में अपने प्रस्तावों को बेहतर और उच्चतर किया।

इंफोसिस के नेताओं ने भी अपनी-अपनी विशेषज्ञतावाले क्षेत्रों में अपने रणनीतिक नेतृत्व का कौशल दिखाया। लीडरशिप जर्नी सीरीज आकलन का इस्तेमाल करते हुए हमने तीन उच्च स्तरीय नेताओं की पहचान की जो रणनीतिक नेतृत्व के हमारे दृष्टिकोण को साझा करते थे।

क्षेत्र-विशिष्ट ऊर्ध्व–खुदरा, प्रवर्तक के रूप में

यू.बी. प्रवीण राव खुदरा-ऊर्ध्व के प्रमुख हैं। वे उस प्रवर्तक टीम के नेता हैं, जिसने यह खाका तैयार किया कि इंफोसिस में कैसे अपने औद्योगिक ऊर्ध्व खड़े किए जाएँ। राव याद करते हैं कि 'सन् 2001 में जब इस इकाई को एक अग्रगामी के तौर पर शुरू किया गया, तो किस कदर रोमांच था!'

इंफोसिस का उस वक्त पहले से ही कुछेक वैश्विक खुदरा ग्राहकों के साथ दीर्घकालीन संबंध था। बहरहाल, उस समय तक जोर सिर्फ इस पर था कि इन ग्राहकों को तकनीकी हल प्रदान कर दिया जाए। नए ऊर्ध्व ढाँचे ने इंफोसिस के लिए अवसर प्रदान किया कि वह अपनी 'डोमेन स्किल' (क्षेत्र विशेष में हुनर) का भी अपने ग्राहकों के सामने प्रदर्शन करे। प्रवीण कहते हैं, 'निकट भविष्य में टीम की डोमेन (क्षेत्र-विशेष) विश्वसनीयता' को कायम करने के लिए वे जान-बूझकर 'अंदर से विकसित करने' के दर्शन से हट गए और फैसला किया कि उन्हें जल्द ही ऐसी प्रतिभाओं को हासिल करना चाहिए जिनके पास खुदरा उद्योग का गहरा अनुभव हो। जब ये प्रयास चल रहे थे, पैट्रिक ओगावा, अनंत राधाकृष्णन और बालाजी येलवल्ली जैसे नेताओं, जिनके पास पहले खुदरा क्षेत्र का अनुभव था, लेकिन वे इंफोसिस के अन्य भागों में काम कर रहे थे, को खुदरा टीम में लाया गया, ताकि क्षेत्र-विशेष (डोमेन) विशेषज्ञता और सुदृढ़ हो। साथ ही, यूनिट ने अपने अनूठे खुदरा प्रस्तावों के साथ बौद्धिक संपदा बनाने की शुरुआत करने का भी फैसला किया। इसकी निगरानी के लिए एक 'रीटेल सॉल्यूशंस काउंसिल' (खुदरा समाधान परिषद्) की नियुक्ति की गई। क्षेत्र-विशेष (डोमेन) की गहरी समझ ग्राहकों के समक्ष प्रदर्शित करने का सबसे बढ़िया तरीका था–'खुदरा समाधान' (रिटेल सॉल्यूशंस)। जिसने अच्छा फायदा देना भी शुरू कर दिया। रिटेल टीम द्वारा इस संपूर्ण ऊर्ध्व ढाँचे के उपयोग ने इसे टी.सी.एस. और विप्रो जैसे भारतीय प्रतियोगियों की तुलना में पहले आगे बढ़ने का लाभ दिलाया।

बहरहाल, प्रवीण और मनीष टंडन (रिटेल में उस अवधि के लिए ग्रुप एंगेजमेंट मैनेजर) ने इंगित किया कि ग्राहकों की जरूरतों को पूरी तरह समझना और ग्राहकों को विविध स्तर के हल प्रदान करते हुए समुचित रणनीतिक अवस्थिति हासिल करना अहम है। 'वनीला' या बिना फर्कवाले या एक तरह के प्रस्ताव काम नहीं करते हैं, क्योंकि बात जब आई.टी. आउटसोर्सिंग की आती है तो ग्राहक उन्हें अपनाने के अलग-अलग स्तर पर होते हैं। सन् 2005-2006 में उन्होंने पाया कि हालाँकि रीटेल ग्राहकों के साथ रीटेल सॉल्यूशंस (खुदरा समाधान) बेहद लोकप्रिय हैं, लेकिन वे सी.पी.जी. (डिब्बाबंद उपभोक्ता सामान) खंड में ज्यादा प्रवेश नहीं

कर पा रहे थे। गहरा विश्लेषण करने पर उन्होंने महसूस किया कि 'रिटेल सेगमेंट' (खुदरा खंड) के विपरीत, डिब्बाबंद उपभोक्ता सामान उद्योग ने आउटसोर्सिंग के क्षेत्र में अभी कदम रखना ही शुरू किया था और इसलिए वे उन्नत किस्म के प्रस्तावों को अपनाने के लिए तैयार ही नहीं थे। इसे महसूस करते हुए इंफोसिस टीम फिर से 'अमेरिकन डेवलपमेंट मॉडल' (ए.डी.एम.) पर लौट आई। एक बार जब ग्राहक आउटसोर्सिंग के फायदे का अनुभव पा लेंगे, तो वे स्वयं ही ज्यादा और बेहतर प्रस्तावों का स्वागत करेंगे। आज, सी.पी.जी. खंड में, वे ए.डी.एम. के दायरे से बाहर निकल चुके हैं और सी.पी.जी.–विशेष समाधान बेच सके हैं।

सी.एम.ई. और आई.एम.एस. में विकास के लिए रणनीतिक परिवर्तन

सन् 2002 में जब आनंद नटराज कम्युनिकेशंस, मीडिया ऐंड एंटरटेंमेंट (सी.एम.ई.) इकाई में शामिल हुए, तब इसे कम्युनिकेशंस ऐंड प्रोडक्ट सर्विसेज (सी.ए.पी.एस.) कहा जाता था और उसे पहले से यह उपलब्धि हासिल थी कि वह इंफोसिस में सबसे ज्यादा नए खाते (ग्राहकों के) खोलता था। बहरहाल, जब उन्होंने इन खातों की विकास क्षमता का विश्लेषण किया, तब उन्होंने भिन्नता पाई। यह स्पष्ट था कि ग्रुप (इंफोसिस) अपनी ऊर्जा को कम कर रहा है, क्योंकि वह किसी भी चीज पर और प्रत्येक चीज में काम करने लग जाता है। परिणामस्वरूप, सन् 2003 में, आनंद और उनकी टीम ने अपने काम को फिर से व्यवस्थित करने का फैसला किया। आनंद ने इस पहल का नेतृत्व किया कि हमें उच्च क्षमतावाले या उच्च संभावनाओंवाले खातों को अपने साथ 'अवश्य शामिल' करना चाहिए। ये सबसे ज्यादा आकर्षक, उच्च-विकासवाले खाते थे, जिन पर इंफोसिस को अलग तरह से समय और ऊर्जा लगानी होगी। अन्य सभी अवसरों पर सिर्फ तभी काम किया जाए जब ग्राहक से इसके लिए अनुरोध आए (आर.पी.एफ. यानी रिक्वेस्ट फॉर प्रपोजल)। सोद्देश्यपूर्ण ध्यान देने की इस रणनीति ने लाभ भी पहुँचाया, क्योंकि दूरसंचार कंपनियाँ भी साथ-साथ अपने को सुदृढ़ करने में लगी हुई थीं–उदाहरण के लिए एस.बी.सी. ने बेल साउथ का अधिग्रहण किया और जिसने बदले में ए.टी. ऐंड टी. का अधिग्रहण किया। इस रणनीति का नतीजा इस रूप में देखने को मिला कि सन् 2004 में सी.एम.ई. ग्रुप का राजस्व जहाँ 6 करोड़ डॉलर था, वह सन् 2008 में बढ़कर 58 करोड़ डॉलर हो गया। आनंद के नेतृत्व में सी.एम.ई. मामले में इंफोसिस की दखल काफी बढ़ी। जब आनंद इस यूनिट में आए थे, तब इंफोसिस सिर्फ एक प्रमुख ऑपरेटर के साथ काम कर रही थी। लेकिन सन् 2008 में आनंद इस यूनिट से 'इंफ्रास्ट्रक्चर मैनेजमेंट सिस्टम्स' के प्रमुख

बनकर गए, तब सी.एम.ई. यूनिट की पहुँच निम्न रूप में हो गई थी–

- दुनिया भर में शीर्ष दस सी.एस.जी. में से सात में।
- शीर्ष छह एन.ए. टेलीकॉम कंपनियों में से पाँच में।
- छह शीर्ष यूरोपीय टेलीकॉम कंपनियों में से चार में।
- तीन शीर्ष केबल कंपनियों और दो शीर्ष आई.एस.पी. में।

आई.एम.एस. के यूनिट प्रमुख के रूप में, आनंद ने आई.एम.एस. को मजबूत करने और विकसित करने पर, 'आई.एम.एस. 1.0 से आई.एम.एस. 2.0 तक ले जाने पर ध्यान लगाया। उन्होंने मौजूदा सामर्थ्य और मार्केट में अवस्थिति, खासकर ब्रांडिंग के संबंध में, का पूर्ण विश्लेषण किया। 'आई.एम.एस. ब्रांडिंग' को सुधारने के प्रयास में वे यह सुनिश्चित कर रहे हैं कि गार्डनर–फॉरेस्टर से सौदा, सलाहकारों एवं विश्लेषकों के मजबूत रिश्ते बनाए जाएँ। वे यह भी कोशिश कर रहे हैं कि ग्राहकों को 'संपूर्ण इंफ्रा ट्रांसफॉर्मेशन सॉल्यूशंस' प्रदान किए जाएँ। रणनीतिक लाभ के लिए क्षमता के दृष्टिकोण से वे फर्क लाने पर जोर दे रहे हैं। इसके लिए वे अभिनव प्रयोगों की संस्कृति पैदा कर रहे हैं, वर्चुअल डेस्कटॉप इंफ्रास्ट्रक्चर (वी.डी.आई.) और क्लाउड कंप्यूटिंग जैसे नए तकनीकी क्षेत्रों में प्रवेश कर रहे हैं और आई.एम.एस. एकेडेमी के जरिए शिक्षा का स्तर ऊपर उठा रहे हैं। इस रणनीति के कारण इंफोसिस के राजस्व में आई.एम.एस. की हिस्सेदारी बढ़ी है। वित्तीय वर्ष 2008–09 में आई.एम.एस. की हिस्सेदारी महज 4.9 प्रतिशत थी, जो वित्तीय वर्ष 2009–10 में बढ़कर 7.2 प्रतिशत हो गई।

आई.वी.एस. में विशेषज्ञता प्राप्त करने की रणनीति

मनीष टंडन इंडिपेंडेंट वैलिडेशन सर्विसेज (आई.वी.एस.) के सन् 2008 में जब यूनिट प्रमुख बने, तब दुनिया की अर्थव्यवस्थाएँ मंदी की ओर जा रही थीं। यहाँ तक कि जब वे इस ग्रुप में शामिल होने जा रहे थे, उन्होंने महसूस किया कि उन्हें तेजी से ग्रुप को फिर से अवस्थित करने की जरूरत है; क्योंकि बाजार में अनेक छोटे खिलाड़ी उतर आए थे और अपने उत्पादों की भरमार कर रहे थे। आई.वी.एस. में तेजी से विकास करने की संभावना थी और वह इंफोसिस में एक बड़ी इकाई बन सकती थी, लेकिन मार्जिन (लाभ) का स्तर बनाए रखने के लिए उसे चीजों को अलग ढंग से करने की आवश्यकता थी।

नेतृत्व की दिशा में उनके दिमाग में पहला कदम यह था कि निकट भविष्य में अपने दृष्टिकोण को एकदम साफ तौर पर पेश करना। इस रणनीति की खासियतें यह थीं कि आई.बी.एस. को विशेषीकृत सेवाएँ बनाना और विकसित करना, बाजार में

उत्पादों की भरमार का मुकाबला करना और क्षेत्र विशेष (डोमेन लाइंस) के बरक्स ऊर्ध्व (वर्टिकल्स) खड़े करना। विशेषज्ञता कई आयामों में हासिल की जा सकती थी: क्षैतिज परीक्षण समाधान, ऊर्ध्व कार्यगत परीक्षण समाधान और पैकेज विशेष का परीक्षण समाधान। इनमें से प्रत्येक विशिष्टीकरण से फर्क पड़ेगा, ग्राहकों को परिणाम की गुणवत्ता, कीमत और बाजार में त्वरित पहुँच के संदर्भ में बेहतर महत्त्व का मूल्य मिलेगा और इसलिए ग्राहक इन सेवाओं के लिए काफी बेहतर कीमत चुकाने को तैयार होंगे।

ऊपर उल्लिखित तीनों आयामों के यहाँ चंद उदाहरण पेश हैं, जो इस रणनीतिक दृष्टिकोण पर प्रकाश डालेंगे–

1. 'क्षैतिज परीक्षण' समाधान का एक उम्दा उदाहरण था। एक पेटेंट किया हुआ साधन, जिसे 'क्लेयरवेयर' कहा जाता था। इसका निर्माण डाटा वेयरहाउस (डी.डब्ल्यू.) और बिजनेस इंटेलिजेंस (बी.आई.) परीक्षण के लिए किया गया था। इस उपकरण ने न केवल अपने बी.आई. और डी. डब्ल्यू. प्रोजेक्टों के परिणामों की पुष्टि करने में ग्राहकों की मदद की, बल्कि इसने उनके उत्पादन माहौल में चालू डाटा क्वालिटी के प्रबंधन के लिए एक प्रणाली भी तैयार की।
2. ऊर्ध्वाधर कार्यगत परीक्षण समाधान का एक उदाहरण है–'ई-कॉमर्स टेस्टिंग'। इंफोसिस ने पाया कि एक खालिस खुदरा ई-कॉमर्स साइट में 70-80 प्रतिशत कार्य एक से हैं। इसीलिए उसने एक पैकज-पूर्व परीक्षण सूट बनाया, ताकि बाजार तक उसकी पहुँच तेज गति से हो और यह बात किसी भी ई-कॉमर्स साइट के लिए महत्त्वपूर्ण है।
3. अंतत: स्तरीय पैकेज समाधान के लिए स्वचालित ह्रास परीक्षण बेड तैयार करना, जैसे एस.ए.पी., सिबेल, पीपुलसॉफ्ट और फिनैकल (इंफोसिस के बैंकिंग उत्पाद)। परीक्षण सेवाओं के संदर्भ में ग्राहकों को उच्चतर उपयोगिता प्रदान करने का यह एक अच्छा उदाहरण है।

जैसाकि मनीष दुहराते हैं, 'सिर्फ रणनीति का होना पर्याप्त नहीं है, इसकी कुंजी कार्यान्वयन है। गत वर्ष मंदी के बावजूद आई.वी.एस. के राजस्व उत्पादन में बस छोटी गिरावट आई थी, क्योंकि हमने विशेषज्ञता हासिल करने की दिशा में तेज प्रगति की थी। मौजूदा वित्तीय वर्ष में आई.वी.एस. ने काफी परिणाम प्राप्त किए हैं। वे देख रहे हैं कि इन सेवाओं के लिए ग्राहकों की माँग में गति बनी हुई है, प्रतियोगियों के मुकाबले हममें काफी विशिष्टता आई है, जिससे हमारी सफलता की दर में बढ़ोतरी हुआ है, पेटेंटों और मान्यता के संदर्भों में उद्योग की मान्यता मिली है और अंतत: विकास में

वृद्धि और बेहतर राजस्व मिलने के कारण शेयरधारकों की भी मान्यता मिली है।' मनीष विनम्रता से जोड़ते हैं कि अभी पूरा लाभ उठाया जाना बाकी है, लेकिन वे आशावादी हैं।

इंफोसिस ने बीते वर्षों में बाजार की परिस्थितियों का लाभ उठाने में गतिशीलता दिखाई है, ताकि वह अपनी दीर्घकालीन रणनीति को आगे बढ़ा सके। इसका बखूबी प्रदर्शन 'हाऊ टु विन इन ए फ्लैट वर्ल्ड' (सपाट दुनिया में कैसे विजय प्राप्त की जाए?) में किया गया। इंफोसिस ने बाजार में अपने को आगे बढ़ाने का विशेष प्रयास जारी रखा। संगठन ने जरूरत के हिसाब से निरंतर खुद को पुनर्गठित किया और हमने संगठन के नेताओं से उसके खंड विशेष के लक्ष्यों के बारे में जब बात की, तो उनकी आपातिक रणनीति की बारीकियाँ साफ नजर आईं। ये रणनीतियाँ महज अकादमिक अभ्यास नहीं हैं, बल्कि उनके कार्यान्वयन पर भी समान ध्यान दिया जाता है। रणनीतिक कर्तव्यों का संयोजन जमीनी स्तर की सुसंगत योजना और निगरानी प्रणालियों के साथ उन प्रक्रियाओं के जरिए किया जाता है, जिन्हें संगठन ने संस्थागत रूप दे दिया है—चाहे वह पी.एस.पी.डी. हो या 'संतुलित स्कोरबोर्ड' अपनाने की बात हो।

ग्रंथ सूची—

- जे. बर्ने (1991)—'फर्म रिसोर्सेज ऐंड सस्टेंड कंपीटीटिव एडवांटेज', जर्नल ऑफ मैनेजमेंट, 17, 99–120।
- जे. बर्ने, माइक राइट एवं डेविड जे. केचेन—'दी रिसोर्स—बेस्ड व्यू ऑफ दी फर्म: टेन ईयर्स आफ्टर 1991', जर्नल ऑफ मैनेजमेंट, 27, 625–41।
- मैथ्यू एफ. बर्ने (2009ए)—'लीडिंग साइंटिफिकली: इंट्रोड्यूसिंग दी क्यू सी मॉडल फॉर इविडेंस—बेस्ड लीडरशिप', इनवाइटेड एड्रेस, सोसाइटी ऑफ साइकोलॉजिस्ट्स इन मैनेजमेंट (एस.पी.आई.एम.), सेन डियेगो, कैलिफोर्निया, फरवरी।
- मैथ्यू एफ. बर्ने (2009बी)—'इन्हान्सिंग यूटिलिटी एनालिसिस टु इन्फ्लुएंस योर सी.एफ.ओ.: इंट्रोड्यूसिंग दी क्यू सी मॉडल', 'सोसाइटी फॉर इंडस्ट्रियल—ऑर्गेनाइजेशनल साइकोलॉजी' (एस.आई.ओ.पी.) के सालाना सम्मेलन में पोस्टर, न्यू ऑर्लिएंस, लॉस एंजिल्स, अप्रैल।
- कैथलीन एम. आइजनहार्ट (2000)—'डायनमिक कैपेबिलिटीज : व्हाट आर दे?' स्ट्रैटजिक मैनेजमेंट जर्नल, 21, 1105–21।
- थॉमस एल. फ्रायडमैन (2005)—'दी वर्ल्ड इज फ्लैट: ए ब्रीफ हिस्ट्री

ऑफ दी ट्वेंटी-फर्स्ट सेंचरी,' लंदन: पेंग्विन।

- डुएन आर. आयरलैंड एवं माइकल ए. हिट (2005)–'एचीविंग ऐंड मैंटेनिंग स्ट्रेटजिक कंपीटिटिवनेस इन दी ट्वेंटी-फर्स्ट सेंचुरी: दी रोल ऑफ स्ट्रेटजिक लीडरशिप', एकेडमी ऑफ मैनेजमेंट एग्जीक्यूटिव, 19 (4), 63-77।
- रॉबर्ट एस. कैप्लान एवं डेविड पी. नॉर्टन (1996)–दी बैलेंस्ड स्कोरबोर्ड: ट्रांसलेटिंग स्ट्रेटजी इन टु एक्शन, बोस्टन: हार्वर्ड बिजनेस स्कूल प्रेस।
- डेविड पी. लेपाक, केन जी. स्मिथ एवं एम. सुसन टेलर (2007)–'इंट्रोडक्शन टु स्पेशल टॉपिक फोरम वैल्यू क्रिएशन ऐंड वैल्यू कैप्चर: ए मल्टीलेवल पर्सपेक्टिव', एकेडमी ऑफ मैनेजमेंट रिव्यू , 32 (1), 180-94।
- एच. मिंजबर्ग (1987)–'क्राफ्टिंग स्ट्रेटजी', हार्वर्ड बिजनेस रिव्यू, जुलाई/अगस्त, 66-75।
- ई.टी. पेनरोज (1959)–'दी थ्योरी ऑफ दी ग्रोथ ऑफ दी फर्म', न्यूयॉर्क: विले।
- एम.ई. पोर्टर (1979)–'हाऊ कंपीटिटिव फोर्सेस शेप स्ट्रेटजी', हार्वर्ड बिजनेस रिव्यू, मार्च/अप्रैल, 91-101।
- एम.ई. पोर्टर (1985)–'कंपीटिटिव एडवांटेज', न्यूयॉर्क: फ्री प्रेस।
- आर. एल. प्रीम एवं जे.ई. बटलर (2001ए)–'इज दी रिर्सोस–बेस्ड 'व्यू' ए यूजफुल पर्सपेक्टिव फॉर स्टेटजिक मैनेजमेंट रिसर्च?' एकेडमी ऑफ मैनेजमेंट रिव्यू, 26 (1), 22-40।
- आर.एल. प्रीम एवं जे.ई. बटलर–'टॉउटोलॉजी इन दी रिसोर्स–बेस्ड व्यू ऐंड इंप्लीकेशंस ऑफ एक्सटर्नली डिटरमिंड रिसोर्स वैल्यू: फर्दर कमेंट्स', एकेडमी ऑफ मैनेजमेंट रिव्यू, 26 (1), 57-66।
- सी.के. प्रह्लाद एवं जी. हैमेल (1990)–'दी कोर कंपीटेंस ऑफ दी कॉरपोरेशन', हार्वर्ड बिजनेस रिव्यू, मई/जून, 2-15।

□

4

परिवर्तन नेतृत्व

–प्रदीप चक्रवर्ती

‘सबसे कुरूप सूँड़ी कोषावस्था से सबसे खूबसूरत तितली के रूप में निकली।’

–प्रदीप चक्रवर्ती, 2010

‘परिवर्तन’ क्रिया का अर्थ है–‘भिन्न होने का कारण होना और एक पूर्णत: भिन्न स्वरूप प्रदान करना या प्रतीत होना, रूपांतरित होना’ (फ्री डिक्शनरी, 2010)। इस प्रक्रिया में जीव या संगठन अपना सार ही रूपांतरित कर देता है और अपना मूल स्वभाव ही खो देता है। परिवर्तन की प्रक्रिया सुधार भी हो सकती है और नहीं भी हो सकती है। यह निष्क्रिय पर्यवेक्षक या परिवर्तित हो रही इकाई के दृष्टिकोण पर निर्भर करता है। संगठनों के संदर्भ में परिवर्तन को अब वैसे रहस्य और आश्चर्य के साथ नहीं लिया जा सकता है, जो एक कोया या कृमिकोष के अंदर होता है। वैश्वीकरण, कार्यबल विविधता, विघटनकारी तकनीकें और कारोबार की बढ़ती जटिलताएँ कंपनियों के लिए आवश्यक बना देती हैं कि वे निरंतर परिवर्तित होती रहें। यह इतनी जाहिर सी बात हो गई है कि यह एक ठप्पा सा बन गई है। बहरहाल, अमेरिका में फॉर्चून 1000 कंपनियों में कॉरपोरेट परिवर्तन प्रयासों का अध्ययन करनेवाले बताते हैं कि इसमें सफलता दर 50 प्रतिशत से काफी नीचे और कभी-कभी तो मात्र 20 प्रतिशत रहती है (ल्यूसे, 2008)। अंसार्ट एवं यंग (1992) सुझाते हैं कि 75 प्रतिशत रूपांतरण प्रयास तयशुदा अवधि में मूल रूप से वांछित परिणाम हासिल करने में विफल रहते हैं। इंग्लैंड में भी विफलता दर इसी

तरह की है (जेड.डी. नेट, 2010)–

- इंग्लैंड में सर्वे की गई कंपनियाँ विफल परिवर्तन प्रयासों के कारण सालाना 1.7 अरब पाउंड का नुकसान उठाती हैं।
- कारोबारी प्रक्रिया परिवर्तनों में से एक-तिहाई अपेक्षित लाभों से पीछे रह जाते हैं।
- बीस प्रतिशत कारोबार परिवर्तित प्रबंधन के कार्य-प्रदर्शन को मापते ही नहीं हैं।

साथ ही, नेतृत्व की परिभाषा में ही अकसर यह बात शामिल कर ली गई है कि वह एक नई व्यवस्था स्थापित करेगा। इस अध्याय में, इससे पहले कि हम पड़ताल करें कि इंफोसिस में नेताओं ने परिवर्तन का कैसे प्रबंधन किया है, हम कारोबारी परिवर्तन के वैज्ञानिक अध्ययन में कुछ महत्त्वपूर्ण रुझानों की समीक्षा करेंगे–

संगठनों में परिवर्तन पर शोध दो कोण से किए गए हैं–एक, व्यक्तिगत नजरिए से कि परिवर्तन का सफलतापूर्वक प्रबंधन करने के लिए एक व्यक्ति को क्या करने की जरूरत है; और दूसरा, संगठनात्मक प्रणाली के नजरिए से। संगठन स्तरीय शोध इसपर ध्यान केंद्रित करता है कि पूरे उपक्रम में अभिनव प्रयोगों को अच्छी तरह समझने के लिए संगठन को एक इकाई के रूप में क्या करना चाहिए।

व्यक्तिगत स्तर के परिवर्तन-मॉडल

संगठन आजकल ऐसे लोगों की भरती करना और उन्हें बनाए रखना चाहते हैं, जो निरंतर बदलने को इच्छुक रहते हैं। विरोधाभासी बात यह है कि सबसे ऊँची उपलब्धि हासिल करनेवालों में कुछ ऐसे रहे हैं, जो पहले उस परिवर्तन का विरोध और प्रतिरोध करते हैं, जिसे संगठन सफलता के लिए अनिवार्य मानता है। परिवर्तन के जैविक सिद्धांतों और संगठनात्मक परिवर्तन प्रक्रिया के बीच एक रोचक तुलना करते हुए वान डे वेब (1995) ने जैविक परिवर्तन की तुलना संगठनात्मक परिवर्तन से की। जैविक सिद्धांत जोर देते हैं कि जीवित जीवों में परिवर्तन या तो संचयी होता है, (हर परिवर्तन पिछले चरण के कुछ उन तत्त्वों को बनाए रखता है, जो जीव के जीवित रहने के लिए अहम् हैं) या संयोजकात्मक होता है (एक साझा अध:शायी प्रक्रिया होती है)।

परिवर्तन के जैविक सिद्धांत यह भी सुझाव देते हैं कि परिवर्तन खुद जीव के

अंदर हो सकता है। अगर परिवर्तन इतना ही सहज या नैसर्गिक है, तो फिर मनुष्य के लिए परिवर्तन अभी भी इतना कठिन क्यों है? एल्विन टॉफलर की 'फ्यूचर शॉक अवधारणा' इसकी एक व्याख्या प्रस्तुत करती है (टॉफलर, 1970)। टॉफलर तर्क देते हैं कि 'भविष्य का झटका या सदमा वह चूर-चूर कर देनेवाला तनाव और स्थिति-भ्रांति है, जो व्यक्तियों पर बेहद कम समय में बहुत ज्यादा बदलाव लाने का प्रभाव पड़ने से होती है।' 'बहुत ज्यादा, बहुत जल्द' की यह थकान तब और जटिल हो जाती है जब वह डैरील कॉनर (1993) के शब्दों में, 'हमारे अंदर के 'पशु' से जुड़ती है'। यह पशु वह मानसिक प्रक्रिया है, जो हमारे सामने यह दृश्य पैदा करती है कि इस बदलाव के कारण क्या होगा और सूचना के अभाव में यह सबसे खराब रूप लेता है। परिवर्तन अपने आप में उतना भयावह नहीं होता है जितना कि उसके संभावित परिणाम, जोकि अधिकांशतः नकारात्मक लगते हैं। कॉनर सुझाते हैं कि यह मानसिक स्थिति निम्न कारकों से प्रभावित होती है–

- नौकरी की सुरक्षा, शक्ति या पद को संभावित खतरा
- प्रबंधन में विश्वास
- भविष्य की योजनाओं के बारे में सूचना
- सहयोगियों का प्रभाव
- उपलब्धि के लिए व्यक्ति की अपनी जरूरत।

कॉनर सुझाव देते हैं कि ये कारक विश्लेषण के व्यक्तिगत स्तर पर प्रतिरोध पैदा करते हैं। परिवर्तन के प्रति व्यक्ति का उच्च स्तर का प्रतिरोध अकसर घटी हुई प्रेरणा, जड़ता और आदेश की अवमानना की ओर ले जाता है। जब यह खास तौर पर बेहद गंभीर हो जाता है, तो प्रतिरोध तोड़-फोड़ का रूप ले सकता है। यह तोड़-फोड़ कई रूप ले सकती है–दूसरों को न बदलने के लिए कहने से लेकर संगठन छोड़ने तक और यह डिप्रेशन या घोर उदासी का रूप ले सकती है। कैप जेमिनी के एक अध्ययन (जेड.डी. नेट, 2010) ने विफल संगठनात्मक परिवर्तन के कारणों पर ध्यान केंद्रित किया। उनके नतीजे बताते हैं कि 46 प्रतिशत कार्याधिकारी प्रोजेक्ट के मूल लक्ष्यों को पाने में विफलता का हवाला देते हैं और 41 प्रतिशत कहते हैं कि कर्मचारियों द्वारा परिवर्तन को न पचा पाने के कारण ऐसा हुआ।

एक अन्य तरह के शोध ने विविध भौगोलिक क्षेत्रों और उद्योगों में व्यक्तिगत स्तर के कारकों पर ध्यान केंद्रित किया है (पेएस, फ्रे, गेरखार्ट, फिशर एवं ट्रॉट-मैटॉश, 2009)। यह शोध पहली राय देता है कि न्याय के भाव में व्यक्ति का

विश्वास बदलाव के प्रति प्रतिरोध पर अहम प्रभाव डालता है। न्याय में शामिल हैं–(अ) उचित आधार; (ब) संवाद की एक उचित प्रक्रिया; (स) प्रभावी व्यवहार के लिए समुचित पुरस्कार और (द) लगाई गई मेहनत और परिणाम के बीच एक स्पष्ट संबंध।

शोध की दूसरी सलाह यह है कि सूचना का प्रवाह महत्त्वपूर्ण है। सभी सूचनाएँ, यहाँ तक कि प्रतिकूल समाचार भी, अहम् हैं। फिर सभी सूचना स्पष्ट और सुसंबद्ध रूप से संगठन की दृष्टि या उसके सोच से अवश्य जुड़ी होनी चाहिए, ताकि यह सुनिश्चित किया जा सके कि अंतिम लक्ष्यों को साकार करने के लिहाज से परिवर्तन स्पष्ट रूप से प्रासंगिक हो। शोधकर्ता सुझाते हैं कि सर्वाधिक सफल परिवर्तनों में सूचना-प्रवाह के तीन चैनल शामिल रहते हैं–

- एकालाप : ऊपर से नीचे तक संवाद
- वार्त्तालाप : अपने से ठीक ऊपर के वरिष्ठकर्मियों से संवाद या बातचीत
- पृष्ठभूमि : सहयोगियों के साथ अनौपचारिक बातचीत।

संगठनात्मक स्तर के परिवर्तन मॉडल

परिवर्तन पर शोध एवं लेखन ने संगठन के स्तर पर या व्यक्तियों से बने एक बड़े समूह के परिवर्तन पर भी ध्यान केंद्रित किया है। शोधकर्ताओं ने विविध प्रकार के मॉडल विकसित किए हैं, जो एक संगठन में सफल परिवर्तन की कहानी बयाँ करते हैं। कुछ आनुभविक शोध से लिए जाते हैं और कुछ फील्ड अध्ययनों के किस्सों से गढ़े जाते हैं, जिनके बारे में हम आशा करते हैं कि उन्हें बाद में अनुभव की कसौटी पर परखा जाएगा। एक मॉडल का प्रयोग करते हुए, खासकर जिसे आनुभविक ढंग से परखा गया हो, यह सुनिश्चित किया जाता है कि परिवर्तन नेता उनकी सफलता की संभावना बढ़ाएँ। तालिका 1 संगठनात्मक परिवर्तन के कुछ प्रमुख मॉडलों की एक मोटी रूपरेखा प्रस्तुत करती है।

चूँकि यह सबसे ज्यादा सबूत-आधारित मॉडलों में से एक है, इसलिए बर्क एवं लिटविन (1992) के नजरिए को समझना खास तौर पर महत्त्वपूर्ण है। वे उन चुनिंदा प्रमुख कारकों की पहचान करते हैं, जो परिवर्तन को प्रभावित करते हैं :

तालिका 1: संगठनात्मक परिवर्तन में परिवर्तन कारकों के नमूने

मॉडल	कारक	कारकों की पारस्परिक निर्भरता	बाह्य माहौल	मान्यताएँ
फोर्स फील्ड विश्लेषण (1951)	संचालित करनेवाली ताकतें रोकनेवाली ताकतें	संचालित करनेवाली और रोकनेवाली ताकतें साथ-साथ खड़ी हो जाती हैं।	बल परिवेशीय संचालकों या प्रतिरोधों की वजह से हो सकता है।	परिवर्तन के दौरान असंतुलन पैदा होता है; संतुलन फिर से स्थापित हो जाता है।
लियाविट का मॉडल (1965)	सबक, ढाँचा, तकनीकी एवं मानव कारक	ये चारों कारक परस्पर निर्भर हैं (एक में बदलाव अन्यों पर असर डालता है)।	मॉडल में प्रतिनिधित्व नहीं किया गया।	सबक कारक (उत्पाद एवं सेवाओं) को प्रभावित करने के लिए कारकों में परिवर्तन किया जाता है।
लिकर्ट का 'प्रणाली विश्लेषण' (1967)	प्रेरणा, संवाद या संचार, आपसी बातचीत, निर्णय-प्रक्रिया, लक्ष्य निर्धारित करना, नियंत्रण, प्रदर्शन	एक सर्वेक्षण में कारकों का स्तर स्वतंत्र रूप से मापा जाता है।	प्रत्यक्ष तौर पर मॉडल में प्रतिनिधित्व नहीं किया गया।	सात कारकों के आधार पर चार भिन्न प्रकार की प्रबंधन-प्रणालियों की पहचान की जाती है: सहभागी, परामर्शकारी, उदार-अधिकारिता एवं शोषणकारी-अधिकारिता।

मॉडल	कारक	कारकों की पारस्परिक निर्भरता	बाह्य माहौल	मान्यताएँ
विस्बोर्ड का 'छह बक्सेवाला मॉडल' (1976)	उद्‍दश्य, ढाँचा, संबंध, नेतृत्व, पुरस्कार एवं मददगार प्रणालियाँ	बक्सों या कारकों के बीच अंत:संपर्क स्पष्ट नहीं हैं।	संगठनात्मक निवेश और उत्पादन के जरिए परिवेश अपना असर डालता है; संगठन और माहाल के बीच संतुलन पर भी विचार किया जाता है।	प्रत्येक कारक के अंदर औपचारिक और अनौपचारिक प्रणालियों के बीच जितना अधिक फासला होता है, संगठन उतना ही कम असरदार होता है।
संगठन विश्लेषण के लिए 'संगम मॉडल' (1977)	निवेश: पर्यावरण, संसाधन, इतिहास, रणनीति, संपूर्ण निवेश, सबक, व्यक्तिगत, औपचारिक संगठनात्मक व्यवस्थाएँ, अनौपचारिक संगठन; उत्पादन : व्यक्तिगत, समह एवं प्रणाली	संगठन गतिशील हैं; आंतरिक कारकों में व्यक्तिगत, समूह एवं प्रणालियों के स्तर पर अंतर्संपर्क होते हैं।	बाह्य परिवेश निवेश एवं उत्पादन से संबंधित प्रतिक्रिया मुहैया कराता है।	'खुली प्रणाली' के सिद्धांत, औपचारिक एवं अनौपचारिक प्रणालियों, आंतरिक कारकों के बीच संतुलन या संयम की परिकल्पना करता है।

मॉडल	कारक	कारकों की पारस्परिक निर्भरता	बाह्य माहौल	मान्यताएँ
विस्बोर्ड का 'छह बक्सेवाला मॉडल' (1976)	उद्देश्य, ढाँचा, संबंध, नेतृत्व, पुरस्कार एवं मददगार प्रणालियाँ	बक्सों या कारकों के बीच अंत:संपर्क स्पष्ट नहीं हैं।	संगठनात्मक निवेश और उत्पादन के जरिए परिवेश अपना असर डालता है; संगठन और माहाल के बीच संतुलन पर भी विचार किया जाता है।	प्रत्येक कारक के अंदर औपचारिक और अनौपचारिक प्रणालियों के बीच जितना अधिक फासला होता है, संगठन उतना ही कम असरदार होता है।
संगठन वेश्लेषण के लिए 'संगम मॉडल' (1977)	निवेश: पर्यावरण, संसाधन, इतिहास, रणनीति, संपूर्ण निवेश, सबक, व्यक्तिगत, औपचारिक संगठनात्मक व्यवस्थाएँ, अनौपचारिक संगठन; उत्पादन : व्यक्तिगत, समह एवं प्रणाली	संगठन गतिशील हैं; आंतरिक कारकों में व्यक्तिगत, समूह एवं प्रणालियों के स्तर पर अंतर्संपर्क होते हैं।	बाह्य परिवेश निवेश एवं उत्पादन से संबंधित प्रतिक्रिया मुहैया कराता है।	'खुली प्रणाली' के सिद्धांत, औपचारिक एवं अनौपचारिक प्रणालियों, आंतरिक कारकों के बीच संतुलन या संयम की परिकल्पना करता है।

मॉडल	कारक	कारकों की पारस्परिक निर्भरता	बाह्य माहौल	मान्यताएँ
मैकिंसे 75 फ्रेमवर्क (1981–82)	शैली, कर्मचारी, प्रणालियाँ, रणनीति, ढाँचा, हुनर एवं साझा मूल्य	कारक परस्पर निर्भर हैं; दृष्टांत को प्रबंधकीय अणु कहा जाता है।	मॉडल में प्रत्यक्ष तौर पर प्रतिनिधित्व नहीं, हालाँकि अन्य गैर–महत्त्वपूर्ण कारक मौजद रहते हैं।	कारकों को अवश्य ही पूरी तरह से बदलकर एक प्रणाली के रूप में समनुरूप हो जाना चाहिए।
टिची का टी.पी.सी. फ्रेमवर्क (1983)	निवेश : परिवेश–इतिहास संसाधन, संपूर्ण निवेश: मिशन/सबक, रणनीति, निर्धारित, नेटवर्क, लोग, संगठनात्मक, प्रक्रियाएँ, आपातिक नेटवर्क; उत्पादन: कार्य–प्रदर्शन, लोगों पर प्रभाव।	तमाम कारक परस्पर निर्भर हैं, हालाँकि कुछ संबंध अपेक्षाकृत मजबूत और कुछ अपेक्षाकृत कमजोर हाते हैं (पारस्परिक)।	संगठनात्मक निवेशों एवं उत्पादनों और प्रतिपुष्टि लूप के जरिए परिवेश को शामिल किया जाता है।	सभी कारकों का विश्लेषण तकनीकी, राजनीतिक एवं सांस्कृतिक नजरिए से किया जाता है (रणनीतिक रस्सी उपमा)।
उच्च कार्य–प्रदर्शनवाले कार्यक्रम बनाना (1984)	समयसारिणो, फोकस, योजना, परिवर्तन का तरीका. प्रबंधन. ढाँचा	कारकों के स्तर एक सर्वेक्षण में स्वतंत्र रू	मॉडल में प्रत्यक्ष तौर पर प्रतिनिधित्व नहीं	ग्यारह कारकों के आधार पर संगठनात्मक प्रदर्शन के चार स्तरों की पहचान की जाती

मॉडल	कारक	कारकों की पारस्परिक निर्भरता	बाह्य माहौल	मान्यताएँ
	दृष्टिकोण, प्रेरणा, विकास, संचार, नेतृत्व	से मापे जाते हैं।	किया गया।	है: उच्च प्रदर्शनकारी, पूर्वानुमान के साथ सक्रिय, माकूल, प्रतिक्रियावादी; ये क्रमश: सशक्तोकरण, उद्‍दश्य निर्धारण, प्रशिक्षण और बाध्यकारी नेतृत्व आचरणों से संबद्ध होते हैं।
'व्यक्तिगत एवं सामूहिक आचरण' का हैरिसन का विश्लेषण (1987)	निवेश: संसाधन, मानव संसाधन; संगठनात्मक, समूह एवं व्यक्तिगत स्तरों पर संपूर्ण निवेश या सोच (लंबे शीर्षक); उत्पादन: सामूहिक कार्य-प्रदर्शन, व्यक्तिगत कार्य-प्रदर्शन, क्यू.डब्ल्यू.एल. नतीजे	प्रमाण एवं प्रतिपुष्टि लूप की मुख्य लाइनें; दो कारकों के बीच पारस्परिक संबंध में एक अपवाद को छोड़कर सभी संबंध निर्देशात्मक हैं।	संगठन एवं बाह्य परिवेश के बीच न्यूनतम सीमा रेखाएँ।	खुली प्रणालियों के सिद्धांत को मानता है, तीन स्तर के कार्य-प्रदर्शन पर जोर देता है जिसमें संगठनात्मक प्रदर्शन एवं क्यू.एम.एल. परिणाम शामिल हैं।
संगठनात्मक कार्य-प्रदर्शन एवं	बारह कारकों का चित्रण करनेवाला ख	सभी कारक परस्पर संबद्ध हैं, पारस्परिक	कार्य-प्रदर्शन कारक (जैसे, उत्पादन) से	खुली प्रणालियों के सिद्धांत की परिकल्पना करता है,

मॉडल	कारक	कारकों की पारस्परिक निर्भरता	बाह्य माहौल	मान्यताएँ
परिवर्तन का 'बर्क-लिटविन कारणात्मक मॉडल'	प्रणालियों का मॉडल	संबंधों को चित्रित करते हैं। बहरहाल, यह मॉडल ऊपर से नीचे तक कारणात्मक शृंखला को समेटे हुए हैं।	'प्रतिपुष्टि लूप' के साथ बाह्य परिवेश को एक निवेश कारक के रूप में शामिल किया जाता है।	रूपांतरणकारी एवं कारोबारी गत्यात्मकता के विश्लेषण पर जोर रहता ह। कारण-संबंध पर जोर देनेवाला पहला मॉडल है।
'संगठनात्मक खुफिया मॉडल' (2008)	ग्यारह कारकों का चित्रण करनेवाली खुली प्रणालियों का मॉडल।	मॉडल का शीर्ष-भाग उन रणनीतिक कारकों को चित्रित करता है, जो उन प्रमुख तत्त्वों को प्रभावित करता ह, जो कर्मचारियों की भागीदारी एवं कार्य-प्रदर्शन को संचालित करते हैं। हालाँकि कारण परस्पर संबद्ध हैं, लेकिन मॉडल ऊपर से नीचे	बाह्य परिवेश को एक निवेश कारक के तौर पर शामिल किया जाता है।	केवल कर्मचारियों की भागीदारी या संलिप्तता को मापना काफी नहीं है। रणनीतिक कारकों (जैसे, द्वितीयक संचालकों) और कर्मचारी भागीदारी व कार्य प्रदर्शन के आकलन के लिए मॉडल जोर देता है और एक ढाँचा प्रदान करता है।

मॉडल	कारक	कारकों की पारस्परिक निर्भरता	बाह्य माहौल	मान्यताएँ
		तक कारणात्मक शृंखला पर जोर देता है।		

एस. फालेटा (2008) से अनुमति प्राप्त कर इस तालिका को फिर से प्रस्तुत किया गया। 'ऑर्गेनाइजेशनल डायग्नोस्टिक मॉडल्स: ए रिव्यू एंड सिंथेसिस'. सैक्रामेंटो. सी.ए. : लीडरशिप व्हाइट पेपर।

तालिका 2: बर्क एवं लिटविन के अनुसार परिवर्तन कारक*

परिवर्ती	*अवधारणा बनाना (जैसे, वर्णन)*
बाह्य माहौल	कोई भी बाहरी परिस्थिति या स्थिति जो संगठन के कार्य-प्रदर्शन को प्रभावित करती है, जिसमें बाजार-स्थल, वैश्विक वित्तीय उथल-पुथल और राजनीतिक/सरकारी खतरे शामिल हैं।
नेतृत्व	कार्याधिकारी का व्यवहार जो दिशा प्रदान करता है और अन्यों को आवश्यक कदम उठाने के लिए प्रोत्साहित करता है। इसमें कार्याधिकारी के चलनों एवं मूल्यों के बारे में अनुयायियों के दृष्टिकोण तथा नेताओं का आदर्श प्रस्तुत करना शामिल है।
मिशन एवं रणनीति	संगठन के मिशन और उसकी रणनीति के बारे में शीर्ष मैनेजर जो मानते हैं और जो उन्होंने घोषणा कर रखी है तथा संगठन के मुख्य मकसद के बारे में कर्मचारी जो मानते हैं; और संगठन समय के साथ अपने उद्देश्य को हासिल करने के लिए जो साधन अपनाता है।
संस्कृति	प्रत्यक्ष और अप्रत्यक्ष तरीकों, मूल्यों और विश्वासों का संग्रह जो संगठनात्मक व्यवहार को निर्देशित करता है तथा जो इतिहास, रीति-रिवाजों और चलनों से प्रभावित रहा हो।
प्रबंधकीय चलन	सामान्य परिस्थितियों में संगठन की रणनीति को लागू करने के लिए प्रबंधक अपने पास मौजूद मानव एवं सामग्री संसाधनों का जो इस्तेमाल करते हैं।
ढाँचा	जिम्मेदारी के विशेष क्षेत्रों एवं स्तरों में कार्यों एवं लोगों की व्यवस्था, निर्णय लेने का अधिकार, संगठन के मिशन और उसकी रणनीति को लागू करने के लिए संचार एवं संबंध।
प्रणालियाँ	काम को सुचारु रूप से चलाने के लिए जो स्तरीय नीतियाँ और प्रणालियाँ बनाई जाती हैं और जो खुद को मुख्य तौर पर संगठन की पुरस्कार एवं नियंत्रण प्रणालियों में प्रदर्शित करती हैं (जैसे–कार्य-प्रदर्शन आकलन, प्रबंधन की सूचना प्रणालियाँ, बजट विकास एवं मानव संसाधन आवंटन)।
माहौल	स्थानीय कार्य इकाइयों के सदस्यों की सामूहिक मौजूदा छवि, अपेक्षाएँ एवं भावनाएँ, जोकि बदले में सुपरवाइजरों के साथ, आपस में तथा दूसरी इकाइयों के साथ संबंधों को प्रभावित करती हैं।

* यह तालिका व्हाइट एस. फालेटा (2008) की अनुमति से पुनः प्रस्तुत की गई। 'ऑर्गेनाइजेशनल डायग्नोस्टिक मॉडल्सः ए रिव्यू ऐंड सिंथेसिस', सैक्रामेंटो, सी.ए.: लीडरस्केयर ह्वाइट पेपर।

अंततः, मॉडल संगठनात्मक परिदृश्य को दूर से देखने के लेंस मात्र हैं और वे एक भिन्न नजरिया प्रदान करते हैं जिनका इस्तेमाल लाभ उठाने के खतरों को कम करने में किया जा सकता है। प्रत्येक संगठन की भिन्न गत्यात्मकताएँ हो सकती हैं। व्यक्ति भी परिवर्तनों को आकार देते हैं और विशाल संगठनों के अंतर्गत, जिनके भिन्न भौगोलिक एवं सेवा ढाँचे होते हैं, संयोजनों और समीकरणों की अनंत संभावनाएँ होती हैं। इतने विस्तृत मॉडलों के बावजूद ऐसा लगता है कि जानने और करने में फर्क होता है। ल्यूसी (2008) सुझाव देते हैं कि खराब संगठनात्मक परिवर्तन के साथ 10 कारक जुड़े होते हैं: इन्हें तालिका 3 में उद्धृत किया गया है।

इंफोसिस में परिवर्तन नेतृत्व

लेकिन इंफोसिस ने इन विज्ञानों को कैसे लागू किया है? इससे आगे हम इंफोसिस के नेतृत्व ढाँचे में तीन तरह के परिवर्तनों में नेताओं के अनुभवों की पड़ताल करेंगे–

1. **परिवर्तन नेतृत्व:** प्रतिरोध के बीच इस तरह प्रबंधन करना कि पूरा लाभ उठाया जा सके।
2. **प्रतिकूलता नेतृत्व:** संकटों का प्रबंधन करना या उनसे निपटना।
3. **संक्रमण नेतृत्व:** नए तरह के कारोबार को प्राप्त करना और उसे एकीकृत करना।

'लीडरशिप जर्नी सीरीज' जिनकी चर्चा पूर्ववर्ती अध्यायों में की गई, का प्रयोग करते हुए हमने पाँच श्रेणी के नेताओं की पहचान की जो परिवर्तन का नेतृत्व करने में खास तौर पर प्रभावी हैं। उनका साक्षात्कार लेने का मकसद अन्य नेताओं की मदद करना है कि आप कैसे उनके अनुभवों से सीख सकते हैं।

उनके अनुभवों को साझा करते हुए। तीन उल्लेखनीय विषय उभरकर सामने आए। पहला विषय यह था कि खास नेता ने परिवर्तन को किस नजरिए से देखा और इसने कितने शक्तिशाली ढंग से उनकी योग्यता व सफलता को प्रभावित किया, जिससे कि दूसरे लोग भी परिवर्तन के लिए प्रभावित व प्रेरित हुए। नंदिता गुर्जर द्वारा खास तौर से दिए गए उदाहरणों में यह थीम प्रमुख थी। अन्य नेताओं से परे उन्हें मानव संसाधन विभाग की वैश्विक प्रमुख होने के नाते वैश्विक स्तर पर पूरे संगठन में उच्चतम स्तर के प्रभाव और तीव्रता के साथ परिवर्तन का प्रबंधन करना था।

दूसरा विषय कारोबारी पेशकशों के स्तर पर परिवर्तनों को शामिल करता था। इंफोसिस में ऐसी कारोबारी इकाइयाँ हैं, जो विभिन्न क्षेत्रों में अपना ध्यान केंद्रित करती हैं, जैसे बैंकिंग या उत्पादन उद्योग तथा वे इकाइयाँ जो उद्योगों में सर्विस,

तालिका 3: परिवर्तन विफलता को प्रभावित करनेवाले कारक

कारण	%
कार्यान्वयन में योजना में निर्धारित अवधि से ज्यादा समय लगा।	76
कार्यान्वयन के दौरान अप्रत्यासित बड़ी समस्याएँ आ खड़ी हुईं।	74
कार्यान्वयन गतिविधियों का समन्वय पर्याप्त रूप से प्रभावी नहीं था।	66
प्रतियोगी गतिविधियों और संकटों ने कार्यान्वयन से ध्यान हटाया।	64
कार्यान्वयन टीम में हुनर और योग्यता का अभाव था।	63
निचले स्तर के कर्मचारियों को दिए गए प्रशिक्षण और निर्देश प्रर्याप्त नहीं थे।	62
बाह्य परिवेश के अनियंत्रित कारकों ने परिवर्तन को दुष्प्रभावित किया।	60
विभागीय प्रबंधकों द्वारा नेतृत्व और निर्देशन पर्याप्त रूप से अच्छा नहीं था।	59
मुख्य कार्यान्वयन कार्यों और गतिविधियों को पर्याप्त विस्तार से परिभाषित नहीं किया गया था।	56
कार्यान्वयन की निगरानी के लिए इस्तेमाल की गई सूचना प्रणालियाँ समुचित नहीं थीं।	56

जैसे 'टेस्टिंग' (परीक्षण) पर ध्यान लगाती हैं। बी.जी. श्रीनिवास के पास सर्विस (एंटरप्राइज सॉल्यूशंस या ई.एस.) तथा एक यूनिट (उत्पादन) का प्रमुख होने का विरला अनुभव था। परिवर्तन का कार्यान्वयन एवं प्रबंधन करने में उनके अनुभव इंफोसिस में इन दोनों तरह की उप-इकाइयों में फैले हुए हैं। तीसरा पहलू था वैश्वीकरण, खासकर उन देशों और संस्कृतियों में इंफोसिस का तेजी से विकास, जो भारत में इंफोसिस की जड़ों से भिन्न हैं। बी.जी. ने यूरोप में अपने अनुभव बाँटे, तो सूर्यप्रकाश (सूरी) ने चीन में अपने अनुभव बताए।

व्यक्ति की सोच

जिन नेताओं के इंटरव्यू लिये गए, वे सभी इस पर सहमत थे कि परिवर्तन के लिए जो जुनून और ऊर्जा चाहिए, वह अपने अंदर से आती है। उनमें से प्रत्येक व्यक्ति ने माना कि इससे पहले कि परिवर्तन पहल की शुरुआत करें, उन्होंने यह समझने में काफी समय लिया कि परिवर्तन क्या है और वे व्यक्तिगत रूप से जुनूनी बन गए कि

यह मदद करने जा रहा है। लगभग सभी नेताओं से एक थीम सुनने को मिली 'या तो आप खुद आश्वस्त हो जाएँ या दूसरे को आश्वस्त करें, इसकी जरूरत नहीं है'। क्या यह हमेशा व्यावहारिक है? क्या हमेशा आश्वस्त हो सकते हैं? नेताओं से इसका जवाब 'हाँ' में मिला और जो लोग आश्वस्त नहीं थे, उनके लिए जो आँकड़े तलाशे गए, वे थे–इंफोसिस को कुल मिलाकर हुआ लाभ। एक बार जब इंफोसिस को लाभ की बात स्थापित हो गई, तो प्रत्येक नेता ने अपनी चिंताएँ और शंकाएँ पीछे छोड़ दीं और परिवर्तन को पूरे दिल से स्वीकार कर लिया। उदाहरण के लिए जब ऊर्ध्वाधर करने के कदम की घोषणा की गई, तो बी.जी. वाकई इसके पक्ष में नहीं थे, लेकिन एक बार जब उन्होंने महसूस कर लिया कि उनके संगठन को इसकी जरूरत है, तो उन्होंने इसका पूरा समर्थन किया। वे बैठक में आए और उन्होंने कहा, "हम आगे बढ़ने जा रहे हैं और यह हमें सबसे अच्छा नतीजा देगा। ऊर्ध्वाधर करने की प्रक्रिया चलेगी और हममें से कोई फिर इसपर सवाल खड़े नहीं करेगा।" वे इसके समर्थन में खड़े थे और अपने कर्मचारियों से भी उन्होंने अपेक्षा की कि वे इसका समर्थन करें। बी. जी. के मामले में, वे वरिष्ठों द्वारा लिए गए फैसलों से प्रभावित हुए, जिसने उनका काम बदल दिया, और वह इस परिवर्तन के एक एजेंट भी बनें, जिन्होंने अपनी जिम्मेदारी के क्षेत्र में इन सुधारों को लागू किया। मनोज नारायण कहते हैं कि किसी बदलाव की शुरुआत करने से पहले वे खुद से चार सवाल करते हैं–

- क्या मैं, एक व्यक्ति के रूप में, परिवर्तन की जरूरत के बारे में आश्वस्त हूँ?
- क्या मैं इसे समझता हूँ कि किस चीज को बदले जाने की जरूरत है और क्यों?
- हम कैसे सार्थक बदलाव लाने जा रहे हैं?
- मैं इसे कैसे कारगर बनाऊँगा?

वे जोड़ते हैं, 'इन सवालों के उत्तर तय करेंगे कि मैं कितने जोश और लगन से इसमें लगूँगा। यह आंतरिक तथा ग्राहक स्थितियों, दोनों में लागू होता है।'

नंदिता का अनुभव है कि लोग आम तौर पर बदलाव को पसंद नहीं करते और वे शुरू में इसे व्यक्त भी करते हैं, चाहे बदलाव से उन्हें दीर्घकाल में फायदा होनेवाला या अच्छा साबित होनेवाला हो। कुछ लोग तर्क और आँकड़ों से आश्वस्त हो जाते हैं, जबकि अन्य लोगों को कुछ समय के लिए भावनात्मक समर्थन की जरूरत पड़ती है। समस्याएँ तब खड़ी होती हैं जब लोग जरूरी भावनात्मक समर्थन से मुँह चुराते हैं। सभी नेताओं ने सहमति जताई कि परिवर्तन लाने के बाद, यह बेहतर होगा कि जितने ज्यादा दावेदारों या पक्षकारों से संभव हो सके, प्रत्येक से व्यक्तिगत रूप से

पूछा जाए कि क्या चीजें ठीक तरह से चल रही हैं और खासकर उनसे जरूर पता किया जाए जो परिवर्तन को लेकर बेहद अनिच्छुक थे।

जब परिवर्तन को लागू किया जाता है, तो प्रभावी नेता प्रतिरोध के लिए तैयार रहते हैं। सर्वोत्तम नेता प्रतिरोध के स्रोत का पूर्वानुमान लगा लेते हैं, ताकि परिवर्तन एजेंट के तौर पर वे कुछ देख सकते हैं जोकि दूसरे नहीं देख सकते और वे उसी हिसाब से काम करते हैं। इसलिए यह अनिवार्य है कि परिवर्तन के महत्त्व को लेकर वे पूरी तरह भावनात्मक रूप से प्रतिबद्ध रहें। अगर ऐसा नहीं होता है, तो परिवर्तन नेता, जिन्हें परिवर्तन को लागू करना है, वे अवश्यंभावी प्रतिरोध से जोश के साथ नहीं निपट पाएँगे और बदलाव के सफल होने की संभावना कम हो जाएगी। इस हद तक नंदिता प्रभावशाली परिवर्तन को सीमाओं और नीति-निर्माणों से पृथक् मानती हैं। वे कहती हैं, 'दोनों को बराबर धरातल पर रखने से पहला (प्रभावशाली परिवर्तन) जटिल हो जाता है।' इसका खुलासा करते हुए वे कहती हैं, उनका मानना है कि प्रभावशाली परिवर्तन वह होता है जो किसी संगठन के काम करने के तरीके में आमूल बदलाव कर देता है। इससे हटकर उभरते जा रहे परिवेश या माहौल और छोटे व रोजमर्रा के कार्य-संचालनों में किए जानेवाले परिवर्तन कारोबारी बदलाव होते हैं। नेताओं को इन दोनों बदलावों के बीच फर्क करना चाहिए। नंदिता के अनुसार, 'दोनों ही बदलाव महत्त्वपूर्ण हैं, लेकिन पहला (प्रभावशाली परिवर्तन) कंपनी की सफलता के लिए ज्यादा महत्त्वपूर्ण है और उनकी तरफदारी करना व उन्हें लागू करना अधिक कठिन भी है; क्योंकि वे बदलाव भविष्य के माहौल के लिए हैं, जिन्हें देख पाना संगठन में कई लोगों के लिए मुश्किल होता है; क्योंकि उनका मानना होता है कि 'चीजें हमेशा आज की तरह ही रहेंगी'।

मनोज एक परिवर्तन एजेंट हैं, जिन्होंने जटिल कार्यों का प्रबंधन किया है और इससे ग्राहकों का काम करने का तरीका बदल गया है। एक ऐसे समय में जब इंफोसिस केवल 'स्टाफ संवर्धन प्रोजेक्टों' पर काम कर रही थी, वे एक विशाल प्रबंधित सर्विस डील हासिल करने में कामयाब रहे। इसके लिए एक प्रमुख अंतरराष्ट्रीय बैंक से प्रोजेक्ट-दर-प्रोजेक्ट आधार पर वार्त्ता की गई और इस वास्ते 120 विभिन्न आई.टी. सेवा उप-ठेकेदारों के साथ करार किया गया। ग्राहक ने पहले इसकी जरूरत नहीं समझी और इसके लिए एक सबसे पहले किया काम यह था कि ग्राहक को यह समझाया जाए कि यह उनके लिए क्यों एकदम जरूरी है और इससे उन्हें दीर्घकाल में क्या लाभ होंगे। मनोज याद करते हैं, "हमने आँकड़ों के साथ कई संयुक्त कार्यशालाएँ कीं और अंततः ग्राहक ने इस कार्यक्रम का प्रबंधन करने की हमारी योग्यता पर विश्वास किया। इसलिए अत्यावश्यकता का भाव जगाना और उसके साथ-साथ भरोसा बढ़ानेवाले कदम उठाना महत्त्वपूर्ण है, खासकर जब दूसरा व्यक्ति भविष्य को पूर्वानुमान

लगाकर देख पाने में उतना कुशल नहीं हो, जितना कि परिवर्तन एजेंट।"

सूरी के मामले में, उनकी मानसिक बनावट को वैश्विक एवं पार-सांस्कृतिक मुद्दों के साथ तालमेल बनाने की जरूरत थी। जब उन्होंने चीन में जिम्मेदारियाँ सँभालीं, तब उनकी सोच बदली; क्योंकि वहाँ एक अतिरिक्त सांस्कृतिक कारक था। वे कहते हैं, "सफल होने के लिए मैंने महसूस किया कि मुझे पहले अपनी सोच बदलनी होगी। सिर्फ सेवा प्रदान करने (डिलीवरी) की सोच पर रोक लगाना मेरे लिए मुश्किल था, जहाँ सोच यह थी कि हर डिलीवरी के पैमाने सही होने चाहिए। मुझे एक कार्यकारी नेतृत्व के साँचे में ढलना पड़ा जहाँ मेरे आगे रखी हर चीज महत्त्वपूर्ण थी, लेकिन कुछ चीजें दूसरों की तुलना में ज्यादा अहम थीं और तुरंत ध्यान देने और समाधान करने की माँग करती थीं।" सूरी बताते हैं कि उन्हें चीन में प्रमुख परिवर्तनों से निपटने के लिए विभिन्न तरीकों में प्राथमिकताएँ तय करनी पड़ीं। वे गौर करते हैं, 'व्यक्तिगत स्तर पर इसे स्वीकार कर लेने के बाद मेरे लिए प्राथमिकता तय करना और आगे बढ़ना अपेक्षाकृत आसान हो गया।' सूरी के सबक का निचोड़ यह है कि नेता के लिए सबसे पहले अपनी सोच बदलना महत्त्वपूर्ण है, और फिर दी गई भूमिका और कार्य-संचालन माहौल की संस्कृति के हिसाब से वह सूचना को बाँचने और सबकों की प्राथमिकता तय करने के लिए अपनी मानसिक रूपरेखा विकसित करे।

खुद का उदाहरण पेश कर नेतृत्व करना सफलता का एक अन्य प्रमुख कारक है। मनोज कहते हैं कि यह सच है, खासकर जब आप कोई नई पेशकश या फ्रेमवर्क सामने लाते हैं और जिसका इस्तेमाल एक वृहत्तर समूह को करना होता है। वे कहते हैं, "मैंने खुद नई पेशकशों के जरिए सेवाएँ बेची हैं और सौदे हासिल किए हैं और इस प्रक्रिया में लोगों का मार्गदर्शन किया है, प्रशिक्षित किया है कि समाधान पेश करनेवाले प्रमुख कार्यों को हाथ में लें।" ऐसा कहते हुए वे इंफोसिस की मूल्य प्रणाली की इस प्रमुख धारणा को ही ध्वनित कर रहे थे कि उदाहरण द्वारा नेतृत्व करो।

बी.जी. के लिए दृढ़ता और अध्यवसाय के उनके गुण बाधाओं और दिक्कतों के हल के लिए महत्त्वपूर्ण थे। उन्होंने समझ लिया कि इंफोसिस के लिए अपनी परामर्श सेवा को दुरुस्त करना जरूरी है, ताकि ग्राहकों को वह ज्यादा उपयोगी सेवाएँ दे सके। उन्होंने महसूस किया कि इंफोसिस को परामर्श (कंसल्टिंग) नेतृत्ववाली इकाई बनना होगा। उन्हें यह लगा कि महज पार्श्विक नियुक्तियों के भरोसे लंबे समय तक नहीं रहा जा सकता और उन्होंने एंटरप्राइज सॉल्यूशंस (ई.एस.) एकेडमी की शुरुआत कर दी, ताकि प्रतिभाओं की अगली कड़ी तैयार की जा सके। इस बदलाव को बनाए रखने के लिए बी.जी. ने एक पृथक् वेतन एवं पदोन्नति ढाँचे को सामने रखा, जोकि उस वक्त इंफोसिस में अनसुनी बात थी। उन्होंने इन परिवर्तनों का नेतृत्व सफलतापूर्वक किया।

क्योंकि वे दृढ़ थे और उन्होंने इन परिवर्तनों को सफलतापूर्वक अपनाने पर भविष्य में विकास की संभावनाओं के बारे में चर्चा कर लोगों को व्यक्तिगत रूप से आश्वस्त किया। ऐसे परिवर्तनों का सफल प्रबंधन करने से उनकी प्रतिष्ठा भी बढ़ी कि वे चीजों को करा ले जाते हैं। यह प्रतिष्ठा भविष्य के परिवर्तन प्रयासों के लिए उनकी संपदा बन गई, क्योंकि लोग अब उनपर ज्यादा विश्वास करेंगे।

दृढ़ रहने की जरूरत के लिए एक अन्य उदाहरण देते हुए गोपाल देवनहल्ली कहते हैं कि उन्हें अमेरिका में इंफोसिस द्वारा हाल के एक अधिग्रहण में शामिल होने का मौका मिला। गोपाल याद करते हैं, "अधिग्रहण की प्रक्रिया बारह महीनों तक चली। इस दौरान हाल की वित्तीय मंदी के कारण कारोबारी माहौल में नाटकीय बदलाव आ गया। फिर नई कंपनी में इंफोसिस से एकदम अलग 'कारोबारी मॉडल' था। इन सभी कारकों ने अधिग्रहण को अत्यधिक जटिल बना दिया और परंपरागत सोच पर ढेरों सवाल उठाने पड़े।" गोपाल महसूस करते हैं कि यहाँ प्रमुख कारक निम्न थे : दोनों पक्षों में दिलचस्पी और रोमांच सुनिश्चित करने के लिए बारह महीने के लंबे दौर में दृढ़ता बनाए रखना, सही आँकड़े एवं विश्लेषण दिखाकर इंफोसिस के पक्षकारों को संभावनाएँ देखने के लिए राजी करना; और एक भिन्न 'कारोबारी मॉडल' के लिए अपने दिमाग को खुला रखना।

किसी भी नेता के लिए चुनौती होती है कि कार्यस्थल में आक्रामक ढंग से परिवर्तनों को अपनाए, जबकि मौजूदा अन्य कामों को बाधित नहीं किया जाए और कार्यबल को कार्यविमुख नहीं करने के बीच कैसे संतुलन स्थापित किया जाए। आनंद नटराज और बी.जी. दोनों को इस स्थिति में रहना पड़ा है जब उन्हें एक अन्य परिवर्तन एजेंट का सतर्क होकर समर्थन करना पड़ा। इन मामलों में उन्हें एक नाजुक संतुलन बनाए रखना था कि वे नेता को इस लायक बनाएँ कि वह बदलाव का प्रबंधन कर सके; मगर साथ में यह भी देखना है कि उनके पास मदद के लिए उस नेता को बार-बार न आना पड़े। मौका पड़ने पर, यह कड़ा संदेश तक दिया जा सकता है कि फलाँ नेता 'जहाज का कप्तान' है और विरोध करनेवाले अपना विकल्प ढूँढ़ लें। ऐसी परिस्थितियों में उस नेता को, जो उनकी सीधी रिपोर्ट में मदद कर रहा है (जो अपने स्तर पर परिवर्तन का प्रबंधन कर रहा है) निम्न बातों को परखते रहना चाहिए—

1. क्या व्यक्ति निजी तौर पर या पेशेवर के तौर पर किसी संभावित नकारात्मक असर से आक्रांत है।
2. क्या बदलाव का अनुपालन हो रहा है।
3. क्या ग्राहक को हमेशा उसकी कीमत या उपयोगिता मिल रही है।
4. क्या वे बृहत्तर समुदाय के समक्ष छोटे किंतु महत्त्वपूर्ण हाव-भावों से

उनकी सीधी रिपोर्ट को एक नेता के रूप में पेश कर रहे हैं? ये हाव-भाव हो सकते हैं, डाक के माध्यम से परिचय, चंद अहम बैठकों में शामिल होना (हालाँकि भूमिका निभानेवाला उन बैठकों में शामिल करने के योग्य न हो) और ऐसी बैठकों में प्रभावी ढंग से भागीदारी करने के लिए उन्हें प्रशिक्षित करना।

इंफोसिस के उन सभी नेताओं, जिनका साक्षात्कार लिया गया, ने प्रत्यक्ष या अप्रत्यक्ष रूप से सहमति जताई कि एक सफल परिवर्तन एजेंट बनने के लिए दृढ़ता एक प्रमुख वैयक्तिक गुण है। नंदिता तो यहाँ तक कहती हैं कि यह तब और महत्त्वपूर्ण हो जाता है जब परिवर्तन कार्यान्वयन का पैमाना बहुत बड़ा हो; क्योंकि यह स्थिति को जटिल बनानेवाला कारक है। वे कहती हैं, "हाथी से नृत्य कराना आसान नहीं है।" आई.आर.ए.सी.ई. (इंफोसिस रोल ऐंड कॅरियर इनहैंसमेंट) जैसे विशालकाय पुनर्गठन कार्यक्रम जिसे सन् 2009 में लागू किया गया, के प्रति लोगों को आश्वस्त करने और कार्यसूचियों के समायोजन की काफी अधिक जरूरत पड़ती है और यह काम अकसर बहुत वरिष्ठ, अनुभवी सदस्यों के लिए करना पड़ता है। वरिष्ठ स्तर पर प्रभाव डालने में साल भर का समय भी लग सकता है और इसमें प्रयास का 40 प्रतिशत भाग लग सकता है। लाभों के पूर्ण दोहन के लिए भी यह अनिवार्य है। मनदीप क्वात्रा के मामले में, कई प्रयासों के सफल कार्यान्वयन में बदलने की जरूरत के लिए कारोबारी संदर्भ पर जोर देना अनिवार्य है। तकनीकी परिणामों को समझना महत्त्वपूर्ण था, लेकिन उनके मामले में, कारोबारी लाभों को स्पष्टत: बताने से कार्यान्वयन में पर्याप्त सुधार हुआ, टीम का मनोबल बेहतर हुआ और ग्राहक की प्रसन्नता भी बढ़ी। अधिकतर नेताओं ने यह भी संकेत दिया कि अगर वे कारोबारी तर्काधार को उजागर कर सके, तो बदलाव के कार्यान्वयन के बारे में दूसरों को आश्वस्त कर पाए।

नंदिता की तरह राजेश्वर राव एक अभियान के दौरान बदलाव की उनकी आंतरिक आवश्यकता के बारे में एक अन्य नजरिया प्रस्तुत करते हैं। राव मानते हैं कि किसी परिवर्तन की पहल करते हुए विनम्र होना महत्त्वपूर्ण है, क्योंकि यह महज एक व्यक्ति नहीं है, जो फर्क लाता है। इंफोसिस में वे पिछले एक दशक से काम कर रहे हैं। परिवर्तन का नेतृत्व करने के बारे में उनका अनुभव काफी हद तक सकारात्मक इसलिए रहा है कि उनके इर्द-गिर्द जो लोग थे, वे बहुत उच्च स्तरीय महत्त्वाकांक्षाओं और ऊर्जावाले लोग थे। राव के लिए, 'यह सोच रखना कि मैं केवल एक सुविधा प्रदाता हूँ' ने यह सुनिश्चित किया कि कार्यान्वयन में जो मसले उठे, उन्हें सफलतापूर्वक हल करने और परिवर्तन को अपनाने में वे ज्यादा

कुशल साबित हुए। वे याद करते हैं, "इसने मुझे निरंतर यह याद रखने में मदद की कि सर्वोत्तम विचार हमेशा मेरे ही नहीं होते और समूह का विवेक हममें से प्रत्येक की बुद्धि और समझ से ज्यादा बड़ा होता है।"

कारोबारी इकाई के अंदर परिवर्तन

इंफोसिस ने बीते वर्षों में विभिन्न संगठनात्मक ढाँचे अपनाए हैं। इनमें भौगोलिक से लेकर कारोबारी लाइन और फिर आज के मैट्रिक्स ढाँचे तक शामिल हैं। अवश्यंभावी प्रतिरोध के बावजूद ऐसे ढाँचागत परिवर्तनों को लागू करना सबसे कठिन कार्यों में से एक है; इसलिए अन्य नेताओं के अनुभव इस क्षेत्र में खास तौर पर निर्देशात्मक हैं।

बी.जी. उन नेताओं में से हैं, जो 'एंटरप्राइज सॉल्यूशंस' (ई.एस.) के शानदार विकास के लिए उत्तरदायी हैं। ई.एस. आज इंफोसिस के राजस्व में 25 प्रतिशत का योगदान करता है और उसके पास 13 हजार से भी अधिक कर्मचारी हैं और इस तरह वह सबसे बड़े नियोक्ताओं में से है। ई.एस. की शुरुआत सन् 1998 में की गई थी और उसे सन् 1999 में लॉन्च किया गया। मगर इसके बाद जल्द ही इसके तत्कालीन प्रमुख ने इस्तीफा दे दिया। चंद्रशेखर काकल एक वरिष्ठ नेता थे और बी.जी. को एक अन्य बहुराष्ट्रीय कंपनी से लाया गया, ताकि वे इकाई प्रमुख के तौर पर काम करें। एक नए कर्मचारी के रूप में उन्होंने बड़ी सजगता से संबंध बनाने के लिए काम किया और इंफोसिस की संस्कृति को शुरुआती प्राथमिकता के तौर पर सीखा।

शुरुआत में ई.एस. के पास 150 लोग थे। बी.जी. बड़े स्पष्ट थे कि ई.एस. की पैकेज सेवाएँ कंपनी के राजस्व में सबसे बड़ा योगदान करनेवाली सेवाओं में होंगी और इसीलिए वे मानते थे कि ई.एस. को विभिन्न पैकेज सेवाओं के आधार पर संगठित किया जाना चाहिए—जैसे एस.ए.पी., यंत्रा (बाद में स्टर्लिंग ने इसका अधिग्रहण कर लिया), सप्लाई मैनेजमेंट, ऑरेकल और टी.आई.बी.सी.ओ. एलायंस। ये सभी टीमें तब चलन में नहीं थीं, लेकिन इन टीमों को बनाने से समूहों के लिए ज्यादा ध्यान केंद्रित करने और ज्यादा वित्तीय जिम्मेदारी का भाव आ गया।

कोई टीम क्या हासिल कर सकती थी, इस आधार पर बी.जी. ने हर समूह के लिए सीधा, स्पष्ट लक्ष्य तय कर दिया। ज्यादातर मामलों में लक्ष्य सावधानीपूर्वक व्यक्तिगत स्तर पर तय किए गए। इसमें यह ध्यान रखा गया कि व्यक्ति बोझ से दब न जाए, फिर भी ऐसा लक्ष्य जरूर दिया गया जिसे पाना उतना आसान भी नहीं था। लक्ष्य खुद तय करने के बजाए बी.जी. अपनी टीम के सदस्यों से पूछते थे, 'आपके लिए सीधा लक्ष्य क्या होना चाहिए? क्या यह आपको रोमांचित करेगा? अगर नहीं,

तो आपको क्या रोमांचित करता है?' इसका मकसद सदस्यों को लक्ष्य-निर्धारण में शामिल करना था।

ध्यान देने और स्पष्ट, सहयोगात्मक सीधा लक्ष्य तय करने से कुछ शुरुआती छोटी सफलताएँ हासिल करने में मदद मिली। इन सफलताओं ने टीम के आत्मविश्वास का स्तर बढ़ाया। फलस्वरूप बाद में परिवर्तन का प्रतिरोध कम हो गया। उदाहरण के लिए, एक समय में ई.एस. के पास बस दो या तीन 'पीपुल सॉफ्ट पेशेवर' होते थे, लेकिन टीम ने फिर भी एक विशाल करोड़ों यूरो वाले प्रस्ताव के लिए निविदा भरी। टीम को आखिरी राउंड में भाग लेने के लिए आमंत्रित भी किया गया। हालाँकि ई. एस. को ठेका पाने में सफलता नहीं मिली, लेकिन भविष्य में बड़े प्रस्तावों के लिए सफलतापूर्क दाँव लगाने का आत्मविश्वास टीम को मिला। इस तरह बी.जी. ने अपनी टीम को विफलता को भी परिवर्तन के एक हिस्से के तौर पर लेने और विफलताओं से सीखने और डटे रहने के लिए प्रेरित किया।

इसका विस्तार करते हुए गोपाल इंफोसिस में सन् 2005 में अपने पहले परिवर्तन की पहल को याद करते हैं। उन्हें विशाल संभावनाओं पर ध्यान केंद्रित करने के लिए बिक्री संगठन के गठन का नया तरीका निकालना था। जिस मॉडल को अपनाने की जरूरत थी, गोपाल ने उसपर बहस करने के लिए विभिन्न इकाइयों से लोगों को शामिल किया। फिर उन्होंने बिक्री-नेतृत्व तथा यूनिट-नेतृत्व टीम के साथ कुछ कार्यशालाएँ आयोजित कीं, ताकि मॉडल को समझाया जा सके और मॉडल को बेहतर बनाने के लिए उनकी राय ली जा सके। नए ढाँचे की अवधारणा तय की गई और फिर इसे छह माह की छोटी अवधि में लागू किया गया। गोपाल के विचार में यह संभव हुआ, क्योंकि–

1. गोपाल व्यक्तिगत रूप से बिक्री संगठन को बहुत अच्छी तरह समझते थे, क्योंकि वे उसका एक हिस्सा थे।
2. यह एक खास समूह (बिक्री समूह) को प्रभावित करता था।
3. प्रतिक्रियाएँ माँगी गईं और विभिन्न चरणों में इन्हें शामिल किया गया और
4. परिवर्तन के लिए एक मजबूत कार्यकारी प्रायोजक था।

बी.जी. के सरल, सतत् संदेशों में स्पष्ट लक्ष्यों का जिक्र होता था। ये लक्ष्य भी परामर्श के आधार पर तय किए जाते थे। इसके साथ ही वे कई संचार-संपर्क करते थे, जिसमें परिवर्तन पर फिर से ध्यान केंद्रित किया था। सूचनाएँ टीम को परिवर्तन की आवश्यकता के बारे में याद दिलाती थीं और टीम के नए आदर्शों के विकास का पोषण करती थीं। ऐसी सूचनाओं ने टीम गें संदेशों को और ज्यादा महत्त्व दिया। बी.जी. विकास के बारे में बहुत बात करते थे और यह उनका सतत् संदेश था। वे

हमेशा विकास पर और किसी चीज पर नहीं, जोर देते थे। उनकी सूचना इसलिए सरल, फिर भी प्रभावी और बिना घाल-मेलवाली होती थी। उन्होंने यह बात बार-बार दोहराई, 'आगामी वर्ष के लिए निरंतर मार्जिन (लाभ) के साथ 70 प्रतिशत विकास'। वह चाहते थे कि उनके कर्मचारी एक अरब यूरो यूनिट की उनकी दृष्टि को देख सकें, हालाँकि उस वक्त यूनिट महज 60 करोड़ यूरो की थी।

विकास के लिए जरूरत के संदेश की रोशनी में बी.जी. ने ढाँचागत परिवर्तनों का नेतृत्व किया। नए मॉडल ने यह सुनिश्चित किया कि 'ग्रुप एंगेजमेंट मैनेजरों' (जी.ई.एम.) को अपने ग्राहकों के साथ काम करने के लिए काफी आजादी मिले क्योंकि एक अन्य वरिष्ठ व्यक्ति सौदों की मंजूरी का काम सँभालता था। बी.जी. के नए मॉडल के साथ 10-20 करोड़ यूरोवाले चार विशाल सौदे हासिल किए गए। मॉडल स्पष्टत: बी.जी. की टीम के महत्त्वपूर्ण विकास लक्ष्यों को आगे बढ़ा रहा था। इन बड़ी सफलताओं ने टीम की नजरों में नए मॉडल की लोकप्रियता को पक्का करने में मदद की। संगठनात्मक मॉडलों, जिनकी चर्चा हमने पहले तालिका 1 में की थी, पर लौटते हुए, यह एक बढ़िया उदाहरण बन जाता है, जो पारस्परिक निर्भरता को दरशाता है। यह मॉडल इसलिए भी कारगर रहा कि यह बी.जी. द्वारा सूक्ष्म-स्तर पर प्रबंधित नहीं था। उन्होंने जल्द स्वीकृति हासिल कर अपनी टीम के साथ अपनी विश्वसनीयता बनाई और टीम के नए सौदों की स्वीकृति के लिए चीजें आसान कीं। अन्यथा वह ज्यादातर पृष्ठभूमि में होते थे और सहायक या समर्थनकारी भूमिका में होते थे तथा मॉडल की नई सफलता के लिए अपने नेताओं को श्रेय लेने देते थे।

आनंद ने परिवर्तन का नेतृत्व करने के लिए बी.जी. के समान ही नजरिए का इस्तेमाल किया। जब आनंद ने अपनी यूनिट की कमान सँभाली, उनके नए ग्राहकों और उनकी नई टीम, दोनों के साथ कुछ मसले थे। बाजार के साथ मसला यह था कि बाकी संगठन विकास कर रहा था, लेकिन उनकी यूनिट विकास नहीं कर रही थी। उन दिनों मुख्य मापदंड नए खोले गए खातों की संख्या थी। आनंद कहते हैं, "इंफोसिस में शामिल होने और उसकी संस्कृति को समझने के बाद मैंने आँकड़ों का कुछ विश्लेषण किया। ऐसा प्रतीत हुआ कि हालाँकि लोग नए खाते खोलते थे, लेकिन यह ऊँचे राजस्व नहीं दे रहे थे। इसकी वजह थी कि पैमाना और दीर्घकालिकता कमतर थी। यह जाहिर हो गया कि ठोस रूप देना महत्त्वपूर्ण है। आँकड़ों और विश्लेषण से मैं अपने प्रमुख पक्षकारों को आश्वस्त कर सका।"

परिवर्तन को प्रभावित करने के लिए आनंद आँकड़ों और तथ्यों के महत्त्व को दरशाते हैं। यह तुलनात्मक (आमने-सामने रखकर) असर का भी एक हिस्सा है जिसकी चर्चा संबंध और नेटवर्किंग नेतृत्ववाले अध्याय में की गई थी।

आनंद ने उन खातों की एक छोटी सूची बनाई, जो 'अवश्य ही रखे जाने चाहिए' और बाकी खाते वैसे बन गए, जिनके लिए इंफोसिस तभी काम करेगी जब ग्राहक इसकी माँग करेंगे और खास तौर पर इंफोसिस की मदद माँगेंगे। इस तरह इंफोसिस ने कई बड़े बहुराष्ट्रीय ग्राहकों को हासिल किया। एक मामले में आनंद ने एक कर्मचारी से '50 हजार डॉलर के एक मौजूदा खाते से सम्मानपूर्वक निकल जाने को कहा, जोकि उसके लिए चकित करनेवाली बात थी।' शुरुआत में कर्मचारी ने विरोध किया। उसका कहना था, '30 लाख डॉलर के लक्ष्य तक पहुँचने की ओर यह मेरा पहला कदम है।' आनंद ने आँकड़ों का प्रयोग करते हुए उसे समझाया कि इस खाते पर उसे जितना समय लगाना पड़ेगा, वह उस लायक नहीं है। आनंद का प्रभाव काम कर गया, क्योंकि ग्राहक की करार-अवधि पूरी होने को आ रही थी–'हालाँकि हम इस स्थिति में थे कि उनसे फिर समझौता कर सकें, लेकिन हमने कोशिश ही नहीं की। और वह व्यक्ति (कर्मचारी) अपना ज्यादा वक्त बड़े खातों पर लगा सका और उन्हें हासिल भी कर सका।' आनंद का उदाहरण अवसर की कीमत का पाठ पढ़ाता है–आज कमतर मूल्य के काम करने का अर्थ है–बाद में अधिकतर मूल्यवाले काम छोड़ना। समुचित परिवर्तन करने के लिए नेताओं के वास्ते अवसर मूल्य प्रायः एक उत्प्रेरक का काम करता है।

आनंद का उदाहरण दरशाता है कि सभी पक्षकारों, वरिष्ठों, सहयोगियों, ग्राहकों और अधीनस्थों को विविध तरह के परिवर्तन से जुड़ने की जरूरत है। आनंद कहते हैं, "सबक यह सुनिश्चित करना होना चाहिए कि यह प्राथमिकता क्षेत्र न केवल आपके लिए है, बल्कि पूरी सोपानता में अन्यों के लिए भी है। आगे बढ़ने के लिए स्पष्ट आधार के साथ, और यहाँ तक कि व्यक्ति को प्राथमिकता तय करने में प्रशिक्षित करने के साथ, परिवर्तन और ज्यादा प्रभावशाली होगा।"

आनंद परिवर्तनों को प्रभावित करने के लिए टीम के सभी लोगों को साथ लेने का महत्त्व भी स्वीकार करते हैं। वे याद करते हैं, "जब मैं नई कारोबारी इकाई में आया, तो राजस्व कम थे और इसी तरह आंतरिक ग्राहकों के बीच हमारी छवि भी थी। हमें कभी भी सौदों के लिए आमंत्रित नहीं किया जाता था और कभी बुलाया भी गया तो हमने कभी कोई सौदा हासिल नहीं किया था। माना जाता था कि यह यूनिट प्रमुख की समस्या है। इसलिए मैंने पहला काम यह किया कि इस मुद्दे पर बात करने के लिए टीम को एक साथ बुलाया और लोगों को समझाया कि यह क्यों उनकी भी समस्या है। बेहद माथा-पच्चीवाले अभ्यास से हमें कई कार्य-बिंदु मिले। हमने उनमें से शीर्ष तीन को चुना और उन्हें सरलीकृत किया, ताकि उन्हें आसानी से याद रखा जा सके और उनके साथ पहचान बना सकें।'

आनंद की टीम ने तीन क्षेत्रों पर ध्यान लगाया–

1. ब्रांड निर्माण
2. सिरे-से-सिरा समाधान और क्षमता विकसित करना
3. पैमाना बढ़ाने की क्षमता।

पहले के लिए आनंद की टीम ने एक सरल, आसानी से याद रखने योग्य रँगारंग प्रस्तुति का सृजन किया। वे कहते हैं, "प्रमुख स्लॉइड में दिखाया गया था कि रणनीति के हिस्से कैसे छोटे-छोटे टुकड़ों को जोड़कर पूरा चित्र बनाने के खेल की तरह एक-दूसरे में फिट होंगे और हर व्यक्ति के लिए क्या किया जाएगा।" उनकी टीम के केंद्रित प्रयास ने रंग दिखाया और विश्लेषकों की रिपोर्टों में ब्रांड में महत्त्वपूर्ण सुधार हुआ और साथ ही वास्तविक कारोबार भी बढ़ा।

दो अन्य क्षेत्रों में नियमित समीक्षाओं और कार्य-योजनाओं ने उनके बदलावों को लागू करने में मदद की। साल भर के अंदर आनंद की टीम 'एक मुश्किल बाजार में 18 प्रतिशत की दर से विकास कर रही थी'–प्रतियोगिता से काफी तेज गति से। दो वर्षों में आनंद की टीम को जिन सौदों के लिए बोली लगाने को आमंत्रित किया गया, उनकी संख्या तीन से बढ़कर सोलह हो गई। पुरस्कारों और मान्यता ने आनंद की टीम को तूफानी बदलावों को झेलने में मदद की। आनंद ने सतर्कतापूर्वक इन परिणामों की निगरानी की, ताकि वे कर्मचारी के सवाल का जवाब दे सकें–'परिवर्तन से मुझे क्या मिलता है?' उन्होंने सुनिश्चित किया कि 'इसे लक्ष्य-पत्र में जोड़ा जाए और फिर नियमित रूप से समीक्षाएँ की गईं। साथ ही सफलता चाहे जितनी छोटी हो, उसका उत्सव मनाया गया।'

आनंद ने अपनी संचालनात्मक श्रेष्ठता को सुधारने की जरूरत पर भी विचार किया। वे याद करते हैं, 'हमारा आई.एस.ओ.पी. (इंफोसिस स्केलिंग ऑफ आउटस्टैंडिंग परफार्मेंस, जिसकी चर्चा संचालनात्मक नेतृत्व वाले अध्याय में की गई थी) अंक दो साल के लिए कम थे। छानबीन की गई कि ऐसा क्यों है, तो पता चला कि 'एप्लीकेशन प्रोसेस' में सिर्फ तीन लोग शामिल हैं।' इन बदलावों को लागू करने के लिए आनंद ने अपने वरिष्ठ नेताओं को शामिल किया। उन्होंने वरिष्ठ सदस्यों को ट्रैक नेता बनाया और उनमें से प्रत्येक अपेक्षाकृत एक छोटी टीम चुन सकता था। हमने यह भी सुनिश्चित किया कि टीम के अंदर आपसी सहयोग बना रहे। ट्रैक नेता प्रायोजक को रिपोर्ट करता था, लेकिन उनमें जिसपर सहमति बनी हो, उसे करने को लेकर उन्हें उच्च स्तर की आजादी थी। नेता बैठक की तैयारियों और ट्रैकरों को अद्यतन करते रहने जैसे छोटे कामों में भी आदर्श नमूने के तौर पर काम करते थे। आनंद ने यह पक्का किया कि छोटी सफलताओं का भी जश्न मनाया जाए और उनकी सराहना की जाए, जिन्होंने

संचालनात्मक बदलावों में सहयोग किया और अन्य अपेक्षित व्यवहारों के मामले में भी आदर्श प्रस्तुत किया। आनंद की टीम के इस संकेंद्रित प्रयास के नतीजे अच्छे निकले और ठीक बाद वाले आई.एस.ओ.पी. आकलन में 50 अंकों का सुधार देखा गया।

वैश्विक परिवर्तन

बी.जी., सूरी और नंदिता सभी को विभिन्न भौगोलिक क्षेत्रों में परिवर्तन की पहल करने और उसका प्रबंध करने का अनुभव था। जब बी.जी. ने सन् 2004 में यूरोप में कारोबार का नेतृत्व सँभाला, इसकी एक नियमित विकास दर थी, लेकिन यह इंफोसिस के राजस्व का मात्र 13 प्रतिशत थी। बी.जी. ने एक अत्यंत लोकप्रिय और पसंदीदा नेता की जगह ली थी। उनके पूर्ववर्ती ने ही वरिष्ठ टीम के अधिकतर सदस्यों की भरती की थी। टीम को नए नेता के बारे में कुछ आशंकाएँ थीं। लेकिन बी.जी. ने अपने संबंध बनाने के लिए कड़ी मेहनत की और चंद हफ्तों में ही उन्होंने खुद को नई भूमिका में ढाल लिया। वे लोगों और कारोबार दोनों के ही दृष्टिकोण से माकूल हो गए थे।

अपनी पहली मुलाकात में उन्होंने टीम का अभिवादन किया और अपने पूर्ववर्ती के जाने पर अफसोस जताया। उन्होंने टीम द्वारा किए गए अच्छे कार्यों को खुशी-खुशी स्वीकार किया, हालाँकि कुछ लोगों ने आशा की थी कि नए नेता के रूप में बी.जी. अतीत के बारे में कुछ नकारात्मक बातें कहेंगे। बी.जी. के कर्मचारियों ने इस पर भी गौर किया कि 'उन्होंने उच्च स्तर की निजी निष्ठा जताई' और 'पहले हफ्ते में अपने पूर्ववर्ती के साथ वक्त भी गुजारा।' अहम बात यह थी कि बी.जी. ने पहला हफ्ता संबंध बनाने पर केंद्रित किया और उनके लोग चकित थे कि उन्होंने कैसे टीम को सामाजिक रूप से जाना और काम के बारे में चर्चा नहीं की।

दूसरे हफ्ते के बाद बी.जी. ने पेशेवर नजरिए से टीम के बारे में जानने में समय लगाया। उनके पूर्ववर्ती ने उन्हें आँकड़ों के बारे में जानकारी दी, लेकिन बी.जी. लोगों के बारे में ज्यादा सूचना चाहते थे। टीम ने मान रखा था कि वे अपने लोगों को लाएँगे, लेकिन दूसरे सप्ताह में एक औपचारिक बैठक में उन्होंने कहा, "हमारे पास एक उम्दा टीम है, मैं टीम और ढाँचे में कोई परिवर्तन नहीं करने जा रहा हूँ।" मौजूदा टीम के प्रति उनके समर्थन ने उन्हें आश्वस्त किया, खासकर इसलिए कि उन्होंने उनमें से प्रत्येक के साथ पेशेवर और व्यक्तिगत दृष्टि से बातचीत करने के बाद इसकी घोषणा की थी। बी.जी. ने शुरुआती अवधि में अपने ग्राहकों और अन्य पक्षकारों के साथ संबंध बनाने में भी इसी नजरिए को अपनाया। (संचालनात्मक नेतृत्व पर अध्याय उस

विज्ञान को उजागर करता है कि संबंधों पर बी.जी. का जोर देना उन नेताओं के लिए क्यों आवश्यक है, जो परिवर्तन का नेतृत्व प्रभावी ढंग से करना चाहते हैं।)

बी.जी. ने अपनी टीम के साथ इस साफ लक्ष्य को पाने के लिए काम किया कि 'कंपनी की विकास दर से दोगुने विकास दर की राह पर यूरोप की इकाई को ले जाना है।' बी.जी. के कर्मचारियों के अनुसार 'उनमें यह बहुत अच्छी योग्यता है कि वे टीम को साफ-साफ बता पाते हैं कि उसे क्या हासिल करना है।' वे यह भी जोड़ते हैं कि बी.जी. कोई अयथार्थवादी आदर्श दुनिया नहीं गढ़ते हैं और साफ लक्ष्य लोगों को बता पाते हैं कि उन्हें कहाँ जोर लगाना है। उन्होंने इस पर भी गौर किया कि वे अपने सपने को साकार करने के लिए उसका निरंतरता और दृढ़ता से अनुसरण करते हैं।

बी.जी. के कार्यकाल के तीसरे हफ्ते तक सरल विकास योजनाएँ बनाई गईं और उन्होंने टीम के सदस्यों में से प्रत्येक के साथ काफी समय बिताया। उन्होंने उन्हें ऐसे कार्य करने के लिए प्रेरित किया जिसे वे असामान्य समझते थे। उन्होंने संचालनात्मक बारीकियों पर जोर न देकर इसकी जगह रणनीतिक नजरिए पर अधिक ध्यान देना शुरू किया। उदाहरण के लिए एक बैठक का एजेंडा जब खातों के लिए विकास योजनाओं पर चर्चा करना होता था, तो कई लोग एक व्यक्ति के तबादले जैसे संचालनात्मक मुद्दों को उठा देते थे। ऐसे संचालनात्मक या कार्यान्वयन संबंधी मुद्दों को दूसरी बैठकों के लिए रख दिया जाता था और वास्तविक विकास-संबंधी मुद्दों, जैसे कि प्रतियोगियों की तुलना में रणनीतियाँ बनाने या बाजार-हिस्सा बढ़ाने पर चर्चा की जाती थी। बी.जी. के सवालों ने टीम को उच्चतर स्तर पर सोचने के लिए प्रेरित किया। उनकी सराहना ने उनमें अपनी टीमों के अंदर परिवर्तन प्रक्रिया को आगे बढ़ाने का आत्म-विश्वास पैदा किया।

जब यूरोप की इकाई को एक ऊर्ध्व संगठनात्मक ढाँचे में विभाजित करने का वक्त आया, तो बी.जी. ने प्रत्येक को इसमें शामिल किया और फिर विभाजन की घोषणा की। घोषणा के बाद, वे जानते थे कि अभी भी कई लोगों के दिमाग में भ्रम और अनिश्चितता है। वे प्रत्येक व्यक्ति के पास गए और जाना कि पुनर्गठन के बाद उसका नजरिया क्या है। यहाँ तक कि वे उनके पास भी गए, जो कभी उनकी टीम के सदस्य होते थे, लेकिन अब उनके साथ नहीं थे। सभी पुनर्गठनों में, अन्य बातों के ऊपर संगठन की जरूरतों को रखना अहम् है। बी.जी. ने कभी भी अपनी टीम को जस-का-तस रखने के लिए संघर्ष नहीं किया और उन्होंने अपने वरिष्ठ लोगों को एक बड़े मकसद के लिए काम करने दिया।

परिवर्तन का नेतृत्व करते हुए बी.जी. एक चीज अच्छी करते हैं कि 'उनमें

सकारात्मक बातों पर ध्यान लगाने और उन्हें बेहतर करने की योग्यता है।' वे परिवर्तन प्रक्रिया के सभी भागों से लोगों को जोड़े रखते हैं। उदाहरणार्थ, 'जब टीम ने कहा कि 'स्थानीय ग्राहक बिक्री समूह' (सी.एस.जी.) की भरती बढ़ाई जानी चाहिए, हमें लोगों को अपना ऊर्ध्व, स्थानीय नेतृत्व चुनने की अनुमति देनी चाहिए और हम एच. बी.यू. (क्षैतिज कारोबारी इकाई) से कोई सरोकार नहीं रखेंगे, तो बी.जी. मान गए और उन्होंने वैसा ही किया।' जबकि इंफोसिस के मुख्य संचालन अधिकारी शिबुलाल ने बदलाव के लिए छह महीने की अवधि तय की थी, बी.जी. की टीम का अपना आंतरिक समय निर्धारित था और उन्होंने अधिक तेजी से इसे संपन्न किया। इससे मदद मिली, क्योंकि नए वित्तीय वर्ष के आने तक टीम के सदस्यों को अपनी व्यक्तिगत भूमिकाओं और जिम्मेदारियों के बारे में पता था और वे आगे बढ़ने को तैयार थे।

बी.जी. ने परिवर्तन संवादों पर भी ध्यान केंद्रित किया। वे फोन कॉल सुनते थे। हर कोई सवाल पूछता था। वे हर सवाल का जवाब देते थे। जिन सवालों के जवाब वे तुरंत नहीं दे पाते थे, उन्हें सूची में दर्ज कर लिया जाता था और आखिरकार वे उनका जवाब देते थे। संयोगवश पहला फोन तब आया जब ढेरों अफवाहें 'फैल रही थीं'। यह जानते हुए कि नकारात्मक अफवाहें फैलाई जा रही हैं, बी.जी. ने फोन पर जवाब दिया, "मैं चाहता हूँ कि यह समूह जो कुछ करे, उस पर गर्व महसूस करे।" उन्होंने कहा कि "'मैं' इसका जश्न मनाना चाहता हूँ।" इसके बाद एक अपेक्षाकृत बड़े बजट को प्रभावित करने की अपनी दृष्टि का उन्होंने अनुसरण किया और वे उन सभी जगहों पर गए जो उनकी देखरेख में आती थीं, ताकि वे टीम को व्यक्तिगत रूप से संबोधित कर सकें। इससे लोगों का आत्मविश्वास बढ़ा और वे ज्यादा सहज हुए। उन्होंने एक समिति बनाकर लोगों की चिंताएँ शांत कीं। समिति में उन्होंने कहा कि "मैं सुनिश्चित करूँगा कि प्रत्येक कर्मचारी की देखभाल हो।" पुनर्गठन के दिन पूर्व, एक 'सभी कर्मचारियों के मिलन' का आयोजन किया गया, जहाँ 'संक्रमण टीम' की घोषणा की गई। उनकी टीम का कहना है कि ऐसी कुछ मुख्य घटनाएँ थीं, जिन्होंने चल रहे बदलावों के बारे में टीम की चिंताएँ कम करने में मदद की।

चीन के मामले में सूरी के अनुभव भी बी.जी. की तरह ही थे, हालाँकि संस्कृति भिन्न थी। सूरी ने अपने मकसद का खुलासा करने से शुरुआत की। 'इंफोसिस के कार्य-संचालन को खतरे में न डालने से मेरी टीम अलग क्यों रहती है?' यह एक अहम सवाल था जिस पर उन्होंने काम किया। उन्होंने यह भी महसूस किया कि परिवर्तन का नेतृत्व करने के लिए उन्हें कार्यस्थल पर मौजूद रहना होगा। उनका पहला कदम चीन में भौतिक रूप से जमना था, एक ऐसी जगह जहाँ उन्होंने जल्द ही महसूस कर लिया कि उनका कोई नियंत्रण नहीं है। वे याद करते हैं, "ज्यादातर दिन, मैं जिस

भी भारतीय से मिलता था, उसके साथ हो लेता था और उनसे सरल सवाल पूछता था। भारत में ये सवाल पूछने की कभी मैंने जहमत नहीं उठाई–वे कहाँ रहते हैं, वे कहाँ और क्या खाते हैं, वे कैसे आते-जाते हैं?"

उन्होंने महसूस किया कि परिवर्तन करनेवाले नेतृत्व की बारीकियों में, विस्तार में जाना पड़ता है, खासकर जब कोई दृष्टांत अनुसरण करने के लिए न हो। उन्हें चीन के कानूनी नियम समझने थे और जब उन्होंने समझा, तब उन्हें लगा कि छोटी चीजों में बदलाव करने के कई अवसर हैं, जिसका भारी असर हुआ। उदाहरण के लिए इंफोसिस अपने कर्मचारियों के लिए जो बीमा ढाँचा अपनाता था, उसे कानूनन 40 प्रतिाशत से घटाकर 19 प्रतिशत किया जा सकता था। इस बदलाव ने न केवल संगठन के लिए धन की बचत की, बल्कि इससे वे नाटकीय रूप से कम अनुभवी लोगों की भरती करने में भी सफल हो सके।

अगले स्तर के नेताओं का समर्थन हासिल करना सबसे मुश्किल काम था, यह देखते हुए कि चीन में वरिष्ठताक्रम के लिए आम विश्वास और आदर का भाव है। मगर सूरी इस मोरचे पर भी कामयाब रहे। सूरी को टीम की संस्कृति को बदलना पड़ा कि वे अपने बॉस सूरी के लिए नहीं, बल्कि ग्राहक के लिए काम कर रहे हैं। इसका अभिप्राय यह था कि सूरी को केवल उन्हें सीधे रिपोर्ट करने वालों में करीबी संबंध बनाना था, इसलिए उन्होंने अपने से दो स्तर नीचे के कर्मचारियों के साथ निरंतर समीक्षाओं और डैशबोर्ड का इस्तेमाल करते हुए मेल-जोल शुरू किया। प्रत्येक को उनके चीनी नामों से जानना भी उनके लिए मददगार साबित हुआ।

जैसे कि बी.जी. ने अपने शुरुआती दिनों में नए संबंध बनाए, सूरी ने व्यक्तिगत तालमेल बनाने के बाद, 'कैपेबिलिटी मैच्यूरिटी मॉडल' (क्षमता परिपक्वता नमूना) जैसे सुधारात्मक कदम उठाए। सूरी ने लीक से हटकर स्वयं तक लोगों की पहुँच बनाई। वे उनसे अपनी चिंताओं के बारे में चर्चा कर सकते थे और किसी परिवर्तन को लागू करने से काफी पहले सूरी इसके बारे में अपने अधीनस्थों को बता देते थे। इन तथ्यों ने बदलावों के कार्यान्वयन के प्रति कर्मचारियों का प्रतिरोध कम किया।

नई भौगोलिक स्थिति में अपनी सीमाओं को समझना सूरी के लिए एक चुनौती थी। कई मामलों में वे एक फैसला ले लेते थे और फिर जानते थे कि यह फैसला करना उनके अधिकार-क्षेत्र में था या नहीं। सूरी तब भी श्रीराम वी. को रिपोर्ट करते थे। उन्होंने भी चीन को विकास का गंतव्य बनाने में सूरी के प्रयासों का पुरजोर समर्थन किया और योजनाबद्ध ढंग से 'आई.बी.यू.' (इंफोसिस बिजनेस यूनिट्स) को चीन में कारोबार करने के लिए प्रभावित किया।

प्रभावशाली परिवर्तन-नेतृत्व को चाहिए कि वह सिद्धांत और व्यवहार का साथ-साथ

इस्तेमाल करे। इंफोसिस के परिवर्तन नेताओं के अनुभव सुझाते हैं कि बदलाव लाने के पहले अधिकृत, विश्वसनीय व्यक्तिगत संबंध बनाना अत्यधिक महत्त्वपूर्ण है। यह भी आवश्यक है कि नेतृत्व परिवर्तन की जरूरत के बारे में व्यक्तिगत रूप से आश्वस्त हो और वह प्रतिरोध से निपटने में दृढ़ता और धैर्य से काम ले। यह भी काफी महत्त्वपूर्ण है कि वह प्रतिरोध करनेवालों के दिलो-दिमाग को पुरजोर अपील करे। सफलतापूर्वक बदलाव लाने के लिए नेताओं ने निम्न कारकों की असलियत पर जोर दिया–सुदृढ़ कारोबारी औचित्य, आदर्श प्रस्तुत करना, अनवरत निगरानी और फिर छोटी व आखिरी जीतों का जश्न मनाना–इन सबका स्पष्ट संदेश देना। जो नेता एक संगठन की प्रणालियों के विभिन्न (लेकिन परस्पर आश्रित) घटकों को परिवर्तन के लिए प्रभावित कर पाते हैं, वे सफल रहते हैं। सुनियोजित स्तर पर यह उभरकर आता है कि सभी पक्षकारों के साथ संबंध बनाए रखना बदलाव के फलीभूत होने की दृष्टि से महत्त्वपूर्ण है। मॉडल और अनुभव उन नेताओं, जो सफलतापूर्वक बदलाव का प्रबंधन करना चाहते हैं, के लिए इस बात की जरूरत को रेखांकित करते हैं कि उन्हें सर्वदा सतर्क रहना चाहिए। जैसाकि दूसरी सदी के तमिल ग्रंथ 'नालादियार' का कहना है, 'बुद्धिमान वह है जो यह महसूस करता है कि कल आज से भिन्न होगा और इसीलिए वह आज उन चीजों को करता है, जो वे सामान्य तौर पर कल करेंगे।' आदेश आसान नहीं है, लेकिन पुरस्कार शानदार है; जैसाकि चार्ल्स डार्विन ने गौर किया, ये न तो बुद्धिमान (तेज) या मजबूत प्राणी हैं, जो जीवित रहते हैं, बल्कि वे जीवित बचते हैं, जो परिवर्तन को जल्दी और आसानी से अपना लेते हैं।

ग्रंथ सूची–

- बेवरली एमिलो–मेटकॉफ एवं जॉन एल्बान–मेटकॉफ (2005)–'दी क्रुसियल रोल ऑफ लीडरशिप इन मीटिंग दी चैलेंजेज ऑफ चेंज', विजन: दी जर्नल ऑफ बिजनेस पर्सपेक्टिव, 9 (2), अप्रैल–जून, 27–39।
- प्रशांत बोर्डिया (2004)–'अनसर्टेनिटी ड्यूरिंग ऑर्गेनाइजेशनल चेंज टाइप्स, कान्सिक्वेंसेज ऐंड मैनेजमेंट स्ट्रैटीज', जर्नल ऑफ बिजनेस ऐंड साइकोलॉजी, 18 (4), ग्रीष्म, 507–29।
- डैरील आर. कॉनर(1993)–मैनेजिंग एट दी स्पीड ऑफ चेंज: हाऊ रीसाइलेंट मैनेजर्स सक्सीड ऐंड प्रॉस्पर व्हेयर अदर्स फेल, न्यूयॉर्क विलार्ड।
- दी फ्री डिक्शनरी (2010)–14 मई, 2010 को वेबसाइट http :// www.thefreedictionary.com से डाउनलोड किया गया।
- डोनाल्ड सी. हैम्ब्रिक (1998)–नेविगेटिंग चेंज: हाऊ सी.ई. ओज, टॉप टीम्स

ऐंड बोड्र्स स्टीयर ट्रांसफॉर्मेशन, बोस्टनः हार्वर्ड बिजनेस स्कूल प्रेस।

- लिंडा हूप्स एवं मार्क केली (2004)–मैनेजिंग चेंज विद पर्सनल रीसाइलेंट, रैलेः एम.के. बुक्स।
- जॉन पी. कॉटर एवं डैन एस. कोहेन (2002)–'दी हार्ट ऑफ चेंज : रीयल–लाइफ स्टोरीज ऑफ हाऊ पीपुल चेंज देयर ऑर्गेनाइजेशंस', बोस्टन : हार्वर्ड बिजनेस स्कूल प्रेस।
- जॉन जे. ल्यूसी (2008)–'व्हाई इज दी फैल्योर रेट फॉर ऑर्गेनाइजेशनल चेंज सो हाई?' मैनेजमेंट सर्विसेज, विंटर, 10–18।
- रॉगर बी. मैसन (2008)–'मैनेजमेंट एक्शंस, एटिट्यूड्स टु चेंज ऐंड परसेप्शंस ऑफ दी एक्सटर्नल एनवॉयरनमेंटः ए कॉम्प्लेक्सिटी थ्योरी एप्रोच', जर्नल ऑफ जनरल मैनेजमेंट, 34 (1), शरत्काल, 37–53।
- शॉल ऑरेग (2003)–'रेसिस्टेंस टु चेंजः डेवलपिंग एन इंडिविजुअल डिफरेंसेंस मेजर', जर्नल ऑफ एप्लाइड साइकोलॉजी, 88 (4), 680–93।
- पेएस, क्लॉडिया, फ्रे, डीयटर, गरखार्ट, मैरिट, फिशर, पीटर ऐंड ट्रॉटमैटाउस, इवा (2009)–'लीडिंग ऐंड मैनेजिंग ऑर्गेनाइजेशनल चेंज इनिशिएटिव्स', मैनेजमेंट रेवेन्यू, 20 (2), 158–75।
- एल्विन टॉफ्लर (1970)–फ्यूचर शॉक, न्यूयॉर्कः रैंडम हाउस।
- वैन डे वेन, एच. ऐंड्रयु एवं स्कॉट एम. पूले. (1995)–'एक्सप्लेनिंग डेवलपमेंट ऐंड चेंज इन ऑर्गेनाइजेशंस', एकेडमी ऑफ मैनेजमेंट रिव्यू, जुलाई, 2–34।
- जेड.डी. नेट (2010)–14 मई, 2010 को http : //www.zdnet.com/blog/projectfailures/business-change-failures-9-success-tips/1080?p=1080 से डाउनलोड किया गया।

□

5

कार्य संचालनात्मक नेतृत्व

–सत्येंद्र कुमार एवं
डॉ. मैट बार्ने

'कुछ साल पहले मैंने एक विकास कार्य करने के लिए इंफोसिस, भारत को दिया और मुझे कहना है कि मुझे बड़ा सकारात्मक आश्चर्य हुआ। बड़ा फर्क यह है कि वे वाकई समय पर काम पूरा कर देते हैं और वह भी गुणवत्ता के साथ। हमने कई बड़े अंतरराष्ट्रीय विक्रेताओं को आजमाया है, लेकिन इंफोसिस से जो हमने प्राप्त किया, उसकी तुलना में उनके नतीजे काफी कमजोर रहे।'

–लेनार्ट एस्ट्रॉम, सी. आई. ओ., अल्फा लावाल,
इंफोसिस ग्राहक

एक कंपनी के रूप में शुरुआत से ही इंफोसिस हमेशा श्रेष्ठता पर दृढ़ता से टिकी रही है। हमारे संस्थापकों ने फैसला किया कि हम एक ऐसी कंपनी बनेंगे, जो सभी पक्षकारों से सम्मान पाने के लिए काम करेगी। उन्होंने सम्मान पाने के लिए अत्यधिक कड़ी मेहनत की और इन पक्षकारों को निरंतर महत्त्वपूर्ण लाभ पहुँचाया। हमारे लिए संचालनात्मक नेतृत्व का आशय है संबंधों की निष्ठा के रूप में लक्ष्य हासिल करना–सभी पक्षकारों के साथ अपनी प्रतिबद्धताओं को पूरा कर दीर्घकालीन संबंध बनाना। जैसाकि रणनीतिक नेतृत्ववाले अध्याय ने रूपरेखा रखी, निर्दोष कार्यान्वयन हमारी कारोबारी रणनीति का हमेशा ही केंद्रीय तत्त्व रहा है।

इंफोसिस के परिणाम खुद ही बयान करते हैं। अगर हम ग्राहकों, कर्मचारियों,

शेयरधारकों और आपूर्तिकर्ताओं से किए अपने वादों पर निरंतर खरे नहीं उतरे होते, तो फलने-फूलने की बात छोड़िए, हम कभी अपना अस्तित्व ही नहीं बचा पाते। सन् 2010 तक हमारे 98 प्रतिशत से भी ज्यादा ग्राहक हमारे साथ अपने समझौतों का पुनर्नवीकरण करा रहे हैं। निवेशकों ने हमें अनुकूल कीमत-मुनाफा अनुपात से सम्मानित किया है। पारदर्शिता, प्रशासन और कर्मचारियों के लिए काम करने के लिए शानदार स्थान होने के लिए इंफोसिस ने अनेक वैश्विक पुरस्कार जीते हैं। सन् 2010 में हमारे क्वालिटी डिपार्टमेंट (गुणवत्ता विभाग) ने प्रतिष्ठित आई.ई.ई.ई. कंप्यूटर सोसाइटी/सॉफ्टवेयर इंजीनियरिंग इंस्टीट्यूट्स सॉफ्टवेयर प्रॉसेस एचीवमेंट अवार्ड जीता, जोकि पिछले चार वर्षों से रोक रखा गया था।

त्रुटिहीन कार्यान्वयन के प्रति गहरे संकल्प के बगैर हमने इन परिणामों को हासिल नहीं किया होता। कई तरीकों से संचालनात्मक नेतृत्व इंफोसिस में नेतृत्व का एक प्रमुख गुण है, क्योंकि यह हमारी कारोबारी रणनीति और हमारी मूल्य प्रणाली, दोनों का केंद्रीय तत्त्व है। हमारी मूल्य प्रणाली ग्राहकों, उदाहरण के जरिए नेतृत्व, निष्ठा और पारदर्शिता, उचित और श्रेष्ठता (सी-लाइफ) के इर्द-गिर्द घूमती है। तालिका 1 इंफोसिस के मूल्यों और संचालनात्मक नेतृत्व के बीच संबंधों को दरशाती है।

संचालनात्मक नेतृत्व जबकि इंफोसिस के लिए संबंधों और मूल्यों के साथ शुरू होता है, इसका समापन हमारे कारोबारी लक्ष्यों को निरंतर हासिल करने से होता है। इसमें ग्राहकों को खुश करना, शेयरधारकों को प्रसन्न करना, कर्मचारियों को गद्गद रखना और अन्य पक्षकारों से वादे पूरे करना शामिल है। संचालनात्मक नेतृत्व को लेकर इंफोसिस का दृष्टिकोण दोनों अकादमी के गुणवत्ता विज्ञानों पर आधारित है—औद्योगिक/प्रणाली (सिस्टम्स) इंजीनियरिंग, ऑपरेशंस रिसर्च एवं प्रबंधन विज्ञान तथा उद्योग—टोटल क्वालिटी मैनेजमेंट, सिक्स सिग्मा, 'टोयोटा प्रोडक्शन सिस्टम' (लीन) और 'टोटल प्रोडक्टिव मेंटेनेंस' (टी.पी.एम.)। इन शास्त्रीय प्रणालियों के अतिरिक्त हमने विविध किस्म के संचालनात्मक श्रेष्ठता चलनों, तरीकों, उपकरणों और प्रक्रियाओं को अपनाया है, विकसित किया है और आविष्कार किया है। यह अध्ययन इंफोसिस के दृष्टिकोण से संचालनात्मक नेतृत्व के तरीकों की पूरीशृंखला की समीक्षा करेगा।

तालिका 1: सी–लाइफ एवं संचालनात्मक नेतृत्व

मूल्य	नेतृत्व निहितार्थ
ग्राहक प्रसन्नता: अपने ग्राहकों की अपेक्षाओं से भी ज्यादा देने की प्रतिबद्धता।	संचालनात्मक रूप से उम्दा नेता कामां को इस तरह संचालित करते हैं कि ग्राहक निरंतर खुश रहे।
उदाहरण के जरिए नेतृत्व: पैमाने तय करने के लिए प्रतिबद्धता और उद्योग व अपनी टीम के लिए मिसाल पेश करना।	संचालनात्मक रूप से उम्दा नेता ऐसे कार्य–प्रदर्शन का आदर्श प्रस्तुत करते हैं कि अन्य नेता भी उनसे कार्य–प्रदर्शन और सद्गुण के लिए प्रकाश–पुंज बनने का सबक सीखें।
निष्ठा एवं पारदर्शिता: अपने सौदों में नैतिकता, ईमानदारी, गंभीरता और खुलेपन के प्रति संकल्प।	संचालनात्मक रूप से उम्दा नेता ईमानदारी बरतकर और वादों को पूरा कर विश्वास जीतते हैं और दीर्घकालीन संबंध सुनिश्चित करते हैं।
निष्पक्षता: वस्तुनिष्ठ और कायान्मुखी होने के लिए प्रतिबद्धता और इस तरह विश्वास और सम्मान हासिल करना।	संचालनात्मक रूप से उम्दा नेता पिछली बातों पर नहीं जाते, बल्कि वे वस्तुनिष्ठता से आँकड़ों का मूल्यांकन करते हं और संतुलित फैसले करते हैं।
श्रेष्ठता के लिए प्रयास: अपने को, अपनी टीमों को, अपनी सेवाओं को और उत्पादों को सुधारने के लिए अथक परिश्रम करना, ताकि सर्वोत्तम बन सकें।	संचालनात्मक रूप से श्रेष्ठ नेता यथास्थिति को एकदम सिरे से नकार देते हैं आर उन विजयों को हासिल करने के लिए जुनूनी रहते हैं, जिन्हें अन्य लोग असंभव मानते हैं।

वरिष्ठ नेतृत्व और संचालनात्मक श्रेष्ठता

इंफोसिस निदेशक मंडल संचालनात्मक श्रेष्ठता को बनाए रखने के लिए संकल्पबद्ध है। यथास्थिति से निरंतर असंतुष्टि और लगातार सुधार के लिए हमारी प्रतिबद्धता को बनाए रखने का इस किस्म का जुनून संभवत: सबसे महत्त्वपूर्ण कारक है। यह हमारी संस्कृति का स्रोत है जो गुणवत्ता उपकरणों के योजनाबद्ध प्रयोग से लेकर कर्मचारी

के कार्य-प्रदर्शन की प्रबंधन प्रणाली, जिस पर नेतृत्व का 50 प्रतिशत भुगतान दाँव पर लगा होता है, तक प्रत्येक चीज में व्याप्त है। जैसाकि तालिका 1 दरशाती है, हमारे बोर्ड द्वारा निर्धारित मूल्य संचालनात्मक श्रेष्ठता को मजबूती से समर्थन देते हैं, क्योंकि इंफोसिस में यही हमारी केंद्रीय कारोबारी 'संचालनात्मक प्रणाली' है।

वरिष्ठ नेताओं के मूल्य उदाहरण पेश करते हैं, जो बाकी फर्म में कार्यों व गतिविधियों का संचार करते हैं और इस तरह संस्कृति-सृजन होता है। संगठनात्मक संस्कृति पर वैज्ञानिक पुस्तकें सुझाती हैं कि साझा मूल्यों और विश्वासों के निर्माण के लिए नेता मूल तत्त्व होते हैं। यह उनके व्यक्तिगत व्यवहारों में परिलक्षित होता है और इससे संगठनात्मक आदर्शों या काम के तरीकों का निर्माण होता है (यथा, एन. जी. एवं सोरेनसेन, 2005)। इंफोसिस में हम मानते हैं कि हम पिछले तीस वर्षों से श्रेष्ठ कार्य-प्रदर्शन के साथ वैश्विक स्तर पर अपना कारोबार इसलिए फैला सके हैं क्योंकि हमारे संस्थापकों ने कार्यक्षमता बढ़ाने की अथक कोशिश करने की संस्कृति शुरू से ही बनाई थी। सांस्कृतिक परिवर्तन की ज्यादातर कोशिशें जबकि विफल रहती हैं। बर्क (2008) उल्लेख करते हैं कि जो प्रयास सफल रहते हैं, उनमें निम्न विशेषताएँ होती हैं–

1. शीर्ष नेतृत्व का समर्थन, जिसमें उनके अपने व्यवहार में परिवर्तन लाने की प्रतिबद्धता शामिल है।
2. संगठन के मूल्यों और उसकी सहज शक्तियों के आधार पर परिवर्तन करना।
3. परिवर्तनों में सभी स्तर के कर्मचारियों को शामिल करना।
4. प्रक्रियाओं का समग्र एकीकरण: भुगतान, प्रशिक्षण, भरती, सूचना उपलब्धता, ढाँचा, हर चीज नई संस्कृति को समर्थन देने के लिए समंजित की जाती है।
5. नियोजित कार्य, जिसमें मन से शामिल होना, शिक्षा और विस्तृत कार्य योजनाएँ शामिल होती हैं।
6. पक्षकार, खासकर ग्राहक का दृष्टिकोण परिवर्तनों को निर्देशित करने के लिए सर्वाधिक महत्त्वपूर्ण होता है।
7. कभी न समाप्त होनेवाला : दीर्घकालीन स्तर पर अस्तित्व बनाए रखने का मुख्य कारक है–निरंतर नई बातों और परिवर्तनों को अपनाते जाना।

पीछे के एक अध्याय में दिए गए इंफोसिस के इतिहास पर विचार करते हुए आप इंफोसिस की संचालनात्मक नेतृत्व की संस्कृति के प्रमुख तत्त्वों को देख सकते हैं। यह संस्कृति हमारी उत्पत्ति के समय से ही विकसित होती आई है। सर्वप्रथम हमारे संस्थापक सी.ई.ओ. नारायण मूर्ति ने पूरक हुनरवाले लोगों का एक समूह बनाया और निजी वरीयताओं को कम महत्व देते हुए एक वैश्विक बहुराष्ट्रीय सॉफ्टवेयर फर्म

बनने की एक साझा स्वप्न दृष्टि अपनाने में सफलता पाई। संचालनात्मक श्रेष्ठता के लिए शीर्ष प्रबंधन का पुरजोर समर्थन इंफोसिस की सफलता का अत्यधिक महत्त्वपूर्ण कारण रहा है।

दूसरा, सॉफ्टवेयर, हार्डवेयर, सर्विसेज (बी.पी.ओ.) और प्रोडक्ट्स (फिनैकल) के क्षेत्रों में इंफोसिस का प्रवेश एकदम नियोजित तरीके से किया गया। खासकर इंफोसिस ने लाभ, निरंतरता, भविष्य सूचकता और खतरे में न पड़ने (पी.एस.पी.डी.) का संचालनात्मक दर्शन ईजाद किया, जिसकी विस्तृत चर्चा रणनीतिक नेतृत्व वाले अध्याय में की गई है।

लक्ष्य-निर्धारण

पी.एस.पी.डी. के कारगर होने के लिए यह अनिवार्य है कि हम अपने लक्ष्यों को स्पष्ट करें, ताकि शुरुआत करने से पहले हम चित्रित कर सकें कि सफलता कैसी दिखती है। एक बार जब लक्ष्य निर्धारित कर दिए जाते हैं, तो हम प्रगति पर नजर रखने के विविध तरीके इस्तेमाल करते हैं और उचित संशोधन व सुधार करते चलते हैं।

प्रत्येक वर्ष की शुरुआत में हमारी रणनीतियाँ तैयार की जाती हैं और इसी के समानांतर हमारे लक्ष्य भी तय किए जाते हैं। सबसे पहले इंफोसिस निदेशक मंडल और इकाई प्रमुखों द्वारा संगठनात्मक लक्ष्यों के एक संतुलित सेट की पहचान की जाती है। वरिष्ठतम स्तर पर अंतिम रूप दे दिए जाने के बाद वैश्विक स्तर पर इंफोसिस के सभी स्तरों के जरिए इन लक्ष्यों की जानकारी सोपानी ढंग से दी जाती है, जिसमें प्रत्येक स्तर के कर्मचारियों के लिए सहायक कंपनियाँ भी शामिल होती हैं। इन लक्ष्यों में स्पष्ट रूप से संचालनात्मक प्रदर्शन में सुधार के पहलू, जैसे—संसाधन उपयोगिता, कार्य उत्पादकता में वृद्धि और चक्रीय समय में सुधार शामिल होते हैं।

लक्ष्य-निर्धारण के लिए एक प्रमुख चलन है कि वे समरस तरीके से किए जाते हैं। उत्पादकता सुधार के लिए लक्ष्य कारोबारी इकाइयों और उनके संबंधित 'कारोबारी सक्षम कार्यों', खासकर गुणवत्ता विभाग (क्वालिटी डिपार्टमेंट) द्वारा संयुक्त रूप से तय किए जाते हैं। दरअसल यह लक्ष्यों को हासिल करने के लिए 'बढ़ावा देने और लगाम खींचने' का प्रभाव पैदा करता है।

बिजनेस प्रोसेस मैनेजमेंट

आज जिन गुणवत्ता उपकरणों का प्रयोग किया जाता है, उनमें से कई को त्रुटिहीन कार्यक्रम और प्रोजेक्ट प्रबंधन को सुनिश्चित करने के लिए डिजाइन किया गया है

और वह इस तरह से कि ग्राहकों को जो सेवाएँ प्रदान की जाएँ, वे सुसंगत, पूर्व अनुमानित और लाभदायक हों। सुधार के लिए इंफोसिस द्वारा जोर दिए जाने के कारण भी हमने श्रेष्ठता प्रक्रियाओं और तरीकों के काफी विविध रूपों को संश्लेषित किया है।

आकलनों की आई.एल.आई. 'लीडरशिप जर्नी सीरीज' संचालनात्मक नेतृत्व का एक पैमाना शामिल करती है, जो सफल संचालनात्मक नेताओं को परिभाषित करती है कि वे–

1. ग्राहकों से अनेक प्रशंसाएँ प्राप्त करते हैं।
2. संचालनात्मक पैमाने के लक्ष्यों को पार करते हैं।
3. सुधार करने के लिए सुधारात्मक तरीकों के योजनाबद्ध प्रयोग की माँग करते हैं।
4. नई पहलों को त्रुटिहीन ढंग से निरंतर लागू करते हैं।

यह वार्षिक नेतृत्व आकलन प्रक्रिया बस एक तरीका है जिसके जरिए एक ऐसी संस्कृति को सुनिश्चित किया जाता है, जो संचालनात्मक नेतृत्व के गुणों व हुनरों को पोषित करती है तथा निरंतर सुधार के लिए नए नवाचारी तरीकों को अपनाने के लिए प्रोत्साहित करती है। सन् 2010 में आई.एल.आई. ने क्वालिटी डिपार्टमेंट (गुणवत्ता विभाग) के सहयोग से रोड मैप का एक सेट तैयार किया, जिसने सभी नेताओं के लिए प्रशिक्षण एवं विकास विकल्पों का हमारा एक स्थायी सेट बना दिया। इसे इस तरह से डिजाइन किया गया है, जिससे कि नेता अपने संचालनात्मक नेतृत्व हुनर को अगले स्तर पर ले जा सकें। ये नेताओं, खासकर वरिष्ठ नेताओं की मदद के लिए बनाए गए हैं, ताकि वे अपने संचालनात्मक नेतृत्व हुनरों को निरंतर सुधार सकें।

कारोबारी प्रक्रिया प्रबंधन : सुयोजन, एकीकरण और पैमाना तय करना

अपने लक्ष्यों को हासिल करने के अवसर बढ़ाने के लिए इंफोसिस विविध प्रकार की प्रक्रिया डिजाइन और सुधारात्मक तरीकों का इस्तेमाल करती है। 'प्राइड' (PRIDE) वह मंच है जिसका प्रयोग हम एक एकीकृत प्रक्रिया ढाँचा प्रदान करने के लिए करते हैं, जिसमें प्रक्रियाएँ, दिशा-निर्देश, पैमाने, उपकरण, पैमाना-चिह्न, प्रणालियाँ तथा 'सर्वोत्तम चलन' अनुभव, जिसे पूरे उपक्रम में साझा किया जा सकता है, शामिल हैं। इसके जरिए कंपनी के प्रत्येक कर्मचारी के लिए यह आसान हो जाता है कि वह अपना काम प्रभावी ढंग से कार्यान्वित करने के लिए स्तरीय प्रणालियों, पद्धतियों, प्रक्रियाओं और उपकरणों का उपयोग करे। अहम बात यह है कि प्राइड और संबद्ध साधन या औजार इंफोसिस कर्मचारियों को विविध प्रकार के गुणवत्ता पैमानों के जरिए अपने

ग्राहक को ज्यादा उपयोगी सेवाएँ प्रदान करने के लिए ध्यान केंद्रित करने में मदद करते हैं। ये पैमाने हैं आई.एस.ओ. 9000, ए.एस. 9100, टी.एल. 9 के., आई.एस. ओ. 14 के., सी.एम.एम.आई., ई.एस.सी.एम., एम.बी.एन.क्यू.ए., आई.एस.ओ. 20 के. , आई.एस. ओ. 27 के., बी.एस. 25999। इंफोसिस कर्मचारी लीन और सिक्स सिग्मा से रूपांतरित उपकरणों के जरिए भी अपनी सेवाओं को परखते हैं।

प्रमुख भूमिकाएँ एवं ढाँचे

हमारे दृष्टिकोण का एक महत्त्वपूर्ण भाग है–विविध कार्यों एवं भूमिकाओं का उपयोग करना, ताकि हमारे पूरे कार्य-संचालन में निरंतरता, भविष्य सूचकता संचालनात्मक सक्षमता और प्रभावकारिता सुनिश्चित की जा सके। गुणवत्ता- वाली भूमिकाएँ एवं ढाँचे सुस्थापित हैं और यह सन् 1993 से सन् 1995 के बीच विकसित किए गए आधारभूत ढाँचे से लेकर सन् 1995 से सन् 2000 के बीच कारोबारी प्रक्रिया से संबद्ध बेहतर मापन और सन् 2010 में कारोबारी मूल्य संयोजन, आकलन प्रक्रिया में सुधार और राजस्व उत्पादकता में सुधार के रूप में परिणति तक चला आ रहा है।

योजनाबद्ध सुधार के लिए इंफोसिस के कार्यक्रम 'इंफोसिस स्केलिंग ऑफ आउटस्टैंडिंग परफॉर्मेंस' (आई.एस.ओ.पी.) की स्थापना सन् 2000 में की गई थी, ताकि ग्राहकों की सेवा में नेतृत्व से लेकर विपणन तक सभी कार्य-क्षेत्रों में श्रेष्ठता को बढ़ावा दिया जा सके। हर इकाई और कार्यकारी को प्रोत्साहित किया जाता है कि वह अपना वार्षिक स्तर पर मूल्यांकन करे और श्रेष्ठ कार्य-प्रदर्शन करनेवालों को इंफोसिस के अध्यक्ष व मुख्य मार्गदर्शक नारायण मूर्ति द्वारा अति सम्मानजनक पुरस्कार प्रदान किए जाते हैं।

व्यापक एवं समग्र ढाँचों के अलावा गुणवत्ता कार्यकारी की अतिरिक्त विशेष भूमिकाएँ होती हैं–कुछ नए प्रक्रिया समाधान के सृजन, प्रक्रिया को संस्थागत रूप देने, मापकों को सुयोजित करने एवं विश्लेषण पर ध्यान देते हैं और इसका स्पष्ट मकसद होता है–कारोबार में सुधार करना। एक विशेष भूमिका 'सॉफ्टवेयर क्वालिटी एडवाइजर' (एस.क्यू.ए.–यानी सॉफ्टवेयर गुणवत्ता सलाहकार) की होती है, जो ग्राहक नजरिए से पृष्ठभूमि में रहकर विशिष्ट परियोजनाओं में संस्थानिक एकाग्रता पर जोर देता है। इसी तरह, एक यह 'एकाउंट क्वालिटी मैनेजर' (ए.क्यू.एम.) सुनिश्चित करता है कि ग्राहकों से जो वादे किए गए हैं, उसके अनुरूप प्रोजेक्ट का कार्यान्वयन हो और ग्राहकों को उपयोगी सेवा मिले। चित्र 1 हमारी नजर में संचालनात्मक श्रेष्ठता को हासिल करने के लिए आवश्यक ढाँचागत भूमिकाओं के बीच अंतर्संबंध को दरशाता है।

खतरों की पहचान और प्रबंधन पर ध्यान

रणनीतिक नेतृत्ववाले अध्याय से आप याद करेंगे कि इंफोसिस की रणनीति विविध प्रकार की संचालनात्मक खतरा-उन्मूलन या समाधान को बढ़ावा देने के लिए विकसित हुई। वादों को पूरा करने के इर्द-गिर्द बुने गए हमारे मूल मूल्यों से संगति रखते हुए खतरों को समाप्त करना इंफोसिस के लिए इतना महत्त्वपूर्ण है कि खतरों के विभिन्न पहलुओं से निपटने के लिए हमारे पास दो भिन्न कार्य हैं—गुणवत्ता कार्य जहाँ सुनिश्चित करता है कि सभी प्रोजेक्टों और कार्यक्रमों में कार्यान्वयन संबंधी खतरों की पहचान इस तरह की जाए कि उन्हें दुरुस्त करने के लिए समुचित कारवाही की जा सके, वहीं एक पृथक् 'मुख्य खतरा अधिकारी' (चीफरिस्क ऑफिसर) रहता है, जो व्यापक रूप से संगठनात्मक स्तर के खतरों पर नजर रखता है।

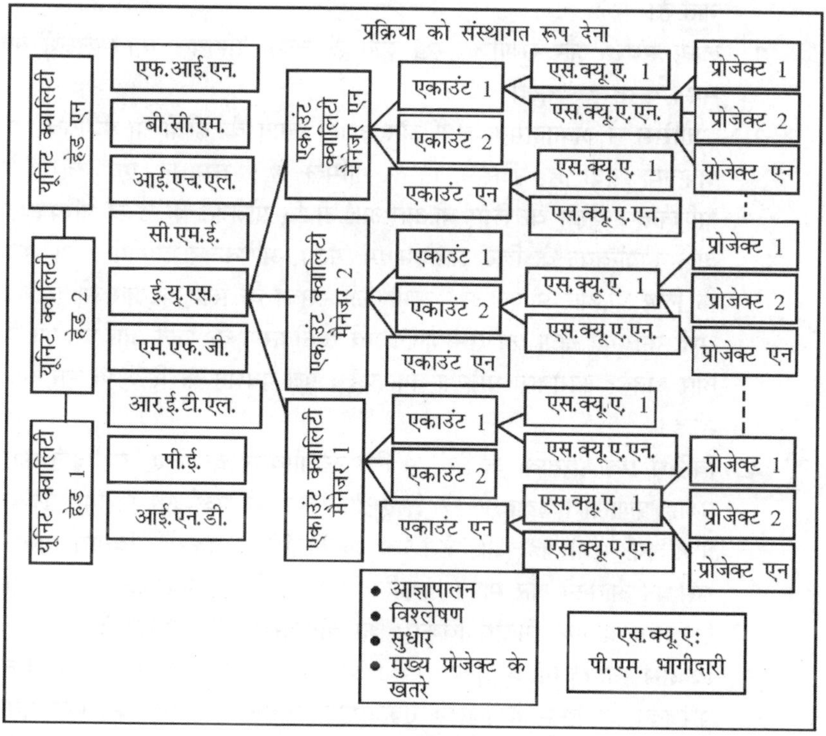

इंफोसिस की प्रक्रिया को संस्थागत रूप देना

खतरों की पहचान और प्रबंधन के प्रति यह पोर्टफोलियो आधारित उन दृष्टिकोणों से संगति रखता है, जिनकी विविधीकरण से संबद्ध वित्तीय पेशेवरों ने

अनुशंसा की है। यह आपात योजना में उच्च स्तर की दृश्यता लाता है, खासकर उच्च स्तर के खतरों के लिए, जिनकी काफी संभावना रहती है, ताकि किसी ग्राहक को प्रभावित कर सकने वाली बड़े पैमाने की विफलताओं और बड़े हादसों से बचा जा सके।

सतत सुधार संस्कृति को संस्थागत रूप देना

संचालनात्मक नेतृत्व के प्रति इंफोसिस के दृष्टिकोण का एक बड़ा जोर भारी निवेश करने पर है, ताकि सतत सुधार की संस्कृति को बनाए रखना सुनिश्चित किया जा सके। इसे हासिल करने के लिए हम छह बड़े प्रयास करते हैं–

1. सभी इकाइयों, कार्यों और कर्मचारियों के लिए सुधार-लक्ष्य तय किए जाते हैं।
2. लक्ष्य संबद्ध और सुयोजित रखे जाते हैं, ताकि सहायक कार्य-लक्ष्यों को साझा करते हुए चलें।
3. इंफोसिस में अकादमिक क्षेत्रों और उद्योग जगत् के ढाँचों या फ्रेमवर्क को अपनाया गया है, जिसमें निम्न शामिल हैं : संसाधन एवं लाभ के अधिकतम दोहन के लिए बी.आर.आई.टी.ई., प्रोजेक्ट के उच्च परिपक्वता वाले कार्यान्वयन के लिए आई.एम.एम. रेटिंग, अधिकतम उपयोगी कार्य-सूची के लिए पी.आर.ओ.एस.ओ., सभी कार्य-सूची के लिए पी.आर.ओ.एस.ओ. सभी कार्यगत क्षेत्रों का समायोजन एवं एकीकरण के लिए आई.एस.ओ.पी. और अंततः कारोबारी प्रक्रिया तक पहुँच एवं प्रबंधन के लिए पी.आर.आई.डी.ई.।
4. विविध सेवा प्रस्तावों के सिरे-से सिरे कार्यान्वयन के लिए 'एकीकृत कार्य प्रवाह प्रणाली'। उदाहरण के लिए इंफोसिस की एकीकृत प्रोजेक्ट प्रबंधन प्रणालियाँ सभी पहलुओं, जैसे कि इंजीनियरिंग, उपकरण, वित्तीय मामले, संसाधन आवंटन और मापक प्रणालियाँ आदि पूरी तरह एकीकृत होती हैं और इस तरह ये एक निर्बाध विकास का वातावरण प्रदान करती हैं।
5. विकास कार्यक्रमों के लिए स्पष्ट प्रणाली। हमारे पास एक औपचारिक परिवर्तन कार्यक्रम है जिसमें एक पहल करनेवाला प्रायोजक, एक नेता, एक एंकर और कार्यगत विशेषज्ञों का एक समुचित चयन शामिल है। किसी परिवर्तन को लागू करने के बाद निरंतरता बनाए रखनेवाले नेता सुनिश्चित करते हैं कि ये परिवर्तन या सुधार स्थायी रूप लें।
6. इंफोसिस प्रमुख संगठनात्मक परिणामों और रणनीतिक उद्‍देश्यों को हासिल

करने के लिए निर्णय लेने, संगठनात्मक योजना और कार्य-प्रदर्शन में सुधार के लिए माप और माप-विद्या के उपयोग में दृढ़ता से विश्वास करती है। यहाँ तक कि क्वालिटी (गुणवत्ता) विभाग में एक समर्पित माप एवं विश्लेषण टीम होती है, जो यह सुनिश्चित करती है कि रणनीतिक और संचालनात्मक माप संयोजित रहें; रणनीतिक निर्णय लेने के लिए सत्र प्रबंधन को अंतर्दृष्टि प्रदान की जाती है और परियोजनाओं पर सहज प्रक्रियात्मक नियंत्रण के लिए ऑनलाइन मापकीय पहुँच को सुनिश्चित किया जाता है।

अकादमिक एवं औद्योगिक उन दोनों ही तरीकों का चित्रण करता है जिसने संचालनात्मक श्रेष्ठता के लिए इंफोसिस के फ्रेमवर्क को प्रेरित किया।

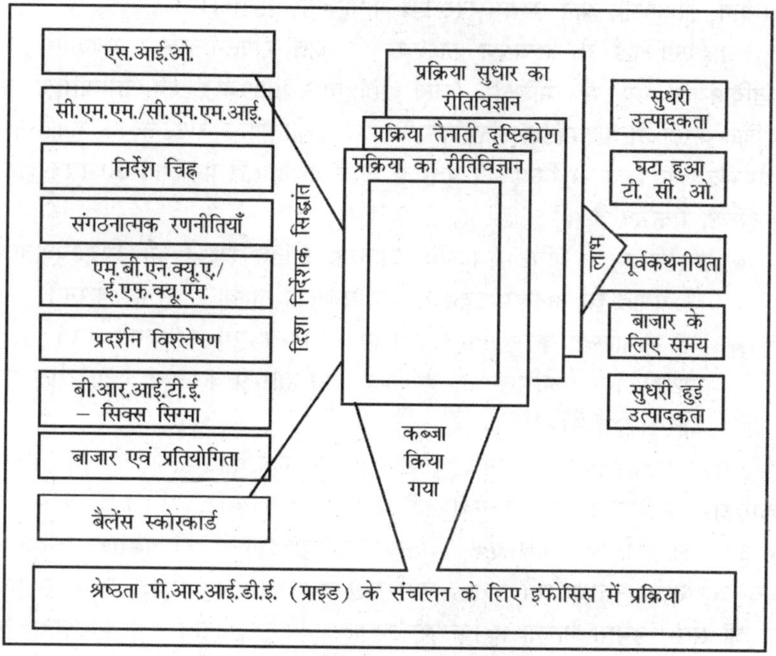

चित्र 2 : *इंफोसिस फ्रेमवर्क*

इंफोसिस में संचालनात्मक नेतृत्व पर शोध

'इंफोसिस नेतृत्व संस्थान' (आई.एल.आई.) वर्तमान में जिन क्षेत्रों का अध्ययन कर रहा है, उनमें से एक है–उस तरीके में लगातार सुधार करना जिसके आधार

पर संचालनात्मक सुधारों के बारे में वरिष्ठतम नेता फैसले लेते हैं। हम यह काम शोध के स्तर पर कर रहे हैं, जो नेताओं के अंदर उन कारकों की पड़ताल करता है जो संचालनात्मक श्रेष्ठता की भविष्यवाणी करते हैं। हम यह काम 'संगठनात्मक-प्रभावकारिता' के अपने मॉडल के जरिए भी कर रहे हैं।

सन् 2010 में आई.एल.आई. ने प्रभावी नेतृत्व का एक वैश्विक अध्ययन संपन्न किया था। इसमें पाया गया कि प्रभावी संचालनात्मक नेतृत्व के बारे में भविष्यवाणी करनेवाला सबसे बड़ा कारक श्रेष्ठता के लिए नेता की इच्छा-शक्ति और प्रयास है। इसी तरह उनके ऊँचे नैतिक मूल्य, समय को एक दुर्लभ संपदा मानना और फैसला लेने का श्रेष्ठ हुनर या कौशल महत्त्वपूर्ण भविष्यसूचक हैं और संचालनात्मक नेतृत्व प्रदर्शन के कुल कारकों में इसका योगदान 11 से 21 प्रतिशत है (बार्ने, 2009सी, बार्ने, श्यामसुंदर एवं पटनायक, 2010)।

आई.एल.आई. के अन्वेषण का एक और क्षेत्र, संगठनात्मक प्रभावकारिता के 'अंतर्दिष्टयक क्यू सी मॉडल' (बार्ने 2009ए, 2009बी) की उपयोगिता को प्रमाणित करता है। यह मॉडल औद्योगिक/सिस्टम्स इंजीनियरिंग, संगठनात्मक मनोविज्ञान, अर्थशास्त्र और वित्त पर किए गए पूर्ववर्ती कार्य के आधार पर आगे अध्ययन करता है। इसका मकसद है–

- इंफोसिस के यूनिट एवं संचालनात्मक अंतिम लक्ष्यों की आवश्यकताओं के प्रवाह के अनुरूप इकाइयों के संचालन लक्ष्यों में सुधार करना।
- यह सुनिश्चित करना कि नेता जिन सुधार-प्रयासों का चयन करता है, वे पोर्टफोलियो इंफोसिस स्तर के लक्ष्यों को हासिल करने के लिए आवश्यक और पर्याप्त हैं।

लक्ष्य-निर्धारण के विविधि दृष्टिकोणों से संबंधित कार्यों, जिनमें बैलेंस्ड स्कोरकार्ड, होशिन कानरी एवं क्वालिटी फंक्शन डिप्लॉयमेंट शामिल हैं, के आधार पर आई.एल.आई. का शोध एक 'अंतर्विषयक दृष्टिकोण' की पड़ताल करता है, ताकि वरिष्ठतम नेताओं की अंततः फर्म-स्तर के लक्ष्यों को साकार करने में मदद की जा सके। हमारा मानना है कि संचालनात्मक खतरे, उद्यम-स्तर के खतरों की एक शाखा है, जो इंफोसिस-स्तर के लक्ष्यों को पाने में नेता की योग्यता के लिए खतरा हैं। हम ऐसे तरीके सुझाते हैं कि वरिष्ठ नेता उन कारकों या परिवर्तनों के स्रोतों को समझ सकें, जो लक्ष्य-प्राप्ति में खतरा या बाधा बनते हैं और उनसे निपटने के लिए वे समुचित कदम उठाते हैं, यानी काररवाई करते हैं। इस तरह नेता उन संभावना में सुधार कर सकते हैं, जो रणनीति के अनुसार वांछित लक्ष्यों को हासिल करा सकें।

आई.एल.आई. का दृष्टिकोण सलाह देता है कि संगठनात्मक लक्ष्य तय करते समय रणनीति से लेकर प्रक्रियाओं तक आवश्यकताओं के प्रवाह को ध्यान में रखना मूलत: वरिष्ठ नेतृत्व के लिए एक अहम कार्य है। इसी तरह गुणवत्ता में सुधार के प्रयासों की योजना बनाते समय, वरिष्ठ नेताओं के लिए यह सुनिश्चित करना महत्त्वपूर्ण है कि कार्यों के सभी विभाग आई.एस.ओ.पी. के प्रथम छह कारकों में समुचित सुधार की संभावना इस तरह बनाएँ कि सातवें परिणाम के उसी स्तर के और रणनीति द्वारा वांछित समयावधि में होने की उच्च संभावना हो।

आई.एल.आई. कि 'क्यू मॉडल' (बार्ने, 2009) का मानना है कि एक फर्म में सभी प्रक्रियाएँ चार कारकों से विशेषीकृत होनी चाहिए–

1. **गुणवत्ता :** आखिरकार, यही वह स्तर है जो फर्म की पेशकश द्वारा बाजार में ग्राहकों, शेयरधारकों और अन्य पक्षकारों को आनंदित करता है। बहरहाल, संगठन के अंदर प्रत्येक प्रक्रियात्मक कदम पर, प्रक्रियात्मक क्षमता को इस खातिर बाजार धारणा में 'और बढ़ोतरी' अवश्य करनी चाहिए।

2. **लागत:** ग्राहक के लिए यह भुगतान की गई कीमत है। इंफोसिस के लिए ग्राहक के मनोनुकूल मात्रा और समयावधि में गुणवत्ता प्रदान करने के लिए लगी सभी लागतों का कुल योग है। ग्राहक के लिए कीमत अवश्य ही आकर्षक होनी चाहिए और उसमें लगी लागतें इतनी कम होनी चाहिए कि उससे आखिर मार्जिन लक्ष्य हासिल किए जा सकें।

3. **मात्रा:** यह सेवित उत्पादों या ग्राहकों को दी जाने वाली सेवा की वह मात्रा है जिससे रणनीति के अनुरूप कार्यान्वयन द्वारा अंतिम पक्षकार के लक्ष्य साकार किए जा सकें।

4. **चक्रीय समय:** यह वह समयावधि है जिसके इर्द-गिर्द अन्य सभी लक्ष्य पूरे कर लिये जाने चाहिए, ताकि वांछित समयसारिणी के अनुसार फर्म की रणनीति को कार्यान्वित किया जा सके।

एक साथ, क्यू.सी.क्यू.सी. याद रखने के लिहाज से एक आसान परिवर्णी शब्द है, ताकि लक्ष्य निर्धारित किए जा सकें और पूरे संगठन में गुणवत्ता में सुधार के लिए कदम उठाए जा सकें और यह सुनिश्चित किया जा सके कि रणनीति साकार हो। इस मॉडल को एक प्राथमिक सफलता सन् 2010 में तब मिली, जब आई.एल.आई. के क्यू.सी. मॉडल को इंफोसिस की 'एनर्जी एवं यूटिलिटीज सर्विसेज यूनिट' (ई.यू.एस.) के वरिष्ठतम नेताओं के साथ लागू किया गया। इसका मकसद उन्हें यह पता करने में मदद करना था कि एक अरब डॉलर के राजस्व-लक्ष्य को हासिल करने में आ रही संचालनात्मक बाधाएँ क्या हैं। कुछ

शुरुआती स्व-गतिवाली ई-लर्निंग के बाद वरिष्ठ नेताओं ने एक कार्यशाला का सह-आयोजन किया, ताकि कमियों और गतिरोधों की पहचान की जा सके और बिक्री प्रक्रिया पर अपने ध्यान, समय और संसाधनों को केंद्रित करने की कार्य-योजनाएँ तैयार की जा सकें और अपने आक्रामक लक्ष्यों को साकार करने के लिए आवश्यक सुधार किए जा सकें।

इंफोसिस नेताओं से सीखे गए सबक

अन्य अध्यायों से संगति रखते हुए हमने उन नेताओं की पहचान करने के लिए आई.एल.आई. की 'लीडरशिप जर्नी सीरिज' (नेतृत्व यात्रा शृंखला) का उपयोग किया, जिसके नेता संचालनात्मक नेतृत्व में असाधारण रूप से अत्यधिक प्रभावी जाने जाते थे। इन नेताओं में अशोक वेमुरी, टी.डी. योगानंद, यू.बी. प्रवीन, संगमेश बंगाली, एन.आर.ए. प्रसाद और श्रीकांतन मूर्ति शामिल थे। जब उन्होंने संचालनात्मक नेतृत्व पर अपने विचार रखे, तो उन्होंने चार प्रमुख विषयों की पहचान की–

1. विस्तृत ब्योरे पर ध्यान
2. सशक्तीकरण
3. उदाहरण पेश कर नेतृत्व करना
4. विनम्रता

विस्तृत ब्योरे पर ध्यान

अगर आप सभी गुणवत्ता सुधार के तरीकों पर गौर करें, तो वे सभी नेता से अपेक्षा करते हैं कि वे लक्ष्यों और उन्हें हासिल करने के लिए लगाए जानेवाले विविध संचालनात्मक सुधार दृष्टिकोणों को समझें। सभी नेताओं में एक सुसंगत विषय उभरकर आया कि उन्हें प्रभावी होने के लिए अपने कारोबार के सभी पहलुओं को समझना होगा। बीते वर्षों में उन्होंने जटिल मानसिक मॉडल विकसित कर लिये थे जैसे कि उनका कारोबार कैसे काम करता है, ताकि वे अपने मूल्यवान समय और दुर्लभ संसाधनों को उन कार्यों पर केंद्रित कर सकें, जो सबसे ज्यादा फर्क पैदा करेंगे।

अशोक वेमुरी के मामले में जब पुरानी माप-विद्या पर्याप्त नहीं पाई गई, तो उन्होंने दरअसल प्रमुख अड़चनों का पता करने में मदद देने के लिए 'नई माप-विद्या' की खोज की। उदाहरण स्वरूप उन्होंने यूनिट स्तर से लेकर एकाउंट स्तर तक एक 'एकाउंट पोर्टफोलियो समीक्षा' की व्यवस्था की, ताकि हर खाते पर बेहतर तरीके से नजर रखी जा सके। उन्होंने लीक से हटकर, जितना ज्यादा-से-ज्यादा

संभव हो सके, रिपोर्टिंग को स्वचालित कर दिया, ताकि उन्हें और उनकी टीम को आँकड़े जुटाने के बजाय मूल्यांकन और व्याख्या के लिए समय मिल सके। अशोक कहते हैं, "हर सुबह मैं छह-सात मैट्रिक्स को देखता हूँ;" और इस बात को उनकी टीम में हर कोई जानता है। वे मैट्रिक्स के उन मूल कारणों को देखते हैं, जो प्रतिकूल होते हैं। उदाहरण के लिए, वे कहते हैं कि वे जब निम्न उपयोग को लेकर चिंतित होते हैं, तो वह 'पल्स' की जाँच करते हैं, न केवल कुल आँकड़े की, बल्कि उपयोग, तय हुनर के उपयोग, भूमिका का उपयोग, देश-स्तर का उपयोग और विकास केंद्र-स्तर के उपयोग की भी जाँच करते हैं। अशोक की सभी मैट्रिक्स को डैशबोर्ड में देखा जा सकता है और इसे टीम का प्रत्येक सदस्य देख सकता है। इसलिए प्रत्येक सदस्य के पास ब्योरे का एक समुचित स्तर रह सकता है। अशोक महसूस करते हैं कि 'सूचना एक वस्तु है' और प्रत्येक के पास सूचना होनी चाहिए, लेकिन 'अंतर्दृष्टि अलंघनीय होती है'। वे आँकड़ों की व्याख्या को एक प्रतियोगी संपदा के रूप में सहेजकर रखते हैं, लेकिन वे अपनी टीम को अपने द्वारा देखे जानेवाले सभी ब्योरे उपलब्ध कराते हैं, ताकि यूनिट को इससे लाभ हो।

सभी नेताओं ने माना कि ब्योरे पर अपना ध्यान बनाए रखने का एक तरीका यह है कि नियमित रूप से निर्धारित समीक्षाओं का उपयोग किया जाए। अशोक कहते हैं कि उन्होंने 'एक ऐसी संस्कृति, जो लोगों को साहसपूर्ण ढंग से बयान देने और फैसले लेने की इजाजत देती है', पैदा करने के लिए कड़ी मेहनत की है। वे एक वैविध्यपूर्ण टीम को बहुत ज्यादा महत्त्व देते हैं। वे चाहते हैं कि टीम के सदस्य अपने अनूठे और कभी-कभी विरोधाभासी दृष्टिकोण पेश करें, ताकि वे कदम पीछे खींच सकें और यथासंभव सर्वोत्तम फैसला ले सकें। वे याद करते हैं, "प्रभावी होने के लिए अपने को विभिन्न प्रकार के लोगों से घिरे रखना अत्यधिक महत्त्वपूर्ण है, लेकिन मैंने हमेशा ऐसा नहीं किया। आप चकित रह जाएँगे कि अपने कारोबार के लिए आप कहाँ अपना अगला विचार पिंड पाते हैं! मैंने ऐसे लोगों से गहरी अंतर्दृष्टि और सोच पाई है, जिनसे मुझे सबसे कम अपेक्षा थी''' वरिष्ठताक्रम के निचले पायदान पर काफी मेधा है, जिसका उपयोग किया जाना चाहिए।" उदाहरण के लिए, अशोक याद करते हैं कि टीम की नियमित पोर्टफोलियो समीक्षा के हिस्से के रूप में एक बैठक के दौरान एक कनिष्ठ व्यक्ति ने एक नए अनुपात को देखने का सुझाव दिया। अशोक कहते हैं कि यह 'एकदम मंत्रमुग्ध करनेवाला' था कि कैसे यह नई मैट्रिक्स सूचनाओं का खजाना लिये हुए थी कि क्यों उपयोगिताएँ इतनी कम थीं।

अशोक की तरह यू.बी. प्रवीण भी कोई कारवाई करने से पहले अपनी टीम

के साथ 'अग्रणी और पिछड़े संकेतकों' पर गौर करते हैं। वे प्रणालियों और प्रक्रियाओं के उन 'अहम मानकों' पर ध्यान देते हैं, जो उन्हें लक्ष्य हासिल कराते हैं। अशोक की ही तरह, वे लीक से हटकर संचालनात्मक प्रक्रिया में सुधार के लिए अपनी टीम को संलग्न करते हैं। वे जोर देते हैं कि उनकी भूमिका लोगों को 'यह समझने में मदद करना है कि कंपनी में चीजें कैसे काम करती हैं' और 'चीजों को एक सुसंगत और अनुमानेय रूप में करना क्यों महत्त्वपूर्ण है।'

प्रवीण अपनी टीम के साथ काम करते हुए यह भी सुनिश्चित करते हैं कि प्रणाली में 'नियंत्रण व संतुलन' बना रहे। वे फरमाते हैं, "उदाहरण के लिए, यह सुनिश्चित करने के लिए कि हम प्राप्त करने योग्य चीजों की अच्छी निगरानी करें, मैं यह काम अपनी टीम के एक सदस्य को सौंप देता हूँ और उसे समझाता हूँ कि प्रणालियों और प्रक्रियाओं का पूरा चक्र कैसे काम करता है। मैं उन्हें प्रशिक्षित करता हूँ कि वे निरंतर निगरानी के महत्त्व को समझें, ताकि यह सुनिश्चित किया जा सके कि वे सभी मानकों पर खरे उतरें।" प्रवीण इंगित करते हैं कि वे मासिक नेतृत्व बैठकें करते हैं, जिसमें टीम सुधार-क्षेत्रों के लिए कार्य-योजनाएँ पेश करती है। उनकी योजनाबद्ध समीक्षा प्रक्रिया यह सुनिश्चित करती है कि वे अग्रणी और पिछड़े संकेतकों के आधार पर काररवाई करें। ब्योरे और मापदंड के प्रति इस स्तर का ध्यान देना अंशतः उनकी एक पूर्व भूमिका के कारण है, जिसके बारे में उनका कहना है कि उन्होंने 'ग्राहकों को समाधान पेश करने के महत्त्व की निगरानी करने की मैट्रिक्स एवं मानदंड स्थापित करने में कोई बढ़िया काम नहीं किया।"

श्रीकांतन मूर्ति ('टैन') इसी तरह इसपर जोर देते हैं कि पूरी टीम पहले संदर्भ को समझे और फिर उस नजरिए को टुकड़ों में विभाजित कर ले, ताकि उन्हें छोटे समूहों, टीमों या व्यक्तियों द्वारा पूरा किया जा सके। अशोक और प्रवीण के ही समान 'टैन' बताते हैं कि हर समय जो कुछ घट रहा है, उन चीजों की उनके पास एक 'मानसिक छवि (नक्शा)' रहती है। अन्य प्रभावी संचालनात्मक नेताओं की तरह 'टैन' भी अपने कार्य-संचालनों की नियमित, योजनाबद्ध समीक्षा करते हैं और उसका वह एक कालक्रम तय कर देते हैं। इसमें देखा जाता है कि जो योजना बनाई गई थी, उसमें से हर चीज संपन्न हुई है या नहीं। अगर कोई काम पीछे है, तो उसकी गति तीव्रतर कर दी जाती है। वह डैशबोर्ड के महत्त्व को भी इन नियमित समीक्षाओं के हिस्से के रूप में स्वीकार करते हैं।

एन.आर.ए. प्रसाद और योगानंद टी.डी. ('योगी') दोनों ही ब्योरे पर ध्यान देने के महत्त्व को दोहराते हैं। 'योगी' बताते हैं कि अपने संगठन में 'हम ढेर सारे आँकड़ों का प्रयोग करते हैं'' हम मासिक आधार पर आँकड़े हासिल करते हैं और

मैं अपनी टीम को इनका विश्लेषण करने और अपने निष्कर्ष पेश करने के लिए कहता हूँ।' अशोक और प्रवीण की तरह वे इस बात की अहमियत पर जोर देते हैं कि उनकी टीम के सदस्यों में स्वामित्व का एक भाव हो और संचालनात्मक कमियों को पहचानने और उनके समाधान सुझाने की अपनी अंतर्दृष्टि हो। जब टीम किसी समस्या के समाधान के प्रति अनिश्चित हो, तो 'योगी' की अनुशंसा है कि ऐसे में 'दिमागी मानचित्रण' का इस्तेमाल किया जाना चाहिए।

एन.आर.ए. प्रसाद भी इसे समझने पर जोर देते हैं कि इंफोसिस की प्रणालियाँ और प्रक्रियाएँ कैसे काम करती हैं। संचालनात्मक श्रेष्ठता के लिए वे इसे प्रारंभिक बिंदु मानते हैं, क्योंकि वे प्रणालियाँ 'पूरी तरह स्थापित' और उल्लेखनीय हैं। वे प्रणालियों और प्रक्रियाओं के दूसरे सिरे पर स्थित ग्राहकों समेत वास्तविक लोगों पर करीबी ध्यान देते हैं। महत्त्वपूर्ण बात यह है कि वे अपने ग्राहकों के संचालनात्मक ब्योरे पर ध्यान देने के महत्त्व को उजागर करते हैं। वे याद करते हैं कि ग्राहक से भुगतान प्राप्त करना हमेशा सीधा नहीं होता। उनकी वास्तविक जरूरतों की प्राथमिकताएँ वही नहीं बनी रहतीं, जो शुरुआत में बनाई गई थीं। उनका कहना है कि, "आपको ग्राहक की महत्त्वपूर्ण बनाम गैर-महत्त्वपूर्ण जरूरतों के अनुरूप संचालनात्मक प्राथमिकताओं का प्रबंध करना होता है। साथ ही वे ऐसे ग्राहक को पाना दुर्लभ ही मानते हैं, जो उनकी सभी प्रणालियों को जानता हो।" उनका दृष्टिकोण यह सुनिश्चित करना है कि वे ग्राहक के कार्य-संचालनों को समझें और उनके साथ अच्छे संबंध बनाए रखें, ताकि ग्राहक की अपनी अड़चनों और संबंधों के संदर्भ में समुचित एवं समय पर भुगतान हासिल किया जा सके। प्रसाद याद करते हैं कि ब्योरे पर ध्यान देना कितना महत्त्वपूर्ण होता है। वे कहते हैं कि यूरोप के एक बड़े ग्राहक ने अपना बिलिंग-संचालन जर्मनी स्थानांतरित कर दिया, 'सभी बीजकों को जर्मनी पोस्ट किया जाना था, बगैर इसका कोई विचार किए कि हम किस देश में हैं और हम कहाँ काम करते हैं, जब उन्होंने प्रक्रिया बदली, तो हमने अपने सभी बीजक वहाँ पोस्ट किए, लेकिन चीजें ठीक से काम नहीं कर रही थीं। हमने इंग्लैंड के ग्राहकों से पूछा तो पता चला कि वे जर्मनी में क्या करते हैं कि बीजक को स्कैन करते हैं और एकाउंटिंग प्रणाली में उसे डाल देते हैं।' प्रसाद को पता चला कि स्थानीय लोगों को अभी भी भुगतान करने का अंतिम अधिकार है। इसलिए उन्होंने अपनी इलेक्ट्रॉनिक इंफोसिस प्रणाली का सहारा लिया और तीव्र भुगतान के लिए जर्मनी और स्थानीय देश, दोनों को ही बीजक पोस्ट कर दिया। समय पर भुगतान प्राप्त करने के लिए अपनी लीक से हटकर ग्राहक की प्रक्रिया के ब्योरे को समझना प्रमुख उपाय था।

इसी तरह, संगमेश बंगाली जिस खाते का प्रबंधन सँभालते हैं, उसके संचालनात्मक पहलू इतने सही ढंग से काम कर रहे हैं कि वे इसे 'एक स्वचालित पायलट' करार देते हैं। वे बताते हैं कि टीम का प्रत्येक सदस्य बिल बनाने, प्राप्त करने योग्य खातों, राजस्व के अवसरों और परियोजनाओं की संसाधन सूची की निगरानी करने में योगदान करता है। वे कहते हैं, "इनकी निगरानी इतनी निष्ठापूर्वक की जाती है कि एक नेता के रूप में मुझे इनपर फिर से नजर रखने की कतई जरूरत नहीं पड़ती। पिछले चार-पाँच वर्षों में मैं भाग्यशाली रहा हूँ कि टीम ने मुझे एक हद तक ऐसी प्रक्रिया विकसित करने में मदद की है कि कोई भी नेता टीम और एकाउंट के संचालनात्मक पहलुओं पर पारदर्शिता के साथ नजर रख सकता है।"

सशक्तीकरण

सभी नेताओं ने अपनी टीमों को संचालनात्मक फैसले लेने और बहस-परामर्श का एक स्वस्थ भाव रखने के लिए शक्तियाँ प्रदत्त करने और उन्हें ऊर्जावान बनाने–दोनों की अहमियत का उल्लेख किया। प्रवीण संचालनात्मक नेतृत्व के प्रति अपने दृष्टिकोण के एक हिस्से के रूप में अपने लोगों को शक्तियाँ प्रदत्त करने और उन्हें समर्थ बनाने का आदर्श प्रस्तुत करते हैं। वे कहते हैं, "मैं ऐसी टीम बनाने का प्रयास करता हूँ जो मुझे कार्य-निष्पादन में मदद करे… और प्रक्रियाओं व प्रणालियों के संचालन के लिए मैं जिम्मेदारी देता हूँ।" वे जोड़ते हैं कि वे समर्थ बनानेवाले तत्त्व को मार्गदर्शन के अपने दृष्टिकोण के एक हिस्से के रूप में देखते हैं। महत्त्वपूर्ण फैसले लेने के पहले कार्य-संचालनों के बारे में अपनी टीम के सदस्यों को समुचित नजरिया प्रदान करने के लिए प्रवीण कहते हैं, "मैं उनके साथ बैठता हूँ, मैं उन्हें स्पष्ट करता हूँ कि चीजें कैसे काम करती हैं, या मैं उन्हें सिखाने में मदद करने के लिए अन्य विशेषज्ञों को लाता हूँ। मैं यह सुनिश्चित करने की कोशिश करता हूँ कि लोगों को यह अच्छी तरह समझ में आ जाए कि इन प्रक्रियाओं एवं प्रणालियों का कैसे इस्तेमाल किया जाना है।" वे उल्लेख करते हैं कि अपने लोगों को प्रशिक्षित करने में काफी समय व्यतीत करते हैं, ताकि वे निरंतर निगरानी के महत्त्व को समझें… और यह सुनिश्चित हो कि वे मानकों पर खरे उतरें। वे कहते हैं कि ज्यादातर समय यह प्रशिक्षण महीने के आखिर में होनेवाली नेतृत्व बैठकों में किया जाता है।

संगमेश का दृष्टिकोण भी प्रवीण की तरह ही है। वे अपनी टीम को संचालनात्मक जिम्मेदारियाँ सौंपते हैं। अपने कर्मचारियों में अच्छे संचालनात्मक विकल्प चुनने का सामर्थ्य पैदा करने के लिए संगमेश का नजरिया यह है कि वे

नियमित रूप से उनकी जिम्मेदारियों को आवर्तित करते रहते हैं। इस तरह उन्हें कार्य-संचालनों के विभिन्न अग्रणी एवं पिछड़े संकेतों के बारे में विविध 'दृष्टिकोण-मानसिक मॉडल' प्राप्त करने का अवसर मिलता है। वे कहते हैं कि इसके परिणामस्वरूप 'वे सशक्त महसूस करते हैं कि उनके पास संचालनात्मक पहलुओं की जिम्मेदारी है।' लेकिन संगमेश उल्लेख करते हैं कि अपने शुरुआती वर्षों में उन्हें 'सभी कार्य खुद करने की आदत थी'। वे कहते हैं कि उन्हें निजी तौर पर कार्य-संचालन अपने दम पर संपन्न करने का अहसास होता था और कभी-कभी यह भी लगता था कि चीजें ज्यादा तेजी से हो गईं, मगर 'यह कभी भी उतना प्रभावी नहीं हुआ, जितना अपनी टीम को जिम्मेदारियाँ सौंपना।' एक बार जब उन्होंने अधिकार देना और प्रत्येक कर्मचारी को बेहतर संचालनात्मक फैसले लेने में मदद करना शुरू किया, तो जैसे-जैसे समूह बढ़ता गया, वैसे-वैसे जब हमने एक टीम के रूप में काम किया, 'तो निरंतर सुधार एक सह-उत्पाद के रूप में सामने आता गया।' उन्होंने यह सुनिश्चित करने के लिए काम किया कि दुहराववाले कार्य स्वचालित कर दिए जाएँ, ताकि उनकी टीम संचालनात्मक सुधार के ज्यादा अहम हिस्सों पर अपना ध्यान केंद्रित कर सके।

सशक्तीकरण को लेकर अशोक का दृष्टिकोण भी इसी तरह का है और इसमें एक ऐसी टीम का सक्रिय गठन शामिल है, जिसमें विविध दृष्टिकोण मौजूद हों। वे कहते हैं, "मैं खुद को तीन तरह के लोगों से घेर लेता हूँ, ताकि मुझे एक संतुलित विचार मिले। वे अपने साथ ऐसे लोगों को लाने का प्रयास करते हैं, जो यदि वे कहें कि सूर्य पश्चिम में उगता है, तो वे मेरा बचाव नहीं करेंगे, लेकिन यदि मैं कोई तर्कपूर्ण बात कहता हूँ तो वे उसका समर्थन करेंगे और एक संतुलित नजरिया और विचार रखेंगे।" वे दरअसल विभिन्न विषयों पर एकदम विरोधी विचार रखनेवाले लोगों को अपने साथ रखना चाहते हैं, लेकिन वे इतने चतुर होते हैं कि टीम के आखिरी फैसले के अनुरूप खुद को ढाल लेते हैं और उनका अनुसरण करते हैं।

वैविध्यपूर्ण टीमों के चयन के उपरांत अशोक अपनी नेतृत्व-टीम के अंदर एक ऐसा माहौल पैदा करते हैं कि 'सदस्यों में विचारों का खुला एवं स्वतंत्र आदान-प्रदान हो।' विविध दृष्टिकोणों और कॉलेजी बहस-परामर्श वाले माहौल के जरिए अशोक संचालनात्मक सुधार करने के पूर्व 'पीछे खड़े होकर सभी विकल्पों का मूल्यांकन कर पाते हैं।'

उदाहरण द्वारा नेतृत्व करना

आदर्श प्रस्तुत करने का 'योगी' का नजरिया उनके अपने पहले काम 'एलीवेटर

सर्विस इंजीनियर' से सामने आया। वे एकदम आधारभूत हुनरवाले लोगों के साथ काम करते थे और वे कार्यस्थल पर जाने के लिए अपने कर्मचारी के साथ साइकिल पर एक साथ बैठकर जाते थे। वे वहाँ साथ मिलकर टूटे हुए एलीवेटरों की मरम्मत करते थे। वे याद करते हैं, "पहले दो दिन शाफ्ट में जाना काफी डरावना लगा। मैंने सहयोगी कर्मचारी को शुरू में स्वयं ही यह काम करने दिया। लेकिन जब वह साफ कर रहा था, तो मुझे उसका काम साफ-साफ नहीं दिख रहा था, इसलिए मैं नीचे उतर गया। जब मैं एक बार नीचे आ गया, तो मैं देख सकता था कि मेरा सहयोगी आँसुओं में डूबा हुआ था। उसने कहा कि उसने कई लोगों को इस भूमिका में देखा था, लेकिन किसी ने भी इसे समझने की कोशिश नहीं की।" 'योगी' खुद इस बात को समझ सके कि 'यदि यह (शाफ्ट) अच्छी तरह हवादार नहीं है, तो लोगों की आँखें केरोसिन और रासायनिक ग्रीस से जलने लगेंगी। उन्होंने टीम के सदस्य को शाफ्ट के दाएँ एवं बाएँ पक्षों को ग्रीस करने में मदद करनी शुरू की। इससे टीम के सदस्यों के साथ उनका संबंध सुधरा। यहाँ तक कि आज भी वे अपनी सीधी रिपोर्टों के साथ यही दृष्टिकोण अपनाते हैं। इसलिए वे उन्हीं चीजों को करने का आदर्श प्रस्तुत करते हैं, जो वे अपने कर्मचारियों से कराना चाहते हैं और वे यह भी सुनिश्चित करते हैं कि उनका नेतृत्व उनके नजरिए का सम्मान करे।

अशोक भी उदाहरण पेश कर नेतृत्व करनेवाले पेशेवर हैं। वे कमियों के मूल कारणों पर गौर करते हैं, जैसे कि ब्योरे की गहराई से पड़ताल कर वे कम उपयोग किए जाने का पता लगाते हैं। उनका कहना है कि वे अपने कार्य-संचालन को हर सुबह पूरी तरह समझ लेते हैं, जैसे कि सुबह साढ़े आठ बजे सेवा प्रदाता (डिलीवरी) प्रमुख को एक ई-मेल भेज कर पूछते हैं कि भुवनेश्वर में संसाधनों के एक खास सेट का इस्तेमाल क्यों नहीं किया गया? वे नए बिक्री अधिग्रहणों के बारे में रोजाना रिपोर्ट भी प्राप्त करते हैं कि 'हम मौजूदा और नए ग्राहकों से क्या हासिल कर रहे हैं?' और वे बिक्री टीम के साथ ग्राहकों की मुख्य बातचीत को समझने के लिए ग्राहक संबंध प्रबंधन सॉफ्टवेयर प्रणाली का भी इस्तेमाल करते हैं। वे कार्य प्रदर्शन को डैशबोर्ड पर व्यापक रूप से उपलब्ध करा देते हैं और इस तरह वे लोगों को अपने निर्देशों का अनुसरण करने में मदद करते हैं। अपनी सीधी रिपोर्टों के लिए वे संचालनात्मक ब्योरे के प्रारंभिक हिस्सों को अलग करने में एक आदर्श पेश करते हैं, इसमें जरूरत पड़ने पर मैट्रिक्स को बदलना भी शामिल है।

प्रसाद सबसे कठिन कामों को स्वयं करके नेतृत्व का आदर्श प्रस्तुत करते हैं। वे अपने अधीनस्थों को भी सबसे मुश्किल कार्यों को करने के लिए उत्साहित करते हैं, ताकि सीधी रिपोर्टें कभी भी विफल न हो। अगर उन्हें भय होता है कि किसी

बीजक का समय पर भुगतान नहीं होने जा रहा है, तो वे अपनी इस चिंता को टीम के सदस्यों से साझा करते हैं, जिससे कि पूरी टीम इस चिंता को महसूस करे।

विनम्रता

प्रत्येक नेता ने यह भी उल्लेख किया कि उन्होंने गलतियाँ कीं और यह सुनिश्चित किया कि वे उनसे सीखें। उदाहरण के लिए अशोक ने बताया कि वे जब पहली बार 'बैंकिंग एवं कैपिटल मार्केट्स' के इकाई प्रमुख बने, तो उन्हें एक शुरुआती सबक सीखने को मिला। उन्होंने अपने लोगों से कहा कि उन्हें 75 प्रतिशत से आगे बढ़कर 90 प्रतिशत तक पूरी तरह उपयोग में आने की जरूरत है, और इसने 'यूनिट को अपने घुटनों पर ला दिया'। वे याद करते हैं, "मैंने यह महसूस नहीं किया कि बाकी 25 प्रतिशत के पास करने के लिए एक काम है, जब वे बिल का काम न कर रहे हों।" उन्हें महसूस हुआ कि प्रशिक्षण और अन्य महत्त्वपूर्ण कामों के लिए समय आवंटित किए जाने की जरूरत है। हालाँकि मौजूदा समय में यह दर्ज नहीं होगा, लेकिन कार्य-संचालन को सुचारु रूप से जारी रखने के लिए इसकी जरूरत है। वे कहते हैं कि इस घटना से उन्होंने सबक सीखा और यही कारण है कि वे स्वयं को विभिन्न दृष्टिकोणोंवाले लोगों से घिरा रखते हैं, और जो हमेशा उनसे सहमत नहीं भी हो सकते हैं।

प्रवीण ने भी विनम्रता दरशाई, जब उन्होंने अपनी एक पूर्व भूमिका के बारे में वर्णन किया। तब वे इंफोसिस में एक कंसल्टिंग यूनिट (परामर्श इकाई) का नेतृत्व करते थे। वे कहते हैं कि उनकी इकाई का मौजूदा इंफोसिस कंसल्टिंग यूनिट में विलय हो गया। इसके पीछे एक कारण यह था कि 'हम यह पर्याप्त रूप से नहीं दरशा पाए कि यह ग्रुप कंपनी को उपयोगिता या महत्त्व प्रदान कर पा रहा है।' अपने काम पर विचार करते हुए वे बताते हैं कि उन्होंने प्रणालियों एवं प्रक्रियाओं का नेतृत्व करने में अच्छा काम किया, लेकिन ग्राहक संगठन को समाधान प्रदान करने की उपयोगिता की निगरानी के लिए जो मैट्रिक्स और मापदंड लागू किया, उसके बारे में वे नहीं मानते कि उन्होंने कोई अच्छा काम किया" हमने इसे नियंत्रित करने, खराब समाधानों को शुरू में ही समाप्त कर देने में कोई बढ़िया काम नहीं किया।' वे इंगित करते हैं कि अब एक ऐसा समूह है, जो बौद्धिक संपदा और मैट्रिक्स की देख-रेख करता है और इससे खराब संचालनात्मक पहलों को समाप्त कर दिया जाता है। प्रवीण कनिष्ठ नेताओं के लिए दृढ़ता से निम्न बातों की सिफारिश करते हैं–

(i) यूनिट के अहम लक्ष्यों की पहचान करें।

(ii) उन प्रमुख संकेतों को समझें, जो सफल लक्ष्य-प्राप्ति की भविष्यवाणी करेंगे।

(iii) एक ऐसी प्रक्रिया को सुस्थापित करें, जहाँ आप चीजों को माप सकते हैं।

(iv) समय-समय पर प्रगति की समीक्षा करें और कमियों के आधार पर सुधारात्मक कारखाई करें; और

(v) निरंतर प्रक्रिया का नवीकरण करते रहें और यह सुनिश्चित करें कि सभी कारकों पर विचार किया गया।

'टैन' की विनम्रता का प्रदर्शन कार्य-संचालन के इर्द-गिर्द संचार-संप्रेषण का नेतृत्व करने के संदर्भ में दिखा। उनका कहना है, "पहले वह कभी-कभी मान लेते थे कि आप किसी व्यक्ति से कोई बात कहते हैं, तो वह नीचे या ऊपर तक अन्य लोगों को भी पता चल जाएगी।" अब वे खुद सक्रिय रूप से समय-समय पर नियत कालक्रम के हिसाब से सभी प्रमुख पक्षकारों से संवाद करते हैं। आज इंफोसिस के लिए शिक्षा एवं शोध के प्रभुत्व के रूप में अपनी मौजूदा भूमिका में वे इन बैठकों का आयोजन कम औपचारिक ढंग से करते है। वे अन्य चीजों के बारे में बातें करते हैं और यह सुनिश्चित करते हैं कि संचार का प्रवाह प्रभावी ढंग से हो।

ग्रंथ सूची–

- एम.एफ. बार्ने (2009ए) : लीडिंग साइंटिफिकली: इंट्रोड्यूसिंग दी क्यू. सी. मॉडल फॉर एविडेंस-बेस्ड लीडरशिप', आमंत्रित पता, सोसाइटी ऑफ साइकोलॉजिस्ट्स इन मैनेजमेंट (एस.पी.आई.एम.), सैन डियागो, कैलिफोर्निया, फरवरी।
- एम.एफ. बार्ने (2009बी) : 'इनहांसिंग यूटिलिटी एनालिसिस टु इनफ्लुएंस योर.सी.एफ.ओ. विद दी क्यू सी मॉडल', 2009 में सोसाइटी फॉर इंडस्ट्रियल-ऑर्गेनाइजेशनल साइकोलॉजी (एस.आई.ओ.पी.), न्यू ऑर्लियंस, लॉस एंजिल्स, अप्रैल 2009 में आयोजित वार्षिक सम्मेलन में प्रस्तुत पोस्टर।
- एम.एफ. बार्ने (2009सी) : टी. डेलानी (चेयर) में 'इनोवेशंस इन ग्लोबल लीडर सेलेक्शन एट इंफोसिस', शोकेस ऑफ सक्सेसफुल ग्लोबल सेलेक्शन सिस्टम्स, एस.आई.ओ.पी., लीडिंग एज. कॉन्फ्रेंस, डेनिवेर सी. ओ., 16 अक्तूबर।
- एम.एफ. बार्ने, ए. श्यामसुंदर एवं एस. पटनायक (2010) : लीडरशिप जर्नी सीरीज वैलिडेशन टेक्निकल रिपोर्ट: ए टेस्ट ऑफ एविडेंस बेस्ड

लीडरशिप हाइपोथीसिस इन ए ग्लोबल इंफोसिस सैंपल, मैसूर: इंफोसिस लीडरशिप इंस्टीट्यूट।

- डब्ल्यू.डब्ल्यू. बर्क (2008) : 'ऑर्गेनाइजेशनल कल्चर चेंज इज नॉट अबाउट चेंजिंग पीपुल्स मेंटल सेट्स', सोसाइटी फॉर इंडस्ट्रियल ऐंड ऑर्गेनाइजेशनल साइकोलॉजी एनुअल कॉन्फ्रेंस, सैन फ्रांसिस्को, सी.ए., 12 अप्रैल को डिस्टिंग्विशड प्रोफेशनल कंट्रिब्यूशंस अवॉर्ड (2007) के लिए प्रस्तुति।
- जे.आर. डेटर्ट, आर.जी. श्रोएडर एवं जे.जे. मॉरियल (2000) : 'ए फ्रेमवर्क फॉर लिंकिंग कल्चर ऐंड इंप्रूवमेंट इनिशिएटिव्स इन ऑर्गेनाइजेशंस', एकेडमी ऑफ मैनेजमेंट रिव्यू, 5, 850-63।
- टी.डब्ल्यू.एच. एनजी एवं के.एल. सोरेनसेन (2005) : 'लिंकिंग ऑर्गेनाइजेशनल कल्चर ऐंड परफॉर्मेंस: क्रिएशन ऑफ इंप्लाइज सोशल कैपिटल', सोसाइटी फॉर इंडस्ट्रियल ऐंड ऑर्गेनाइजेशनल साइकोलॉजी, लॉस एंजिल्स, सी.ए. में आयोजित 20वीं वार्षिक बैठक में प्रस्तुत।

□

6

प्रतिभा नेतृत्व

–अशोक काकर

चूँकि व्यापार बाधाएँ हटा दी गई हैं और पारदर्शी वैश्विक संचार तीव्र एवं सस्ते हो गए हैं, अधिकांश उत्पाद एवं सेवा प्रस्ताव वस्तुकृत हो गए हैं। जैसा कि रणनीतिक नेतृत्ववाला अध्याय सुझाता है, निरंतरता बनाए रखनेवाला भ्रामक स्थायी प्रतियोगी लाभ अधिकतर मामलों में विभेदीकृत उत्पादों एवं सेवाओं से नहीं आता, बल्कि फर्म में अनूठे संसाधनों से आता है (बार्ने, राइट एवं केत्चेन, 1991)। कई मामलों में ऐसे स्तर को पाने की एकमात्र संपदा कर्मचारी होते हैं (राइट, डनफोर्ड एवं स्नेल, 2001)। हर व्यक्ति अनूठा है और उसे वस्तुगत नहीं किया जा सकता। फर्म की संस्थापक प्रतिभा के आधार पर हर उपक्रम अपना अनूठा चरित्र विकसित करता है। हम इस चरित्र को आम तौर पर 'संगठनात्मक संस्कृति' कहते हैं, जोकि वरिष्ठ नेताओं की प्रतिभा का प्रतिरूप है और इसका उपयोग सभी कर्मचारियों को फर्म के मिशन और दृष्टि से जोड़ने के लिए किया जाता है। लेकिन अंततः प्रतियोगी लाभ के लिए घटक वे व्यक्ति हैं जो कंपनी के लिए काम करते हैं। हम उनका कैसे प्रबंधन करते हैं, वह प्रतियोगी लाभ सुनिश्चित करने के लिहाज से एक प्रमुख संचालक तत्त्व है।

इस आशय के बहुत शोध हैं जो कर्मचारियों की प्रवृत्ति, ग्राहकों की प्रवृत्ति और लाभ के बीच संबंध को दरशाते हैं (हेस्केट, जॉन्स, लवमैन, सैसर एवं श्लेसिंगर, 2008)। सेवा-लाभशृंखला पर शोध का सबक यह है कि हम असलग्न कर्मचारियों के जरिए अपने पक्षकारों को संतुष्ट करने की अपेक्षा नहीं कर सकते। असंलग्न कर्मचारी नेता के रोग-लक्षण के समान होते हैं। वे जिस तरह काम करते

हैं, नेता को उसे बदलने की जरूरत होती है। सभी नेताओं को अपनी टीमों का नेतृत्व करना होता है। यह लोगों या सच्चे अनुयायियों का एक समूह हो सकता है, जिन्होंने औपचारिक संबंधों के दायरे के परे नेता के नेतृत्व को स्वीका किया हुआ होता है। एक नेता की सच्ची पहचान तब होती है जब उसके अनुयायी होते हैं। इसके लिए यह महत्त्वपूर्ण है कि वह अपने लोगों को प्रेरित करे।

यह अध्याय इसका अध्ययन करता है कि नेता कैसे लोगों का नेतृत्व करते हैं। प्रतिभा नेतृत्व के जीवन चक्र में छह सुस्पष्ट कदम होते हैं–

- चयन
- प्रवेश
- लक्ष्य-निर्धारण
- फीडबैक (प्रतिपुष्टि)
- लोगों का विकास करना
- कर्मचारी की संलग्नता।

जैसाकि पहले उल्लेख किया गया है, 'इंफोसिस लीडरशिप इंस्टीट्यूट' एक बहु-स्रोत, 360 डिग्री आकलन का संचालन करता है, जिसे 'लीडरशिप जर्नी सीरीज' (नेतृत्व यात्राश्रृंखला) कहते हैं। इसका इस्तेमाल वरिष्ठ एवं अति-क्षमतावान नेताओं के आकलन के लिए किया जाता है। नवंबर 2009 में किए गए अध्ययन में प्रतिभा नेतृत्व के आकलन में अपने साथियों के बीच निम्न नेताओं ने सर्वोच्च अंक हासिल किए : यू.बी. प्रवीण, के. मुरली कृष्ण, के. सूर्यप्रकाश (सूरी) और रमेश चोगुले। इस अध्याय के लिए हमने इन चारों नेताओं से बातचीत की और हमने उनके हिसाब से यह जाना कि अपनी प्रतिभा के नेतृत्व के लिए वे आज क्या कुछ करते हैं, जो इतना प्रभावी है और यह भी कि उन्होंने अपने शुरुआती दिनों से क्या सबक सीखा, जब वे उतने प्रभावी नहीं थे जितने आज हैं। हालाँकि इन साक्षात्कार पूरा उद्धरण अध्याय के अंत में दिया गया है, फिर भी कुछ खास बातें प्रासंगिक खंडों में पहले ही उल्लिखित की गई हैं।

अध्याय की शुरुआत लोगों के आकलन के लिए विविध तरीकों और मनोमितीय उपकरणों की समीक्षा से होती है। इन उपकरणों का इस्तेमाल सफलता के पूर्वसूचकों के रूप में किया जा सकता है। इसके बाद यह नई भर्तियों के लिए प्रभावी तरीकों पर भी रोशनी डालेगा। बहरहाल, यह तर्क दिया जा सकता है कि प्रतिभा नेतृत्व की सबसे कठिन परिस्थितियाँ वे होती हैं जहाँ एक नेता को उत्तराधिकार के रूप में लोगों की एक टीम मिलती है, जिनका उसे नेतृत्व करना होता है। इस काम के महत्त्व और जटिलताओं के परिप्रेक्ष्य, इस अध्याय का

अधिकांश ध्यान ऐसी टीम के नेतृत्व करने पर केंद्रित होगा, जो किसी नेता को उत्तराधिकार में मिलती है।

चयन

ज्यादातर नेता अपना काफी समय और प्रयास भौतिक संपदाओं में निवेश के आकलन में लगाते हैं, लेकिन जो सर्वोत्तम नेता होते हैं, वे जानते हैं कि नेताओं का कॅरियर इस बात से बनता-बिगड़ता है कि वे कैसी टीम का चयन करते हैं तथा एक टीम को चुनने के लिए हमें किन चीजों पर गौर करना चाहिए? कर्मचारियों के चयन के वक्त सबसे अहम सवाल होते हैं: कौन सा काम करने की जरूरत है? क्या मैं इस बात को समझता हूँ कि मेरी टीम द्वारा प्रक्रिया या फर्म को सफलतापूर्वक अपने रणनीतिक लक्ष्यों को हासिल करने के लिए मुझे किस काम और अच्छे नागरिक व्यवहार की जरूरत है?

'इंफोसिस लीडरशिप इंस्टीट्यूट' में हमने अपने आंतरिक मॉडलों के आधार पर नेताओं के लिए अपनी चयन प्रक्रिया तैयार की है और यह सफल नेतृत्व की भविष्यवाणी करती है। हालाँकि कार्य-निष्पादन के लिए शिक्षा आवश्यक हुनर और ज्ञान की एक प्रारंभिक आवश्यकता हो सकती है, लेकिन अंततः शिक्षित लोगों में भी नेतृत्व-प्रदर्शन में बहुत तरह के फर्क होते हैं।

सफल कार्य-प्रदर्शन की संभावना को सफलतापूर्वक मापने के लिए काफी' ज्यादा शोध निम्न भविष्यसूचकों की ओर इंगित करते हैं और इनका सर्वोत्तम मापन कार्य-नमूनों, ढाँचागत व्यवहारजनक साक्षात्कार या मनोमितीय मान्य तरीकों के जरिए किया जाता है। मशहूर औद्योगिक संगठनात्मक मनोवैज्ञानिक फ्रैंक शिमट एवं जॉन हंटर ने एक बीजगर्भित अध्ययन किया, 85 वर्षों के विज्ञान का सारांश यह समझने के लिए प्रस्तुत किया कि कर्मचारी के कार्य-प्रदर्शन की सबसे अच्छी भविष्यवाणी करनेवाले कारक क्या हैं। उनकी खोजों का सारांश तालिका 1 में दिया गया है। 'वैलिडिटी' (मान्यता) नामक स्तंभ कार्य-प्रदर्शन के लिए एक भविष्यसूचक

तालिका 1: चयन प्रक्रिया मान्यता सारांश (शिमट एवं हंटर, 1998 से)

भविष्य सूचक	*वैलिडिटी (मान्यता)*
कार्य नमूने	.54
सामान्य मानसिक योग्यता (बुद्धिमत्ता)	.51
रोजगार साक्षात्कार (ढाँचागत)	.51
ईमानदारी परीक्षण	.41

सहकर्मियों की नजर में रेटिंग	.49
कार्य के ज्ञान का परीक्षण	.48
प्रशिक्षण एवं अनुभव (व्यवहारगत सुसंगति प्रणाली)	.45
कार्य परीक्षण प्रक्रिया	.44
रोजगार साक्षात्कार (गैर-ढाँचागत)	.38
जीवनी संबंधी आँकड़ा माप	.35
कर्तव्यनिष्ठा परीक्षण	.31
संदर्भ जाँच	.26
कार्य अनुभव (वर्षों में)	.18
प्रशिक्षण एवं अनुभव अंक प्रणाली	.11
शिक्षा के वर्ष	.10
अभिरुचियाँ	.10
लिपि-विज्ञान	.02
उम्र	.01

की क्षमता का सारांश पेश करता है। इसमें अन्य किसी कारक का प्रयोग नहीं किया गया है और यह एक सहसंबंध सहकारी कारण है, जिसका दायरा –1.0 (सबसे सुदृढ़ नकारात्मक या व्युत्क्रम संबंध) से लेकर शून्य (कोई संबंध नहीं) व 1.0 (सबसे मजबूत संभव संबंध) तक होता है। शिमट एवं हंटर उल्लेख करते हैं कि कई निम्नतर-मान्यता प्रणालियाँ, जैसे कि अनुभव, ऐसी कोई बढ़ती हुई सूचना नहीं प्रदान करती हैं, जो संज्ञानात्मक योग्यता अथवा ईमानदारी-परीक्षण फर्क द्वारा पहले ही स्पष्ट नहीं कर दिया गया हो।

अब तक प्रतिभा चयन करने के दो सबसे बढ़िया तरीके हैं–प्रवेश स्तर पर संज्ञानात्मक योग्यता परीक्षण एवं कार्य नमूना। बहरहाल, एक बार जब हम मध्य या वरिष्ठ स्तर के लोगों की तलाश कर रहे हैं, तो सामान्य मानसिक योग्यता आवश्यक हो सकती है, लेकिन यह निश्चित रूप से पर्याप्त नहीं होती। नेतृत्व का एक महत्त्वपूर्ण महाविश्लेषण किया गया, जो 150 अध्ययनों में 40 हजार नेताओं के आँकड़ों का सारांश प्रस्तुत करता है। इसका सुझाव है कि अनुयायी या मातहतों के दृष्टिकोण बुद्धिमत्ता के वास्तविक वस्तुगत मापों की तुलना में दोगुने से भी ज्यादा बेहतर होते हैं–नेता की प्रभावकारिता की भविष्यवाणी करने में (जज, कोलबर्ट एवं इलीस, 2004)। विषय या क्षेत्र की गहरी विशेषज्ञता, जोकि पूर्व भूमिकाओं में एक समान काम करते रहने के अनुभव से ही आ सकती है, के ज्यादा महत्त्वपूर्ण रहने की संभावना होती है। इसी प्रकार, एक मध्यवर्ती या वरिष्ठ नेता की सीखने की प्रवृत्ति, सीखने की योग्यता, टीम को साथ लेकर चलने के गुण और पहल करने

की क्षमता महत्त्वपूर्ण होती है।

इंफोसिस लीडरशिप इंस्टीट्यूट में हमने अपने लीडरशिप जर्नी सीरीज के एक हिस्से के तौर पर ऐसे विविध तरीके विकसित किए हैं, जो उच्च कंप्यूटर-अनुकूलित बहु-स्रोत आकलन प्रणालियाँ हैं, ताकि प्रभावी कार्य-प्रदर्शन की संभावना का पूर्वानुमान लगाया जा सके। हम '360 डिग्री सर्वे उच्च रैच मेजरमेंट तकनीक' का प्रयोग करते हैं। इससे रेटिंग करनेवालों का नरम या कठोर पूर्वग्रह खत्म हो जाता है, ताकि यह सुनिश्चित किया जा सके कि सभी रेटिंग उचित, सही और पर्याप्त रूप से संक्षिप्त हैं। हम इनका इस्तेमाल चयन और विकास दोनों के लिए करने की प्रक्रिया में हैं, लेकिन आम तौर पर प्रत्येक कार्यान्वयन के लिए विभिन्न कारकों पर गौर करते हैं।

भरती और चयन में नेताओं को अपनी टीम में वांछित विभिन्न चीजों के बीच विनिमय करना होता है—हुनर एवं विशेषताएँ या गुण, ज्ञान एवं अनुभव। विभिन्न संभावित कर्मचारियों की अलग-अलग मजबूतियाँ और कमजोरियाँ होती हैं। प्रतिभा नेतृत्व में प्रभावी लोग अपनी चयन प्रक्रिया में सावधानी बरतते हैं, ताकि उन गुणों पर ध्यान केंद्रित किया जा सके, जिनका प्रशिक्षण नहीं दिया जा सकता, जैसे कि संज्ञानात्मक योग्यता, मूल्य एवं व्यक्तित्व की खासियतें। जिसे कुछ लोग 'पूर्व सक्रियता' कहते हैं, उसे कभी-कभी एक गुण माना गया है (यथा, कर्तव्यनिष्ठा) या मूल्य (यथा, उपलब्धि की ललक या जरूरत) महत्त्वपूर्ण है। काफी शोधों में सुझाव दिया गया है कि जिन नेताओं में मास्टर (दक्ष) होने की प्रवृत्ति होती है, वे ज्यादा पूर्व सक्रिय होंगे, बनिस्पत उनके जो बस उतना भर सीखते हैं, ताकि वे काम कर सकें या दंड से बच सकें (डीशॉन एवं जिलेस्पी, 2005; डे, हैरिसन एवं हाल्पिन, 2009)। इसी तरह प्रभावी नेताओं को टीमों में सहकर्मियों एवं ग्राहकों के साथ सहयोगात्मक ढंग से काम करना होता है। कई कामों या नौकरियों में ज्ञान एवं हुनर की जरूरत होती है, लेकिन एक बार जब कर्मचारी की भरती हो जाती है, तो उसके बाद उसे कुछ हुनर विकसित करने चाहिए या वे हुनर विकसित कर सकते हैं। यह एक महत्त्वपूर्ण रणनीति है, खासकर जब कार्य विशेष की जरूरत के हिसाब से तकनीकी ज्ञान एवं हुनर से संपन्न प्रतिभाओं की कमी हो।

यू.बी. प्रवीण मानते हैं कि व्यक्तियों में अलग-अलग क्षमताएँ होती हैं। वे यह पहचानने में पर्याप्त प्रयास करते हैं कि उनके लोग क्या करने में अच्छे हैं और फिर उन्हें अपनी प्रतिभा दिखाने के लिए अवसर पैदा करते हैं। एक मामले में उन्होंने पहचाना कि एक व्यक्ति में अभिनव विशेष क्षेत्रों में काम करने के प्रति जुनून है और उसे उन्होंने बौद्धिक संपदा (आई.पी.) पैदा करने के काम की जिम्मेदारी सौंपी, और

वे इसमें सफल रहे। अगर उन्होंने इस व्यक्ति की रुचियों की अनदेखी की होती और उसे मान लीजिए प्रोजेक्ट प्रबंधन में रख दिया होता, तो प्रवीण को संदेह है कि वह कर्मचारी सफल नहीं भी हो सकता था।

सूरी भी मानते हैं कि लोगों की पसंद महत्त्वपूर्ण है और यदि आप एक टीम को उत्तराधिकार में पाते हैं, तो यह बेहतर होगा कि सही व्यक्ति को चुना जाए या निवेश किए जा सकनेवाले नेताओं की पहचान की जाए। एक बार जब टीम का चयन हो जाता है, तो वे दृढ़ता से मानते हैं कि उसका पूर्ण समर्थन किया जाए। उन्होंने अपने वरीय नेताओं से जो सबक सीखे, उनमें से एक यह है कि लोगों को उस वृहत्तर तसवीर से जोड़ा जाए, ताकि समूह या यूनिट के लिए क्या महत्त्वपूर्ण है।

प्रवेश कराना

एक बार चयन कर लिए जाने के बाद यह सुनिश्चित करना महत्त्वपूर्ण है कि कर्मचारी नए माहौल में सहजता से काम करे, अपने कार्य-प्रदर्शन को वांछित पूर्ण स्तर तक ले आए। कर्मचारियों को नई भूमिकाओं में सफलतापूर्वक अपना कॅरियर शुरू करने में मदद देने के लिए आई.एल.आई. के नेतृत्व के वास्ते कई काररवाइयों की अनुशंसा की है–

1. नए कर्मचारी को न केवल कंपनी के कार्य-संचालनों के बारे में परिचित कराएँ, बल्कि कंपनी के मूल्यों और कार्य-संस्कृति के मुख्य पहलुओं के बारे में भी अवगत कराएँ। हालाँकि 'औपचारिक प्रवेश कार्यक्रम' मददगार होते हैं, लेकिन पूर्ण समाजीकरण व्यक्ति के मैनेजर और मार्गदर्शक द्वारा सबसे बढ़िया ढंग से किया जाता है।
2. एक नए कर्मचारी, जिसके पास काफी अनुभव है, लेकिन वह दूसरे कर्मचारी के समकक्ष है, को उसके साथ तैनात कर देना। इससे नए कर्मचारी को अपने समान पुराने कर्मचारी से कार्य-प्रणाली के बारे में अतिरिक्त अंतर्दृष्टि मिल सकती है।
3. एक ऐसा माहौल पैदा करें जहाँ नया कर्मचारी अपने विचारों को अभिव्यक्त करने में सहजता महसूस करे। अनुभवी लोगों की भरती करने का एक लाभ यह होता है कि वे ताजा दृष्टिकोण लेकर आते हैं कि अन्य कार्यस्थलों में चीजें किस तरह काम करती हैं। अगर हम नए विचारों से लाभ उठाना चाहते हैं, तो यह महत्त्वपूर्ण है कि हम खुले दिमाग से उन्हें सुनें और इन योगदानों को मान्यता भी दें। अगर इस चरण में नए कर्मचारी का मूल्यांकन करने का कोई प्रयास किया जाता है या नए विचारों को

ठुकरा दिया जाता है ('हमने इसे पहले आजमाया था, लेकिन...') तो नया कर्मचारी भविष्य में अपने अच्छे विचारों को बताने से रोक लेगा।

अंततः एक बार जब कर्मचारी स्टाफ का हिस्सा बन जाता है, तो यह नेता की मुख्य चुनौती है कि वह उसे पूरी तरह व्यस्त और संलग्न रखे। इस अध्याय का बाकी भाग कर्मचारी के कॅरियर के इसी चरण पर ध्यान केंद्रित करता है; क्योंकि नेता के लिए यह मुख्य चुनौती है कि वह अपनी टीम के सदस्यों में उनके पूरे जीवन-चक्र में पूरी तरह व्यस्त और काम से जोड़े रखे।

कर्मचारी को संलग्न करना

संगठनों के अस्तित्व के लिए लक्ष्य कारण हैं। लक्ष्य-निर्धारण में नेता स्पष्टतः अपनी भूमिका निभाते हैं और साथ ही व्यक्ति को अपनी संलग्नता सुनिश्चित करने के लिए नेता के साथ काम करने की जरूरत पड़ती है। फिर भी तालमेल नहीं बन पाते हैं। और जब ऐसा होता है, तो यह नेता की जिम्मेदारी है कि वह स्थिति में यथोचित सुधार करे, अन्यथा अपनी टीम के नेता के रूप में वह विफल हो जाएगा। लेकिन सभी रिश्ते दोतरफा होते हैं—यह अध्याय इसीलिए यह नहीं मानता कि इस संलग्नता में व्यक्ति की कोई भूमिका नहीं है, बल्कि इस अध्याय का मुख्य ध्यान इसपर है कि नेताओं को क्या अवश्य करना चाहिए।

किसी नेता को क्या करना चाहिए?

कर्मचारी की संलग्नता में संगठन की संस्कृति एक प्रमुख कारक होती है—अपनी नीतियों, प्रणालियों, काम के तरीकों और प्रक्रियाओं के साथ सहायक पारिस्थितिकी। बहरहाल, मार्कस बकिंघम (1999) ने 80 हजार से ज्यादा मैनेजरों की एक 'गैलप स्टडी' की समीक्षा के बाद सुझाया, 'प्रतिभावान कर्मचारी एक कंपनी में उसके करिश्माई नेताओं, इसके उदार लाभों और इसके विश्व-स्तरीय प्रशिक्षण कार्यक्रमों के कारण नौकरी कर सकता है, लेकिन वह कर्मचारी कितने लंबे वक्त तक टिकता है और वहाँ रहने के दौरान कितना उत्पादक रहता है, यह इस बात से तय होता है कि उसके अपने निकटस्थ सुपरवाइजर के साथ कैसे संबंध हैं। लोग अपने निकटस्थ मैनेजर को छोड़ जाते हैं, न कि उस कंपनी को, जिसके लिए वे काम करते हैं।'

एक अच्छी संस्कृति और माहौल सिर्फ उतना ही अच्छा है जितना एक कर्मचारी का अपने मैनेजर के साथ अच्छा अनुभव होता है। इसके विपरीत यहाँ तक कि जब पारिस्थितिकी समर्थनकारी नहीं होती है, मैनेजर अपने कार्य-व्यवहारों

से प्रतिकूल प्रभाव को न्यूनतम कर सकता है।

कर्मचारी की संलग्नता यह होती है कि वह वृहत् स्तर पर संगठन के मिशन से कितना जुड़ा हुआ महसूस करता है। इसी तरह, सूक्ष्म स्तर पर, संलग्नता का आशय उन भावनाओं से है, जो वह निकटस्थ टीम के लक्ष्यों/उद्देश्यों के बारे में रखता है। व्यक्तिगत स्तर पर सवाल है—क्या कोई कर्मचारी टीम/संगठन का हिस्सा बनकर गर्व महसूस करता है? यह जुड़ाव सबसे मजबूत ढंग से निकटस्थ सुपरवाइजरों के साथ होता है और इसीलिए टीम को संलग्न रखने में प्रत्येक मैनेजर की व्यक्तिगत भूमिका होती है। अंततः संगठन की संस्कृति का सृजन ही इससे होता है कि नेतागण अपनी टीमों को कैसे संलग्न रखते हैं, कैसे काम में लगाए रखते हैं। प्रत्येक नेता के व्यक्तिगत व्यवहारों का योग ही संगठन की संस्कृति का निर्माण करता है।

नेता के रूप में हमारा काम अपनी सीधी रिपोर्टों के साथ स्वयं वांछित आचरण का आदर्श प्रस्तुत करते हुए ऐसी संस्कृति का सृजन करना है। इसका वृहत्तर टीम पर सोपानी असर पड़ेगा। चूँकि नेताओं का अपनी टीमों पर महत्त्वपूर्ण प्रभाव पड़ता है, इसलिए यह खंड कर्मचारी संलग्नता विकसित करने पर इस नजरिए से ध्यान केंद्रित करेगा कि प्रत्येक नेता व्यक्तिगत रूप से इसके संवर्धन के लिए क्या कर सकता है। प्रत्येक नेता को अपनी टीम को संलग्न रखने के अपने हुनर में सुधार करने में मदद करने के लिए निम्न बातें साझा करेगा—

- कर्मचारी संलग्नता के बारे में प्रमुख विचारकों के दृष्टिकोण। एक आम सोच है कि अगर कर्मचारियों का अपनी नियति पर कुछ नियंत्रण होगा, तो वे संलग्न रहेंगे।
- ऐसा करने का एक तरीका है—लोगों को सशक्त करना। इसलिए हम विभिन्न संगठनों में सशक्तीकरण के अनुभवों पर गौर करते हैं।
- संगठन के निर्णय लेने और लागू करने की प्रक्रियाएँ परंपरागत रूप से सशक्तीकरण का केंद्रीय तत्त्व होती हैं, लेकिन यह अध्याय एक भिन्न दृष्टिकोण प्रस्तुत करता है, जो निर्णय लेने के परे जाता है।
- सशक्तीकरण और कार्य प्रदर्शन-प्रबंधन जैसे जुड़े क्षेत्रों के लिए पूर्व शर्तें।
- नेताओं के अपने विश्वास, जो सशक्तीकरण की राह में आड़े आ सकते हैं।

लोग संलग्न क्यों नहीं हैं?

विविध प्रकार के लेखकों ने अभिप्रेरण पर आंतरिक से लेकर बाह्य तक अनेक

दृष्टिकोणों पर विचार किया है। हर्जबर्ग (1987) तर्क देते हैं कि प्रेरणा कार्य-समृद्धि से आती है। आर्गीरीस (1998) की दलील है कि यह आंतरिक प्रतिबद्धता, जोकि सशक्तीकरण से करीब से जुड़ी है, से आती है। मैनविले एवं ओबेर (2003) लोकतंत्र के एथेंस मॉडल को आगे बढ़ाते हुए तर्क देते हैं कि प्रतिबद्धता साझा मूल्यों से आती है, जिसमें से एक है—नैतिक पारस्परिकता (उदाहरण, 'इसमें मेरे लिए क्या है और इसमें हमारे लिए क्या है?')। प्रतिभा समेत सभी संबंधों के लिए पारस्परिकता की इस अवधारणा के महत्त्व का ज्यादा विस्तृत उल्लेख संबंध एवं नेतृत्व नेटवर्किंग पर आधारित इससे अगले अध्याय में किया गया है।

हेनरी मिंजबर्ग (2001) तर्क देते हैं कि 'मौजूदा आर्थिक संकट के नीचे इससे काफी ज्यादा अनुपात का एक अन्य संकट पड़ा हुआ है: समुदाय की कंपनियों—अपने से ज्यादा वृहत्तर चीज के प्रति जुड़ाव या लगाव और देखभाल करने का लोगों के भाव में अवमूल्यन।' वे आगे सुझाते हैं कि 'सामुदायिकता के लिए आवश्यक है कि नेतृत्व ज्यादा विनम्र किस्म का हो, जिसे संलग्न और वितरित कहा जा सके। सामुदायिक नेता स्वयं को केंद्र में देखते हैं, जो समुदाय के अन्य लोगों को नीचा देखने के बजाय उन तक खुद पहुँचता है' (142)। संलग्नता पर इस दृष्टिकोण के केंद्र में आर्गीरीस (1998) का यह तर्क है कि जब लोग अपनी किस्मत की नियंत्रणकारी स्थिति में होते हैं, तो वे प्रेरित होते हैं। व्यक्तिगत भाग्यों को संगठन के भाग्य से जोड़ने की खातिर किसी नेता की कार्यशैली भागीदारीवाली होने की जरूरत है। भागीदारी नेतृत्व सुझाता है कि निर्णय लेने की प्रक्रिया में एक महत्त्वपूर्ण हिस्से के तौर पर लोगों को शामिल किया जाए। कई लोग इसे सशक्तीकरण कहते हैं—काररवाई करने के फैसले में लोगों को भाग लेने का मौका देना। लेकिन क्या लोग वाकई अपनी किस्मत की कमान सँभालते हैं? क्या वे वस्तुत: निर्णय लेने की प्रक्रिया और फैसलों दोनों की जिम्मेदारी लेते हैं?

अहम प्रमाण इस विचार को समर्थन देते हैं कि स्व-क्षमता—विकल्प चुनने और विनिमय करने का आत्मविश्वास—सशक्त महसूस करने और कार्य-प्रदर्शन करने की योग्यता का केंद्रीय तत्त्व है। एक बीज-गर्भित महाविश्लेषण अन्य शोधों का सारांश प्रस्तुत करता है। इसमें 21,616 कर्मचारियों के 114 अध्ययन शामिल हैं। इसमें पाया गया कि कार्य-प्रदर्शन में जो कारक अहम होते हैं, उसमें स्व-क्षमता का योगदान करीब 28 प्रतिशत है, जोकि लक्ष्य-निर्धारण (10 प्रतिशत), फीडबैक (14 प्रतिशत) या व्यवहार में बदलाव (17 प्रतिशत) से कहीं ज्यादा है (स्टाजकोविक एवं लुथांस, 1998, 252)। यह शोध मजबूती से सुझाव देता है कि यदि लोगों में विकल्प चुनने और विनिमय करने का आत्मविश्वास होगा, तो वे वैसा करेंगे;

लेकिन यदि उनमें आत्मविश्वास नहीं होगा, तो वे नहीं करेंगे।

वास्तविक दुनिया के एक उदाहरण पर विचार करें। करीब सोलह साल पहले रॉबर्ट फ्रे और उनके एक सहयोगी ने मुश्किल में घिरी एक छोटी कंपनी सिनसिनाती में खरीदी। यह कंपनी मेलिंग ट्यूब और कंपोजिट कैन्स (धातुओं के सिरोंवाले कड़े कागज के कंटेनर) बनाती थी। पिछले बीस वर्षों में उसका उत्पाद बदला नहीं था। लाभ भी हाशिए पर था। श्रम लागतें नियंत्रण से बाहर थीं, काम की परिभाषाएँ कड़ी थीं और श्रमिक यूनियन से संबंध भी खराब थे। लेकिन सन् 2003 से उन्होंने उच्च विभेदीकृत, खास तौर पर संरक्षित, पर्यावरण की दृष्टि से जिम्मेदार नए किस्म के कंपोजिट कैन्स बनाने शुरू किए। उनका श्रमिक-बल लचीला हो गया और उनकी सफलता में गहरे शामिल हो गया; काम के कड़े विवरण अतीत की बात बन गए; उन्होंने पिछले आठ साल से ठेका वेतन को बढ़ाया नहीं और श्रमिक संघों के साथ भी उनके संबंध शानदार हैं। इतना ही नहीं, एक माँगपरक् बाजार में कंपनी अच्छा कर रही है और काफी कमा रही है। उन्होंने यह कायापलट कैसे कर दिया? रॉबर्ट फ्रे के अनुसार इस प्रश्न के उत्तर का एक हिस्सा है कर्मचारियों का सशक्तीकरण और दूसरे हिस्से में मुनाफे में हिस्सेदारी।'

फ्रे वर्णन करते हैं कि कैसे उन्होंने खुद फैसला लेने के बजाय मसलों को अपनी टीम के सामने रखा और उन्हें विनिमय पर विचार करने को कहा। उनका तर्क था कि 'ऐसी कोई रियायत नहीं है जो आप मुझसे जबरन हासिल कर सकते हैं। लेकिन इसे दूसरी तरह कहें, तो ऐसी कोई रियायत नहीं है, जिसे मैं नहीं दूँगा।' वह छुट्टी की नीति का उदाहरण पेश करते हैं। उन्होंने समूह से कहा, 'रकम का सिर्फ एक पात्र है और वह है लाभ। आप अपना हिस्सा मनमुताबिक इस्तेमाल कर सकते हैं। आप इसे नकद में या छुट्टियों में प्राप्त कर सकते हैं।' टीम ने फैसला किया कि वे रकम लेना चाहेंगे।

इस सफल रूपांतरण पर विचार करते हुए फ्रे निष्कर्ष निकालते हैं, 'कोई भी कंपनी उतनी तेजी से परिवर्तित नहीं हो सकती है, जितनी तेजी से वह अपने लोगों के दिलो-दिमाग को बदल सकती है और जो लोग सबसे तेजी से और सबसे अच्छी तरह बदलते हैं, वे ऐसे लोग होते हैं जिनके पास कोई विकल्प नहीं होता। विकल्पहीनता लोगों को बदलाव के लिए प्रेरित करती है। सशक्तीकरण से आशय यह था कि उन्हें मुनाफा और जिम्मेदारी साझा करने के लिए कहना। वे मुनाफे को पसंद करते हैं, लेकिन जिम्मेदारी को नहीं। सशक्तीकरण सिर्फ तभी संभव होता है जब कामगार और मैनेजर पेश की गई शक्ति या अधिकार को अपने हाथ में लेने में समर्थ होते हैं।

एक सवाल यह है कि लोग क्यों पेश की गई शक्ति को प्राप्त करने में समर्थ नहीं होते? क्या यह संभव है कि उनमें उस रास्ते पर आगे बढ़ने का आत्मविश्वास नहीं होता? क्या आत्मविश्वास की यह कमी काम पूरा करने के प्रक्रियात्मक ज्ञान के अभाव के कारण आती है? उन्हें कमान सँभालने से क्या चीज रोकती है? यह अध्याय दो दृष्टिकोण सुझाता है। पहला है, संगठन के अंदर एक ऐसा माहौल पैदा करना जो सशक्तीकरण को बढ़ावा देता है। दूसरा, क्या प्रत्येक नेता अपने मातहत प्रत्येक व्यक्ति को समर्थन देता है?

संगठन के स्तर पर सशक्तीकरण

कई अध्ययनों ने विविध प्रकार की फर्मों में इसपर विचार किया है कि क्यों सशक्तीकरण सफल रहा है और क्यों सफल नहीं रहा। बटलर एवं वाल्डरूप (1999) सुझाते हैं कि इसकी वजह यह है कि 'लोगों का ऐसी नौकरियों से मेल नहीं खाना, जो उनके गहरे जीवन हितों व रुचियों को अभिव्यक्त होने का मौका दे।' इसी तरह ली (2010) ने पाया कि 'व्यक्ति नई प्रणाली के साथ प्रयोग करने को तब ज्यादा इच्छुक होते हैं–कुछ नया व भिन्न करने की कोशिश करते हैं–जब उनके विभागीय मैनेजर द्वारा निरंतर दो चीजें की हुई होती हैं : स्पष्ट कहा हो कि गलतियाँ करने को बरदाश्त किया जाएगा या गलती करना चलेगा और वह भूलों के लिए कर्मचारियों को दंडित करने से बचा हो।'

एक शोधकर्ता फोनेस्तेई रस (2000), जिन्होंने विफल सशक्तीकरण प्रयासों का अध्ययन किया, कहते हैं, 'सशक्तीकरण एक आकर्षक भाव है, जो संगठनों को कर्मचारियों से ज्यादा केंद्रित, ऊर्जावान एवं रचनात्मक काम का वचन देता प्रतीत होता है। लेकिन वर्षों कोशिश करने के बाद भी कई संगठन उस वादे को साकार नहीं कर पाते हैं, जो यह विचार पेश करता है।' इस सबके लिए कुछ कारण भी प्रस्तुत करते हैं: सोपानी सशक्तीकरण आदेश, सशक्तीकरण की एक संकीर्ण मनोवैज्ञानिक अवधारणा पर अत्यधिक भरोसा करना, सशक्तीकरण के प्रति सबके लिए एक साँचेवाला नजरिया, शक्ति या अधिकार साझा करनेवालों की जरूरतों की अनदेखी करना, टुकड़ोंवाले नजरिए में तैनाती करना और उत्तरदायित्व को विकृत करना। रस सुझाव देते हैं कि 'कई संगठनों ने सशक्तीकरण में जो कमी महसूस की है, वह अवधारणा में कमी या दोष के बजाय इसके कार्यान्वयन में कमी के कारण ज्यादा है।...जो संगठन वाकई अपने कर्मचारियों का सशक्तीकरण करना चाहते हैं, उनके लिए अपनी सफलता को सीमित या बाधित करनेवाले कारकों को दुरुस्त करने के तरीके हैं।'

आर्गीरीस (1998) तर्क देते हैं कि 'सी.ई.ओ. प्रच्छन्न रूप से सशक्तीकरण

को दबा देते हैं। मैनेजर सिद्धांत में तो सशक्तीकरण को प्यार करते हैं, लेकिन वे कमान एवं नियंत्रण के मॉडल को ही सबसे अच्छी तरह जानते हैं और उसी पर भरोसा करते हैं। अपने हिस्से के तौर पर कर्मचारी सशक्तीकरण को लेकर ऊहापोह में रहते हैं। यह तब तक उन्हें बढ़िया और शानदार लगता है जब तक उन्हें व्यक्तिगत रूप से किसी गड़बड़ी के लिए जिम्मेदार नहीं ठहराया जाता। इस तरह सशक्तीकरण के पोषण के लिए सर्वोत्तम उपायों के प्रयासों के बावजूद, यह बादशाह की नई पोशाक के समान बनकर रह गया है: हम सार्वजनिक रूप से इनकी जोरदार तारीफ करते हैं और निजी तौर पर खुद से पूछते हैं कि हम इसे क्यों नहीं देख सकते हैं। कार्यबल में कोई रूपांतरण नहीं हुआ है और कोई व्यापक बदलाव नहीं आया है।

सशक्तीकरण बनाम अधिकार देना

अधिकतर अध्ययनों ने सशक्तीकरण को इस दृष्टिकोण से देखा है कि यह फैसले लेने का अधिकार लोगों को देता है। लेकिन कई बार ऐसी परिस्थितियाँ होती हैं जब नेताओं ने यह अधिकार दे दिया है और लोगों को निर्णय करने को कहा है और फिर भी उन्होंने ऐसा नहीं किया। सवाल है क्यों? मैं दृढ़ता से सुझाव देता हूँ कि लोगों को निर्णय लेने का अधिकार देना अधिकार को प्रदत्त करना है, यह सशक्तीकरण नहीं है। सशक्तीकरण के लिए लोगों को निर्णय लेने का अधिकार देना आवश्यक हो सकता है, लेकिन यह पर्याप्त नहीं है।

हमारे दैनिक जीवन में कई परिस्थितियाँ आती हैं कि जब हम किसी को कोई काम करने को कहते हैं। कई बार हम महसूस करते हैं कि वह इस तथ्य से पंगु महसूस करता हो या बाधित रहता हो कि उसे काम का फैसला लेने का अधिकार नहीं है या दो विकल्पों के बीच चुनने का अधिकार नहीं है। ऐसी कई स्थितियों में हम फैसला लेने का प्रासंगिक अधिकार देकर इसे दुरुस्त करते हैं। हमारा विश्लेषण है कि हमने उसे एक जिम्मेदारी तो सौंप दी है, लेकिन उस कार्य को कर पाने का पर्याप्त अधिकार नहीं दिया है। एक बार जब किसी व्यक्ति को अधिकार देते हैं तो हम अपेक्षा करते हैं कि वह काम को पूरा करेगा। क्या हमने ऐसी स्थितियों में देखा है कि उसे अधिकार दिए जाने के बावजूद वह इस अधिकार का प्रयोग न करना जारी रखता है या हमारे पास जाँच कराने के लिए वापस आता है? सशक्तीकरण को समझने के लिए यह समझना जरूरी है कि वह इस तरह का आचरण क्यों करता है।

एक संभव परिदृश्य यह हो सकता है कि हालाँकि हमने उस व्यक्ति को औपचारिक

अधिकार तो दे दिया है, लेकिन हम अभी भी अपेक्षा करते हैं कि अंतिम कदम उठाने से पहले वह हमसे इसकी जाँच या पुष्टि करा ले। क्या ऐसा हो सकता है कि हमारे शब्द तो अधिकार मंजूर करने को अभिव्यक्त करते हों, लेकिन हमारे काम उसे संकेत देते हों कि हम उससे अपेक्षा करते हैं कि वह हमेशा परामर्श कर ले?

अब हम इस परिदृश्य को सामने रखें कि हमने अपने शब्दों और अपने कामों से एकदम बेलाग ढंग से स्पष्ट कर दिया है कि हम उसे यह अधिकार दे रहे हैं। ऐसे मामलों में यदि वह इस अधिकार का प्रयोग नहीं करता है, तो वह ऐसा क्यों नहीं करता है? शोध का सुझाव है कि कुछेक मामलों में स्व-क्षमता या आत्मविश्वास का अभाव इस अधिकार के प्रयोग न करने का मूल कारण हो सकता है। आत्मविश्वास की यह कमी कई कारकों से हो सकती है–

- हमने बड़ी तसवीर का खुलासा नहीं किया है। संदर्भ से संबंधित तथ्य होते हैं जिनके आधार पर फैसला होता है। उस व्यक्ति को इन तथ्यों की जानकारी नहीं दी गई है।
- हमने उस व्यक्ति को उन हुनरों से युक्त नहीं किया है, जो काम विशेष को करने के लिए आवश्यक है।
- हमने लक्ष्य-निर्धारण प्रक्रिया में उसे शामिल नहीं किया है।
- हमने उस काम को करने के लिए उसे आवश्यक संसाधन मुहैया नहीं कराए हैं। ऐसे संसाधनों में वे बातें भी शामिल हैं, जो उसे दूसरों के जरिए या उन्हें प्रभावित कर मिल सकती हैं, लेकिन उन लोगों पर उसका कोई नियंत्रण नहीं है।
- हमने उस व्यक्ति में इतना भरोसा और आत्मविश्वास पैदा नहीं किया है कि वह गलतियाँ करने के अपने डर पर काबू पा सके।
- गलत फैसले लेने के लिए अतीत में हमने उसे दंडित किया है।

आत्मविश्वास की कमी के जो भी कारण हों, लेकिन जब तक आत्मविश्वास बढ़ता नहीं, तब तक इसकी संभावना नहीं है कि स्वतंत्र रूप से इस प्रकार काम कर पाएगा, जो सकल कारोबारी लक्ष्य की संगति में हो।

सशक्तीकरण उन लोगों में ऐसा आत्मविश्वास पैदा करना है, जिनके साथ हम काम करते हैं। सशक्तीकरण निर्णय लेने का अधिकार देना या कारस्वाई करने की शक्ति देना नहीं है, बल्कि एक साझा मकसद तक पहुँचने के लिए आत्मविश्वास के साथ काम करने में समर्थ बनाना है। सच्ची शक्ति औपचारिक शक्ति या अधिकार दे देने से नहीं आती। दरअसल सच्ची शक्ति ज्ञान, प्रभाव और आत्मविश्वास की शक्ति होती है।

व्यक्तिगत स्तर पर सशक्तीकरण

जब हम इस व्यापक नजरिए से सशक्तीकरण को देखते हैं, तो हमें यह पड़ताल करने की जरूरत होती है कि लोगों को सशक्त बनाने के लिए नेता के रूप में हमें क्या करने की आवश्यकता है। इसमें निम्न शामिल हैं–

- कर्मचारियों को वृहत् तसवीर दिखाना–उन्हें यह समझाना कि उनका योगदान कैसे सकल कारोबारी मकसद में फिट बैठ सकता है।
- जिन लक्ष्यों का वे प्रबंधन करते हैं, उनका स्वामित्व पैदा करना।
- आपसे और अन्यों से जो आवश्यक संसाधन और समर्थन उसे चाहिए, वह प्रदान करना।
- आवश्यक हुनर और ज्ञान हासिल करने में समर्थ बनाना।
- जब वे गलतियाँ करें तो उनके सीखने की प्रक्रिया का समर्थन करें तथा अपने फैसले लेने में लचीला व समुत्थानशील बने रखने में उनकी मदद करें।

अगर हम इस बात से आश्वस्त हैं कि नेताओं के रूप में हमारा काम दूसरों को सशक्त बनाना है, तो कुछ महत्त्वपूर्ण पूर्व शर्तें हैं।

सशक्तीकरण के लिए महत्त्वपूर्ण पूर्व शर्तें साझा लक्ष्य

जब लक्ष्य साझा किए जाते हैं, तो लोग एक दिशा में काम करते हैं। विभिन्न दिशाओं में खींचे जाने के कारण उनकी ऊर्जाएँ मंद नहीं होतीं। सबसे वांछनीय परिदृश्य वह होता है जब लोग लक्ष्य निर्धारण में शामिल किए जाते हैं। उनके लिए ऐसा करने के निमित्त माहौल से संबंधित ऐसी सूचनाएँ और अन्य प्रासंगिक तथ्य साझा करने चाहिए, जिन पर एक विकल्प को चुनने की जिम्मेदारी होती।

जब लोग निर्णय लेने की प्रक्रिया का हिस्सा होते हैं, तो वे फैसले का स्वामित्व ग्रहण करते हैं–यानी वे उसे अपना मानते हैं। यह कोई ऐसी कवायद नहीं है जिसमें यथासंभव तकनीकों का इस्तेमाल किया जाए, ताकि लोगों को नेता का नजरिया समझने के लिए राजी किया जाए। इस प्रकार चर्चा करने के लिए जरूरी होता है कि सभी विकल्पों पर खुले दिमाग से विचार किया जाए और इससे भी महत्त्वपूर्ण बात यह है कि दूसरों द्वारा पेश किए गए विचारों पर भी खुले मन से मनन किया जाए, भले ही वे विचार हमारे विचारों से कितने भी मूल रूप से भिन्न क्यों न हों।

जब मकसदों को साझा किया जाता है, तो प्रत्येक व्यक्ति उसका स्वामित्व स्वीकारता है। स्वामित्व का आशय महज यह नहीं है कि एक फैसले को चुपचाप

स्वीकार कर लिया जाए और उसे लागू किया जाए, बल्कि वास्तव में यह माना जाए कि यह फैसला एक सही फैसला है। क्या इसका यह मतलब है कि फैसले सर्वसम्मति से लिये जाएँ? यह जरूरी नहीं है। महत्त्वपूर्ण यह नहीं है कि किसका विचार फैसला बनता है, बल्कि महत्त्वपूर्ण यह है कि जो भी विचार फैसले की शक्ल ले, उसमें सबसे ज्यादा गुण हों और उसे ही स्वीकार किया जाए।

इसका विकल्प यह है कि टीम के लिए एक लक्ष्य घोषित कर दिया जाए। ऐसा वक्त हो सकता है जबकि ऐसा करना आवश्यक हो; क्योंकि एक रणनीति एवं दिशा तय करने का काम ऐसी सूचना पर आधारित होता है, जिसे रणनीतिक कारणों से कुछ ही व्यक्तियों तक सीमित रखा जा सकता है। कुछ मामलों में हमारे पास एक दृष्टि होती है और हम देखते हैं कि दूसरे इसे पूरी तरह समझ नहीं पा रहे हैं या स्वीकार नहीं कर रहे हैं। ऐसे मामलों में भी यदि उन मोटे व व्यापक पैमानों को समुचित स्तर तक खुलासा कर दिया जाए, जिनके आधार पर हम एक खास दिशा में आगे बढ़ रहे हैं, तो यह लोगों को समझने में मदद करता है कि हम चुने गए रास्ते पर और दिशा में क्यों आगे बढ़ रहे हैं। मोटे-मोटे दिशा-निर्देशों के तहत हम विशेष साझा लक्ष्यों के बारे में खूब माथापच्ची कर सकते हैं। इन मामलों में, यह नेता की अधिक जिम्मेदारी होती है कि वह टीम को संचालित करे और यह दरशाए कि जो विकल्प चुने गए हैं, वे वास्तव में सफल होते हैं।

एक लक्ष्य को साझा करने के लिए हम चाहे जो तरीका अपनाएँ, समाधान अवश्य ही पारस्परिक लाभ के आधार पर आगे बढ़ना चाहिए, जिसे 'सफलता की स्थिति' कहते हैं।

जब हम प्रभावी प्रतिभा नेताओं के रूप में पहचाने गए इंफोसिस नेताओं की सफल रणनीतियों की पड़ताल करते हैं तो हम इन सामान्य विषयों व तरीकों को अपनाए जाने की बात देख सकते हैं। जिम्मेदारियाँ सौंपते वक्त प्रवीण चंद केंद्रीय मूल्यों और परिणामों के बारे में सहमत होते हैं। एक बार जब सहमति बन जाती है, तो वे अपनी टीम के सदस्यों को पूर्ण स्वतंत्रता प्रदान करते हैं और परामर्श, निवेश, कार्य-प्रदर्शन के लिए माहौल-निर्माण आदि के जरिए अपनी टीम को पूरा समर्थन देते हैं। इसी तरह, मुरली अपनी टीम के साथ संवाद करने में काफी वक्त बिताने हैं। वे अपने नेतृत्व समूह के साथ नियमित रूप से साप्ताहिक बैठकें करते हैं। यह प्रक्रिया सहयोग, घटनाओं के बारे में परस्पर जानकारी देने और समर्थन व दिशा-निर्देश प्राप्त करने के एक मंच के रूप में काम करती है। मुरली अपने वृहत्तर समूह के साथ भी नियमित रूप से बैठकें करते हैं। इसके लिए वह दुनिया भर में उन स्थानों पर जाते हैं जहाँ उनकी टीम मौजूद है। फिर भी वे एक और तकनीक अपनाते हैं

और वे है 'कॉरिडोर मैनेजमेंट' (आसपास या इर्द-गिर्द टहलकर प्रबंधन करना)।

मुरली की ही तरह सूरी के लिए संवाद करना कुंजी है। सूरी रणनीति और मकसद पर सहमति बनाने के लिए अपनी निकटस्थ टीम के साथ वक्त बिताते हैं। एक बार जब यह कर लिया जाता है, तो वृहत्तर टीम के साथ जब वे समूह बैठकें करते हैं, तो मकसद और दिशा के बारे में और भी स्पष्टता आ जाती है। सूरी मानते हैं कि आप एक कमरे में बैठकर संगठन को अपने टेबुल पर रखे गए दस्तावेजों के आधार पर नहीं चला सकते। आपको जमीनी धड़कन को जानना-समझना होगा और पूरी सक्रियता से उससे निपटना पड़ेगा।

जब समूह विशाल होते हैं (जैसे, एक यूनिट में 4 हजार से ज्यादा लोग), तो लिखित संदेश महत्त्वपूर्ण होता है। लोग इस पर गौर करते हैं कि नेता के पास स्पष्टता, दृष्टि और मकसद हो। सूरी प्रत्येक क्वार्टर (त्रैमासिक) में वृहत्तर टीम को दो या तीन से ज्यादा संदेश नहीं भेजते, लेकिन उन संदेशों को तैयार करने में पर्याप्त वक्त लगाते हैं और फिर भी उन्हें अनौपचारिक रखते हैं, ताकि वे बातचीत की शैली में हों और इस बातचीत को समूह बैठकों में आमने-सामने भी जारी रखा जा सकता है।

पर्याप्त संसाधन

लोगों को सशक्त बनाते वक्त हमें यह सुनिश्चित करने की जरूरत है कि हमने उन्हें वे सारे संसाधन मुहैया करा दिए हैं, जो उन्हें साझा उद्देश्य को पूरा करने के लिए चाहिए। इसी तरह जब हम लोगों को सशक्त करना चाहते हैं, तो इससे पहले कि वे नई भूमिकाओं को अपनाएँ, उन्हें आवश्यक हुनर व प्रवृत्ति हासिल करने की जरूरत हो सकती है।

प्रतिभा नेतृत्व के प्रति रमेश चोगुले के दृष्टिकोण का मुख्य आधार यह रहा है कि वे व्यवहार में सलाहकारों के रूप में अपनी टीम की प्रभावकारिता को विकसित करें। उनका विश्वास है कि ज्ञान उद्योग में कर्मचारियों को उनके ज्ञान और हुनर में बढ़ोतरी करने में मदद करना उनके दीर्घकालीन कॅरियर लक्ष्यों में महत्त्वपूर्ण योगदान करता है। कॅरियर विकल्पों के बीच चुनते वक्त यह उनके लिए एक प्रमुख कारक होता है।

कार्य-प्रदर्शन (परफॉरमेंस) प्रबंधन

टीम के कार्य-प्रदर्शन का नेतृत्व करना रणनीति को लागू करने के संदर्भ में एक नेता के होने का कारण हो सकता है। कार्य-प्रदर्शन प्रबंधन का एक पहलू है

कर्मचारियों को यह समझने में मदद करना कि संगठन जिन लक्ष्यों को हासिल करना चाहता है, उसके संदर्भ में उसके लिए निश्चित कार्य-प्रदर्शन माप क्यों तय किए गए हैं और यह काम आदर्श रूप में भागीदारी तरीके से किया जाना चाहिए, जैसाकि पहले वर्णन किया गया है।

बहरहाल, यह महत्त्वपूर्ण है कि उन्हें लक्ष्य स्पष्ट हों। मैंने जिन कार्यशालाओं का संचालन किया है, मैं अकसर लोगों से पूछता हूँ, 'लोग यह क्यों नहीं करते हैं, जो हम उन्हें करने के लिए कहते हैं?' अधिकतर समूहों में मैंने पाया है कि नेताओं द्वारा आत्मनिरीक्षण करने के बाद जो शीर्ष कारण बताए जाते हैं, वे ये कि उन्होंने साफ-साफ बताया ही नहीं था कि वे क्या चाहते हैं। मैंने आम तौर पर जो पाया है, उसके दो रूप हैं–

1. अपेक्षाएँ स्पष्ट रूप से परिभाषित नहीं की गई थीं।

2. अपेक्षाएँ तो स्पष्ट की गई होती हैं, लेकिन वे कार्य-प्रदर्शन मापों से हटकर होती हैं।

एक मामले में सी.ई.ओ. ने शिकायत की कि लोग अपेक्षा के अनुरूप नतीजे नहीं दे रहे हैं। उनके लिए जो कार्य-प्रदर्शन माप तय किए गए थे, वे बिक्री की मात्रा को लेकर थे और वे उन्हें पूरा कर रहे थे। उनकी निराशा इस बात को लेकर थी कि वे हालाँकि बिक्री-परिमाण को पूरा करते थे, लेकिन मार्जिंस (मुनाफा) पर्याप्त नहीं था। सी.ई.ओ. ने कबूल किया कि उन्होंने कभी भी मार्जिंस को एक अपेक्षा के रूप में तय नहीं किया था, एक प्रमुख अपेक्षा की तो बात ही छोड़िए।

एक अन्य कारक जो भूमिका निभाता है, वह है अल्प काल और दीर्घ काल के बीच संतुलन। अगर मौजूदा कार्य-प्रदर्शन अल्पकालीन उपलब्धियों तक सीमित रखा गया है, तो लोग इसी पर अपना ध्यान केंद्रित करेंगे, जोकि कंपनी के महत्त्वपूर्ण दीर्घकालीन लक्ष्यों के खिलाफ होंगे। कभी-कभी दीर्घकालीन लक्ष्यों को मील के पत्थरों द्वारा मापा जा सकता है। अन्य मामलों में कोई मध्यकालीन वस्तुनिष्ठ माप नहीं ली जाती और परिणाम एक झटके में सामने आते हैं। इससे भी बदतर यह कि कोई ठोस परिणाम सामने नहीं आते, लेकिन यह सीख दे जाता है कि क्या काम नहीं करना है।

अंततः मुख्य सवाल है: क्या कार्य-प्रदर्शन प्रबंधन प्रणाली टीम के प्रदर्शन के ऊपर व्यक्तिगत प्रदर्शन को प्रोत्साहित करती है? आजकल ज्यादातर उद्यमों में टीम प्रयासों की जरूरत होती है। इसलिए यह आवश्यक है कि कार्य-प्रदर्शन माप ऐसे हों जो टीम प्रदर्शन को पुरस्कृत करें और टीम-कार्य की कीमत पर व्यक्तिगत प्रतियोगिता को बढ़ावा न दें। कोई तर्क दे सकता है कि प्रतियोगी दुनिया में यह एक वास्तविकता

है कि व्यक्ति प्रतियोगिता करते हैं और जो टीम के लक्ष्यों के लिए योगदान नहीं करते हैं, वे दूसरों के काम का लाभ नहीं पाते। बहरहाल, यह भी एक सच्चाई है कि बाहरी दुनिया में सफल होने के लिए टीम प्रयास ही मायने रखता है, व्यक्तिगत प्रयास नहीं। इसलिए यह महत्त्वपूर्ण है कि कुछ लक्ष्य ऐसे तय किए जाएँ जो टीम की उपलब्धियों पर निर्भर हों।

तीन स्तरों पर यह काम किया जा सकता है–

1. कार्य-प्रदर्शन मापों को व्यक्तिगत, टीम, अल्पकालीन और दीर्घकालीन लक्ष्यों में संतुलन स्थापित करना चाहिए।
2. वार्षिक कार्य-प्रदर्शन के वक्त अधिकतर लोगों को उनके निरपेक्ष कार्य-प्रदर्शन के आधार पर उन्हें खराब, ठीक-ठाक, अच्छा, बहुत अच्छा के रूप में रेटिंग दें। सीमित संख्या के लिए, मान लीजिए 5 प्रतिशत, उन्हें 'उत्कृष्ट' के रूप में आँकें। ऐसे लोगों के लिए जिन्हें उत्कृष्ट करार दिया जाता, नेता को इसका औचित्य अवश्य बताना चाहिए कि ये लोग क्यों उत्कृष्ट माने जाते हैं। अनुशंसाएँ एक पैनल के जरिए स्वीकृत की जानी चाहिए। ये पाँच प्रतिशत लोग उच्च क्षमतावाले होते हैं।

3. कार्य-प्रदर्शन से संबंधित पारिश्रमिक को अवश्य ही टीम उपलब्धियों पर जोर देना चाहिए, खासकर वरिष्ठ स्तरों पर।

लक्ष्य तय करना

लक्ष्य तय करते समय, प्रवीण इसे नीचे से तय करते हैं, टीम से सूचनाएँ व राय लेते हैं। वे पाते हैं कि लोग कमतर लक्ष्य नहीं तय करते, चूँकि आप उन पर भरोसा करते हैं और वे सीधे लक्ष्यों को स्वीकार करते हैं। जब नीचे से लक्ष्य तय करने का दृष्टिकोण संगठन की अपेक्षाओं पर खरा नहीं उतरता, तो प्रवीण समूह के सामने इसका खुलासा करते हैं और लक्ष्यों को चिह्नित कर देते हैं। वे मानते हैं कि अतार्किक लक्ष्य तय करने से काम नहीं बनता। ऐसे मामलों में लोग पहले से ही मान लेते हैं कि लक्ष्य हासिल करने योग्य नहीं हैं और इसीलिए वे उन्हें प्राप्त करने की कोशिश तक नहीं करते। स्पष्ट है कि यह प्रतिगामी कदम साबित होता है। एड लॉक द्वारा किए गए काफी शोधों ने इस विचार का समर्थन किया है कि कठिन किंतु हासिल करने योग्य लक्ष्य तय करना प्रभावी लक्ष्य-निर्धारण का केंद्रीय तत्त्व है (लॉक, शॉ, सारी एवं लैथम, 1981)।

फीडबैक

अंततः सशक्तीकरण की प्रक्रिया के रूप में 'फीडबैक' देना महत्त्वपूर्ण है।

कई मामलों में मैंने पाया है कि लोग स्पष्ट नहीं होते हैं कि वे कहना क्या चाहते थे। नेता आम तौर पर दो गलतियाँ करते हैं–

1. दूसरे व्यक्ति को वाकई सुने बिना किसी फैसले पर पहुँच जाना।
2. नकारात्मक फीडबैक देने से हिचकना, क्योंकि यह दूसरे व्यक्ति को आहत कर सकता है।

दोनों ही मामलों में हम अपनी प्रतिक्रियाओं को इस रूप में देख रहे हैं कि यह मुझे नेता को, क्या करता है, बजाय यह देखने के कि जो व्यक्ति 'फीडबैक' पा रहा है, उसे यह किस तरह मदद पहुँचाएगा। अगर हम व्यक्ति के कार्य-प्रदर्शन को सुधारने के प्रति अपने प्रयासों में गंभीर और ईमानदार हैं, ताकि वे विकसित हों, तो वे अंततः हमारे फीडबैक की सराहना करेंगे। 'फीडबैक' का कुछ भाग सकारात्मक होगा और जहाँ यह ईमानदारी से किया जाए, तो यह प्रेरणा को बढ़ाता है, लेकिन यदि बगैर पात्रता के सराहना की जाती है, तो यह भला करने के बजाय नुकसान ज्यादा कर सकती है।

चोर गड्ढे या फंदे

हालाँकि कुछ नेता सशक्तीकरण के लिए सभी पूर्व शर्तें और एक प्रभावी कार्य-प्रदर्शन प्रबंधन प्रणाली प्रदान करते हैं, तब भी सशक्तीकरण कभी-कभी विफल हो जाता है। यहाँ कुछ संभावित चोर गड्ढे दिए जाते हैं। जिन्हें ध्यान में रखना चाहिए–

- कष्ट बनाम उपलब्धि
- लोगों में विश्वास
- फालतू हो जाने का डर
- गलतियों का डर
- सफलता की स्थिति पैदा करना
- कहे अनुसार काम करना

कष्ट बनाम उपलब्धि : क्या यह लाभप्रद है?

सशक्तीकरण अभी हमारे समय, रकम और ऊर्जा के निवेश की माँग करता है, जबकि इसके परिणाम काफी बाद में सामने आते हैं। ऐसी स्थिति में कभी-कभी काम खुद कर लेने का प्रलोभन होता है, बजाय इसके कि किसी दूसरे को यह काम करने में समर्थ बनाने के लिए वक्त लगाया जाए। चोरगड्ढा यह है कि अगर आप खुद काम करना जारी रखेंगे, तो हर बार जब भी काम करने की

जरूरत पड़ेगी, आप इसे स्वयं के लिए बाध्य होंगे। जब हम दूसरे के सशक्तीकरण का प्रयास करते हैं, तो हम उन्हें आनेवाले हर समय में स्थिति सँभालने के लिए तैयार कर रहे होते हैं। सशक्तीकरण का काम छोड़ देने का प्रलोभन बहुत ज्यादा हो सकता है। काम करने का दबाव जितना ज्यादा होगा, उतना ही सशक्तीकरण को छोड़ देने के प्रति मोहित होंगे। ऐसी प्रतिक्रियाएँ स्वाभाविक हैं, क्योंकि वे वक्त की जरूरतों को पूरा करती हैं। हम सिर्फ एक तरीके से सशक्तीकरण की डगर पर टिके रह सकते हैं—हम पहले यह तय कर लें कि क्या इससे कष्ट की तुलना में ज्यादा हासिल होता है? प्राप्तियाँ केवल ठोस या मूर्त नहीं होतीं। वे व्यक्ति की बढ़ी हुई संलग्नता हो सकती हैं। वे काम में रचनात्मक योगदान कर सकती हैं, नए विचार पैदा किए जा सकते हैं जब वह एक नई चुनौती पर विजय प्राप्त करता है, तो उसे संतुष्टि मिल सकती है, आदि।

प्रवीण पाते हैं कि अधिकतर मामलों में सूक्ष्म-प्रबंधन कोई ज्यादा उपयोगिता नहीं प्रदान करता। वे सूक्ष्म प्रबंधन नहीं करते हैं, तो वे भावनात्मक रूप से निर्लिप्त रहते हैं और आवश्यकतानुसार वस्तुनिष्ट फैसले ले सकते हैं। इसी प्रकार, सूरी ने अपने कॅरियर के शुरुआती दिनों में सूक्ष्म-प्रबंधन को आजमाया। प्रोजेक्ट अस्त-व्यस्त हो गया, फिर सँभला और अंततः ग्राहक को सेवा प्रदान कर दी गई, जिससे वह बेहद खुश हुआ। उन्हें (सूरी) एक उच्च्च प्रदर्शनकर्ता करार दिया गया। लेकिन इस प्रक्रिया में उनकी टीम पस्त हो गई। उन्हें महसूस हुआ कि वे निरंतर भाग रहे हैं। सूरी ने महसूस किया कि कोई अधिकार प्रदान नहीं किया गया, कोई बड़ी तसवीर या रूपरेखा साझा नहीं की गई थी। सूक्ष्म-प्रबंधन से निकलकर परिणाम-आधारित प्रबंधन तक जाने में उन्हें बहुत वक्त लगा। लेकिन इससे उन्हें संगठन में विकास करने में, आगे बढ़ने में मदद मिली, क्योंकि उन्होंने अपने बादवाले स्तर को जिम्मेदारी सँभालने का मौका दिया।

लोगों पर भरोसा करना : हम लोगों को किस नजर से देखते हैं?

अपने पिछले अनुभवों के जरिए हम दूसरों के बारे में खास विश्वास पाल लेते हैं। यह विश्वास तय करते हैं कि हम लोगों के प्रति किस तरह प्रतिक्रिया जताते हैं। दूसरों में विश्वास करना तय करता है कि उन्हें सशक्त बनाने के प्रयास में हम किस हद तक जाने को तैयार हैं। लोगों को सशक्त बनाने में समय और प्रयास लगाने के लिए हमें पहले यह मानने की जरूरत है कि उनमें निम्न योग्यता है—

- बड़ी तसवीर को समझना।
- समुचित लक्ष्य तय करने के लिए प्रेरणा एवं परिपक्वता।

■ आवश्यक हुनर व ज्ञान हासिल करने की ललक।

हमारा विश्वास शुरू होता है पहले लोगों में व्यक्तियों के रूप में विश्वास करने से। जब हम यह मानते हैं कि वे बस हमारी तरह हैं, चुनौतियों का सामना करने को तैयार हैं, वे हमारी ही तरह अपने आत्मविश्वास और क्षमता को बढ़ाना चाहते हैं, तो यह संभावना होती है कि हम उन्हें इस रूप में देखें कि इस वक्त उनकी जो भी सीमाएँ हैं, वे एक व्यक्ति के विकास की प्राकृतिक प्रक्रिया का हिस्सा है। आखिरकार, हममें से कई लोगों ने दुनिया के सभी ज्ञान, हुनर और बुद्धिमत्ता के साथ अपनी जिंदगी की शुरुआत नहीं की। हम जैसे-जैसे आगे बढ़ते गए, हमने वैसे-वैसे उन्हें हासिल किया और इसी तरह हमारे लोग भी हासिल कर सकते हैं। हमने विशेषज्ञता हासिल की, क्योंकि हमारे पास जीवन का एक मकसद था। हमने उन्हें प्राप्त किया क्योंकि हम व्यक्तियों के रूप में विकसित होना चाहते थे; इसी तरह वे भी कर सकते हैं।

विश्वास यह भी तय करता है कि आप लोगों के प्रति किस तरह प्रतिक्रिया जाहिर करते हैं। कई बार हमारी प्रतिक्रियाएँ हमारे विश्वासों को बल प्रदान करती हैं। जब हम एक व्यक्ति से सकारात्मक योगदान की अपेक्षा करते हैं, तो हमारी प्रतिक्रिया उसे ऐसा काम करने के लिए प्रोत्साहित करती है जो हमारे सकारात्मक विश्वासों को और मजबूती दे। जब हम एक व्यक्ति से नकारात्मक योगदानों की आशा करते हैं, तो हमारी प्रतिक्रियाएँ उन्हें ऐसे कदम उठाने को मजबूर करती हैं जो उसके बारे में हमारी नकारात्मक छवि को और बल दें। यह स्वयंसिद्ध भविष्यवाणियों की शक्ति है। हम यह महसूस करने में विफल रहते हैं कि परिणाम महज उन कामों का नतीजा नहीं है, जो वह करता/करती है, अपितु उसके काम इस बात से तय होते हैं कि हम उसके प्रति कैसी प्रतिक्रिया जताते हैं।

दूसरों के बारे में हमारे विश्वास इस बात से भी तय होते हैं कि हम अपने बारे में क्या मानते हैं। अगर हम महसूस करते हैं कि हम प्रोत्साहित किए जाने या दबाव दिए जाने पर ही काम करते हैं, तो इस बात की संभावना है कि हम यह मानें कि दूसरे भी तभी काम करते हैं जब उन्हें प्रोत्साहित किया जाए या दबाव डाला जाए। अगर हम फैसले लेने में हिचकिचाते हैं, तो हम मानते हैं कि दूसरों के भी फैसले लेने में हिचकिचाने की संभावना है।

प्रवीण कहते हैं कि लोगों में यकीन करना उनके नेतृत्व संबंधी नजरिए का मूल तत्त्व है। सूरी भी कहते हैं कि हालांकि परिणामों को लेकर दृढ़ और पेशेवर होने की जरूरत है, पर यह बहुत महत्त्वपूर्ण है कि अपने से बादवाले के साथ निजी संबंध विकसित किए जाएँ क्योंकि आपको उन्हें लोग के रूप में समझने और उनसे जुड़ने

को जरूरत पड़ती है। आपको उनके कॅरियर में भी सक्रियता से रुचि दिखानी है।

मुरली ने जब अपनी यूनिट में चुनौतियों पर काम करना शुरू किया, तो शुरू में ऐसा वक्त आया जब उन्होंने महसूस किया कि उन्हें सफलता नहीं मिल रही है, कोई रास्ता नहीं निकल रहा है। लेकिन वे डटे रहे, लगे रहे। एक चीज जिसने उनकी मदद की, वह यह कि उन्होंने अपनी टीम की क्षमता को महसूस किया। चूँकि हर कोई ढेर सारे बदलाव से गुजर रहा था, उन्होंने उन्हें ज्यादा समर्थन, समय व गुंजाइश देने पर ध्यान केंद्रित किया।

फालतू हो जाने का डर

अकसर यह विचार आता है कि क्या दूसरों को सशक्त करने की प्रक्रिया में हम ऐसी स्थिति की ओर बढ़ रहे हैं जहाँ हम नेता के रूप में फालतू करार कर दिए जाएँगे। यह सही है : हम वाकई एक ऐसी स्थिति की ओर बढ़ रहे हैं जहाँ हम फालतू या अर्थहीन हो जाते हैं। यह फालतूपन, बहरहाल, हमारे लिए व्यक्तियों या नेताओं के रूप में नहीं आता, बल्कि हमारी मौजूदा भूमिका को लेकर आता है।

जब हम दूसरों को सशक्त करते हैं, तो इससे हमें अपनी अनूठी योग्यताओं और गुणों को सुदृढ़ करने का वक्त मिलता है, ऊर्जा मिलती है। यह हमें उच्चतर भूमिका के लिए आवश्यक योग्यताओं और गुणों को विकसित करने के लिए भी समय और ऊर्जा प्रदान करता है। यह हमें रणनीतिक प्रतियोगी परिदृश्य पर विचार करने का स्थान व समय देता है, बजाय इसके कि हम उन कामों में अपने को पस्त कर दें, जो हमारी टीम के सदस्य हमारे बगैर भी सफलतापूर्वक कर सकते हैं। आपका बॉस या मालिक आपको उच्चतर जिम्मेदारियाँ कैसे सौंप सकता है, यदि पुराना काम करने के लिए अभी भी आपकी जरूरत पड़ती है, क्योंकि आपने अपना स्थान लेने के लिए किसी और को विकसित ही नहीं किया?

गलतियों का डर

एक पंगु कर देनेवाला डर होता है कि हम जिन्हें सशक्त कर रहे हैं, वे गलतियाँ करेंगे। आप जब कुछ नया करने की कोशिश करते हैं, तो आप गलतियाँ करते हैं। यह सीखने का एक हिस्सा है। इस पथ पर यात्रा करते हुए गलतियाँ हमें सिखाएँगी कि क्या कारगार नहीं रहता है। निपुणता की पुस्तकें सलाह देती हैं कि उच्चतम स्तर पर कार्य-प्रदर्शन करने के लिए 10 हजार घंटों का संगठित अभ्यास करना पड़ता है (डे, 2010; एरिक्सन, 2009)। पहले कुछ हजार घंटे निश्चित तौर पर दस हजारवें घंटे की तुलना में कम प्रभावी होंगे।

सफलता की स्थिति पैदा करना

सशक्तीकरण दीर्घकाल में तभी सफल होगा जब हर कोई अपने को विजयी महसूस करे। एक नेता के रूप में आपके लिए सफलता की स्थिति यह हो सकती है कि आप ज्यादा काम करा लेने की योग्यता हासिल कर लेते हैं। एक नेता के रूप में आपके लिए प्रमुख बात है कि आप अपने लोगों को अच्छी तरह समझें कि उन्हें किस बात की फिक्र है और उन्हें यह समझने में मदद करें कि कैसे लक्ष्यों को हासिल करना और लक्ष्यों को पाने के लिए अपने स्तर पर फैसले करना उन्हें अपने निजी लक्ष्यों या हितों को पाने में मदद करता है।

कथनी के अनुसार करनी

जब हम लोगों का सशक्तीकरण करते हैं, तो वे भी मार्गदर्शन के लिए हमारी ओर देखते हैं। हम जो कुछ उन्हें करने के लिए कह रहे हैं, उसमें उनका अपना विश्वास या भरोसा तब और सुदृढ़ हो जाता है जब वे देखते हैं कि हमारी करनी या काररवाई हमारी कथनी से मेल खाती है। यह बात खासकर कठिन विकल्प चुनने की स्थितियों में सच साबित होती है। हम जो विकल्प चुनते हैं, वे खाली नारों, प्लास्टिक कार्डों या बैनरों की तुलना में कहीं ज्यादा शक्तिशाली होते हैं। व्यक्तिगत नेता के स्तर पर सशक्तीकरण की कुंजी हमारे अपने विश्वासों का मूल्यांकन या आकलन है जो सशक्तीकरण और उन पर काम करने को बढ़ावा देता है या बाधित करता है।

इंफोसिस में सफल प्रतिभा नेता

प्रत्येक नेता ने प्रतिभा नेतृत्व के बारे में अपने दृष्टिकोण को लेकर जो बातें बताईं, हम इस खंड में उनका सारांश पेश करते हैं। इंफोसिस में प्रभावी प्रतिभा नेताओं के सभी चारों उदाहरण ऊपर से भिन्न-भिन्न दृष्टिकोण के हैं, लेकिन उनमें आठ बातें साझा पाई गईं–

1. उन सबमें यह भरोसा था कि उनके लोग जिम्मेदारी लेने और स्वामित्व वहन करने के काबिल हैं।
2. उन्होंने अपने लोगों को समझने और यह जानने में अपना समय लगाया कि उन्हें क्या चीजें प्रिय हैं या उनकी रुचि की हैं।
3. उनकी भूमिका इन रुचियों का मिलान संगठनात्मक लक्ष्यों के साथ करने की थी।
4. उन्होंने अपनी टीमों के सामने वृहत् तसवीर रखने और यह बताने में कि

उनके प्रयास इसमें कैसे फिट हो सकते हैं, अपना समय लगाया।

5. उनका नजरिया 'नरमी से दुलारनेवाला' कतई नहीं था; दृष्टिकोणों और मकसदों को लेकर उनकी समझ साफ थी।
6. एक बार सहमतियाँ बन जाने पर; उन्होंने अपने लोगों पर छोड़ दिया कि अब वे नतीजा दिखाएँ। जरूरत पड़ने पर उन्होंने सूक्ष्म-प्रबंधन भी किया, लेकिन यह कोई नियम नहीं था।
7. उन्होंने अपने लोगों की दृश्यता और मान्यता सुनिश्चित की।
8. उन्होंने अपनी गलतियाँ मानीं और उनसे सबक सीखे।

यू.बी. प्रवीण राव

प्रवीण ने अपने लोगों के साथ काम करने के जो तरीके अपनाए, उसके मूलतः तीन पहलू हैं–

1. यह पहचानना कि व्यक्तियों में भिन्न-भिन्न क्षमताएँ होती हैं : उनका प्रयास यह पहचानने का रहा है कि वे किसमें अच्छे हैं और फिर उनके लिए अवसर पैदा करना, ताकि वे अपनी प्रतिभा दिखा सकें।

2. लोगों को सुनना : उन्होंने पाया कि जिन मामलों में वे उनकी समस्याएँ पूरी तरह नहीं भी सुलझा सके हैं, उनकी बातें सुनने से उनके लोगों ने महसूस किया कि उनकी बातें सुनी गईं।

3. पारदर्शी होना : पारदर्शी होने से आपकी मंशा के बारे में लोगों में विश्वास पैदा होता है।

प्रवीण पाते हैं कि इसका परिणाम यह होता है कि जब वे निजी रूप से आपके फैसलों से सहमत नहीं होते हैं, तो भी आपकी टीम के सदस्य मानते हैं कि आप न्यायोचित हैं और यूनिट के मकसदों व लक्ष्यों से समझौता नहीं करेंगे।

योग्यताओं या क्षमताओं को पहचानना

प्रवीण मानते हैं कि प्रत्येक व्यक्ति भिन्न होता है। वह विभिन्न व्यक्तियों से चर्चा करते हैं और पता करते हैं कि उनकी क्या रुचियाँ हैं, अतीत में उन्होंने ऐसा क्या किया है जो उनकी रुचि के अनुकूल हो और अपनी अंतर्दृष्टि के आधार पर फैसले करते हैं कि किस तरह का काम उन लोगों के लिए रुचिकर होगा। बिक्री समूह बनाते समय प्रवीण ने ऐसे लोगों तक खुद को सीमित नहीं रखा जो बिक्री पृष्ठभूमि के हों। उन्होंने सभी शाखाओं व धाराओं में नजर दौड़ाई और विविध अनुभवों व क्षमताओंवाले लोगों की टीम बनाकर अपनी यूनिट के लिए मजबूत नींव खड़ी की।

जिम्मेदारियाँ सौंपते वक्त प्रवीण कुछ केंद्रीय परिणामों और मूल्यों पर राजी होते हैं। एक बार जब सहमति बन जाती है, तो वे अपनी टीम के सदस्यों को पूरी स्वतंत्रता प्रदान करते हैं और जैसी जरूरत हो वह परामर्श, निवेश, कार्य-प्रदर्शन का माहौल पैदा कर अपनी टीम को पूरा समर्थन देते हैं।

प्रवीण मानते हैं कि उन्हें खुद को ऐसे लोगों से घिरा रखना चाहिए, जो उनसे ज्यादा काबिल हों। वे यह भी मानते हैं कि लोगों को अपनी कॅरियर आकांक्षाओं के अनुसार (यूनिट से) बाहर जाने दिया जाए, खासकर इंफोसिस के अन्य भागों में।

सुनना

प्रवीण पाते हैं कि लोगों की बातें सुनना लाभकारी होता है, क्योंकि लोग महसूस करते थे कि वे अनिर्णय की स्थिति में होते हैं। 'जब आप उनकी बातें सुनते हैं, तो वे आपकी भी बात सुनने को ज्यादा तैयार रहते हैं। वैसे, कभी-कभी ऐसा भी होता है कि लंबी चर्चाओं के बावजूद वे एक खास नजरिए पर टिके रहते हैं, जोकि स्वीकारने योग्य नहीं होता। ऐसे मौकों पर, मैं अंततः उनसे कह देता हूँ कि या तो आप हकीकत को स्वीकार कर लें या इसे बदलने के लिए काम करें।'

सूक्ष्म-प्रबंधन

प्रवीण सूक्ष्म-प्रबंधन के खिलाफ हैं। उन्होंने पाया है कि अतीत में जब उन्होंने सूक्ष्म-प्रबंधन करने की कोशिश की, तो वे समीक्षा करने में वक्त जाया करते थे और अपनी ओर से उपयोगिता बढ़ाने में कोई अहम योगदान नहीं कर पाते थे। वे कहते हैं, 'जब चीजें ठीक काम कर रही हों, तो सूक्ष्म-प्रबंधन की कोई जरूरत नहीं होती।' बहरहाल काम की प्रगति से खुद को वाकिफ रखने के लिए वे समय-समय पर समीक्षाएँ करते हैं। वे निष्कर्ष रूप में कहते हैं, "जब चीजें ढंग से काम नहीं कर रही हों, तो मैं यह देखने के लिए सूक्ष्म-प्रबंधन करता हूँ कि मैं उन्हें कहाँ मदद व समर्थन दे सकता हूँ।"

लक्ष्य-निर्धारण

लक्ष्य-निर्धारण करते समय प्रवीण अपनी टीम से राय लेते हैं। जब नीचे से राय लेकर लक्ष्य तय करने का यह दृष्टिकोण संगठन की अपेक्षाओं के अनुकूल नहीं होता, तो वह समूह से इसका खुलासा करते हैं और लक्ष्यों को चिह्नित कर देते हैं। वह ऐसा करते हैं, क्योंकि मूलतः उन्हें अपने लोगों में दृढ़ भरोसा होता है।

जब लोग अतिरिक्त जिम्मेदारियों के लिए आग्रह करते हैं, तो प्रवीण उन्हें वे

जिम्मेदारियाँ सौंप देते हैं। जब वे इन जिम्मेदारियों को पूरा करने में सफल रहते हैं, तो वे वापस आकर और ज्यादा जिम्मेदारियों की माँग करते हैं। सामान्य तौर पर ये अतिरिक्त जिम्मेदारियाँ या तो उनके लक्ष्यों का ही एक छोटा हिस्सा होती हैं या उनकी लक्ष्य सूची में कतई दर्ज नहीं होतीं। बहरहाल, प्रवीण ने कभी भी इसे उनके उत्साह को सीमित करनेवाला नहीं पाया। 'मेरे विचार में वे इसे विकास पहल के रूप में भी देखते हैं जिसका फायदा उन्हें मध्य से लेकर दीर्घ काल तक में मिलेगा, लेकिन जब आप उन पर कुछ चीजें जबरन थोपते हैं, तो मैंने पाया है कि वे आपके पास वापस यह पूछने आएँगे कि उन्हें यह काम क्यों करना चाहिए और यह उनके लक्ष्यों में कहाँ इजाफा करता है।' चूँकि प्रवीण का व्यक्तिगत और संगठनात्मक कार्य-प्रदर्शन अच्छा बना हुआ है, इसलिए इन परिणामों ने 'लक्ष्य-निर्धारण के उनके विश्वास को और मजबूती दी है।'

प्रवीण आगे जोड़ते हैं, "वैसे भी लोग होते हैं जो संतोषी होते हैं और ज्यादा जिम्मेदारी नहीं लेना चाहते। मैं इस बात को समझता हूँ। ऐसे लोगों के साथ मैं कॅरियर संबंधी बातचीत करता हूँ, जिसमें मैं उनके विकल्पों के परिणाम स्पष्ट रूप से समझा देता हूँ।"

प्रवीण ने जन-प्रबंधन का अपना दृष्टिकोण किस तरह विकसित किया

अपने कॅरियर की शुरुआत में प्रवीण के पास बस एक या दो लोगों की टीम थी। उन दिनों वे संस्थापकों के साथ कार्य-व्यवहार करते थे। प्रवीण ने जिन बातों की चर्चा पहले की, उन्होंने संस्थापकों को वैसा करते देखा था और यह भी समझा कि इससे उन्हें (प्रवीण को) क्या मिला या उनके साथ क्या हुआ। प्रवीण कहते हैं, "मैं अनुमान करता हूँ कि मैंने यह नजरिया उन्हीं लोगों से हासिल किया।"

उनके एक नेता ऐसे भी थे, जो आक्रामक थे, लेकिन लोगों को प्यार भी करते थे। लोग आम तौर पर उनका एक पक्ष ही देखते थे–वे माँग करते थे और दबाव बनाते थे। प्रवीण ने उनका दूसरा पक्ष देखा–लोगों के लिए उनकी वास्तविक देखभाल या चिंता। यहाँ तक कि दबाव बनाने में भी, वे चाहते थे कि लोग उद्यमी बनें और विकास करें। प्रवीण कहते हैं, "मैंने देखा कि जिन लोगों ने उनकी मंशा को मान लिया, वे कैसे विकसित हुए, आगे बढ़े।" प्रवीण के एक सूक्ष्म-प्रबंधक भी हुआ करते थे। उनसे उन्होंने सीखा कि उन्हें क्या नहीं करना चाहिए।

के. मुरली कृष्ण

मुरली अक्तूबर 2007 में कारोबार-समर्थकारी-कार्य (बी.ई.एफ.) को चलाने

की भूमिका में आए। इस समूह का ट्रैक रिकॉर्ड इतना सफल रहा है कि जब इंफोसिस 60 प्रतिशत सालाना की दर से विकास कर रहा था, यह समूह कारोबारी माँगों को पूरा कर रहा था और लगातार नतीजे दे रहा था। जब उन्होंने (मुरली ने) कमान सँभाली, तो उन्होंने गौर किया–

1. उनकी नई टीम अपने दायरे में रह कर काम करती थी।
2. प्रत्येक व्यक्ति का अपने क्षेत्र विशेष (डोमेन) पर ध्यान केंद्रित था।
3. सहयोग निम्न था, जिससे कि कुछ मामलों में प्रोजेक्ट में अपेक्षाकृत लंबा समय लग जाता था।
4. अप्रयुक्त विशाल योग्यता और क्षमता थी, जिसे कि कंपनी के वृहत्तर परिदृश्य में फिट करना था।

उनके नए कर्मचारियों में स्वाभाविक रूप से चिंताएँ थीं। उनमें एक हीनभाव था कि चूँकि वे बी.ई.एफ. हैं, न कि एक असली कार्य रेखा, इसलिए वे महत्त्वपूर्ण नहीं हैं। वे इस बारे में अस्पष्ट थे कि फैसले कैसे लिए जाते हैं और वे इस बारे में तभी जानते थे, जब उन्हें वे सौंप दिए जाते थे। उन्हें सीखने का कोई मौका उपलब्ध नहीं था। परिणामस्वरूप, उनमें निराशा थी। मुरली बताते हैं, "वे महसूस करते थे कि राजस्व पैदा करनेवाली इकाई होना अच्छा था; बी.ई.एफ. में लोग कारोबारी मॉडल का अभिन्न हिस्सा नहीं माने जाते, इसीलिए उनका मूल्य कम आँका जाता है।"

मुरली का दृष्टिकोण

मुरली ने ऐसा बहुत कुछ किया जो पहले उनके लिए कारगर रहा था। सबसे पहले, उन्होंने नेतृत्व टीम के साथ साप्ताहिक बैठकों की शुरुआत की। इससे वरिष्ठ स्तरों पर संवाद और सहयोग बेहतर हुआ। उसके बाद, उन्होंने अतीत के अपने ही दायरे में रहकर काम करने की परंपरा की कोठरियों को तोड़ने के लिए कदम उठाए। उन्होंने यह सुनिश्चित किया कि सभी परियोजनाओं या पहलों में नेतृत्व टीम से एक प्राइमरी (प्राथमिक) और सेकेंडरी (द्वितीयक) एंकर हो। मुरली ने नियम बनाया कि प्रत्येक प्रोजेक्ट/पहल टीम में विभिन्न खंडों के टीम सदस्य हों और इस तरह एक कोर टीम बने जिसमें टेक्नोलॉजी ग्रुप और ऑपरेशन ग्रुप के भी सदस्य शामिल हों। इससे यूनिट के अंदर सभी समूहों से भागीदारी सुनिश्चित करने में मदद मिली और इससे सीखने के भी ज्यादा अवसर मिले।

इसके आगे, उन्होंने अपनी टीम की संलग्नता को और सुधारने के लिए नवाचार की शुरुआत की। उन्होंने दोपहर का भोजन इकट्ठा करने की भी शुरुआत

की, ताकि लोग एक-दूसरे के साथ संवाद करें और सीखें। उन्होंने नए पुरस्कार भी शुरू किए। उन्होंने नेतृत्व टीमों का सशक्तीकरण किया और उन्हें अपनी टीमों का मूल्यांकन करने और उन्हें पुरस्कृत करने की जिम्मेदारी भी सौंपी। उन्होंने विविध प्रकार के प्रशिक्षण कार्यक्रमों के जरिए सदस्यों के हुनर के विकास के लिए नए प्रयासों की शुरुआत की। उन्होंने दुनिया भर के सभी केंद्रों से, जिसमें सहायक केंद्र भी शामिल थे, के मैनेजरों की मासिक बैठक के आयोजन की भी शुरुआत की और यह बेहद लोकप्रिय हुई।

मुरली की रणनीति का एक भाग यह था कि इंफोसिस के अंदर उनके वरिष्ठ नेताओं की दृश्यता ज्यादा हो और उनकी बेहतर ब्रांडिंग हो। उन्होंने यूनिट की रणनीतिक दिशा और कॅरियर विकास के आधार पर आंतरिक एवं बाह्य दोनों प्रशिक्षणों के जरिए यूनिट के हुनर विकास के लिए एक एंकर की स्थापना की। प्रत्येक त्रैमासिक आधार पर उन्होंने आंतरिक बोर्ड सदस्यों के साथ दो बैठकों की रूपरेखा बनाई। एक बैठक में सेवाएँ प्रदान करने में यूनिट के कार्य-प्रदर्शन को सामने पेश किया जाता था और दूसरी बैठक में शीर्ष परियोजनाओं की समीक्षा की जाती थी। उन्होंने टीम को बाह्य रूप से भी बढ़ावा दिया, उदाहरण के लिए भारतीय उद्योग परिसंघ (कॉन्फेडरेशन ऑफ इंडियन इंडस्ट्रीज) में, जहाँ उन्होंने सह-अध्यक्ष के रूप में काम किया और भारत में अन्य उच्च-रूपरेखा वाली प्रशासकीय परिषदों में, जहाँ उन्होंने काम किया।

मुरली के गुण

मुरली महसूस करते हैं कि उनकी दृढ़ता या डटे रहना उनकी सफलता का एक प्रमुख कारक रही। चूँकि हर कोई ढेर सारे बदलाव से गुजर रहा था, उन्होंने अपनी टीम के सदस्यों को ज्यादा समर्थन, समय और गुंजाइश देने पर ध्यान केंद्रित किया। टीमें सजग थीं कि बदलाव एकमात्र विकल्प है। उन्होंने बदलावों को जारी रखा, मगर साथ में अपनी टीम की बातों को सुनने की दृढ़ इच्छा जताई, उनके विचारों पर खुले मन से गौर किया, उनकी ताकतों और उपलब्धियों को माना, प्रोजेक्टों और पहलों पर सहयोग किया और अंततः विनोदप्रियता के जरिए उन्होंने काम को ज्यादा मजेदार बनाने के लिए कड़ी मेहनत की। वे अपने दृष्टिकोण की चंद कमियों को स्वीकार करते हैं। लोग हर चीज के लिए उनके पास ज्यादा आना चाहते थे और अपने किसी नेता के पास जाने के बजाय वे सीधे उनके (मुरली के) पास आते थे। इस तरह लिये गए फैसलों में नेताओं के सशक्तीकरण में बाधा बनने की आशंका थी, यानी नेताओं के सशक्तीकरण का प्रयास पटरी से उतर सकता था।

लोग संलग्न क्यों हुए?

मुरली महसूस करते हैं कि उनके समूह के सफल रूपांतरण में कई कारक सर्वोपरि रहे। सर्वप्रथम, उन्होंने विनोदप्रियता से तनाव को हलका कर दिया। वे अकसर गैर-कामकाजी चीजों के बारे में बातें करते थे, ताकि आमोद-प्रमोद बना रहे। दूसरे, वे (कर्मचारी) उस प्रगति को देख सकते थे, जिस तरह उनकी यूनिट इंफोसिस के अंदर और बाहर अवस्थित व प्रतिष्ठित थी। टीम के सदस्य यूनिट-स्तरीय पहलों में ज्यादा जुड़े हुए थे जोकि पहले ऐसा नहीं हो सकता था। उन्होंने (कर्मचारियों) कंपनी के अंदर और बाहर पर्याप्त मान्यता भी देखी।

मुरली ने ये गुण कैसे विकसित किए?

प्रवीण की तरह मुरली भी उन चुनिंदा लोगों में से हैं, जिन्होंने इंफोसिस के सभी संस्थापक सदस्यों के साथ काम किया है और कंपनी के साथ ही विकसित हुए हैं या बड़े हुए हैं। वे कहते हैं, "मैंने इन नेताओं को काम करते देखकर बहुत सीखा, जिसका इस्तेमाल मैं प्रभावी ढंग से अपने दैनिक कार्यों में किसी-न-किसी रूप में करता हूँ। मैंने ग्राहकों से भी काफी कुछ सीखा है, क्योंकि मैंने उनके साथ बीस वर्षों तक काम किया है।"

के. सूर्यप्रकाश (सूरी)

सूरी के अनुसार एक नेता को कई लोगों के साथ संलग्न होना (जुड़ना) पड़ता है और इसे प्रभावी ढंग से करना पड़ता है। कम-से-कम 'रिपोर्ट करने के स्तर' पर लोगों के तीन स्तर होते हैं, जिनके साथ संलग्न होना होता है-सीधी रिपोर्टें, काम में परिवर्तनवाला स्तर (स्किप लेवल) और बाकी टीम। प्रत्येक स्तर के लिए दृष्टिकोण बदल जाते हैं।

बाकी टीम

सूरी के अनुसार, प्रत्येक स्तर पर लोग, लेकिन वृहत्तर टीम के मामले में ज्यादा (जिनका उनके साथ दैनिक आधार पर बहुत ज्यादा कार्य-व्यवहार नहीं होता) मकसद और दिशा की साफगोई की अपेक्षा करते हैं और व्यक्तियों के रूप में जो मामले उनके लिए मायने रखते हैं, उनमें वास्तविक दिलचस्पी भी देखना चाहते हैं। चूँकि वे महसूस करते हैं कि 'एक यूनिट नेता अकसर टीम के लिए एक प्रतिनिधिक प्रमुख होता है', इसलिए यह महत्त्वपूर्ण है कि वह उन चीजों की जानकारी प्रदर्शित करे जो उनके लिए मायने रखते हैं। सूरी ईमानदारी से लोगों के

साथ जुड़ने की कोशिश करते हैं, ताकि उन्हें (सदस्यों को) लगे कि उनकी बात सुनी गई और उनका अच्छा प्रतिनिधित्व है। वे एक खुला, 'अभय' माहौल बनाए रखने के लिए कड़ी मेहनत करते हैं ताकि, लोग बैठकों में अपनी बात कहने में सहजता महसूस करें।

सूरी कहते हैं कि प्रत्येक व्यक्ति, यहाँ तक कि जूनियर लोगों के साथ जुड़ने का एक तरीका है कि 'जब मैं लोगों से व्यक्तिगत रूप से मिलता हूँ, उनके पास से गुजरते हुए या अन्य स्थितियों में, तो यह महत्त्वपूर्ण है कि आप उनके नाम याद रखें, मुसकराएँ और उनका अभिवादन करें। अपने मानव संसाधन बिजनेस पार्टनर की मदद से मैं अपने किए हुए वादों को पूरा करने में बहुत ज्यादा ध्यान लगाता हूँ।'

स्किप लेवल (काम में परिवर्तन होनेवाला स्तर)

स्किप लेवल सूरी के लिए एक महत्त्वपूर्ण स्तर है। वे सामान्य तौर पर अपनी डायरेक्ट रिपोर्ट्स (सीधी या प्रत्यक्ष रिपोर्टों) से रोजाना उनकी रणनीति और मकसद के बारे में बातचीत करते रहते हैं और वे वही बातें अपने स्किप लेवल को बता देते हैं। जब वे इस पर फिर से जोर देते हैं, तो उनके अगले निकटस्थ स्तर का काम अपेक्षाकृत आसान हो जाता है, क्योंकि जोर दिया गया है।

स्किप लेवल रणनीति/मकसद की समालोचना करने और लोगों के मनोभावों के बारे में फीडबैक देने में भी भूमिका निभा सकता है। स्किप लेवल के साथ सूरी का संबंध भी उठनेवाले किसी मुद्दे का हल पेश करने में उनकी मदद करता है। वे कहते हैं, "मैं प्रत्येक नेता को प्रत्यक्ष काम को लेकर अपनी प्रत्यक्ष रिपोर्टों के साथ जुड़ने के लिए प्रोत्साहित करता हूँ और स्किप लेवल के साथ अनौपचारिक संबंध बनाने के लिए कहता हूँ। स्किप स्तरों के साथ मैं कार्य विशेष के बारे में बात नहीं करता हूँ, बल्कि सिर्फ एक दोस्त और साथी के तौर पर बातचीत करता हूँ।"

डायरेक्ट रिपोर्ट्स (प्रत्यक्ष या सीधी रिपोर्टें)

अपनी प्रत्यक्ष रिपोर्टों के साथ सूरी का काम 'ज्यादा सघन होता है, क्योंकि विविध सौदों, रणनीति और रणनीति के साथ नियमित रूप से जुड़नेवाली चीजों पर वे चर्चाएँ करते हैं।' वे उन्हें रणनीति पर चर्चाओं के हिस्से के तौर पर शामिल करते हैं, ताकि वे भी इसके सहभागी बनें। एक बार जब परिणामों के बारे में तालमेल बन जाता है, तो सूरी समुचित जिम्मेदारी अधिकार समेत सौंप देते हैं। वे कहते हैं,

"मैं कभी भी किसी अधिकारी पर दैनिक आधार पर कोई बात थोपता नहीं हूँ या उन्हें बाधित नहीं करता हूँ।"

अंततः सूरी उल्लेख करते हैं कि "परिणामों को लेकर हालाँकि दृढ़ और पेशेवर होने की जरूरत होती है, लेकिन अगले स्तर के साथ निजी संबंध बनाना भी बहुत महत्त्वपूर्ण होता है, क्योंकि आपको उन्हें लोग के बतौर समझने और उनसे जुड़ने की जरूरत होती है।"

सूक्ष्म-प्रबंधन

सूरी ने सूक्ष्म-प्रबंधन के बारे में 'दुष्कर तरीके' से सीखा। जैसाकि हमने पहले देखा है, 1990 के दशक में वे वेयरहाउस मैनेजमेंट सॉल्यूशन का काम देखते थे और तब वे इसका सूक्ष्म-प्रबंधन करते थे। सन् 2003 में जब वे चीन में इंफोसिस की कारोबारी यूनिट की शुरुआत कर रहे थे, वे काफी ज्यादा सहयोगात्मक हो गए थे। वे बताते हैं, "मैं अब सूक्ष्म-प्रबंधन करने के बजाय आगे बढ़ गया था और लोगों से परिणामों के बारे में पूछता था। मैं विविध वरिष्ठ लोगों को खास समस्याएँ बता देता था। कालांतर में मैंने पाया कि कुछ ने बढ़िया कार्य-प्रदर्शन किया, तो कुछेक ने नहीं।"

बीते वर्षों में सूरी ने महसूस किया है कि 'सही लोगों का चयन महत्त्वपूर्ण है। एक बार चयन कर लेने के बाद उनका समर्थन करें—आपको अपने पर भरोसा होना चाहिए और नियंत्रण खोने से विचलित नहीं होना चाहिए।' उन्होंने अपने वरिष्ठों से एक बात यह सीखी कि लोगों को बड़ी तसवीर से जोड़ें, उन्हें बताएँ कि समूह या यूनिट के लिए क्या महत्त्वपूर्ण है।

आज, सूरी सामान्यतः सूक्ष्म-प्रबंधन नहीं करते हैं, लेकिन यदि कोई संकट होता है, तो वे कहते हैं—

> *"मैं सूक्ष्म-प्रबंधन के लिए प्रवृत्त हो जाता हूँ, खासकर जहाँ प्रक्रिया एवं प्रशासन प्रणालियाँ पर्याप्त रूप से सुस्थापित नहीं हैं। बहरहाल, ऐसे मौके विरले ही आते हैं और ये पस्त नहीं करते।"*

सूरी कैसे विकसित हुए?

सूरी ने प्रभावी एवं अप्रभावी व्यवहारों के पैटर्न के बारे में जानने के लिए अपने 360 डिग्री फीडबैक सर्वे का इस्तेमाल किया। वह अपनी प्रत्यक्ष रिपोर्टों से भी खुले आम फीडबैक प्राप्त करते हैं। वे कहते हैं, "मैं यह सुनिश्चित करता हूँ कि 360 डिग्री फीडबैक में कुछ 'ना' कहनेवाले भी हों, ताकि फीडबैक संतुलित

रहे। मेरा विचार है कि 360 डिग्री फीडबैक आपके और आपके विकास के लिए है और इसीलिए यह सबसे ज्यादा महत्त्वपूर्ण है।"

रमेश चोगुले

रमेश इंफोसिस के एंटरप्राइज सॉल्यूशंस यूनिट में लाइफ साइंसेस की डिलीवरी विभाग के प्रमुख हैं। उन्होंने अपनी यूनिट को सन् 2007 में 1.7 करोड़ डॉलर के कारोबार से सन् 2009 में बढ़ाकर 5.8 करोड़ डॉलर का कर दिया—40 प्रतिशत विकास दर और वह भी 2008-09 की वैश्विक आर्थिक मंदी के बावजूद।

रमेश ने विषयगत क्षमता (डोमेन कंपीटेंस) के महत्त्व के बारे में लगातार संदेश दिया है। उन्होंने बार-बार कहा है कि "विकास के लिए यह अनिवार्य है कि हम अपने ज्ञान को लगातार अद्यतन करते रहें।" वे कहते हैं, "हमने जैसे-जैसे अपने प्रयासों को लागू किया, टीम को जमीनी स्तर पर नतीजे दिखने लगे। इससे मैंने टीम में इस प्रयास को जारी रखने की इच्छा जगाई, क्योंकि उन्होंने पेशेवर सलाहकारों के रूप में सीखने और विकसित होने के अवसर देखे। इससे उन्हें कंपनी में बने रहने में भी मदद मिली।"

अपनी टीम को संलग्न रखने के लिए रमेश त्रैमासिक स्किप लेवल बैठकों के लिए 50 से 150 लोगों के समूहों में 600-700 लोगों से मिलते हैं। वे उनसे विकास, नई सफलताओं, चालू सौदों और विपणन गतिविधियों के बारे में चर्चा करते हैं और टीम के काम के बारे में एक सकारात्मक माहौल पैदा करते हैं। विकास के इर्द-गिर्द अपने संदेश को बल देने के लिए वे सभी अनौपचारिक चर्चाओं के दौरान अपनी टीम के सदस्यों से पूछते हैं कि उन्होंने पिछले क्वार्टर (त्रैमासिक) में क्या सीखा।

रमेश शिद्दत से महसूस करते हैं कि अपनी टीम के ज्ञान को अद्यतन कर, वे उन्हें अपने कॅरियर को आगे बढ़ाने में समर्थ बना रहे हैं। उनका कहना है, "यदि वे अभ्यास को इस रूप में देखते हैं कि यह उनके निजी विकास में मददगार होगा, तो वे इसका हिस्सा होना चाहेंगे।"

मसलों एवं चिंताओं के बारे में चर्चाओं को लेकर रमेश ने हमेशा यह तरीका अपनाया है कि वे स्थिति को एकदम बेलाग ढंग से पेश करते हैं और अपनी चर्चाओं में सीधी बात करते हैं। वे कहते हैं, "जब मैं पलटकर देखता हूँ तो अपने आप से पूछता हूँ कि मैं सीखने के लिए उत्साही क्यों रहता था। उत्तर है: कुछ नया सीखने की ललक मेरे व्यक्तित्व का एकदम मूल तत्त्व है। प्रतिभा नेतृत्व के बारे में मेरा विश्वास इस पर आधारित है कि मुझे किस चीज ने संचालित किया, आगे बढ़ाया। मैं

मान रहा हूँ कि यह बात इंफोसिस में दूसरों के लिए भी सही है, क्योंकि कमोबेश मैं इसी तरह की शैक्षणिक उपलब्धियाँ देख रहा हूँ।"

इंफोसिस में सफल नेताओं ने हमसे जो बातें कहीं, उसके केंद्र में दो व्यापक तथ्य हैं–

- उन्होंने लोगों से लोगों की तरह व्यवहार किया और उन्हें किसी काम को करने का संसाधन भर नहीं समझा।
- उनमें से सभी ने औपचारिक हस्तक्षेपों से नहीं सीखा, बल्कि यह देखकर सीखा कि अन्य प्रभावी नेताओं ने उनका किस तरह नेतृत्व किया। फिर, उन्होंने अपनी सफलताओं और विफलताओं पर मनन किया और अपने अनुभव से सीखा।

आखिरी बात अत्यधिक महत्त्वपूर्ण है। कर्मचारी की संलग्नता के विकास के लिए किसी वृहत् पैमाने के प्रयास और पूरे संगठन व्यापी पहल की जरूरत नहीं है। औपचारिक पहल दृढ़ीकरण के लिहाज से उपयोगी हैं और उनकी जरूरत पड़ेगी। बहरहाल, सच्ची सीख इस बात से आती है कि लोग काम के दौरान क्या अनुभव करते हैं। अगर इसे एक संगठन का डी.एन.ए. का हिस्सा बनता है, तो इसकी शुरुआत शीर्ष स्तर से होनी चाहिए। जब प्रत्यक्ष रिपोर्ट करने वालों को ऐसे दृष्टिकोण का लाभ अनुभव होता है, तो वे भी इसी प्रकार का व्यवहार करेंगे और वक्त गुजरने के साथ यह संगठन के डी.एन.ए. का हिस्सा बन जाएगा।

अगर शीर्ष प्रबंधन संलग्नता और सशक्तीकरण को सच्चे अर्थों में अपनाता है, तो पारिस्थितिकी में ऐसा बदलाव आता है, जो संस्कृति बन जाता है। ऐसी संस्कृति को समर्थन देने के लिए जैसे सुनियोजित परिवर्तनों की आवश्यकता होती है, यह उसका भी नेतृत्व करता है। बड़े परिवर्तन-प्रयासों की जरूरत नहीं पड़ती। शीर्ष पर परिवर्तन ही ऐसा सिलसिला शुरू कर देता है, जो अंततः संगठनात्मक संस्कृति बन जाता है। अहम बात यह है कि परिवर्तन की शुरुआत हो–एक वक्त में चंद लोगों से।

ग्रंथ सूची–

- क्रिस आर्गीरीस (1998)–'इंपावरमेंट: दी एम्पटर्स न्यू क्लोथ्स', हार्वर्ड बिजनेस रिव्यू, मई/जून, 98-105।
- जे. बार्ने, गाइक राइट एवं डेविड जे. केत्थन (2001)–'दी रिसोर्स-बेस्ड व्यू ऑफ दी फर्म: टेन इयर्स आफ्टर 1991', जर्नल ऑफ मैनेजमेंट, 27, 625-41।

- मार्कस बकिंघम एवं कर्ट कॉफमैन (1999)–फर्स्ट ब्रेक ऑल दी रूल्स, न्यूयॉर्क: साइमन एवं शुस्टर।
- मार्कस बकिंघम (2005)–'व्हाट ग्रेट मैनेजर्स डू', एक इंटरव्यू, कंप्यूटर वर्ल्ड, 28 मार्च।
- टिमोथी बटलर एवं जेम्स वाल्डरूप–'जॉब स्कल्पटिंग: दी आर्ट ऑफ रीटेनिंग योर बेस्ट पीपुल', हार्वर्ड बिजनेस रिव्यू, सितंबर/अक्तूबर, 144–52।
- डी.वी.डे, एम.एम. हैरिसन एवं एस.एम. हैल्पिन (2009)–एन इंटिग्रेटिव एप्रोच टु लीडर डेवलपमेंट: कनेक्टिंग एडल्ट डेवलपमेंट, आइडेंटिटी ऐंड एक्सपर्टीज, न्यूयॉर्क: राउतलेज।
- डी.वी. डे (2010)–'दी डिफिकल्टीज ऑफ लर्निंग फ्रॉम एक्सपीरिएंस ऐंड दी नीड फॉर डेलिबरेट प्रैक्टिस', इंडस्ट्रियल ऐंड ऑर्गेनाइजेशनल साइकोलॉजी: पर्सपेक्टिस ऑन साइंस ऐंड प्रैक्टिस, 3, 41–44।
- आर.पी. डीशॉन एवं जे.जेड. जिलेस्पी (2005)–'ऐ मोटिवेटेड एक्शन थ्योरी एकाउंट ऑफ गोल ओरिएंटेशन', जर्नल ऑफ एप्लायड साइकोलॉजी, 90, 1096–1237।
- के.ए. एरिक्सन (2009)–'इनहैंसिंग दी डेवलपमेंट ऑफ प्रोफेशनल परफॉरमेंस: इंपीलेशंस फ्रॉम दी स्टडी ऑफ डेलिबरेट प्रैक्टिस', के.ए. एरिक्सन द्वारा संपादित डेवलपमेंट ऑफ प्रोफेशनल एक्सपर्टीज: टुवर्ड मेजरमेंट ऑफ एक्सपर्ट परफॉरमेंस ऐंड डिजाइन ऑफ ऑप्टिकल लर्निंग, कैंब्रिज, इंग्लैंड, कैंब्रिज यूनिवर्सिटी प्रेस, 405–31 से।
- रॉबर्ट फ्रे (1993)–'इंपावरमेंट ऑर एल्स', हार्वर्ड बिजनेस रिव्यू, सितंबर/अक्तूबर, 80–94।
- फ्रेडरिक हर्जबर्ग (1987)––'वन मोर टाइम: हाऊ डू यू मोटिवेट इंपलायीज?', हार्वर्ड बिजनेस रिव्यू, सितंबर/अक्तूबर, 109–20।
- जेम्स एल. हेस्केट, थॉमस ओ. जॉन्स, गैरी डब्ल्यू. लवमैन, डब्ल्यू. सैसर, अर्ल श्लेसिंगर जूनियर, टी.ए. जज एवं आर.एफ., पिकोलो (2004)–'ट्रांसफॉर्मेशनल ऐंड ट्रांजैक्शनल लीडरशिप: ए मेटा-एनालिटिक टेस्ट ऑफ देयर रिलेटिव वैलिडिटी', जर्नल ऑफ एप्लायड साइकोलॉजी, 89 (5), 755–68।
- टिमोथी ए. जज, एमी ई. कोल्बर्ट एवं रेमस इलीज (2004)–'इंटेलिजेंस ऐंड लीडरशिप: ए क्वांटिटेटिव रिव्यू ऐंड टेस्ट ऑफ थ्योरेटिकल प्रोपोजिशंस', जर्नल ऑफ एप्लायड साइकोलॉजी, 89 (3), 542–52।

- फियोना ली (2001)–'दी फीयर फैक्टर', हार्वर्ड बिजनेस रिव्यू, जनवरी, 29–30।
- एडविन ए. लॉक, कैरील एन. शॉ लाइज एम. सैरी एवं गैरी पी. लेथोम (1981)–'गोल सेटिंग ऐंड टास्क परफॉरमेंस: 1969–1981', साइकोलॉजिकल बुलेटिन, 90 (1), 125–52।
- ब्रुक मैनेविले एवं जोसिया ओवेर (2003)–'बीयोंड इंपावरमेंट: बिल्डिंग ए कंपनी ऑफ सिटिजंस', हार्वर्ड बिजनेस रिव्यू, जनवरी, 48–53।
- हेनरी मिंजबर्ग (2009)–'रीबिल्डिंग कंपनीज एज कम्युनिटीज', हार्वर्ड बिजनेस रिव्यू, जुलाई/अगस्त, 140–43।
- फोनेस्तेई रस (2000)–'इंपावरमेंट : रीजुवेनेटिंग ए पोटेंट आइडिया', एकेडमी ऑफ मैनेजमेंट एग्जीक्यूटिव, 14 (3), 67–80।
- फ्रैंक एल. शिमट एवं जॉन ई. हंटर (1998)–'दी वैलिडिटी ऐंड यूटिलिटी ऑफ सेलेक्शन मेथड्स इन पर्सोनेल साइकोलॉजी: प्रैक्टिकल ऐंड थ्योरेटिकल इंप्लीकेशंस ऑफ एट्टी-फाइव ईयर्स ऑफ रिसर्च फाइंडिंग्स', साइकोलॉजिकल बुलेटिन, 124 (2) 262–74।
- एलेक्जेंडर डी. स्टाजोविक एवं फ्रेड लुथैंस (1998)–'सेल्फ-एफिकेसी ऐंड वर्क रिलेटेड परफॉरमेंस : ए मेटा-एनालिसिस', साइकोलॉजिकल बुलेटिन, 124 (2), 240–61।
- सुजी वेटलॉफेर (1999)–'ऑर्गेनाइजिंग फॉर इंपारवमेंट : एन इंटरव्यू विद ए.ई.एस.एम. रॉजर सैंट ऐंड डेनिस बैक', हार्वर्ड बिजनेस रिव्यू, जनवरी/फरवरी, 110–23।
- पैट्रिक एम. राइट, बेंजामिन बी. डनफोर्ड एवं स्कॉट ए. स्नेल (2001)–'ह्यूमन रिसोर्सेज ऐंड दी रिसोर्स–बेस्ड व्यू ऑफ दी फर्म', जर्नल ऑफ मैनेजमेंट, 27, 701–21।

□

7

संबंध एवं संजाल नेतृत्व

–डॉ. आरती श्यामसुंदर एवं जेफ कैवनॉफ

'हम पारस्परिकता के अपरिहार्य नेटवर्क में कैद हैं, भाग्य की एक ही पोशाक में बँधे हुए हैं। जोकिसी को प्रत्यक्ष रूप से प्रभावित करता है, वह सभी को अप्रत्यक्ष रूप से प्रभावित करता है।'

–मार्टिन लूथर किंग जूनियर

एक मिनट के लिए इस पर विचार करें। आपने अपने प्रिय रेस्तराँ के बारे में पहली बार कहाँ सुना? आपने उस मिस्त्री या हेयरड्रेसर का पता कैसे लगाया, जिसकी आप दुहाई देते हैं? अपना सबसे बढ़िया कर्मचारी आपने कहाँ पाया? आपने अपनी प्रिय छुट्टी के दौरान उस शानदार होटल में ठहरने का फैसला कैसे किया? वे सब संभवत: एक संयोग का नतीजा थे, संयोगवश दोस्त या सहयोगी से चर्चा हुई और यह क्रमश: इन आश्चर्यजनक परिणामों में तब्दील हो गई। फिर भी, हम अकसर महसूस नहीं करते कि ये संयोग और मौके पर हुई घटनाएँ हमारे जीवन में संबंधों और संजाल (नेटवर्क्स) के परिणाम हैं।

मार्टिन लूथर किंग जूनियर का ऊपर दिया गया उद्धरण इस भाव को उकेरता है, जोकि कारोबार में व्यापक रूप से स्वीकृत सच बन गया है। यहाँ तक कि तथाकथित 'व्यक्तिगत योगदान' करनेवालों को भी अब एकदम स्वतंत्र रूप से काम करने की सुविधा नहीं है। आज की सपाट दुनिया में राष्ट्रीय सरहदें, समय-क्षेत्र और यहाँ तक कि अधिकार-रेखाएँ भी तेजी से अर्थहीन होती जा रही हैं। इस तरह,

यह न केवल संभव है, बल्कि अपरिहार्य है कि संबंध बनाए जाएँ, संजाल विकसित किए जाएँ, अपने धागों को 'किस्मत की एकल पोशाक' के रूप में बुना जाए।

संबंध और संजाल बनानेवाले नेतृत्व पर ऑनलाइन सर्च करें तो हजारों हिट्स मिलते हैं। दुनिया भर में पुस्तकें, ब्रोशर और सेमिनार कार्यक्रम हैं जो 'विशेषज्ञों' से भरे पड़े हैं और वे प्रसिद्धि और अमीरी के वादे करते हैं। इसके लिए वे संजाल बनाने की रणनीतियों में सफलता के अपने फार्मूलों को आधार बनाते हैं। तो क्या, जो संबंध और संजाल बनाने के नेतृत्व में माहिर है, वह वाकई एक प्रमाणीकृत नेता बन जाता है? क्या यह सर्वाधिक लोकप्रिय सोशल नेटवर्किंग साइट या सर्वोत्तम वॉयस कॉन्फ्रेंसिंग साधन के इस्तेमाल करने जैसा सरल है? अथवा यह कुछ ज्यादा मौलिक बात है—एक ऐसा हुनर है जिसके लिए जीवन भर धैर्य और समझ विकसित करने और लोगों की सराहना की जरूरत होती है और हम कैसे एक-दूसरे को प्रभावित करते हैं? इंफोसिस में ऐसे हुनर को विकसित करने और उसका इस्तेमाल करने पर ध्यान केंद्रित किया जाता है, साथ ही इसके लिए आवश्यक उपकरणों व तकनीकों की भी समालोचन की जाती है।

संबंध एवं संजाल बनानेवाले नेतृत्व को परिभाषित करना

हालाँकि अंतर्दृष्टि से हमें संबंध एवं संजाल बनाने वाले नेतृत्व का भान होता है, लेकिन सामान्य समझदारी बनाने के लिए, हम पहले कुछ तरीके खोजेंगे जिससे हम इसे परिभाषित कर सकें। शुरुआत में हम नेतृत्व पर शोध से चंद परिभाषाओं पर गौर करेंगे। फिर हम नेतृत्व आचरण के उस इंफोसिस मॉडल की समीक्षा करेंगे, जो तमाम इंफोसिस नेताओं के लिए इस पहलू के विशेष अर्थ का वर्णन करता है। अंततः हम कामचलाऊ परिभाषा पर विचार करेंगे—संबंध एवं संजाल बनानेवाले नेतृत्व की एक सरल आम समझदारी।

तकनीकी परिभाषा

संगठनात्मक विज्ञान में 'नेतृत्व' शब्द की अधिकतर परिभाषाएँ दूसरों पर प्रभाव की अवधारणा को शामिल करती हैं। उदाहरण के लिए कैज एवं कैन (1978) के अनुसार, "संगठनात्मक रूप से प्रासंगिक मामलों में संगठन के किसी व्यक्तित्व द्वारा प्रभाव डालना ही नेतृत्व है।" हालाँकि प्रभाव के परे, संबंधात्मक नेतृत्व को इसके वैषम्य के रूप में देखा जाता है, जिसे मुरैल (1997) 'हीरो मिथक' कहते हैं, जोकि नेतृत्व का प्रारंभिक विचार है, जहाँ नेता 'नेतृत्व संबंध'

का केंद्र होता था। इसके विरोध में संबंधात्मक नेतृत्व को 'एक सामाजिक कार्य के रूप में देखा जा सकता है, एक सामूहिक वाहन के रूप में एक 'जहाज' का निर्माण जो हमें एक समूह, संगठन या समाज के रूप में वहाँ ले जाने में मदद करेगा, जहाँ हम जाना चाहते हैं (मुरैल, 1997, 35)। मैरी-उल-बियन ने संबंधात्मक नेतृत्व सिद्धांत पर विचार करते हुए प्रभाववाले विचार और सामाजिक निर्माण विचार का विलय कर दिया। वे संबंधात्मक नेतृत्व को 'एक सामाजिक प्रभाव प्रक्रिया के रूप में परिभाषित करती हैं, जिसके जरिए उद्गामी समन्वय (यानी विकसित होती सामाजिक व्यवस्था) और परिवर्तन (यानी नए मूल्य, प्रवृत्तियाँ, व्यवहार, विचारधाराएँ आदि) निर्मित व उत्पादित होते हैं' (उल-बियन, 2006, 655)। इस तरह, संबंध एवं संजाल बनानेवाला नेतृत्व अकेले नेता के बारे में नहीं है—यह उस प्रक्रिया के बारे में है जिसके जरिए वह दूसरों की संलग्नता से परिवर्तन को प्रभावित करता/करती है।

इंफोसिस की परिभाषा

इंफोसिस के नेतृत्व मॉडल में, 'संबंध/संजाल बनानेवाले नेतृत्व से आशय दीर्घकालीन आंतरिक एवं बाह्य संबंध एवं संजाल विकसित करने, बनाए रखने और उसे ऊपर उठाने से है।' इंफोसिस में इस क्षेत्र में विकास का मतलब रणनीतिक मंसूबों को हासिल करने के लिए मौजूदा संबंधों और संजालों के इस्तेमाल से परे आगे बढ़ना है। इसका अर्थ कारोबारी एवं कॅरियर लक्ष्यों को साकार करने के लिए संजालों का निर्माण करना और फिर रणनीतिक रूप से उन्हें समुन्नत करना है। अंततः इंफोसिस नेता विविध स्तरों पर विविध पक्षकारों के लिए एक विशेषज्ञ एवं भरोसेमंद सलाहकार के रूप में मान्यता पाने के लिए प्रयासरत रहते हैं। नैतिक प्रभावोत्पादन की प्रतिध्वनि के साथ इंफोसिस में संबंध एवं संजाल बनाना अल्पकाल एवं दीर्घकाल के लाभ के लिए पारस्परिक लाभकारी संबंध स्थापित करना है।

आम जन की परिभाषा

नेतृत्व के इस पहलू का सार सरल रूप में यह है कि 'संबंध एवं संजाल बनानेवाले नेतृत्व का आशय लोगों के जरिए कार्य को प्रभावित करने से है।' सबसे बढ़िया संजालवाले नेता दरअसल अपने साथ काम करनेवालों के दोस्त होते हैं।

आखिर में, नेता यह सीखते हैं कि जो पूँजी वे बनाते और विकसित करते हैं, वह धरोहर के रूप में टिकाऊ होगी। तार्किक रूप से सामाजिक पूँजी का एक

संसाधन के रूप में निर्माण संगठनों में उतना ही महत्त्वपूर्ण है जितना वित्तीय पूँजी (यानी व्यक्तिगत ज्ञान, हुनर एवं योग्यताएँ विकसित करना)। सामाजिक पूँजी के साथ, मुख्य ध्यान संजाल युक्त संबंध बनाने पर है, जो संगठनात्मक महत्त्व को पैदा करने के लिए सहयोग और संसाधन के आदान-प्रदान को बढ़ाता है (साई एवं घोषाल, 1998)। सामाजिक पूँजी अंतर्वैयक्तिक आदान-प्रदान के जरिए पैदा किए गए संबंधों पर आधारित होती है और इसीलिए ढाँचे के बजाय कार्य द्वारा ज्यादा परिभाषित होती है (कोलमैन, 1988)। इसका अर्थ है कि महज यह नहीं कि आप कौन हैं, बल्कि यह कि आप क्या करते हैं, सामाजिक पूँजी को पैदा करता है। पारस्परिक सामाजिक आय के लिए इस सामाजिक पूँजी को भुनाना ही नैतिक प्रभाव का इस्तेमाल करना है।

हालाँकि तमाम नेतृत्व प्रभाव के बारे में प्रतीत होता है, लेकिन प्रभाव के लिए तमाम अभ्यास या कारवाई अनिवार्य रूप से नेतृत्व के बारे में नहीं होती। संबंधात्मक नेतृत्व के बारे में प्रभाव एक प्रमुख तत्त्व है, एक ऐसा साधन जिसके जरिए नेता अपना लक्ष्य हासिल करते हैं। नैतिक प्रभाव उन हितों या लक्ष्यों को ऐसे तरीकों से हासिल करना है जो तमाम शामिल लोगों के दीर्घकालीन कल्याण को आगे बढ़ाता है। यह ध्यान देना महत्त्वपूर्ण है कि अधिकृत नेता व परिवर्तन एजेंट एकतरफा लाभ के लिए शक्ति या प्रभाव का दुरुपयोग नहीं करते, दूसरों से काम कराने के लिए तोड़-फोड़ या चालबाजी का सहारा नहीं लेते अथवा 'प्रभाव के तस्कर' नहीं बन जाते (सियालदिनि, 2001)। इसके विपरीत, वे विश्वास और करिश्मे से बनाए गए अपने संजाल का इस्तेमाल इतनी ईमानदारी से करते हैं कि दोनों ही पक्षों को संतुष्टि मिले। सबसे प्रभावी संजाल निर्माता वह होता है जो बगैर किसी एजेंडे या निहित स्वार्थ के संबंध बनाता है, बल्कि वह लोगों के साथ एक ईमानदार संपर्क बनाने के आनंद से ही संचालित होता है (डार्लिंग, 2002)। क्या अच्छी सलाह के लिए आप अपने दोस्तों पर विश्वास नहीं करते–ऐसे लोग जो आपको पसंद करते हैं और जिन्हें आप भी पसंद करते हैं?

संजाल एवं संबंध निर्माण का विकसित होता स्वरूप

ऐतिहासिक रूप से लोगों के जरिए कारवाई को प्रभावित करने के काम का विकास मानव समाज के विकास के साथ ही होता आया है। चाहे साथी गुफाकर्मी को अपने साथ आग का इस्तेमाल करने और बनैले सूअर का शिकार करने के लिए प्रभावित करने की बात हो, या एक पूर्व कारोबारी प्रतिद्वंद्वी से एक मुश्किल अधिग्रहण पर वार्त्ता करनी हो, नेताओं ने हमेशा ही अपने संबंधों

पर भरोसा किया है। कई स्तर हैं जिन पर संजाल एवं संबंध-निर्माण कारगर रहे हैं और अभी भी कारगर रहना जारी है–

भौतिक संजाल : व्यक्तिगत रूप में मिलना। संजाल के प्रथम युग में आमने-सामने मिलना शामिल था। संबंध लोगों के घरों, सामाजिक समारोहों और बाजार स्थलों में बनाए जाते थे। पर्यटकों को विस्मय के साथ देखा-सुना जाता था, क्योंकि वे सुदूर स्थानों की कहानियाँ बताते थे। ऐसे लोगों की कहानियाँ जो अलग दिखते हैं, अलग किस्म का खाना खाते हैं और अपरिचित भाषाएँ और बोलियाँ बोलते हैं।

टेलीफोन/पत्र : दूरियों को पाटना। संचार के साधनों में तरक्की के साथ संजाल की दूसरी लहर आई। डाक व्यवस्था, टेलीग्राफ और टेलीफोन लाइनों के साथ, पूरे महाद्वीप नए व रोमांचक तरीकों से जोड़े जा रहे थे। टेलीग्राफवाली सड़कों के इर्द-गिर्द शहर विकसित हुए, कूटनीति एवं रोमांस की अभिव्यक्ति के नए तरीके मिले और दूरियों को पाटा जाने लगा।

इलेक्ट्रॉनिक : संपर्क में बने रहना। कंप्यूटर, टेलीविजन, फैक्स/कॉपी मशीनों और इन सबसे ज्यादा इंटरनेट के आगमन ने उस तरीके को बदल दिया जिससे लोग आपस में संपर्क में रहते थे और संवाद करते थे। चाहे स्वचालित बिल बनाने, ऑनलाइन खरीदारी, इलेक्ट्रॉनिक समाचार प्रकाशन, सोशल नेटवर्किंग का ब्लॉग लिखने की बात हो, मौजूदा चलन का नाम सुविधा और संपर्क-सूत्र है।

इलेक्ट्रॉनिक/वर्चुअल स्पेस : प्रभाव बनाना। संबंध निर्माण का अगला युग भी मोटे तौर पर इलेक्ट्रॉनिक साधनों के इस्तेमाल पर ही आधारित होगा। बहरहाल, दुनिया पहले ही तार्किक दृष्टि से सपाट हो चुकी है। आनेवाली पीढ़ियाँ इलेक्ट्रॉनिक मीडिया का प्रयोग करते हुए महज संवाद करने और संपर्क में बने रहने तक सीमित नहीं रहेंगी। वे इससे परे जाएँगी और मौजूदा साधनों तथा संजाल के लिए अभी अज्ञात, भावी साधनों का प्रयोग करते हुए वे प्रभाव डालेंगी। अर्थव्यवस्थाएँ संभवत: प्रभाव पैदा करने के इन साधनों के इर्द-गिर्द ज्यादा-से-ज्यादा घूमेंगी। भविष्य के ये साधन उन लोगों को प्रभावित करेंगे, जिनसे असलियत में व्यक्ति की कभी बात भी न हुई हो।

इंफोसिस के नेता एवं ग्राहक जिन्होंने लोगों के जरिए काररवाई को नैतिक रूप से प्रभावित किया

इस अध्याय में अन्य अध्यायों से संगति रखते हुए उन इंफोसिस नेताओं की पहचान करने के लिए लीडरशिप जर्नी सीरीज का इस्तेमाल किया गया जो संबंध

एवं संजाल नेतृत्व में प्रभावकारिता के लिहाज से पक्षकारों के एक नमूने द्वारा असाधारण रूप से अति उच्च दरजा दिया गया। जिन इंफोसिस नेताओं ने इस अध्याय के लिए अपनी अंतर्दृष्टियाँ हमसे साझा कीं, वे हैं सत्येंद्र कुमार, श्रीधरमारी, श्रीकांतन ('टैन') मूर्ति, ऋषि राज पॉल, आनंद स्वामीनाथन और वी. श्रीराम। हमने इंफोसिस के एक एग्जीक्यूटिव ग्राहक के विचारों को भी शामिल किया है और वे हैं माइकल लैंगलोइस, जो एक प्रमुख टेलीकॉम नेटवर्क उपकरण बनानेवाली कंपनी जुनिपर नेटवर्क्स में जुनोस सॉफ्टवेयर के वरिष्ठ उपाध्यक्ष हैं और इस क्षेत्र (नेटवर्किंग) में बहुत सक्षम माने जाते हैं।

संबंध एवं संजाल निर्माण नेतृत्व का प्रमाण-आधारित मॉडल : प्रभाव का विज्ञान

सामाजिक मनोविज्ञान में छह दशकों के शोध का निचोड़ निकालते हुए रॉबर्ट सियालदिनि (2001) ने राजी करने के छह सिद्धांतोंवाला एक मॉडल विकसित किया है। विज्ञान में इसकी जड़ें होने के कारण यह मॉडल सशक्त है और अपने सिद्धांतों की व्यावहारिक उपयोगिता के लिए इसे पर्याप्त समर्थन भी प्राप्त है। नेता अपने संबंध एवं संजाल निर्माण हुनर में सुधार करने के लिए नैतिक प्रभाव के इन छह सिद्धांतों का प्रयोग करना सीख सकते हैं और इस तरह वे अपनी टीमों को संगठनात्मक लक्ष्यों को पूरा करने में मदद दे सकते हैं, अपने ग्राहकों व संभावित ग्राहकों के विश्वस्त सलाहकार बन सकते हैं और पारस्परिक संतुष्टि देनेवाले लक्ष्यों को हासिल कर सकते हैं।

नैतिक प्रभाव के छह सिद्धांत

1. **आदान-प्रदान :** जिन्होंने हमें दिया है, हम उन्हें वापस देते हैं।
2. **पसंद करना :** हम जिन्हें पसंद करते हैं, उनके द्वारा ज्यादा आसानी से प्रभावित होते हैं।
3. **अधिकारी :** हम उनका अनुकरण या अनुसरण करते हैं जिनकी अनूठी विशेषज्ञता पर हम भरोसा करते हैं।
4. **सहमति (सर्वसम्मति) :** हम कुछ करने का फैसला यह देखकर करते हैं कि हमारे समान दूसरों ने क्या किया है।
5. **निरंतरता :** अपने पूर्व विश्वासों और व्यवहारों पर बने रहने के प्रति हममें दृढ़ भावना होती है।
6. **अभाव :** जो चीज कम उपलब्ध होती है, हम उसे ज्यादा पाना चाहते हैं।

इन सिद्धांतों की सरलता इन सिद्धांतों के उपयोग और सकारात्मक व्यावहारिक परिणामों के बीच संबंध स्थापित करने के लिए लंबे समय से चल रहे शोध कार्यक्रम को झुठलाती है। इन सिद्धांतों में से हरेक में पहल और कुछ तत्त्व शामिल होते हैं, जो उस सिद्धांत के प्रभाव को बढ़ा देते हैं या प्रभाव की ताकत को बढ़ा देते हैं। इन सिद्धांतों का संक्षिप्त वर्णन नीचे दिया गया है और इसके साथ यथायोग्य इंफोसिस एवं ग्राहक नेताओं के उपयोगी उदाहरण भी प्रस्तुत किए गए हैं।

आदान-प्रदान

आदान-प्रदान का सिद्धांत निरंतर दरशाता है कि तमाम संस्कृतियों में लोग उन्हें वापस देने के लिए कृतज्ञता महसूस करते हैं, जिन्होंने उन्हें दिया है। उपहार और रियायतें आदान-प्रदान के सिद्धांत को सक्रिय रखती हैं। आदान-प्रदान तब और भी ताकतवर हो जाता है जब उपहार सार्थक, निजी और अनपेक्षित होते हैं और रियायतें सही क्षण में दी गई होती हैं।

आनंद स्वामीनाथन कहते हैं कि कैसे टीम के एक सदस्य के साथ संबंध पर ध्यान केंद्रित करने से श्रेष्ठता हासिल करने और सकल टीम मनोबल में सुधार करने में मदद मिली। आनंद ने जब तीन साल पहले ग्रुप एंगेजमेंट मैनेजर (जी.ई.एम.) के तौर पर माइक्रोसॉफ्ट एकाउंट का कार्यभार सँभाला, तो उनके पास एक ऐसा कर्मचारी था जो बहुत स्मार्ट था, लेकिन किसी-न-किसी कारण से वह अपनी क्षमता के हिसाब से काम नहीं करता था। इतना ही नहीं, वह कभी-कभी अशिष्ट भी हो जाता था और कभी-कभी तो आनंद के अधिकार-क्षेत्र की भी अनदेखी कर जाता था। पहले कुछ महीनों तक आनंद उसके साथ धैर्यपूर्वक पेश आए। बहरहाल, जब उस शख्स ने एक गलत निर्देश से उपजे खतरे के भ्रम के कारण 5 करोड़ डॉलर का ठेका खो दिया, तो आनंद ने काररवाई करने की जरूरत महसूस की। आनंद ने एक उदार, विस्मयकारी निर्णय लिया। उन्होंने उस आदमी को नौकरी से नहीं निकाला, बल्कि उसकी ना उपयोग में लाई गई क्षमता के आधार पर उसकी तरक्की की सिफारिश कर दी। क्षमा और एक बार फिर अवसर दिए जाने के उपहार ने टीम के उस सदस्य के लिए चीजें बदलकर रख दीं। उसकी नकारात्मक प्रवृत्ति गायब हो गई और उसके कार्य-प्रदर्शन में तेजी से सुधार हुआ। आज उसने इंफोसिस के लिए 40 करोड़ डॉलर से भी ज्यादा के कारोबार का योगदान किया है। न केवल आनंद ने इसमें अपने संबंध एवं संजाल निर्माण नेतृत्व के राडार पर भरोसा किया, बल्कि उन्होंने उस शानदार प्रतिभा नेतृत्व का प्रदर्शन किया, जिसके गुणों के बारे में आप पिछले

अध्याय से याद करेंगे।

सत्येंद्र कुमार एक घटना का वर्णन करते हैं, जब उनके समय और विशेषज्ञता की उदारता के फलस्वरूप इंफोसिस और उसके ग्राहक, दोनों को फायदा हुआ। कुमार बताते हैं कि इस ग्राहक के साथ उनके 'संबंध का इंडेक्स' करीब 2 (5 के एक काल्पनिक पैमाने पर) से बढ़कर 5 हो गया। वे बताते हैं कि ग्राहक से संबंध की शुरुआत तब हुई, जब उन्हें भरोसेमंद क्वालिटी एक्सपर्ट (गुणवत्ता विशेषज्ञ) के रूप में परामर्श करने के लिए लाया गया। एक विक्रेता के रूप में उन्हें बस इतना करने की जरूरत थी कि वे समस्या विशेष के बारे में परामर्श देते और अपनी फीस लेकर चलते बनते। इसके बजाय, कुमार ने अपनी ड्यूटी से परे जाकर एक शानदार समाधान प्रदान करने के लिए आवश्यक समय दिया और तब तक पूछताछ करते रहे जब तक कि वह समाधान अच्छी तरह काम नहीं करने लगा। इस विशेष प्रोजेक्ट ने उस एग्जीक्यूटिव को ग्राहक संगठन में सी.आई.ओ. की भूमिका पाने में मदद की। यह सी.आई.ओ. अब कुमार के साथ नियमित संपर्क बनाए रहते हैं। यहाँ तक कि जब वे एक ही शहर में होते हैं, तो वे कुमार को लंच या डिनर पर ले जाने की जिद करते हैं। इतना ही नहीं यह सी.आई.ओ. कुमार के साथ वीडियो कॉन्फ्रेंस करते हैं, संपर्क में बने रहने के लिए उन्हें नियमित फोन करते हैं और बड़े उत्साह से वे सबकुछ स्वीकार करते हैं, जो उन्होंने (कुमार ने) उनके संगठन के लिए किया। और फिर, क्वालिटी कंसल्टिंग कॉन्ट्रैक्ट अपने आप में अहम था (20 लाख डॉलर का), और यह किसी भी तरह एक परंपरागत इंफोसिस कारोबार नहीं था। इसके बदले में कुमार को इस ग्राहक का संदर्भ देकर इंफोसिस का कारोबार बढ़ाने में मदद मिलेगी और खुद इस संगठन के अंदर और आगे काम पाने का रास्ता मिलेगा। कुमार द्वारा अपने समय और परामर्श का उपहार ग्राहक को देने की इच्छा ने उन्हें (ग्राहक) इंफोसिस के लिए सद्भाव, समर्थन और ढेरों कारोबार प्रदान करने के लिए कृतज्ञ बना दिया।

आदान-प्रदान का एक अन्य महत्त्वपूर्ण तत्त्व है समुचित रियायतें देना। यह एक बड़े आग्रह से पीछे हटकर छोटे आग्रह पर आने का रूप ले सकता है, दूसरे पक्ष को यह दरशाने के लिए कि संबंध की खातिर आप अपनी कुछ जरूरतों को कुरबान करने के लिए तैयार हैं। श्रीधर मारी एक घटना का वर्णन करते हैं, जहाँ एक विचार के लिए अपने जुनून और अपनी प्रतिबद्धता के लिए उन्होंने ऐसी रियायत दी, जिसने अंततः बड़े पैमाने पर लाभ पहुँचाया। उन्होंने एक नए आविष्कार की परिकल्पना की और उसे लॉन्च किया, जिसे इंफी टी. वी. कहते

हैं। अपने किस्म का यह कॉरपोरेट टी.वी. चैनल दुनिया भर में फैले हजारों कर्मचारियों को उनके लैपटॉप पर चार चैनलों के माध्यम से सीधे प्रोग्राम भेजता था। ये चैनल समाचार, सीखने, मनोरंजन और विशेष फीचरों से संबंधित थे। बारह महीने के अंदर इंफी टी.वी. इंफोसिस की संस्कृति का अभिन्न भाग बन गया। इसने संचार के प्रति संगठन के नजरिए को मौलिक रूप से बदल दिया, इसने पूरे संगठन में छोटे प्रशिक्षण मॉड्यूलों के जरिए ज्ञान साझा करने और सीखने के तरीके को बदल दिया। इसने मनोरंजन भी किया, मोहित भी किया और विभिन्न उद्योगों के विभिन्न क्षेत्रों के विशेषज्ञों को भी प्रस्तुत किया।

जब श्रीधर ने अपनी दृष्टि के बारे में वरिष्ठ प्रबंधन से साझा किया, तो वे बहुत रोमांचित हुए, लेकिन इसके लिए बजट नहीं था। मगर उन्होंने इस विचार को न छोड़ने का फैसला किया और इसके बजाय उन्होंने अपनी अवधारणा का एक प्रमाण तैयार किया और एक काफी कम रकम का बजट पेश किया। फिर भी, पूरे संगठन में अत्यधिक कीमत नियंत्रण के कारण रकम उपलब्ध न हो सकी। अंततः श्रीधर ने एक क्रांतिकारी रियायत देने का फैसला किया और इसे बगैर किसी नई रकम के मौजूदा आधारतंत्र और बैंडविड्थ के इस्तेमाल से पेश करने का मन बनाया। इसका अर्थ था कि इसके डिजाइन में कई बदलाव किए जाएँ और इस समाधान के कई बढ़िया फीचरों के साथ समझौता किया जाए। लेकिन इसने उन्हें एक अत्यंत प्रभावशाली फोरम, नेतृत्व रणनीति योजना इवेंट पर इसे लॉन्च करने का मौका दिया। बैठक में, जिस अंदाज में इसका अनावरण किया गया, उससे इस माध्यम की सशक्तता एवं नयापन खुलकर सामने आ गए। कंपनी के सी.ई.ओ. (कृश गोपालकृष्णन) और सी.ओ.ओ. (एस. शिबुलाल) द्वारा अपनी प्रस्तुति देने के बाद, इन्फी टी.वी. पेश किया गया। इसमें एक न्यूज एंकर था, जिसने बमुश्किल पंद्रह मिनट पहले दी गई प्रस्तुतियों को भी कवर किया! इसने अत्यधिक प्रभाव पैदा किया और इस बैठक में भाग लेनेवालों का इसे पुरजोर समर्थन मिला। चैनल की भारी क्षमता को महसूस करते हुए कंपनी ने इसे अगले स्तर पर ले जाने के लिए अंततः आवश्यक निवेश करने का फैसला किया। आज, इंफी टी.वी. इंफोसिस में एकमात्र शक्तिशाली समृद्ध मीडिया ऑन-डिमांड कम्युनिकेशन चैनल है। नेता आज दुनिया भर में कर्मचारियों को इंफी टी.वी. का इस्तेमाल करते हुए संबोधित करते हैं। इंफी टी.वी. को इंफोसिस में शीर्ष आविष्कारों में से एक माना जाता है। कई यूनिट इन्फी टी. वी. का इस्तेमाल अपने वैश्विक संचार माध्यम के रूप में करते हैं। इससे वैश्विक हवाई यात्रा कम हुई और खर्च और पर्यावरण को बचाने में मदद मिली है। भविष्य में लोग जिसे सीखेंगे, उसे इंफी टी.वी.

अभी ही आकार दे रहा है। और इसका श्रेय श्रीधर की उस इच्छा को जाता है, जब उन्होंने इस प्रोजेक्ट की खातिर अपने बड़े बजट के आग्रह को पीछे खींच लिया।

वी. श्रीराम आदान-प्रदान के बारे में 'बिना शर्त पहले देने' के रूप में बात करते हैं। उनके लिए, कुछ करना, क्योंकि यह करना सही है या यह किसी की मदद करेगा, ही एकमात्र कारण है वह काम करने का–इसलिए नहीं कि आप बदले में कुछ अपेक्षा करते हैं। उदाहरण के लिए, एक सुरक्षा संगठन के किसी व्यक्ति से बात करते हुए उन्होंने जाना कि वे भारतीय बाजार में प्रवेश करने की सोच रहे हैं। शीघ्र ही कुछ समय बाद, जब श्रीराम निजी यात्रा पर भारत आए थे, तो उन्होंने समय निकाला और इस संगठन के प्रतिनिधियों को बेंगलुरू में विविध घरों और शॉपिंग कॉम्प्लेक्स में ले गए। उन्होंने इस संगठन की ओर से इन प्रतिष्ठानों के मालिकों से बात की और उनके प्रतिनिधियों को भारत में सुरक्षा बाजार के आधारतंत्र को समझने में मदद की। उनके पास ऐसा करने के लिए कोई कारोबारी जरूरत नहीं थी; वे तो ग्राहक तक नहीं थे। बहरहाल, उनकी इस मदद के शीघ्र बाद, इस सुरक्षा संगठन ने कुछ सैप (एस.ए.पी.) कार्यान्वयन कार्य के लिए इंफोसिस की मदद माँगी। और इस तरह इंफोसिस को सुखद तरीके से अनपेक्षित रूप में कारोबार मिला। श्रीराम की मदद का भुगतान उस संगठन ने इस रूप में किया।

चाहे ग्राहक हों या सहयोगी, मातहत हों या सुपरवाइजर, जो नेता आदान-प्रदान के सिद्धांत को याद रखते हैं और उसका प्रयोग करते हैं, वे अच्छे, दीर्घकालीन संबंध और संजाल बनाने की बारीकियों को समझते हैं। उपहार (यहाँ तक कि प्रशंसा या निजी वक्त जैसे अमूर्त, खर्चविहीन उपहार) या रियायतों (जैसे क्षमा या कमतर अपेक्षाएँ) का निवेश भी इस अपेक्षा के साथ नहीं करना चाहिए कि इसका तुरंत कोई प्रतिफल मिलेगा, अन्यथा दूसरा व्यक्ति इस आदान-प्रदान को चालबाजी के रूप में देख सकता है और यहाँ तक कि इसे अनैतिक मान सकता है। यह महत्त्वपूर्ण है कि संबंध बनाने पर निरंतर काम किया जाए, उस वक्त का इंतजार न किया जाए जब आपको इसकी जरूरत हो। बगैर किसी छुपे एजेंडे या निहित स्वार्थों के आदान-प्रदान के सिद्धांत को अमल में लाने की शुरुआत करते रहना दीर्घकालीन संबंध स्थापित करने का शानदार तरीका है।

पसंद

लोग उनके आग्रहों के प्रति सकारात्मक प्रतिक्रिया जताते हैं जिन्हें, वे जानते और पसंद करते हैं। समानता, सराहना और सहयोग तीन तरीके हैं जो हमारी पसंद बनाते हैं। इस सिद्धांत को जो बात और ज्यादा शक्तिशाली बनाती है, वह है पहले दूसरों की तारीफ करना, बजाय इसके कि आप खुद को दूसरों द्वारा पसंद किए जाने की प्रतीक्षा करें।

सत्येंद्र कुमार मानते हैं कि वे अपने तमाम संबंधों में अचेतन रूप से अनायास ही ऐसा करते हैं। वे कहते हैं, "मैं नहीं जानता हूँ कि क्यों, लेकिन मैं हमेशा मानकर चलता हूँ कि लोग अच्छे हैं और मैं उन्हें एक मौका देता हूँ।" जब कुमार जैसे लोग अपने संबंधों को इस आधारभूत मान्यता के साथ शुरू करते हैं, तो वे पसंद के सिद्धांत के इस शक्तिशाली वर्धक का दोहन कर रहे होते हैं। पसंद वास्तविक और ईमानदार होनी चाहिए, न कि बनावटी।

मूल्य, वरीयताएँ, पोशाकें, जीवन शैलियाँ और प्रवृत्तियाँ—ये सभी पसंद को प्रभावित करती हैं। नेताओं के रूप में इस पर जोर देना कि टीम के सदस्यों में क्या साझा है, अथवा संगठन अपने ग्राहकों या संभावितों के साथ क्या साझा तत्त्व रखता है, क्यों संगठन उन लोगों के समान हैं जिनकी वह सेवा करता है और इसी तरह की याद दिलानेवाले तत्त्व एक सकारात्मक परिणाम पैदा करने की संभावना रखते हैं, खासकर जब इसे अपनी ओर से सक्रियतापूर्वक किया जाए। ऐसे मामलों में जहाँ हम दूसरे पक्ष के बारे में इतना पर्याप्त रूप से नहीं जानते कि हम उन्हें पसंद करें, तो उनके बारे में मान्यताएँ ढूँढ़ने के लिए समय और प्रयास लगाना मदद देता है या ऐसी गतिविधियों में शामिल होना जिससे सकारात्मक परिणाम मिलता हो, एकता और समानता की भावनाओं को बढ़ाता है।

श्रीकांतन ('टैन') मूर्ति के लिए, किसी को राजी करने के लिए संपर्क बनाना हमेशा उसकी बात सुनने से शुरू होता है। अगर वह कोई समाधान बेच रहा है या किसी चीज पर दूसरों की सहमति प्राप्त करना चाह रहा है, तो वे (टैन) शुरुआत में उसके विचारों को सुनते हैं और फिर आँकड़ों और तर्क के आधार पर एक समाधान प्रस्तुत करते हैं। सुनने से उन्हें उन मिलन बिंदुओं को पता करने में मदद मिलती है, जहाँ वे जान सकें कि दूसरे व्यक्ति की क्या जरूरतें और चाहते हैं तथा वे (टैन) क्या कुछ दे सकते हैं। उस बिंदु पर, दूसरा पक्ष 'टैन' द्वारा प्रस्तुत आँकड़ों को ग्रहण करने के लिए ज्यादा तैयार रहता है, क्योंकि उस विशेष परिस्थिति में उनकी अनुशंसा सार्थक लगती है।

आनंद स्वामीनाथन का कहना है कि वे कई चीजें अनजाने में ही करते रहते

हैं और इससे उन्हें पसंद सिद्धांत के अनुकरण में मदद मिलती है। दूसरों के साथ समानता का प्रयोग कर पसंद बनाना सतही स्तर पर या गहरे स्तर पर हो सकता है। प्रशांत महासागर के उत्तर-पश्चिम भाग में रहते हुए, जहाँ शानदार बाह्य परिदृश्य और फिटनेस के दीवाने होते हैं, आनंद को जिम में बाइक चलाने के प्रशिक्षण या मैराथन दौड़ लगाते हुए या गोल्फ खेलते हुए, दोस्त बनाना और कारोबारी परिचितों से मिलना-जुलना आसान लगता है। यहाँ तक कि उन्होंने अपने बच्चों के सहपाठियों के माँ-बाप से कारोबारी ताल्लुकात भी विकसित कर लिए हैं। मौसम, खेल-कूद या अपने बच्चों के बारे में बात करना ऊपरी समानता के आधार पर पसंद बनाने का सुरक्षित तरीका है। गहरी समानताओं के लिए, वे पहले अपनी कुछ निजी कमजोरियों को कबूल करते हैं और इस तरह वे यहाँ तक कि वरिष्ठ नेताओं के साथ भी भावनात्मक रिश्ते बना लेते हैं। वे जिक्र करते हैं कि कैसी समस्या का सामना करते हैं या वे किस चीज से डरे रहते हैं। वे पाते हैं कि ऐसा करने पर दूसरा व्यक्ति अकसर उनके प्रति गर्मजोशी दिखाता है, चूँकि उन्हें भी ऐसा अनुभव हुआ होता है। वे पाते हैं कि टीम-निर्माण को लेकर चिंताएँ साझा करना और बिना अपना अधिकार गँवाए सदस्यों को अधिकार देना, काम और जीवन के संतुलन की समस्याएँ (या 'काम-जीवन एकीकृत करना' जैसाकि आनंद इसे कहना पसंद करते हैं) और अपने संगठन के लक्ष्यों को खतरा मुक्त करना सार्वभौमिक मुद्दे हैं, जिनसे करीब-करीब हर कोई जुड़ सकता है।

ऋषि राज पॉल अजनबियों के साथ शुरुआती संपर्क बनाने के महत्त्व, लेकिन उसमें आनेवाली दिक्कत को मानते हैं। अपने कॅरियर में उन्होंने जापान, जर्मनी, स्पेन और अब अमेरिका समेत विविध संस्कृतियों में काम किया है। अपने से भिन्न संस्कृतियोंवाले लोगों के साथ तालमेल बनाने में उन्हें जिन शुरुआती दिक्कतों का सामना करना पड़ा, उनमें भिन्न शब्दावली, जीने का तरीका और यहाँ तक कि रोजाना चर्चा के विषय, जैसे स्थानीय राजनीति जैसे मुद्दे शामिल हैं। एक खास संस्कृति में कुछ वक्त रह लेने के बाद ही ये चीजें सीखी जा सकती हैं। ऋषि के नजरिए में, नई संस्कृति में इन चीजों को सीखने के लिए कुछ निवेश (समय और प्रयास) करना चाहिए। इससे ऊपरी तौर पर असमान दिखनेवाले लोगों के साथ भी बेहतर संपर्क-संबंध बनाने में मदद मिलती है। वक्त गुजरने के साथ इन हुनरों के लोग अभ्यस्त हो जाते हैं और तब वे नए संबंध बनाने में सहज रहते हैं।

माइकल लैंगलोइज का कहना है कि जब एक एग्जीक्यूटिव के रूप में किसी संगठन में शामिल हुआ जाए, तो संबंध विकसित करना महत्त्वपूर्ण होता है। इसमें

विश्वसनीयता और सामाजिक पूँजी बनती है और इसके जरिए आप रूपांतरण या परिवर्तन प्रयासों का सक्रियता से नेतृत्व कर सकते हैं। यह एक नाज़ुक संतुलन है, क्योंकि आपको निर्धारित समय के अंदर निर्देशानुसार परिणाम वश्य देना चाहिए, फिर भी महत्त्वपूर्ण बदलाव करने या नए प्रयास शुरू करने के पूर्व आपको संबंध विकास के लिए समय देना चाहिए। जब उन्हें जुनिपर में इसकी सॉफ्टवेयर विकास क्षमता को रूपांतरित करने के लिए लाया गया, तो यह बात स्पष्ट थी। लेकिन उन्हें पहले अपने सहयोगियों को समझना था और उनके साथ संबंध विकसित करने थे, जो दीर्घकालीन प्रयासों के दौरान जटिल रूपांतरण बदलावों के दबावों को सहन कर सकें।

सर्वसम्मति

यह निर्णय करने में कि एक स्थिति में कैसा व्यवहार समुचित है, लोग पड़ताल करते हैं कि दूसरे क्या कर रहे हैं, क्या सोच रहे हैं या क्या महसूस कर रहे हैं। अनिश्चय के दौर में, बहुमत या कई अन्यों या एकसमान दूसरे सबूत द्वारा सर्वसम्मति ज्यादा शक्तिशाली बनती है। नेता चिह्नित करनेवाले अध्ययनों, सर्वे परिणामों, प्रतियोगी बाजार विश्लेषणों और इसी प्रकार के आँकड़ों का इस्तेमाल कर बढ़िया लाभ उठा सकते हैं, अपने ग्राहकों का भरोसा हासिल कर सकते हैं और उनके फैसलों को प्रभावित कर सकते हैं। इसी तरह, दूसरे नेता, खासकर समान भूमिकाओं या संदर्भों में अपने अनुयायियों को कैसे प्रभावित करते हैं, इसकी जानकारी के आधार पर अपने टीम के सदस्यों के साथ संबंध बनाने में मदद मिलती है। आपकी सिफारिश को अपनाने में दूसरों को प्रभावित करना तब काफी आसान हो जाता है, जब आप प्रमाण की ओर इंगित करते हैं कि आपके समान दूसरे लोग भी यही कर रहे हैं, खास कर संकट या अनिश्चितता के समय में।

सर्वसम्मति के सिद्धांत का इस्तेमाल करने में ऋषि भविष्य के कारोबारी विकास प्रयासों के लिए ग्राहकों के साथ अपने अनुभवों और अतीत की सफलताओं से लाभ उठाते हैं। वे पाते हैं कि एक दिए गए ऊर्ध्व (वर्टिकल, यथा हाई-टेक), में एक सफल कहानी उस ऊर्ध्वों के लोगों को इंफोसिस के अंदर के दूसरे ऊर्ध्वों (जैसे, सेवाओं या उपयोगिता का क्षेत्र) से जोड़ती है। इसके लिए वे समान भूमिकाओं या पदनामों को एक-दूसरे के साथ बात करने और उनके द्वारा सफल कार्यान्वयन के बारे में चर्चा करने पर ध्यान केंद्रित करते हैं। खास तौर से वे तीन प्रकार के सामाजिक प्रमाणों या सर्वसम्मत सूचना : प्रमाण-पत्र एवं केस अध्ययन; ग्राहकों की सफल कार्यान्वयों के बारे में संभावित नए ऊर्ध्व में

निर्णयकर्ताओं से सीधे बात कराना; और अवसर का ठोस प्रमाण देने के लिए पिछले ठेकों के मौद्रिक मूल्य को संभावित नए ऊर्ध्व के साथ साझा करना। वे महसूस करते हैं कि आखिरी प्रकार सबसे ज्यादा बाध्यकारी होता है, क्योंकि यह उन्हें समान ग्राहक प्रतिनिधियों से तत्काल एवं ठोस संख्या प्रदान करता है। वे प्रतिनिधि भी उसी प्रकार होते हैं जिन्हें वे प्रभावित करने का प्रयास कर रहे होते हैं और उन ऊर्ध्वों को भी वैसा ही राजस्व (आमदनी) संभव हो सकता है।

सॉफ्टवेयर एप्लीकेशंस के लिए यूजर इंटरफेस डिजाइनों के बारे में ग्राहकों के समक्ष प्रस्तुति देने की शुरुआत श्रीधर किसी अभिनव, अनूठी और श्रेष्ठ प्रस्तुति से करना पसंद करते हैं। वे विषय (डोमेन) के बारे में अपने ज्ञान और अनुभव का इस्तेमाल करते हैं। वे उदाहरण देकर बताते हैं कि इसी उद्योग के अन्य संगठनों ने ग्राहक के रूप में डिजाइन का कैसे कबाड़ा कर दिया है। सामाजिक प्रमाण या सर्वसम्मत सिद्धांत को एक रोचक मोड़ देते हुए, यह दिखाने के लिए कि वे जो सलाह दे रहे हैं, उसका इस्तेमाल करते हुए कैसे अन्य संगठन सफल हुए, इसके बजाय वे अपने ग्राहकों को दरशाते हैं कि कैसे इसी तरह के अन्य संगठन विफल हुए, क्योंकि उन्होंने कुछ और इस्तेमाल किया। यह 'वैषम्य प्रदर्शन' का एक शानदार उदाहरण है। वैषम्य अनदेखा सिद्धांत है, जो राजी करने के तमाम छहों सिद्धांतों को एक साथ बाँधता है—यह इस पर ध्यान केंद्रित करता है कि कोई चीज कैसे अनूठी है और इस तरह तमाम छहों सिद्धांतों के प्रभावों को बढ़ाती है। इस तरह, सर्वसम्मति के अंदर विरोधाभास घटना की शक्ति का दोहन करते हुए, श्रीधर ग्राहकों के दिमाग में तत्काल विश्वसनीयता बना लेते हैं, वे स्पष्टत: उन कंपनियों के बारे में कुछ जानकारी रखनेवाले प्रतीत होते हैं, जो ग्राहक के समान ही हैं, लेकिन उनके बारे में ग्राहक को पता नहीं है। इससे ग्राहक तुरंत आकर्षित हो जाता है और उन्हें उनके साथ बैठने और देखने के लिए प्रेरित करता है कि वे क्या पेश करनेवाले हैं।

श्रीधर अपने नेतृत्व में एक प्रयास का भी वर्णन करते हैं, जहाँ उन्होंने गुजरते वक्त के साथ बढ़ते क्रम में सहमति के सिद्धांत का प्रयोग किया। 'यूजर एक्सपीरिएंस' (उपयोगकर्ता अनुभव) अब इंफोसिस के अंदर सबसे लोकप्रिय सेवा-प्रस्तावों में से एक बन गया है। श्रीधर ने इंफोसिस में यूजर एक्सपीरिएंस (यू एक्स) का एक सेवा (सर्विस) के रूप में प्रवर्तन किया और आज इस सर्विस के दुनिया भर में 165 से भी ज्यादा ग्राहक हैं और करीब 700 यू एक्स प्रोजेक्ट सालाना उसके पास आते हैं। इंफोसिस के अधिकतर आंतरिक अभिनव टेक्नोलॉजी सॉल्यूशंस के लिए यूजर एक्सपीरिएंस भी श्रीधर के ग्रुप से मिलता

है। यह सब बस 'अंतर-उद्यमशीलता' के जरिए बिना शीर्ष प्रबंधन के आदेश के हासिल की गई। श्रीधर के लिए इसका क्या अर्थ है कि पहले एक अवसर की पहचान की जाए, फिर सेवा प्रदान की अपनी टीम की क्षमता के बारे में दूसरों को आश्वस्त किया जाए, गुजरते वक्त के साथ प्रतिबद्धता दरशाई जाए, अपनी सेवा के लिए पर्याप्त माँग पैदा की जाए, अपनी सेवा के इर्द-गिर्द कारोबारी महत्त्व को प्रदर्शित किया जाए और अंततः इसे कार्यरूप में सफल बनाया जाए। चूँकि यह प्रोजेक्ट श्रीधर द्वारा सक्रियता से इसकी जरूरत पहचानने के साथ शुरू हुआ था, इसलिए शीर्ष प्रबंधन ने वित्तीय मंजूरी देने के पहले अवधारणा का सबूत देखना चाहा। इसलिए श्रीधर ने पहले उन उद्योग क्षेत्रों/ऊर्ध्वों की पहचान की, जो इसमें रुचि रख सकते हैं और वे यूजर एक्सपीरिएंस सॉल्यूशंस को शुरू में अपनानेवालों के पास गए। उन्होंने इंफोसिस के अंदर पहले वित्त, स्वास्थ्य देखभाल और कुछ अन्य यूनिटों से संपर्क किया, जो इस प्रयास को आजमाना पसंद कर सकते थे। एक बार जब उनमें से एक यूनिट राजी हो गई, तो प्रासंगिक ग्राहक बहुत सकारात्मक फीडबैक के साथ वापस आए। श्रीधर ने इस बात को यानी यू एक्स विचार की उपयोगिता को सामाजिक सबूत के तौर पर वरिष्ठ प्रबंधन के सामने रखा। यहीं पर रुकने के बजाय वे इस सर्विस को वापस मैदान में ले गए और कुछ यूनिटों के साथ इसे परखा, पिछले प्रमाणों के आधार पर भविष्य के अवसरों के लिए केस तैयार किया। साथ ही, उन्होंने क्षमता बढ़ाने का काम जारी रखा। इस खास क्षेत्र में विशेषज्ञता रखनेवाले तीन-चार कर्मचारियों को उन्होंने नियुक्त किया। सहमति के सिद्धांत का प्रयोग करते हुए अवधारणा के समाजीकरण के साथ प्रतिभा नेतृत्व पर ध्यान देने से इंफोसिस की सबसे सफल कहानियों में से एक सामने आई और इससे श्रीधर को भी व्यक्तिगत लाभ मिला। इस विचार की शुरुआत के बारह वर्ष बाद, आज श्रीधर की सी.डी.जी टीम के पास इस उद्योग का सबसे बड़ा यू एक्स ग्रुप है और इंफोसिस में यूजर एक्सपीरिएंस ईकोसिस्टम भारत में सॉफ्टवेयर सर्विस प्रदान करनेवाली तमाम कंपनियों में संभवतः सबसे मजबूत है। आज यह अपने विभाग में इंफोसिस के लिए प्रमुख विभेदकों (फर्क लानेवालों) में से एक है।

अथॉरिटी (अधिकारी)

लोग उनके द्वारा निर्देशित होते हैं जो उनकी तुलना में ज्यादा ज्ञान या बुद्धिवाले होते हैं। हालाँकि विश्वसनीयता, विशेषज्ञता और विश्वास या भरोसे का प्रदर्शन अधिकारी के प्रभाव को बढ़ाता है, लेकिन ऐसी सूचना के अभाव में,

यहाँ तक कि अधिकार का महज बाह्य प्रदर्शन या तामझाम ही प्रभाव के सिद्धांत को शुरू करने के लिए पर्याप्त होते हैं। ऐसे दिखावों में पोशाक, प्रमाणपत्र या उपाधियाँ, हैसियत के प्रतीक जैसे कार्यालय का आकार व लोकेशन, पुरस्कार एवं सर्टिफिकेट आदि का प्रदर्शन शामिल होते हैं। नेताओं को अपनी विश्वसनीयता, जब यह असली एवं समुचित हो, की याद लोगों को इस तरह कराना लाभदायक हो सकता है, जब वे निरर्थक प्रतीत न हों।

सत्येंद्र कुमार उन चंद तरीकों का जिक्र करते हैं जिनके जरिए वे दूसरों से एक आधिकारिक व्यक्ति होने का सम्मान प्राप्त करते हैं। ग्राहकों के साथ बैठक करने के पहले, खासकर यदि वे उनसे पहली बार मिलने जा रहे हों, तो वे अपने संपर्क को प्रोत्साहित करते हैं कि वे ग्राहकों के साथ ऐसी सूचना साझा करें जो उनकी नजर में उनकी छवि इस विषय में एक विशेषज्ञ की बनाए। संभवतः यह कि वे पिछले दिन विस्कोन्सिन स्टेट अवार्ड के लिए पैनल में एक जज थे, या क्वेस्ट फोरम के लिए एक बोर्ड की बैठक में थे, या अंडरराइटर लेब्रोरेटरीज के लिए एक परामर्श-दात्री परिषद् की बैठक में थे या उस दिन पहले भारतीय उद्योग परिसंघ की बैठक में थे। अपने संपर्क की विनम्रता से यह याद दिलाना कि ग्राहकों या संभावितों से मिलने के पूर्व वे उन्हें बारीकी से इस बारे में जानकारी दे दें कि उनकी नजरों में उनकी (कुमार की) विश्वसनीयता स्थापित हो जाती है। बैठक के दौरान वे जानबूझकर ऐसे किसी साधन (उपकरण) या व्यवहार से दूर रहते हैं जो बिक्री जैसा ध्वनित हो या लगे। अपने मुलाकातियों से कार्य-व्यवहार करते समय, पहले से तैयार पॉवर प्वाइंट प्रस्तुति देने के बजाय, वे व्यापक रूप से व्हाइटबोर्ड या फ्लिपचार्ट का काफी प्रयोग करते हैं और सिर झुकाकर सोचना पसंद करते हैं। अपनी प्रस्तुतियों के लिए परंपरागत 'बैसाखियों' का प्रयोग करने से इनकार करना और इसके बजाय अपनी जाहिर विशेषज्ञता और हाजिरजवाबी का इस्तेमाल करना एक भरोसेमंद विशेषज्ञ के रूप में उनकी छवि निखारता है। कुछ ग्राहकों ने तो उन्हें 'प्रोफेसर' का उपनाम दे दिया है। अपने विषय या क्षेत्र के प्रति उनके स्पष्ट जुनून और इसके साथ ईमानदार और गंभीर शख्स (बजाय एक आक्रामक विक्रेता) के रूप में दिखने की उनकी योग्यता ग्राहकों की रक्षात्मक दीवार को निरस्त कर देती है। ग्राहक इस बात से चिंतित रहते हैं कि बगैर उनकी इच्छा के कोई चीज उन्हें बेच न दी जाए। जैसाकि उनके एक ग्राहक चकित होकर कहते हैं, 'मैं हमेशा सोचता था कि क्वालिटी एक नीरस विषय है, जब तक मैंने इसके प्रति कुमार के जुनून को नहीं देखा।'

अपनी सत्ता और साख बनाने का 'टैन' का अपना दृष्टिकोण है। प्रामाणिक

नेतृत्व की भावना के अनुसार, वे अपनी साख बनाने के लिए निजी संपर्क बनाने में विश्वास करते हैं। वैसे, ऐसा करते हुए टैन पसंद के सिद्धांत का भी दोहन कर रहे होते हैं। अपने ही जीवन में उदाहरणों की चर्चा वे खुले मन से करते हैं, खासकर वे उदाहरण जिनसे पता चले कि वे गलती करने से परे नहीं है। उदाहरण के लिए अच्छे संवाद कौशल की जरूरत के बारे में बात करते हुए टैन यह बताने लगेंगे कि कैसे वे एक प्रस्ताव जीतने में विफल रहे, जबकि समाधान (सॉल्यूशन) भी सही था। इसकी वजह यह थी कि वे अपने कॅरियर के उस चरण में संवाद की शक्ति को समझ नहीं सके। अपनी कमजोरियों को बेझिझक स्वीकार कर वे दूसरे व्यक्ति को अपनी बात मानने के लिए तैयार कर लेते हैं और इस बिंदु पर वे अपनी शक्तियों पर ध्यान केंद्रित कर सकते हैं या अपनी बातचीत को खास दिशा में मोड़ सकते हैं।

सत्ता के बारे में ऋषि एक रोचक तथ्य सामने रखते हैं। कभी-कभी, जैसे कि ग्लोबल एलायंस मैनेजर की उनकी मौजूदा भूमिका में, दूसरों को प्रभावित करने का तरीका अपनी सत्ता का दिखावा नहीं भी हो सकता है। इसके बजाय, एक प्रामाणिक नेता एक सुविधा-प्रदानकर्ता हो सकता है और काररवाई को प्रभावित करने के लिए वह विविध भरोसेमंद विशेषज्ञों को साथ ले सकता है। उदाहरणार्थ, ऋषि एक मध्यस्थ के रूप में काम करते हैं और ग्राहक की जरूरत के समाधान में मदद देने के लिए ऑरेकल और इंफोसिस से विशेषज्ञों को एक साथ जुटाते हैं। इसे सफलतापूर्वक करने के लिए उन्होंने भरोसेमंद विशेषज्ञों का एक विश्वस्त संजाल बनाया हुआ है, जिन पर वे भरोसा कर सकते हैं। ऐसे कारोबारी प्रयासों की सफलता बदले में एक कारोबारी नेता के रूप में ऋषि की अपनी विश्वसनीयता को बढ़ाती है (हालाँकि वे कोई विषय विशेषज्ञ या 'चिंतक नेता' नहीं भी हो सकते हैं)।

निरंतरता एवं प्रतिबद्धता

लोगों ने पहले जो कुछ कहा, किया होता है या वचन दिया हुआ होता है, उससे संगति रखते हुए निरंतर काम करने के लिए उन पर व्यक्तिगत एवं अंतर्वैयक्तिक दबाव होता है, खासकर यदि ये वचन उन्होंने सार्वजनिक रूप से और स्वेच्छा से दिए होते हैं। नेता जो पढ़ाते, उपदेश देते हैं, यदि वे खुद वैसा आचरण करते हैं, तो वे केवल अपेक्षा रखने के बजाय अपने आप सम्मान पाते हैं। फिर, अनुयायियों, ग्राहकों या अन्य सहयोगियों से शुरुआत में छोटा वचन प्राप्त करने से इस बात की संभावना बढ़ जाती है कि आप उनसे बड़ी प्रतिबद्धताएँ भी हासिल कर सकें, क्योंकि किसी

मकसद के लिए आपको उनके समर्थन की जरूरत पड़ती है या रहती है। ऐसा इसलिए होता है, क्योंकि छोटे आग्रह के लिए पहले वचन देने से उनके खुद को देखने के तरीके कुछ बदल जाते हैं और इस तरह वे बड़े बदलाओं के लिए प्रतिबद्ध होने को भी तैयार हो जाते हैं, चाहे इसके लिए निरंतर प्रयास की जरूरत क्यों न पड़े (उदाहरण, सेनसेनिग एवं सियालदिनि, 1984)।

जैसाकि कोई भी नेता जानता है, सबसे बड़ी चुनौतियों में से एक होती है दूसरों को वे लक्ष्य स्वीकार करने के लिए तैयार करना जो वे खुद करने या पाने को तत्पर नहीं हों। आनंद को कुछ समय पहले ऐसी एक परिस्थिति का सामना करना पड़ा। जब इंफोसिस कंसल्टिंग (आई.सी.) की शुरुआत चार वर्ष पहले की गई, आनंद चाहते थे कि उनके ग्राहक आई.सी. की पेशकशों का लाभ उठाएँ और उनके शीर्ष एकाउंटों में से एक बन जाएँ। इसके लिए उन्होंने आई. सी. के सी.आई.ओ. स्टीव प्रैट के साथ काम किया, ताकि वे एक कंसल्टिंग पार्टनर उस ग्राहक के पास भेजें और पक्के तौर पर, प्रत्येक त्रैमासिक के लिए 1.1 करोड़ डॉलर मूल्य का काम मिल गया। इससे उन ग्राहकों को न केवल अपने प्रतियोगियों की तुलना में ज्यादा प्रभावी फायदा हुआ, बल्कि आनंद के सक्रिय दृष्टिकोण ने इंफोसिस के एक सहायक यूनिट को अपने अस्तित्व के शुरुआती दिनों में तीव्र गति से विकास करने में मदद दी। हालाँकि यह शुरुआती सफलता अपने आपमें उल्लेखनीय थी, आनंद और उनके सलाहकार सहयोगी ग्राहक के कंसल्टिंग कार्य को और विस्तृत करना चाहते थे और इसके लिए जरूरी था कि दूसरे भी उनकी दृष्टि को साझा करें। आनंद ने निरंतरता के सिद्धांत का इस्तेमाल करने से पहले प्रभावित करने की कुछ तकनीकों का प्रयोग किया। उन्होंने इस तथ्य को रेखांकित किया कि आई.सी. का मौजूदा राजस्व उसके सबसे बड़े प्रतियोगी के एकाउंट का महज 25 फीसदी है। उन्होंने इस खाते पर इंफोसिस के पक्षकारों से भी कहा कि वे मौजूदा राजस्व स्तर (जोकि काफी था) से अपना ध्यान इस बात पर हटाएँ कि वे प्रतियोगिता में संभवतः कितना खो रहे हैं (यह राशि और भी बड़ी थी)। राजी करने के ये दो पहलू क्रमशः 'वैषम्य सिद्धांत'–जिसकी चर्चा पहले की गई और 'नुकसान तय करना' कहे जाते हैं। नुकसान तय करना वस्तुतः एक और सिद्धांत–अभाव में वृद्धि करनेवाला होता है, यानी क्या नुकसान हो रहा है, इस पर जोर देना लाभों पर जोर देने की तुलना में काररवाई को ज्यादा प्रेरित करता है। अंततः, आनंद ने जब लक्ष्य तय करना शुरू किया, तो हरेक ने इस बात को माना कि ग्राहक के कंसल्टिंग और रूपांतरण काम का 50 फीसदी आई.सी. के खाते में आना चाहिए, जोकि एक महत्त्वाकांक्षी लक्ष्य था। आज, वे

इन लक्ष्यों के मद्देनजर एक-दूसरे की प्रगति के बारे में पता करते रहते हैं और इसके आधार पर काररवाई या कदमों को प्रेरित करते हैं।

अभाव

अवसर, चीजें और सेवाएँ तब ज्यादा मूल्यवान और वांछनीय लगने लगती हैं जब वे कम उपलब्ध होती हैं। अभाव का ज्ञान-यानी यह सूचना कि कोई चीज कम पड़ रही या खत्म हो रही है, का प्रभाव इस जानकारी को पेश करने के तरीके से और बढ़ जाता है। ऐसी सूरत में हम लाभ की तुलना में हानि से बचने की बात से ज्यादा प्रेरित होते हैं।

ऐसी सूचना सिर्फ किसी एक के होने से अभाव के सिद्धांत की क्षमता को उसी प्रकार बढ़ा देती है जैसे प्रतियोगिता की जानकारी से उस दुर्लभ संसाधन को पाने की होड़ बढ़ जाती है।

कुमार हाल का एक मामला बताते हैं, जब उन्होंने अभाव के सिद्धांत का भरपूर लाभ उठाया। इंफोसिस वर्तमान में एक सी.एम.एम. लेवल-5 कंपनी है। इस प्रमाण-पत्र की अवधि पूरी होनेवाली है। इसे बरकरार रखने के लिए कुमार और उनकी टीम को आगामी आकलन के लिए तमाम यूनिटों का सहयोग चाहिए। इस बार यह कोई रूटीन आकलन नहीं है, क्योंकि यदि यह समय पर और आवश्यक तरीके से संपन्न नहीं हुआ, तो इस बात का खतरा है कि कोई अन्य बाहरी एजेंसी दूसरी बार आकलन करेगी जोकि ज्यादा कठिन होगा। जब कुमार ने इस आकलन की तैयारी के लिए अपने प्रयासों में कुछ बोर्ड सदस्यों से समर्थन माँगा, तो कुमार ने नुकसान बतानेवाले दृष्टिकोण का इस्तेमाल किया। उन्होंने यह तथ्य जाहिर कर दिया कि यदि सी.एम.एम. के लिए पहला आकलन विफल हुआ, तो दूसरा आकलन ज्यादा खतरनाक और मुश्किलवाला होगा और इसके लिए ज्यादा प्रयास की जरूरत पड़ेगी। उन्होंने दोनों की संभावनाओं की तैयारी के लिए तुरंत ही फंड मंजूर कर दिया। यह एक ऐसा काम था कि इसकी मंजूरी के लिए अन्यथा कई बार प्रयास करने पड़ते।

कम्युनिकेशन डिजाइन ग्रुप (सी.डी.जी.) के प्रमुख के तौर पर श्रीधर को लगातार संघर्ष करना पड़ता है। सी.डी.जी. एक आंतरिक समर्थनकारी यूनिट है। (कारोबार के लिए योग्य बनानेवाला कार्य या बी.ई.एफ.) और इसीलिए ग्राहक संसाधनों के लिए सभी उससे मदद माँगते हैं। एक बी.ई.एफ के रूप में, इसके पास सीमित संसाधन होते हैं और श्रीधर के लिए बहुत छोटा बजट होता है। वर्षों तक लगातार ज्यादा संसाधन और बजट की माँग करने के बावजूद विफल रहने

पर उन्होंने अपनी रणनीति बदलने का फैसला किया। उन्होंने ग्राहकों के आग्रहों को डिलीवरी कार्यों से हटाकर उन प्रोजेक्टों में शामिल कर दिया और कहा कि इन प्रोजेक्टों का अधिकांश वित्त पोषण खुद उन कार्यों द्वारा ही किया जाएगा।

इस प्रकार, उन्होंने सी.डी.जी. प्रतिभा और संसाधनों के अभाव को उजागर किया और अपने आग्रहों के प्रति अन्य संगठनात्मक कार्यों को ज्यादा विवेकी होने के लिए प्रेरित किया। और फिर, उन्होंने एक 'छोटी सी.डी.जी.' की अवधारणा को लागू किया—सी.डी.जी. के टीम सदस्यों का एक समूह जो प्रोजेक्ट विशेष के लिए पूरी तरह समर्पित हो, जैसे एस.आई. के लिए पाँच लोग, फिनैकल आदि के लिए दस लोग। इससे भी उपलब्ध सी.डी.जी. संसाधनों का अभाव उजागर हुआ और वक्त गुजरने के साथ इस अभाव का अहसास इतना गहराया कि आंतरिक माँगों को पूरा करने के लिए वे ज्यादा-से-ज्यादा पद बनाने में सफल हुए। यहाँ तक कि आर्थिक मंदी के दौर में भी, सी.डी.जी. नई प्रतिभाओं की भरती में मशगूल रहा।

संबंध एवं संजाल बनानेवाला नेतृत्व महज प्रभाव के सिद्धांत को लागू करने से कहीं ज्यादा है। आखिरकार, 'कोई भी बाहर खड़े रहकर या संबंधों के जिस जाल के जरिए तमाम कार्य संपन्न किए जाते हैं, उनकी अनदेखी कर किसी संगठन का नेतृत्व करने की उम्मीद नहीं कर सकता (व्हीटली, 1999, 165)। नेतृत्व के ऐसे संबंधात्मक मॉडल के केंद्र में तीन तत्त्व होते हैं : पारस्परिक दायित्वों के रूप में प्रतिबद्धताएँ, जिसका समर्थन पारस्परिक विश्वास और सम्मान करते हों (ब्रॉवर, स्कूरमैन एवं टैन, 2000)। हाल में, संबंध-आधारित नेतृत्व सिद्धांत नेता-अनुयायी आदान-प्रदान के दायरे से बाहर निकलने लगा है, ताकि अन्य प्रकार के नेतृत्व-संबंधों पर, जो वृहत्तर या व्यापक संदर्भ में पैदा हो सकते हैं, विचार किया जा सके (बैल्कुंडी एवं किल्डफ, 2005)। अगला खंड इस व्यापक संदर्भ : संबंध के 'प्रभाव का जाल' और संजाल निर्माण नेतृत्व पर विचार करता है।

प्रभाव का संजाल

याद करें कि हमने संबंध एवं संजाल निर्माण नेतृत्व का वर्णन 'लोगों के जरिए कारवाइयों को प्रभावित करने' के रूप में किया है। संबंधित लोग और कारवाई के आधार पर यह प्रभाव कई रूप ले सकता है। हमने उन विविध कारवाइयों की चर्चा की जो कोई राजी करने के छह सिद्धांतों के जरिए कर सकता है। यहाँ हम लोगों—जो प्रभाव के केंद्र या लक्ष्य होते हैं, के आधार पर एक सरल वर्गीकरण किया है। हरेक श्रेणी के लिए हम महत्त्वपूर्ण शोध के परिणामों को प्रासंगिक होने के रूप में उजागर करते हैं।

कर्मचारी

नेताओं के लिए काम के संदर्भ में सबसे महत्त्वपूर्ण पक्षकार समूह उनके कर्मचारी होते हैं। इस समूह में प्रत्यक्ष रिपोर्ट करनेवाले, मातहत, संगठनात्मक कड़ी में नेता से निचले स्तर के लोग शामिल होते हैं, जो उसे प्रत्यक्ष या अप्रत्यक्ष रूप से रिपोर्ट करते हैं—प्रतिष्ठित नेतृत्व पुस्तकों के 'अनुयायी'। कुछ नेतृत्व सिद्धांत जैसे कि नेता—सदस्य आदान—प्रदान (एल.एम.एक्स.) और ऊर्ध्व द्विसंयोजक संपर्क (बी.डी.एल.) ने मातहतों के साथ नेतृत्व के संबंधों का अध्ययन किया है। एल.एम.एक्स./बी.डी.एल. शोध ने दरशाया कि हस्तक्षेप करनेवाले कारकों की कमियों को कुशलतापूर्वक सुधारने या दूर करने पर भरोसा करता है। उदाहरण के लिए, नेता के 'अंदरूनी' अनुयायी नेता के एजेंडे या विचार के प्रति योगदान करने की भावना से प्रेरित होते हैं (जैसे, ग्रेएन एवं उल-बियन, 1995)। दीर्घकाल के लिए, मॉडल इस पर भरोसा करता है कि नेता पारिस्थितिकीय कारकों को ज्यादा अनुकूल बना देगा (जैसे, रणनीतिक योजना, नीति-निर्माण, कार्यक्रम विकास, संगठनात्मक परिवर्तन, राजनीतिक गतिविधि आदि) (युक्ल, 1994)।

नेतृत्व के एक भिन्न नजरिए में, जो अनुयायियों की स्व-पहचान को प्रभावित करने और काररवाई को प्रेरित करने पर ज्यादा जोर देता है, एक रूपांतरणकारी नेता वह होता है जो भविष्य का एक साझा सपना बुनता है, अनुयायियों को बौद्धिक रूप से प्रेरित करता है, व्यक्तियों को समर्थन देता है और व्यक्तिगत मतभेदों या अंतरों को मानता है और उच्च लक्ष्य निर्धारित करता है (बास, 1985)। वस्तुतः रूपांतरणकारी नेतृत्व नेतृत्व-शृंखला के एकदम शीर्ष पर स्थित होता है, जिसे 'नेतृत्व मॉडल की पूर्ण शृंखला' कहते हैं (एवोलियो, 1999)। इस पूर्ण शृंखला के कहीं बीच में आता है, कार्य-संपादन करनेवाला नेतृत्व। ऐसा नेतृत्व प्रभावी ढंग से लक्ष्य एवं मकसद तय करता है और अपेक्षित कार्य-प्रदर्शन हासिल करने के लिए अपने अनुयायियों को फीडबैक, मान्यता और पुरस्कार देता है। इसके थोड़ा नीचे का नेतृत्व ज्यादा सुधारात्मक कार्य-निष्पादन शैलीवाला होता है, जहाँ नेता इस पर ध्यान लगाते हैं कि क्या गलत हो सकता है या क्या गलत हुआ है और उसे सुधारते हैं। इस शृंखला के सबसे निचले स्तर पर सबसे कम प्रभावी नेतृत्व होता है, क्योंकि वह निष्क्रिय और बच निकलने की शैलीवाला नेतृत्व होता है।

कार्यस्थल में, 'एक आदर्श के रूप में नेता' एक बाध्यकारी तत्त्व होता है और वह उन गुणों पर ध्यान देता है, जिनके अनुयायियों द्वारा सबसे अधिक अपनाए जाने की संभावना होती है। इस मॉडल पर किए गए शोध के परिणाम दरशाते हैं कि अति मान्यता प्राप्त करिश्माई नेताओं की अनदेखी कर दी जाती है और ऐसे नेताओं को चुना

जाता है, जो व्यक्ति के ज्यादा करीबी होते हैं। इसका अर्थ है कि नेताओं को अन्य मैनेजरों के जरिए कर्मचारी-आधार से जुड़ना चाहिए और उसे प्रभावित करना चाहिए, न कि महज प्रसारण (संदेश) कर देना चाहिए, एक-से-बहुतों के लिए।

सफल नेतृत्व, खासकर संबंधात्मक नेतृत्व के क्या भविष्यसूचक होते हैं? कई लोगों ने यह सवाल अलग-अलग तरीकों से उठाया है और पूरे इतिहास में इसके कई उत्तर सामने आए हैं। यहाँ तक कि छठी सदी में, लाओत्जु (माना जाता है कि वह ताओमत के संस्थापक थे) ने एक बुद्धिमान नेता के गुणों का वर्णन किया है: निःस्वार्थ, कठोर, परिश्रमी, ईमानदार, उचित समय पर काररवाई करने में समर्थ, संघर्ष को न्यायपूर्ण ढंग से सँभालना या निपटाना और दूसरों को 'सशक्त बनाने' में योग्य (हैदर, 1985)। आधुनिक विज्ञान की भी इसी प्रकार की खोजें हैं। नेतृत्व के 78 अध्ययनों के एक महा-विश्लेषण में, टिम जज और उनके सहयोगियों (जज, बोनो, इलीस और गेरहार्ट, 2002) ने निष्कर्ष निकाला कि व्यक्तित्व के 'पाँच बड़े' गुण—भावनात्मक स्थायित्व, बहिर्मुखता, अनुभव के लिए खुलापन, सहमतिजन्यता एवं सजगता—नेता की प्रभावकारिता से संबंधित होते हैं और सहमतिजन्यता के अलावा बाकी तमाम गुण नेता के उभरने से संबंधित होते हैं। बहिर्मुखता या बहिर्गामी गुण नेतृत्व से सबसे मजबूती से संबद्ध होता है—इसके बाद सजगता, जुनून और खुलेपन का नंबर आता है। इंफोसिस में अपने शोध में, हमने नेतृत्व के जकारो, केंप एवं बैडर (2004) मॉडल का प्रयोग किया, जोकि दूरस्थ गुणों (यथा, व्यक्तित्व, संज्ञान, प्रतिभा, प्रेरक एवं आदर्श-मूल्य) और निकटस्थ गुणों (सामाजिक आकलन हुनर, समस्या समाधान हुनर एवं प्रच्छन्न ज्ञान/अनुभव) का वर्णन करता है और जो कई प्रक्रियाओं के जरिए नेता के अभ्युदय, प्रभावकारिता एवं तरक्की की भविष्यवाणी करते हैं। इंफोसिस नेताओं के बारे में हमने जो आँकड़े जुटाए, यह प्रमाण मिला कि अनुभव के लिए खुलापन, एक टीम खिलाड़ी होना और सहमतिजन्यता जैसे गुण संबंध एवं संजाल-निर्माण नेतृत्व की सुदृढ़ भविष्य-सूचकता के रूप में सामने आते हैं। इस तरह, जैसा कि लाओत्जु ने प्रस्तावित किया था—न्यायप्रियता एवं निःस्वार्थ होना, दूसरों के साथ अधिकार साझा करने के लिए तैयार रहना संबंधात्मक नेतृत्व के महत्त्वपूर्ण तत्त्व प्रतीत होते हैं।

परिवर्तन नेतृत्व भी एक प्रगाणीकृत नेता के लिए महत्त्वपूर्ण होता है। ज्यादा प्रभावी रूप से नेतृत्व करने के लिए वह अपने संबंधों एवं संजालों का इस्तेमाल करता है। नेताओं के लिए जरूरी है कि वे परिवर्तन की रूपरेखा तैयार करें और उसे सफलतापूर्वक लागू करें, यह समझते हुए भी कि इसका

प्रतिरोध होगा और उन्हें इस मकसद को पूरा करने के लिए चैंपियन विकसित करने होंगे। संगठन जितना बड़ा और जितना ज्यादा परिपक्व होगा, नेता को अपना संदेश संचारित करने के लिए उतने ही ज्यादा दिशा-निर्देशक सिद्धांतों का इस्तेमाल करना होगा, महज एक जटिल संगठनात्मक डिजाइन या रूपांतरणकारी नक्शे से काम नहीं चलेगा। संबंध एवं संजाल पर प्रतिभा नेतृत्व लागू करने का अर्थ यह जानना है कि प्रमाणीकृत ढंग से कैसे नेतृत्व किया जाए और यह भी समझदारी दिखाई जाए कि कब खुद नेतृत्व करना बंद करके किसी और को नेतृत्व करने देना है। दूसरे शब्दों में, अन्यों का निरंतर विकास करना संबंध एवं संजाल निर्माण नेतृत्व की सफलताओं का सबसे शक्तिशाली साधन है।

सहयोगी या सहकर्मी

परिभाषा के अनुरूप ही वरिष्ठ नेताओं के किसी संगठन के अंदर चंद सच्चे सहयोगी होते हैं। इस रूप में, 'प्रभाव के जाल' के इस घटक में उसी या उसी प्रकार के स्तर और जिम्मेदारी लिए हुए आंतरिक एवं बाह्य सहयोगी या साथी होते हैं। आज के आधारभूत संगठनों की जरूरत होती है कि एग्जीक्यूटिव्स (कार्याधिकारी) उनका भी नेतृत्व करें जो उनके रिपोर्टिंग ढाँचे में नहीं आते। और फिर, वरिष्ठ प्रबंधक को संगठन भर में अपने साथियों का भी नेतृत्व करने की जरूरत होती है, कम-से-कम उन पहलों के लिए जिसके लिए वे उत्तरदायी हैं। माइकल लैंगलोइस कहते हैं कि अगले स्तर के प्रदर्शन पर पहुँचने के लिए, नेताओं को संस्थापकों की तरह बनना पड़ता है: उन्हें दिशा-निर्देशक सिद्धांतों को जुनूनी ढंग से अंगीभूत करना पड़ता है और अपने सहयोगियों के लिए उन्हें वास्तविक बनाना पड़ता है। कठिन बात यह है कि उन्हें उन दिशा-निर्देशक सिद्धांतों को गले लगाना पड़ता है, जिन्हें उन्होंने खुद पैदा नहीं किया है।

नेता संगठनात्मक ढाँचे और उसकी संस्कृति को विकसित करने के लिए अपने आंतरिक साथियों के साथ काम करते हैं। इसके लिए संगठन में जिस तरह फैसले लिए जाते हैं और कार्य-व्यवहार होता है, नेता उन्हें प्रभावित करते हैं। टीम के रूप में काम करना यह अध्ययन करने का उपयोगी जरिया है कि संबंध एवं संजाल निर्माण नेता कैसे अपने साथियों के साथ सार्थक रूप से जुड़ते हैं। परिषदें, बोर्ड, वरिष्ठ कार्याधिकारी स्टाफ बैठकें, घटनास्थल से परे की घटनाएँ और रूपांतरणकारी प्रयास—ये सभी टीम बनाने और नेतृत्व प्रदान के अवसर प्रदान करते हैं। जैनिस कैनन-बोअर्स द्वारा किया गया शोध सुझाव देता है कि टीम के सदस्यों के बीच साझा मानसिक मॉडल (एस.एम.एम.) सफल फैसले लेने में मदद कर सकता है। खासकर टीमों में

जिस तरह फैसले लिए जाते हैं, उसे अकसर टीम एवं कार्यों के एस.एम.एम. के संदर्भ में समझा जाता है–यानी काम की जरूरतों, प्रक्रियाओं एवं कार्य-उत्तरदायित्वों के साझा या परस्पर आच्छादित मानसिक प्रतिनिधित्व (कैनन-बोअर्स, सलास एवं कनवर्स, 1993, 221)। यह साझा समझ जब पूरे संगठन में संचारित की जाती है, तो वह संगठनात्मक संस्कृति को मजबूत करती है। लैंगलोइस यह कहते हुए इस बात पर जोर देते हैं कि कर्मचारी इस बात को भूल जा सकते हैं कि उनसे क्या अपेक्षा की जाती है और वे किन चीजों की आकांक्षा पाल सकते हैं। वे एक देश के 'नागरिक' हैं और यह देश उनकी पारिस्थितिकी है, केवल उनकी कंपनी की संगठनात्मक संस्कृति नहीं। एक देश में रहने के लिए हरेक नागरिक के कुछ कर्तव्य व दायित्व होते हैं–और नेता को अपने संबंधों और संजालों के जरिए इन दायित्वों को अवश्य ही संचारित करना चाहिए और उन पर बल देना चाहिए।

पेशेवर समुदाय अथवा अपने हित के अन्य समुदायों के अंदर संबंध एवं संजाल निर्माण ज्यादा महत्त्वपूर्ण हो गया है, क्योंकि सुविज्ञ कामगारों का प्रतिशत बढ़ गया है। संजाल निर्माण का यह पहलू, जोकि परस्पर सम्मान एवं विश्वसनीयता व साख पर आधारित है, विषय-वस्तु नेतृत्व के पहलू से संबंधित है (इसकी चर्चा अगले अध्याय में की गई है)। समकक्ष नेतृत्व के लिए विषय-वस्तु महत्त्वपूर्ण है, लेकिन यह एक फाँस भी हो सकती है।

विषय-वस्तु ही किसी को समकक्षों के बीच सम्मान पाने के लायक बनाती है जिससे विश्वास बनाता है। यह विश्वास ही बराबरवालों के बीच नेतृत्व के लिए नींव का काम करता है। बहरहाल, नेताओं को सिर्फ विषय-वस्तु के भरोसे नहीं रहना चाहिए, क्योंकि वे जितना अधिक वरिष्ठ होते जाएँगे, किसी खास विषय पर उनकी उतनी ही कम जानकारी रखने की संभावना होगी। प्रभावी नेता कमरे में खुद को सबसे तेज-तर्रार दिखाने की कोशिश नहीं करते। वे विषय-वस्तु वाले ऐसे लोगों को सामने लाने के लिए संबंधों के संजाल विकसित करते हैं, जिनका समकक्ष लोग सम्मान करते हैं, ताकि समस्याओं का समाधान किया जा सके। संबंध एवं संजाल जितना ज्यादा प्रभावी होता है, उतना ही सफल परिणाम रहता है और वक्त गुजारने के साथ इससे नेता की प्रतिष्ठा ज्यादा बनती है, बनिस्पत इसके कि वह कमरे में सबसे तेज-तर्रार बनने की कोशिश करे।

साझेदार

कॉरपोरेट परिदृश्य में साझेदारों की एक विशेष भूमिका होती है। वे न तो कर्मचारी होते हैं (जिन्हें आप नौकरी पर रख सकते हैं या उन्हें नौकरी से

निकाल सकते हैं) और न ही वे ग्राहक होते हैं (जिसका मतलब है कि वे सीधे आपके उत्पादों और आपकी सेवाओं को खरीदकर आपके कारोबार को नहीं सँभालते)। बहरहाल, कारोबारी साझेदार कई कंपनियों की सफलता के लिए महत्त्वपूर्ण होते हैं, खासकर वे जिनके पास बिक्री के भारी चैनल हैं और वे जिन्हें जटिल बिक्री करने के लिए गठबंधनों की जरूरत होती हैं और जब विपणन, डिजाइन, आपूर्ति श्रृंखला या वितरण में संयुक्त जिम्मदारियाँ होती हैं।

प्रायः चंद साझेदारीवाले संबंध एक पक्ष के अनुकूल होते हैं, जैसे कि वर्चस्ववाला मैन्युफैक्चरर या सॉफ्टवेयर प्रदाता जो चैनल साझेदारों के जरिए वितरण करता है। फिर भी, यह देखते हुए कि साझेदार कारोबार में समर्थ बनानेवाली भूमिका निभाते हैं, दीर्घकालीन सफलता हासिल करने के लिए उनसे ग्राहकों की तरह ज्यादा और कर्मचारियों की तरह कम व्यवहार करना बेहतर होता है। संबंधों के बढ़ते हुए अंतर्संबंधित जाल में, कोई साझेदार आज आसानी से ग्राहक बन सकता है या कल को मालिक बन सकता है। वाकई सफल गठबंधन वे होते हैं जिनमें संपूर्ण अपने हिस्सों के योग से वृहत्तर होता है: जहाँ साझेदार कुछ ऐसा बड़ा बनाने के लिए सहयोग करते हैं जोकि उनमें से कोई भी अलग-अलग नहीं बना सकते थे।

चूँकि साझेदार वक्त गुजरने के साथ विविध संगठनों के साथ जुड़ सकते हैं, इसलिए यह नेताओं के लिए महत्त्वपूर्ण होता है कि वे साझेदारों के साथ ऐसे संबंध विकसित करें, जिनमें उन्हें प्रतियोगियों के साथ गठजोड़ करने में हिचकिचाहट हो। यह जुड़ाव इस पर निर्भर करता है कि नेता वक्त बीतने के साथ अपने साझेदारों के साथ कितना मजबूत संबंध विकसित करते हैं और वे कितने प्रामाणिक नेतृत्व का प्रदर्शन करते हैं।

बाहरी ग्राहक

प्रभाव के जाल की इस गाँठ में ऐसे लोग शामिल होते हैं जो नेता के संगठन द्वारा विकसित उत्पादों/सेवाओं का इस्तेमाल करते हैं। सफल कार्याधिकारी मजबूत ग्राहक संपर्क एवं प्रभाव विकसित करने में संबंध एवं संजाल निर्माण नेतृत्व के महत्त्व को समझते हैं। आखिरकार, ये वही लोग हैं जो कंपनी के उत्पादों एवं सेवाओं का प्रयोग करते हैं और कंपनी के राजस्व का स्रोत बनते हैं। कॉरपोरेट नेतृत्व में यह दरशाने के पर्याप्त सबूत हैं कि प्रामाणिक एवं प्रभावी नेता न केवल अपने अनुयायियों एवं ग्राहकों की नजर में सम्मानित होते हैं, बल्कि वे कंपनी की वित्तीय स्थिति को भी वाकई काफी प्रभावित करते हैं; दरअसल, एक संगठन के कार्य-प्रदर्शन

(आर्थिक संदर्भ में) के 45 फीसदी भाग की व्याख्या उसके कार्याधिकारी नेतृत्व द्वारा की जा सकती है (डे एवं लॉर्ड, 1988)। इससे साफ है कि अच्छा नेतृत्व एक प्रतियोगी लाभ से कोई कम नहीं होता, जैसा कि रणनीतिक नेतृत्ववाला अध्याय दरशाता है। नेतृत्व प्रतियोगी लाभ का एक स्रोत हो सकता है, एक सफल फर्म की कॉरपोरेट रणनीति के धुर-तत्त्वों में से एक हो सकता है। प्रतियोगियों पर वर्चस्व स्थापित करने के लिए एक फर्म को सुनियोजित रणनीति बनानी पड़ती है और उसे प्रभावी ढंग से कार्यान्वित करना पड़ता है। रणनीति बनाने और उसके कार्यान्वयन दोनों ही चरणों में नेतृत्व अहम भूमिका निभाता है। संबंध नेतृत्व जो ग्राहक पाने, बनाए रखने और उन्हें विकसित करने में समर्थ बनाता है, प्रतियोगी लाभ के दो लीवरों का विभाजन करता है: नेतृत्व और ग्राहक अनुभव। जबकि कुछ कंपनियों ने वरिष्ठ प्रबंधन का इस्तेमाल सांकेतिक विपणन प्रमुखों एवं बिक्री संपन्नकर्ता के रूप में किया है। प्रभावशाली ग्राहकों के साथ दीर्घकालीन संबंध विकसित करने का भी महत्त्व और उपयोगिता है, ताकि उत्पाद-मानचित्रों को खींचने, संदर्भ प्रदान करने में मदद मिले तथा कठिन दौर में उन पर निर्भर हुआ जा सके।

एक मॉडल जिसके जरिए नेता अपने विषय-वस्तु नेतृत्व एवं अन्य अधिकारों के साथ अपने संबंध एवं संजाल निर्माण हुनरों का इस्तेमाल ग्राहक या ग्राहक संबंधों को सकारात्मक रूप से प्रभावित करने के लिए करते हैं, वह है डेविड मैस्टर के शब्दों में, 'विश्वस्त सलाहकार' बनना (मैस्टर, ग्रीन एवं गैल्फोर्ड, 2000)।

संबंध एवं संजाल निर्माण नेतृत्व का ग्रिड

'प्रभाव के जाल का ढाँचा प्रभावित पक्षकारों के प्रकारों के वर्गीकरण का एक उपयोगी तरीका है। यह इस विचार को सुगठित करने में सहायक होता है कि हर पक्षकार के प्रकार के जरिए कैसे नेतृत्व का प्रयोग किया जाता है। यह ढाँचा हरेक पक्षकार के लिए प्रभाव के छह सिद्धांतों के सापेक्षिक प्रयोग को भी दरशाता है। अंततः, यह जोर दिए जाने लायक क्षेत्रों को उजागर करता है, और दूसरी ओर उन गड्ढों या गर्तों की ओर भी इंगित करता है, जिनसे बचा जाना चाहिए।

प्रभाव का जाल

	कर्मचारी	*समकक्ष*	*ग्राहक*	*साझेदार*
सामान्य परिदृश्य	• कारोबार रूपांतरण • संकट प्रबंधन • संचालनात्मक कार्यप्रवाह • कार्य-प्रदर्शन में समस्याओं का समाधान करना	• वार्षिक योजना • कारोबार रूपांतरण • विलयोपरांत एकीकरण • विविध कार्यक्षेत्र परियोजनाएँ	• उत्पाद मानचित्र परिभाषा • उत्कृष्ट सेवा समझौता • बाजार में अपनी पकड़ का विस्तार करना	• सह-ब्रांड निर्माण • डिजाइन में सहयोग • वितरण चैनल • प्रतियोगी लाभ
प्रभाव सिद्धांतों की प्रासंगिकता				
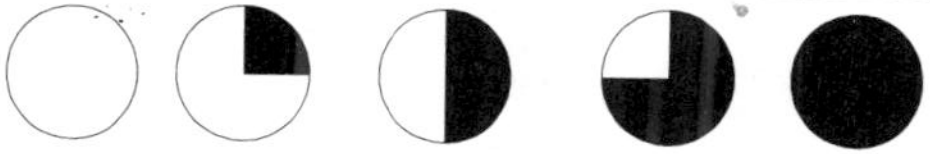 0 1 2 3 4				
आदान-प्रदान				

पसंद	◕	●	●	●
सर्वसम्मति	◑	◕	◕	●
अधिकार	●	◑	◕	◑
निरंतरता एवं प्रतिबद्धता	●	◕	●	◕
अभाव	◕	◕	◑	◕
अच्छे चलन	• तात्कालिक स्वार्थों के परे जाकर प्रेरित करें • परियोजना प्रेरणा, बौद्धिक उद्दीपन, वैयक्तिक लिहाज को दरशाएँ।	• संबंध के बराबरी और योगदानकर्ता सदस्य के रूप में दिखाई दें। • दृष्टिगोचर रहें। • दिशा-निर्देशक सिद्धांतों को संचारित करें।	• एक विश्वस्त सलाहकार होने का अधिकार अर्जित करें। • अपने उत्पादों व सेवाओं के लिए मुखर समर्थक विकसित करें।	• प्राथमिक साझेदारों के साथ गहरे संबंध बनाने में समय लगाएँ। • ग्राहकों के साथ संबंध का जाल बुनें।
सामान्य फंदे या चार गड्ढे	• कमान एवं नियंत्रण से बचें, फिर भी दावा और आग्रह बनाएँ रखें।	• जबकि विषय-वस्तु में विशेषज्ञता सम्मान को बढ़ाती है, लेकिन कमरे में सबसे ज्यादा तेज-तर्रार बनने की कोशिश न करें।	• संबंधों का खयाल किए बिना ग्राहक की आवाज का दोषपूर्ण दृष्टिकोण अपनाना।	• सशक्त संबंध के बजाय चैनल की शक्ति पर भरोसा करना।

इंफोसिस नेता सशक्त ग्राहक संबंध बनाने के बारे में क्या कहते हैं

ग्राहकों के लिए संबंध एवं संजाल निर्माण नेतृत्व के प्रदर्शन का एक तरीका यह है कि संबंधों का विकास इस तरह किया जाए जिससे कि भरोसेमंद परामर्शदाता बनने का मार्ग प्रशस्त हो। इसका मतलब है, महज एक विक्रेता या आपूर्तिकर्ता के बजाय एक सलाहकार बनना या इससे भी बेहतर एक सरोकारवाला दोस्त और विश्वस्त परामर्शदाता बनना। इस तरह नेता ग्राहकों के साथ कारोबार करने के तरीके को ही बदल सकते हैं।

सत्येंद्र कुमार

सत्येंद्र कुमार एक नेता को अपने ग्राहक का विश्वस्त सलाहकार बनानेवाली बातों के बारे में अपने विचार बताते हैं। उनके अनुसार, एक भरोसेमंद सलाहकार बनना कई बातों का परिणाम होता है–

- पहला, इसके लिए विश्वसनीयता की जरूरत पड़ती है और यह परिणाम देने के सिद्ध ट्रैक रिकॉर्ड से पैदा होती है।
- दूसरा, ग्राहक के खतरों और उसकी समस्याओं के बारे में वास्तविक चिंता होनी चाहिए। एक विश्वस्त सलाहकार अपने ग्राहक के कारोबार को पूरी तरह समझता है। वह इसे जानने-समझने के लिए गृहकार्य किए रहता है और इसके विश्लेषण के लिए विशेषज्ञता और चिंतन-प्रक्रिया भी रखता है। जिसकी आवश्यकता होती है, वह है ग्राहक की जरूरतों को पूरा करना और अपना हित साधने में नहीं लगे रहना।
- यह बहुत अहम है कि आप इस रूप में न देखे जाएँ कि यह हमेशा अपना माल/सेवा बेचने की फिराक में रहता है। विश्वस्त परामर्शदाता इस रूप में देखा जाता है कि वह पारस्परिक हित को ध्यान में रखता है और हमेशा सफलता की रणनीति बनाता और अनुसरण करता है।
- अंततः, एक विश्वस्त सलाहकार बनने का आशय है समकक्ष के रूप में दिखना। किसी ग्राहक संबंध में मौलिक बाधा यह आती है कि आपूर्तिकर्ता या विक्रेता परिभाषा से ही वह होता है, जो सेवा प्रदान करता है। लेकिन एक बार जब कोई ग्राहक की यह धारणा अर्जित कर लेता है कि वह उन्हें समकक्ष, बराबरी के रूप में देखे, तो उसका विश्वास हासिल करना और इसे एक दीर्घकालीन संबंध में बदलना बेहद आसान हो जाता है।

ऋषि राज पॉल

एक विश्वस्त परामर्शदाता बनने के ऋषि के मॉडल में निम्न कदम महत्त्वपूर्ण हैं–

- **समझें :** दूसरे पक्ष के लक्ष्यों की पहचान करें। गठबंधन साझेदारों के साथ सौदेबाजी करते समय कभी-कभी दो टूक सवाल पूछे जा सकते हैं कि इसमें उनके लिए क्या है, उनके कार्य-प्रदर्शन को कैसे मापा जाएगा अथवा मौजूदा प्रोजेक्ट में उन्हें कैसे क्षतिपूर्ति दी जाएगी। इससे ऋषि को यह समझने में मदद मिलती है कि दूसरा पक्ष इससे बाहर निकलने के लिए क्या अपेक्षा करता है?
- **जोड़ें या मिलान करें :** अगले चरण में, इसका आकलन करें कि आप मदद करने के लिए क्या कर सकते हैं और आपके कौन से लक्ष्य पूरे होंगे। ऋषि के अनुसार, लक्ष्य का मिलान या तालमेल एक सफल संबंध बनाने की सबसे महत्त्वपूर्ण पूर्व शर्तों में से एक है। आकलन के इस चरण में काफी अध्यवसाय और तथ्यात्मक या वस्तुगत मूल्यांकन शामिल होता है।
- **ऊपर उठाएँ :** अगर लक्ष्य का जुड़ाव या तालमेल है, तो लक्ष्य पाने की ओर अग्रसर होना शुरू किया जा सकता है। बहरहाल, आकलन चरण के बाद ऐसा लगे कि असंतुलन है, तो ऋषि अन्य लोगों की पहचान करते हैं जो अपने नेटवर्क का लाभ उठाकर दूसरे पक्ष की जरूरतों को बेहतर ढंग से पूरा कर सकता है और अन्य क्षेत्रों की पहचान करते हैं, जिसमें ऋषि और इंफोसिस योगदान कर सकते हैं।
- **गुणगान करें :** सफलताओं का प्रदर्शन कर भुनाना महत्त्वपूर्ण है, ताकि विश्वसनीयता की कुंडली पूरी हो जाए और विश्वस्त सलाहकार बनने के भविष्य के प्रयासों का पोषण हो।

ऋषि इंफोसिस-ऑरेकल गठबंधन में सबसे शीर्ष राजस्व उत्पादकों में से हैं और यह प्रतिष्ठा खुद कई ग्राहक संगठनों के दरवाजे खोल देती है और उन्हें इंफोसिस के लिए अन्य कारोबार हासिल करने में मदद मिलती है। इस किस्म की सफलता रातोरात नहीं मिल जाती। एक विश्वस्त सलाहकार बनने की ऋषि की यात्रा खोज करने और गलतियों से सीखनेवाली रही है। उदाहरण के लिए, पहले जब कोई उनके पास आग्रह लेकर आता था, तो वे हमेशा उसका अनुसरण करने के लिए सहमत हो जाते थे। हालाँकि यदि इस क्षेत्र में इंफोसिस के पास कम परिपक्व समाधान होता था, तो यह बहुत अच्छा साबित नहीं होता था। वक्त गुजरने के साथ ऋषि ने सीखा कि वाकई एक विश्वस्त सलाहकार बनने के लिए, यह जाँच करने के लिए आवश्यक गृह-कार्य करना महत्त्वपूर्ण है कि प्रत्येक सामने आया अवसर क्या वस्तुतः अनुसरण किए जाने लायक है। अगर वह पाते थे कि

ऐसा नहीं है तो वह सबसे बढ़िया बात यही समझते थे कि इसका अनुसरण न किया जाए। ऐसे मामलों में 'न' कहना, या इससे भी बेहतर आग्रह करनेवाले के लिए बेहतर विकल्पों का पता कर देना, ज्यादा विश्वास बनाता है, बनिस्पत इसके कि अंधाधुंध ढंग से हाथ में काम ले लिया जाए और फिर अपेक्षाओं पर खरा न उतरा जाए। अब ऋषि सच्ची सफलताओं का प्रदर्शन करने की बेहतर स्थिति में हैं, क्योंकि उन्होंने जो भी प्रोजेक्ट लिये, उन्हें पारस्परिक लाभ के लिए पूरा अता-पता कर पूरी संभावनाओं का दोहन किया।

वी. श्रीराम

श्रीराम के पसंदीदा उद्धरणों में से एक है, 'अन्य चीजों के समान रहने पर लोग अपने दोस्त से खरीदेंगे; अन्य चीजें समान न रहें, तो भी लोग अपने दोस्त से खरीदेंगे।' श्रीराम के लिए एक ग्राहक के साथ विश्वास का रिश्ता विकसित करने का सार है—परस्पर पेशेवर सम्मान स्थापित करना। ऐसा हो गया है, इसका एक संकेत तब मिलता है जब एक ग्राहक न केवल आपसे भेंट करना सहन करता है, बल्कि दरअसल वह आपसे मिलने के लिए उत्सुक रहता है। श्रीराम सोचते हैं कि एक विश्वस्त सलाहकार के रूप में विकसित होने के कई तरीके हैं—

- इस बात को सुस्थापित करें कि आपकी संबंधित विषय या क्षेत्र में विशेषज्ञता है, दूसरे व्यक्ति को यह अहसास करने का अवसर दें कि आपके पास देने के लिए वह अंतर्दृष्टि और ज्ञान है, जो उसके पास नहीं है।
- आप जो वादे करें, उसे हमेशा पूरा करें, खासतौर पर चाहे वे कितने ही छोटे क्यों न हों, क्योंकि ये इस बात का संकेत होते हैं कि आप बड़ी प्रतिबद्धताओं पर कितने खरे उतरेंगे।
- एक प्रमाणीकृत या अधिकृत नेता होने के संकेतों को बरकरार रखते हुए, श्रीराम इस बारे में स्पष्ट और ईमानदार होना बेहतर मानते हैं कि वे क्या कर सकते हैं और क्या नहीं कर सकते। 'प्रणाली' को या 'कंपनी' को दोष देना, जैसे वह आपके लिए कोई विदेशी चीज हो, आपकी विश्वसनीयता को नष्ट कर देता है। इसी तरह यदि आप बहुत ज्यादा वादे करते हैं और उन्हें पूरा नहीं करते, तो भी आपकी साख चली जाती है। वे एक उदाहरण देते हैं कि कैसे उन्होंने एक ग्राहक से व्यवहार के दौरान सारी बातें सामने रख दीं। वह ग्राहक एक ऐसे देश में काम करने के लिए करार करना चाहता था, जो इंफोसिस के लिए नया था। एकदम नए विदेशी

कार्य-संचालन को स्थापित करने में टैक्स कानून, वीजा के मुद्दे और अन्य जो चुनौतियाँ सामने आती हैं, उनके मद्देनजर श्रीराम ने वादे करने में समुचित सतर्कता बरती, हालाँकि उन्होंने अपनी ओर से सर्वोत्तम करने का वचन जरूर दिया। श्रीराम ने जो स्पष्ट रवैया अपनाया, उसकी बदौलत यह पुस्तक लिखे जाते वक्त यह करार होने की पूरी संभावना थी।

- श्रीराम हरेक कार्य-व्यवहार में ग्राहक को कुछ देने की जरूरत बताते हैं। आदान-प्रदान की भावना से संगति रखते हुए, एक सच्चा प्रमाणीकृत नेता प्रत्येक बैठक में कुछ-न-कुछ पेश करने की कोशिश अवश्य करता है और यह जरूरी नहीं कि वह अनिवार्यतः कोई उपहार या रियायत हो। यह किसी कारोबारी समस्या को लेकर अंतर्दृष्टि हो सकती है, किसी उत्पाद को बाजार में उतारने की खबर हो सकती है, वे जिस मसले का सामना कर रहे हैं, उससे दूसरा उद्योग कैसे निपट रहा है, इस बारे में जानकारी देना या किसी ऐसे शख्स से परिचय कराना भी हो सकता है जिसके परस्पर लाभकारी होने की संभावना हो।
- बार-बार यह दरशाएँ कि आप अपने ग्राहक के मुद्दों का समाधान ढूँढ़ने और उसकी जरूरतों को पूरा करने में मदद कर सकते हैं। इससे वक्त गुजरने के साथ ग्राहक के साथ संबंध मजबूत होता है।

वे गुजरते वक्त के साथ विश्वस्त परामर्शदाता का संबंध बनाए रखने में हालाँकि एक सावधानी बरतने की बात कहते हैं : कभी भी इसे पक्का मानकर न चलें। जो बात उनसे भरोसे में कही जाती है, वे उसे किसी और से साझा करने से इनकार कर देते हैं, खासकर समकक्षों और प्रत्यक्ष रिपोर्टों से सम्मान हासिल करने के लिए वे बहुत कड़ी मेहनत करते हैं और प्रायः एक पेशेवर दूरी बनाए रखने की जान-बूझकर कोशिश करते हैं। इनमें से कुछ सबक उन्होंने उस गलती से सीखे हैं, जो उन्होंने एक जापानी ग्राहक के साथ व्यवहार के दौरान की थी। अपने संबंधों में करीब चार-पाँच वर्ष बीत जाने के बाद, एक बार रात्रि-भोज के दौरान श्रीराम ने उस शख्स को छेड़नेवाली एक टिप्पणी कर दी। उन्होंने ऐसा कुछ नहीं कहा था, जो आहत करनेवाला हो, बल्कि बस दोस्ताना दिल्लगी की थी जोकि अधिकांश भारतीय दोस्ती में एक रूटीन बात है। बहरहाल, ज्यादा औपचारिक पृष्ठभूमि से होने के कारण, इस ग्राहक ने श्रीराम को याद दिलाया, 'चाहे, जो भी हो, मैं अभी भी आपका ग्राहक ही हूँ।' इस बात ने श्रीराम को तुरंत अहसास दिला दिया कि उन्होंने अपनी सीमाओं का उल्लंघन किया है और उन्होंने माफी माँग ली। उनकी विनम्रता और गलती के लिए दोष स्वीकार कर लेने की उनकी इच्छा के कारण संबंध को

नुकसान नहीं पहुँचा। दरअसल, वह शख्स कॅरियर संबंधी सलाह के लिए अभी भी श्रीराम के पास आता है और वे नियमित संपर्क में बने रहते हैं।

श्रीधर मारी

श्रीधर बताते हैं कि उनके अनुसार कौन सी बातें किसी को विश्वसनीय सलाहकार बनाती है। किसी ग्राहक के सामने समाधान लेकर जाने में वे निम्न चीजें करने में यकीन करते हैं–

- सबसे पहले, श्रीधर उन गलतियों के उदाहरण देते हैं, जो ग्राहक के उद्योग में ही दूसरे ने की हुई होती हैं। इससे यह सुस्थापित हो जाता है कि (अ) श्रीधर को ग्राहक के उद्योगों के बारे में पर्याप्त जानकारी है, उन्हें इतनी जानकारी अपने विषय या क्षेत्र के बारे में है कि वह दूसरों द्वारा की गई गलतियों को इंगित कर सकें; और (ब) उनके पास वह ज्ञान और विशेषज्ञता है, जो ग्राहक के पास नहीं है।
- इस प्रकार अपनी प्रामाणिकता या अधिकार स्थापित कर लेने के बाद, श्रीधर अभिनव विशेषताओं, गुणों और संभावनाओं के बारे में सोचते हैं, पहले बताई गई गलतियों के विपरीत वे लीक से हटकर अपनी सोच का प्रदर्शन करते हैं। यह चरण परंपरागत सोच से परे जाने और महज औचित्य नहीं, संभावनाएँ प्रस्तुत करने का होता है।
- इसके आगे, श्रीधर सापेक्षिक खूबी के लिए इन रचनात्मक विचारों का मूल्यांकन करते हैं और कार्यान्वियन के लिए ग्राहक के समक्ष सतर्कतापूर्ण विश्लेषण पेश करते हैं।
- एक बार जब ग्राहक इसे स्वीकार कर लेता है, तो वे श्रीधर के साथ संबंध स्थापित कर लेता है। अब यह श्रीधर पर है कि वे इस संबंध को फलने-फूलने में मदद करें और इसे जारी रखें। श्रीराम की तरह श्रीधर भी ऐसे बहुमूल्य संबंध को नुकसान न पहुँचाने के महत्त्व को दोहराते हैं।

इस तरह, कारोबार, विषय या क्षेत्र और ग्राहक को जानना शुरुआती विश्वसनीयता स्थापित करने में मदद देता है। फिर, न सिर्फ रचनात्मक समाधान पेश करना, बल्कि व्यावहारिक समाधान भी बताना यह दरशाता है कि नेता केवल बात ही नहीं करता है, बल्कि काम भी करता है। इस तरह, लगातार सफलता के लिए भरोसेमंद सलाहकारवाला संबंध स्थापित हो जाता है।

आनंद स्वामीनाथन

आनंद के अनुसार, कोई विश्वस्त सलाहकार है, इसके चंद संकेतों में निम्न शामिल हैं–

- दूसरा पक्ष किसी भी बातचीत (व्यक्तिगत या पेशेवर) में खुलने में सहजता महसूस करता है और नेता के साथ कोई भी बात साझा करने को इच्छुक रहता है।
- महज इस बात से कि कोई समाधान नेता द्वारा सुझाया गया है, इसमें इतना वजन होता है, इतनी साख व विश्वसनीयता होती है कि उसे स्वीकार कर लिया जाए। दूसरा व्यक्ति समझता है कि एक विश्वस्त सलाहकार होने के नाते नेता उसकी ओर से किसी चुनौती से पार पाने में मदद करेगा। समाधान इसलिए स्वीकार कर लिया जाता है कि वह उसकी (नेता की) ओर से आया है, न सिर्फ इस कारण कि उसमें अंतर्निहित गुण हैं।
- सबसे मजबूत संबंधों में कुछेक वे होते हैं, जो सबसे गहरे संकटों से उबर गए होते हैं। ऐसी कसौटी के बगैर संबंध उतने गहरे और तीव्र नहीं होते हैं कि नेता विश्वस्त सलाहकार होने का आनंद महसूस करें।

आनंद विश्वस्त सलाहकार के संबंध को सहज रूप में विकसित होने देते हैं, अपनी ओर से जबरन थोपते नहीं। वे अवसर पैदा करते हैं और संकट की घड़ियों में ईमानदार, समर्पित, प्रतिबद्ध और विकल्पों के बारे में प्रमाणीकृत बनकर ग्राहक का विश्वास और भरोसा हासिल करते हैं।

वे एक रोचक कहानी बताते हैं कि माइक्रोसॉफ्ट में कैसे वे अपने एक ग्राहक के लिए अपेक्षाकृत एक अजनबी से आगे बढ़ते हुए एक विश्वस्त सलाहकार बन गए। सन् 2009 की शुरुआत में उन्होंने 20 करोड़ डॉलर के आउटसोर्सिंग ठेके के बारे में एक महाप्रबंधक से बात करनी शुरू की। यह काम एक अन्य संगठन के साथ मिलकर किया जाना था। एक बैठक के दौरान, एक विचलित करनेवाला तथ्य सामने आया: ऐसा लगा कि एक बहुत विशाल लागत आर.पी.एफ. (प्रस्तावों के लिए आग्रह) की प्रक्रिया के दौरान दिए गए आकलन में पूरी तरह छोड़ दी गई है। जी.एम. उत्तेजित हो उठीं और उन्होंने घोषणा कर दी कि इस लागत का खुलासा नहीं करके इंफोसिस ने उनका विश्वास खो दिया है। आनंद ने तुरंत ही उनसे कुछ समय माँगा, साझेदार के साथ बात की और पता चला कि वे इस लागत को दर्ज करने में विफल रहे और किसी तरह इंफोसिस और माइक्रोसॉफ्ट दोनों ही अब तक इसे देख नहीं पाए। वे जी.एम. के पास वापस गए, माफी माँगी और इस अनदेखी के लिए जिम्मेदारी कबूल की। उन्होंने पूरा दोष अपने साझेदार पर नहीं मढ़ा। उन्होंने

यह जानने के लिए गहराई से पूछा कि इस सौदे को कायम रखने के लिए उन्हें उनके वास्ते क्या करना पड़ेगा और उन्होंने वचन दिया कि वे इसे सुलझाने में उनकी मदद करेंगे। उन्होंने अपने साझेदार (निजी तौर पर) को इसका हल ढूँढ़ने के लिए कहा, जी.एम. को इस मुद्दे को आंतरिक रूप से ठीक से रखने में मदद की तथा इसे इंफोसिस के साथ भी ठीक से उठाया और अंततः सौदा बदस्तूर जारी रहा। बाद में पता चला कि माइक्रोसॉफ्ट की जी.एम. को पता था कि यह इंफोसिस की गलती नहीं है, लेकिन वे इस बात से प्रभावित हुईं कि आनंद ने साझेदार को बस के नीचे नहीं फेंक दिया या सिर्फ उसी के मत्थे गलती का ठीकरा नहीं फोड़ दिया। समस्या के बजाय समाधान पर, क्षति नियंत्रण और आगे की सोच पर ध्यान देकर, उन्होंने (आनंद ने) जी.एम. का विश्वास जीत लिया। आज वे नियमित रूप से हफ्ते में दो-तीन बार उनसे बात करती हैं, अपने आंतरिक मुद्दों को साझा करती हैं और इंफोसिस से जुड़े मुद्दों पर भी लगातार उनसे विचार-विमर्श करती हैं।

इस अध्याय के दौरान, चंद धागों ने प्रमाणीकृत संबंध एवं संजाल निर्माण नेतृत्व पर शोध एवं व्यवहार को बाँधे रखा है: विश्वास, साख, नैतिक प्रभाव और अंततः एक संबंध तमाम पक्षों के पारस्परिक लाभकारी-लक्ष्यों के लिए काम करने की इच्छा। चाहे कर्मचारियों के साथ विश्वास और साफगोई के संबंध की शुरुआत करने की बात हो या ग्राहक के साथ संबंध को ऊपर उठाते हुए उनके लिए विश्वस्त सलाहकार बनने की बात हो, या अधिकार के दुरुपयोग में या प्रभाव के सिद्धांतों को तोड़ने-मरोड़ने में चंद चोर गड्ढों से बचने के लिए सतर्कतापूर्वक आगे बढ़ने की बात हो—यह स्पष्ट है कि प्रमाणीकृत संबंध एवं संजाल निर्माण नेतृत्व आसानी से नहीं आता। बहरहाल, चाहे कोई सहज रूप में संबंध बनाने का रुझान रखता हो या नहीं, यह हमारा विश्वास है कि नेतृत्व का यह पहलू सीखा जा सकता है और इसे हरेक में विकसित किया जा सकता है। इस अध्याय में दी गई कहानियाँ और प्रस्तुत किए गए शोध के जरिए हमारी कोशिश यही है कि संबंध और संजाल निर्माण नेतृत्व के अगले कदम व मुकाम की ओर आप अपनी यात्रा शुरू करें।

ग्रंथ सूची–

- बी.जे. एवोलियो (1999)–'फुल-रेंज लीडरशिप: बिल्डिंग दी वाइटल फोर्सेस इन ऑर्गेनाइजेंशस', थाउजेंड ओक्स, सी ए: सेज।
- बी.एम. बास (1985)–'लीडरशिप ऐंड परफॉरमेंस बियांड एक्सपेक्टेशन', –न्यूयॉर्क: फ्री प्रेस।
- एच.एच. ब्रोवर, एफ.डी. स्कूरमैन एवं एच.एच. टैन (2000)–'ए मॉडल

ऑफ रिलेशनल लीडरशिप : दी इंटिग्रेशन ऑफ ट्रस्ट ऐंड लीडर-मेंबर एक्सचेंज', लीडरशिप क्वार्टरली, 11, 227-50।

- पी. बाल्कुंडी एवं एम. किल्डफ (2005)-'दी टाइज दैट लीड: ए सोशल नेटवर्क एप्रोच टु लीडरशिप', लीडरशिप क्वार्टरली, 16 (6), 941-61।
- जे.ई. कैनन-बोवर्स, ई. सलास एवं एस. कन्वर्स (1993)-'शेयर्ड मेंटल मॉडल्स इन एक्सपर्ट टीम डिसिजन-मेकिंग', जे. कास्टेलन द्वारा संपादित 'इंडिविजुअल ऐंड ग्रुप डिसिजन-मैकिंग : करेंट इशुज' में, माहवाह, एन. जे.: लॉरेंस अर्लबॉम ऐंड एसोसिएट्स।
- आर. सियालदिनि (2001): 'एनफ्लुएंस: साइंस ऐंड प्रैक्टिस' चौथा संस्करण, बोस्टन: एलीन एवं बैकन।
- जे. कोलमैन (1988): 'सोशल, कैपिटल इन दी क्रिएशन ऑफ ह्यूमन कैपिटल', अमेरिकन जर्नल ऑफ सोशियोलॉजी सप्लीमेंट, (94), 95-120।
- डी. डार्लिंग (2002): 'दी नेटवर्किंग सर्वाइवल गाइड', न्यूयॉर्क: मैक्ग्रॉ-हिल।
- जी.बी. ग्रेएन एवं एम. उल-बियन (1995): रिलेशनशिप बेस्ड एप्रोच टु लीडरशिप: डेवलपमेंट ऑफ ए लीडर-मेंबर एक्सचेंज (एल.एम.एक्स.) थ्योरी ऑफ लीडरशिप ओवर ट्वेंटी फाइव ईयर्स: अप्लाइंग ए मल्टी-लेवल मल्टी डोमेन पर्सपेक्टिव', लीडरशिप क्वार्टरली, 6, 219-47।
- जे. हैदर (1985): दी ताओ ऑफ लीडरशिप: लाओत्जु ताओ ते चिंग एडाप्टेड फॉर ए न्यू एज, एटलांटा, जी.ए.: ह्यूमैनिक्सि न्यू एज।
- टी.ए. जज, जे.ई. बोनो, आर. इलीस एवं एम. गेरहार्ट (2002): 'पर्सनेलिटी ऐंड लीडरशिप: ए क्वालिटेटिव ऐंड क्वांटिटेटिव रिव्यू', जर्नल ऑफ एप्लाइड साइकोलॉजी, 87, 765-80।
- डी. कैज एवं आर.एल. कैन (1978): 'दी सोशल साइकोलॉजी ऑफ ऑर्गेनाइजेशंस', न्यूयॉर्क: विलेय।
- मार्टिन लूथर किंग जूनियर, लेटर फ्रॉम बर्मिंघम जेल (एन.डी.), दी मार्टिन लूथर किंग जूनियर रिसर्च ऐंड एजुकेशन इंस्टीट्यूट एट स्टेनफोर्ड यूनिवर्सिटी, 30 अप्रैल, 2010 को http://www.stanford.edu/group/king/ frequ-entdocs/birmingham.pdf. से लिया गया।
- डी.एच. मैस्टर, सी.एच. ग्रीन एवं आर.एम. गैल्फोर्ड (2000): दी ट्रस्टेड एडवाइजर, न्यूयॉर्क: फ्री प्रेस।
- के. एल. मुरेल (1997): 'इमरजेंट थ्योरीज ऑफ लीडरशिप फॉर दी

नेक्स्ट सेंचुरीः टुवॉड्र्स रिलेशनल कॉन्सेप्ट्स', ऑर्गेनाइजेशन डेवलपमेंट जर्नल, 15 (3), 35–42।

- पी.ई. सेनसेनिग एवं आर. बी. सियालदिनि (1984): 'सोशल साइकोलॉजिकल एनफ्लुएंशेस ऑन दी कांप्लाएंस प्रोसेसः इंप्लीकेशंस फॉर बिहेवियरल हेल्थ', जे. मैटाराजो, एन.ई. मिलर, एस.एम. वीस एवं जे.ए. हर्ड द्वारा संपादित –'बिहेवियरल हेल्थः ए हैंडबुक ऑफ हेल्थ इनहैंसमेंट ऐंड डिजीज प्रीवेंशन' में, न्यूयॉर्कः विली, 384–92।
- डब्ल्यू. साई एवं एस. घोषाल (1998): 'सोशल कैपिटल ऐंड वैल्यू क्रिएशनः दी रोल ऑफ इंट्रा–फर्म नेटवर्क्स', एकेडेमी ऑफ मैनेजमेंट जर्नल, 41 (4), 464–76।
- एम. उल–बियन (2006): 'रिलेशनल लीडरशिप थ्योरीः एक्सप्लोरिंग दी सोशल प्रोसेसेस ऑफ लीडरशिप ऐंड ऑर्गेनाइजिंग', लीडरशिप क्वार्टरली, 17 (6), 654–76।
- एम.जे. व्हीटले (1999): 'लीडरशिप ऐंड दी न्यू साइंस', दूसरा संस्करण, सैन फ्रांसिस्कोः बेरेट–कोएलर।
- एस.जे. जकारो, सी. केंप एवं पी. बैडर (2004) 'लीडर ट्रेट्स ऐंड एट्रिब्यूट्स', जे. एंटोनैसिस, ए.टी. सियासियोलो एवं आर.जे. स्टेयबर्ग द्वारा संपादित 'दी नेचर ऑफ लीडरशिप' में, थाउजेंड ओक्सः सेज।

□

8

विषय-वस्तु नेतृत्व

–चित्रा सरमा

'अगर मैंने दूसरे आदमियों की अपेक्षा ज्यादा देखा है, तो इसका कारण यह है कि मैं भीमकायों कंधों पर खड़ा था।'

–सर आइजक न्यूटन

मार्शल आर्ट्स का एक विद्यार्थी इस क्षेत्र में श्रेष्ठता हासिल करने की जल्दबाजी में था। वह अपने शिक्षक के पास गया और उसने पूछा कि उसे अपने लक्ष्य तक पहुँचने में कितना वक्त लगेगा। शिक्षक ने अनमने ढंग से जवाब दिया, 'दस वर्ष'। यह बात विद्यार्थी को हरगिज मंजूर नहीं थी। उसने शिक्षक को वचन दिया कि वह कई घंटे ज्यादा अभ्यास करेगा और फिर उनसे सवाल दोहराया। शिक्षक ने जवाब दिया, 'बीस वर्ष' (डेवनपोर्ट, 2010)।

शिक्षक का क्या आशय था? कठिन कार्य वस्तुतः विकास को धीमा कर देता है? या हो सकता है कि शिक्षक चाहते थे कि श्रेष्ठता हासिल करने के तरीके के बारे में वह छात्र अलग तरह से सोचे और महज यह न मान ले कि ज्यादा समय लगाने से अपने आप महारत हासिल हो जाती है? तमाम उपदेशात्मक कहानियों की तरह यह कहानी भी मनन करने के लिए प्रोत्साहित करती है। शिक्षक का जवाब पहली नजर में अतार्किक प्रतीत होता है, लेकिन अपनी रुचि के खास क्षेत्र में विशेषज्ञता हासिल करने और विचार नेतृत्व पैदा करने से संबंधित हमारी मान्यताओं के बारे में यह हमें सवाल उठाने के लिए प्रेरित कर सकती है। क्या स्वप्नदर्शी या आदर्शवादी विषय-वस्तु नेतृत्व वर्षों की कड़ी मेहनत का परिणाम होता है? या इसे

प्रेरित रचनात्मकता के चंद उदाहरणों के साथ हासिल किया जा सकता है? आप कैसे जानते हैं कि आपमें एक विवेकशील नेता बनने की क्षमता है?

यह अध्याय इंफोसिस में विषय-वस्तु नेतृत्व या मौजूदा लोकप्रिय कारोबारी शब्दावली में 'विचार नेतृत्व' के बारे में है। यह इस बारे में है कि कैसे नेता उस क्षेत्र में, जिसमें वे काम करते हैं, अपनी विशेषज्ञता एवं अनूठे अवधारणात्मक योगदानों के जरिए संगठन, अपनी टीम और संभवतः उनके पेशे की दिशा को ही प्रभावित कर सकते हैं।

सर्वप्रथम, यह अध्याय 'विचार नेतृत्व' के शब्द पर गौर करेगा, जैसाकि लोकप्रिय कारोबारी प्रेस में लेखकों ने इसकी अवधारणा बनाई है। दूसरे, हम विषय-वस्तु नेतृत्व, मानसिक मॉडलों और विशेषज्ञता के विकास से संबंधित अकादमिक साहित्य की समीक्षा करेंगे। अंततः, हम उन तकनीकों की समीक्षा करेंगे जो इंफोसिस के नेता अपने विकास के लिए प्रयोग करते हैं और अपने विचार नेतृत्व पर लागू करते हैं। इसका मकसद उन विचारों, चलनों और अनुभवों को उजागर करना है, जिन्होंने लोगों को विषय-वस्तु नेता बनने में मदद की है। एक दूसरा मकसद इस बात पर गौर करना है कि एक विवेकशील या विचारशील नेता बनने का रास्ता हमेशा आसान नहीं होता। यह अध्याय उन चंद चुनौतियों को भी उठाएगा, जिनका इंफोसिस नेताओं ने सामना किया है।

विचार नेतृत्व

विकिपीडिया (2010) सलाह देता है कि विचार नेतृत्व 'कारोबारी सफलता का एक बढ़ता हुआ अहम् संचालक है।' विचार नेतृत्व की शब्दावली 'स्ट्रैटजी ऐंड बिजनेस' पत्रिका के प्रधान संपादक जोएल कुर्जमैन ने गढ़ी थी (विकिपीडिया, 2010)। कुर्जमैन ने उन लोगों के इंटरव्यू लिए थे जिन्होंने कारोबार में नए विचारों का योगदान दिया था। उन्होंने ऐसे ही लोगों के लिए इस शब्दावली का प्रयोग किया था।

विकिपीडिया एक और दृष्टिकोण प्रस्तुत करता है : 'विचार नेतृत्व एक अस्पष्ट आशयवाला प्रचलित शब्द है... इसका प्रयोग एक ऐसे भविष्यवादी या एक ऐसे व्यक्ति के लिए किया जाता है जो अपने समकक्ष मार्ग-दर्शकों के बीच नए, अनूठे विचारों के लिए जाना जाता है और उन विचारों को काररवाई करने योग्य, अनुभवी अंतर्दृष्टियों के रूप में प्रोन्नत करने या साझा करने का आत्मविश्वास प्रदर्शित करता है... इसका आशय ऐसे व्यक्ति से है जो अपने नए कार्यपरक विचारों के साथ पुरानी प्रक्रियाओं में जान डाल देता है। वे तर्क देते हैं कि जब किसी फर्म

पर विचारशील नेता का ठप्पा लग जाता है, तो 'यह बाहरी दुनिया से मान्यता होती है कि यह कंपनी अपने कारोबार को, अपने ग्राहकों की जरूरतों को और उस व्यापक बाजार स्थल को जिसमें यह काम करती है, को गहराई से समझती है' (विकिपीडिया, 2010)।

इन दृष्टिकोणों को और परिपक्व व ठोस बनाते हुए, विचार-नेतृत्व को ऐसे मूल्य पैदा करनेवाले अहम कारक के रूप में देखा जा सकता है, जो अंतर्दृष्टि और दूरदृष्टि दोनों के संयोग से–प्रतियोगियों से विशिष्ट बनाता है। नए अनूठे विचार ग्राहकों को जीत सकते हैं, उन्हें एक ऐसे बिंदु पर ले जा सकते हैं जिसके वजूद के बारे में उन्हें पता ही नहीं था, या कर्मचारियों को नए तरीके से सोचने के लिए प्रेरित कर सकते हैं, जो उनके जीवन में अकल्पनीय उपयोगिता या महत्त्व जोड़ सकते हैं।

पूरे इतिहास में विचार नेतृत्व के उदाहरणों में शामिल नाम हैं—ब्रिटिश अर्थशास्त्री एडम स्मिथ, स्टैनफोर्ड के अर्थशास्त्री पॉल एम. रोमर., एपल के सी.ई.ओ. स्टीव जॉब्स, मित्शुबिशि के अध्यक्ष मिनोर माकिहारा, मिशिगन यूनिवर्सिटी के रणनीतिकार सी.के. प्रह्लाद और उनके सह-लेखक व लंदन बिजनेस स्कूल के प्रोफेसर गैरी हैमेल। लेकिन जब से इस शब्दावली का पहली बार प्रयोग हुआ है तब से इसका विस्तार कारोबार जगत् से अन्य शाखाओं में हो गया है और अब इसका आशय ऐसे व्यक्ति से है जो पुरानी प्रक्रियाओं में नए विचारों से जान डाल देता है, उन्हें सजीव कर देता है। परिणामस्वरूप, आज कई क्षेत्रों में विचार नेता हैं : विज्ञान, मानविकी, कला, कंसल्टिंग, आई.टी. कंपनियों और यहाँ तक कि सरकार में भी। इस विस्तृत या व्यापक परिभाषा ने इस विचार को पैदा किया है कि नोबेल पुरस्कार विजेताओं को भी विचार नेता माना जाना चाहिए। विचार नेताओं के बीच एक अन्य सोच है कि नेता के मौलिक विचारों ने उनकी कंपनी को प्रतियोगी लाभ हासिल करने में स्रोत का काम किया। इस तरह, विचार नेतृत्व रणनीतिक नेतृत्व का वस्तुतः एक अवयव है। विचार नेतृत्व के प्रति समसामयिक उत्साह मोटे तौर पर संभवतः इस विश्वास के कारण है कि इसमें कंपनियों के लिए नए बाजार और विकास के प्रचुर विकल्प खोलने की क्षमता है।

विषय-वस्तु नेतृत्व का सार

बट यील्ड हू विल टु देयर सेपरेशन,
माई ऑब्जेक्ट इन लिविंग इज टु यूनाइट
माइ एवोकेशन ऐंड वोकेशन

एज माई टु आईज मेक वन इन साइट।
ओनली व्हेयर लव ऐंड नीड आर वन,
ऐंड दी वर्क इज प्ले फॉर मॉर्टल स्टेक्स,
इज दी डीड एवर रियली डन
फॉर हैवन ऐंड दी फ्यूचर्स सेक्स।

कवि रॉबर्ट फ्रॉस्ट की यह महान् कविता सुझाती है कि विचार नेतृत्व ऐसा क्षेत्र है जहाँ हमारा शौक और पेशा दोनों मिल जाते हैं। जब हमारा जुनून–हमारी ऊर्जा का स्रोत–और काम एक साथ आ जाते हैं तो यह संभव है कि काम खेल बन जाए और अनूठे योगदान करने की अनंत संभावनाएँ पैदा हो जाएँ। विचार नेताओं पर कई दृष्टिकोणों में से एक दृष्टिकोण कारोबारी पत्रिका लीडरशिप एक्सलेंस द्वारा प्रदान किया गया है, जिसने प्रबंधन एवं नेतृत्व में शीर्ष विचार नेताओं की रेटिंग (दरजा) की है। उनकी वेवसाइट के अनुसार, 'जिन गुरुओं ने आज हमारी श्रेष्ठता 100 सूची में स्थान पाया है, वे गुणों एवं योग्यताओं के दुर्लभ संगम हैं।' इन विचार नेताओं का मूल्यांकन करते वक्त पत्रिका के संपादकों ने जिन कारकों पर विचार किया, उनमें निम्न शामिल हैं–

- **तैयारी :** अकादमिक एवं पेशेवर।
- **चरित्र :** मूल्य, नैतिकता, विश्वास, मकसद, लक्ष्य, ईमानदारी, कथनी अनुसार करनी।
- **सिद्धांत :** बड़ा संदेश, दृष्टिकोण, सिद्धांत, मुख्य बातें।
- **व्यक्तित्व :** करिश्मा, शैली, मौलिकता, प्रामाणिकता, अपनी अनन्नय किस्म।
- **कार्य-प्रदर्शन :** कार्य के लिए प्रेरित करना, वास्तविक दुनिया में कार्य-प्रदर्शन, कार्य-आचार।
- **अनुभव :** स्थानीय एवं क्षेत्रीय से परे, ज्यादा राष्ट्रीय एवं अंतरराष्ट्रीय।
- **अभिव्यक्ति :** लिखने, बोलने, प्रशिक्षण देने, परामर्श देने, मार्ग-दर्शन करने या पढ़ाने में शैली एवं सार।
- **प्रभाव :** फर्क, परिणाम, परिवर्तन, रूपांतरण।

बहरहाल, यह परिभाषा निरंतर मौलिक, उपयोगी विचार पैदा करने की योग्यता के बारे में कुछ मूल तत्त्वों को छोड़ती प्रतीत होती है। यह संभव है कि कोई ऊपर उल्लिखित तमाम क्षेत्रों में आला दरजे का हो, लेकिन फिर भी स्टीव जॉब्स की तरह आविष्कारी या रॉबर्ट फ्रॉस्ट की तरह रचनात्मक न हो। दूसरी ओर, सी.के. प्रह्लाद कारोबारी रणनीति में एक विचार नेता थे, जिन्होंने न केवल 'मूल क्षमता'

की अवधारणा प्रस्तुत की (प्रह्लाद एवं हैमेल, 1990), बल्कि कई महान् विचार भी सामने रखे जिनमें 'पिरामिड की तह में धन' का विचार शामिल है (प्रह्लाद, 2004)। प्रह्लाद ने 'लीडरशिप एक्सलेंस' पत्रिका द्वारा उल्लिखित कई गुणों को अभिव्यक्त किया, लेकिन वे पहले दूसरों द्वारा देखे गए सपनों को संश्लेषित करने और उनके परे जाने की योग्यता भी रखते थे, दूसरे शब्दों में जैसा कि न्यूटन ने कहा, वे 'दैत्याकारों के कंधों पर खड़े होने' की क्षमता रखते थे। अतएव विचारशील नेतृत्व को दो तत्त्वों का संयोग कहा जा सकता है : मूल विचारों के साथ-साथ अतीत के ज्ञान में विशेषज्ञता का।

क्या फैसले विषय-वस्तु नेतृत्व पर आधारित होते हैं?

एक परिदृश्य पर विचार करें जहाँ आपको अपने सर्वप्रिय मित्र को दो अस्थि-सर्जनों में से एक की सिफारिश करनी है। पहले सर्जन ने अपने विषय पर सारगर्भित पुस्तकें लिखी हैं, लेकिन कभी एक भी मरीज का ऑपरेशन नहीं किया। दूसरे सर्जन ने सफलतापूर्वक हजारों घुटनों की सर्जरी की है, लेकिन अपने विषय पर एक लेख तक नहीं लिखा। आप किसकी सिफारिश करेंगे? एक परिकल्पना है कि प्रायोगिक विज्ञानों में आदर्श विचार नेता के पास पूरा अनुभव और मौलिक विचार दोनों होने चाहिए। उदाहरण के लिए, स्टीव जॉब्स के पास विविध पेटेंट हैं और शानदार उपभोक्ता प्रौद्योगिकी की डिजाइन बनाने में भी उनकी अहम् साख है; उनके पास इन विचारों को व्यावहारिक रूप से लागू करने का बढ़िया रिकॉर्ड भी है और इसने लाखों जिंदगियों को अनुकूल ढंग से प्रभावित किया है।

क्या हर नेता को विचार नेता होना चाहिए?

हरेक नेता को एक सवाल पर विचार करना चाहिए: क्या हर नेता को एक विचार नेता होना चाहिए? कोटर की (1990) और नेतृत्व की अन्य परिभाषाएँ दलील देती हैं कि यह एक नई व्यवस्था को स्थापित करती है या भविष्य को वर्तमान में लाती है। हालाँकि कोटर ने विषय-वस्तु नेतृत्व शब्दावली का प्रयोग नहीं किया, लेकिन वे सलाह देते हैं कि परिवर्तन का नेतृत्व करने के कम-से-कम कुछ हिस्से में मौलिकता शामिल होती है। यह विचार करना बेहतर हो सकता है कि विभिन्न प्रकार के नेतृत्व को अलग-अलग मात्रा में विचार नेतृत्व की जरूरत पड़ सकती है। कुछ कामों या नौकरियों में बहुत मौलिक विचारों की जरूरत नहीं भी पड़ सकती है। (यथा, कार्य-विवरण या सौदेवाली सरकारी नौकरियाँ) और परिणामस्वरूप, उनके लिए, विचार नेतृत्व बहुत महत्त्वपूर्ण नहीं भी हो सकता है।

पिछले तीस वर्षों में दुनिया भर के हजारों नेताओं को शामिल करते हुए नेतृत्व मॉडल की पूरी श्रृंखला पर शोध (जैसे, बास एवं एवोलियो, 1999) लगातार दरशाता है कि नेतृत्व के सबसे प्रभावी रूपों में से एक 'रूपांतरणकारी नेतृत्व' में विचार नेतृत्व के तत्त्व होते हैं। खासकर, बौद्धिक उद्दीपन और प्रेरणात्मक प्रयोजन के कारकों में मूल विचारों के सुदृढ़ अवयव उनमें धागे के जरिए पिरोए हुए रहते हैं। यह शोध विश्वस्त ढंग से दरशाता है कि नेतृत्व पदों के अधिकतर मामलों में, एक दृष्टि जो दूसरों को कार्य करने के लिए प्रेरित नहीं करती है, निश्चित रूप उतनी प्रभावी नहीं होती, जितनी प्रेरणात्मक दृष्टि जो दूसरों के दिलोदिमाग को झंकृत कर देती है।

विचार नेतृत्व बनना

वैज्ञानिक मानते हैं कि न्यूटन, फीनमैन, एडिसन और अन्य ऊँचे दरजे के वैज्ञानिक विचार नेता हैं। कंसल्टिंग (परामर्श) के क्षेत्र में कई लोग मैकिन्सी और बोस्टन कंसल्टिंग ग्रुप जैसे संगठनों को विषय-वस्तु नेता के रूप में पहचानेंगे, खासकर यह देखते हुए कि उनके पास ऐसी तकनीकें हैं जिनकी दुनिया भर की फर्मों ने प्रशंसा की है और उनका इस्तेमाल किया है। बहरहाल, जब और करीबी पड़ताल की गई, तो अन्य प्रमाण इन दावों को खंडित करते हैं। एलिस बाउर (2003) द्वारा लिखा गया एक ऑनलाइन लेख विचार नेतृत्व के एक महत्त्वपूर्ण पहलू को रेखांकित करता है: 'विचार नेतृत्व को बाहरी दुनिया से मान्यता है कि एक कंपनी अपने कारोबार को, अपने ग्राहकों की जरूरतों को और जिसमें वह कंपनी संचालित होती है, उस व्यापक बाजार-स्थल को गहराई से समझती है। विचार नेतृत्व इस आधार पर बनता है कि दूसरे आपके बारे में क्या कहते हैं।'

यह स्पष्ट प्रतीत होता है कि आपके विचारों के बारे में दूसरों की धारणा विचार नेतृत्व की अवधारणा के लिए केंद्रीय महत्त्व रखती है। कोई खुद को 'विचार नेता' की उपाधि से तब तक मंडित नहीं कर सकता, जब तक दूसरे भी आपको इस रूप में न देखें।

विचार नेतृत्व को विकसित करना

अपने विचार नेतृत्व को विकसित करने के लिए कई विकल्प हैं जिन्हें हम सभी अपना सकते हैं और उनका अनुसरण कर सकते हैं। सर्वप्रथम, हम अपने खास विषय या क्षेत्र में अपनी विशेषज्ञता बढ़ा सकते हैं। इसमें पढ़ना, अध्ययन करना, अपने उन मौलिक विचारों को पैदा करना व व्यवहार में लाना शामिल है,

जो हमारी रुचि के क्षेत्र में समस्याओं का समाधान करते हों। इसके अतिरिक्त, इंजीनियरिंग से लेकर जीव विज्ञान और सामाजिक मनोविज्ञान तक विविध स्रोतों से ऐसे उपकरण या साधन उपलब्ध हैं, जिनके इस्तेमाल से आप नए विचारों व समाधानों को पैदा करने की अपनी योग्यता को सुधार सकते हैं।

उदाहरण के लिए, ट्रिज (टी.आर.आई.जेड.) पर विचार करें—एक ऐसा स्रोत जो आपको अनूठे नए विचार पैदा करने में मदद दे सकता है। ट्रिज, जोकि 'आविष्कारी तर्क देने के सिद्धांत' का एक रूसी परिवर्णी (Acronym) शब्द है, समस्या हल करने में नए विचार व समाधान पैदा करने के लिए एक पद्धति, उपकरण-समूह, ज्ञानाधार और मॉडल-आधारित तकनीक है। ट्रिज समस्या निर्धारित करने, प्रणाली विश्लेषण करने, विफलता का विश्लेषण करने और प्रणाली विकास के पैटर्न ('जैसा है' और 'हो सकता है' दोनों) जानने के लिए उपकरण, साधन और तरीके प्रदान करता है (विकिपीडिया, 2010)। ट्रिज का प्रयोग परंपरागत रूप से रचनात्मक इंजीनियरिंग उपयोगों में किया गया है, लेकिन अन्य विषयों व क्षेत्रों में भी इसे अनुकूलित किया गया है। ट्रिज में वर्तमान शोध उस विज्ञान पर किया जा रहा है कि जीव विज्ञान ने 3.5 अरब वर्षों की अवधि की समस्याओं का कैसे समाधान किया है, ताकि मानव समस्याओं के संभावित समाधानों की पहचान की जा सके (विन्सेंट, बोगात्रयेवा, बॉयेर एवं पैल, 2006)। इंजीनियरिंग की विविध समस्याओं को हल करने के लिए हजारों वर्षों से भौतिक या जीव विज्ञान अनुरूपों का इस्तेमाल किया जाता रहा है और पुरानी कारोबारी समस्याओं के अनूठे नए समाधान निकालने के लिए उत्तरोत्तर प्रयोग किया जा सकता है।

दूसरे, हमें यह पक्का करना है कि हमारी विशेषज्ञता का इस्तेमाल हो। कैंसर का इलाज बेकार है, यदि कोई उसके बारे में जानता न हो और उसे प्रयोग करने को तैयार न हो। आपके विचार नेतृत्व का इस्तेमाल ग्राहक करें, इसके लिए समर्थनकारी व देखभालवाले आचरण का प्रदर्शन आवश्यक होता है। इसके वास्ते आप उनकी बात सुनें, उनकी जरूरतों के बारे में पता करें, मजबूत समाधान निकालें और किसी सघन संलिप्तता के शुरू होने के पूर्व ही अपनी उपयोगिता प्रस्तुत करें। इसी क्षेत्र में अपनी विशेषज्ञता के इस्तेमाल के लिए रॉबर्ट बी. सियालदिनि ने अध्ययन किया है और अपना पूरा कॅरियर लगाया है। सियालदिनि सर्वाधिक उद्धृत व जीवित सामाजिक मनोविज्ञानी हैं और उन्होंने मनाने और प्रभावित करने के सामाजिक मनोविज्ञान में चालीस साल लंबे शोध कार्यक्रम का नेतृत्व किया है। अपनी पुस्तक 'इनफ्लुएंसः साइंस ऐंड प्रैक्टिस' में उन्होंने अन्य बातों के अलावा निरंतरता और प्रामाणिकता के सिद्धांत को नैतिक प्रभाव के शक्तिशाली सिद्धांत के रूप में विस्तार से प्रतिपादन

किया है (सियालदिनि, 1993ए)।

सियालदिनि का शोध और कारोबारी अनुभव सुझाते हैं कि अगर लोग किसी विचार या लक्ष्य के लिए मौखिक या लिखित रूप में वचनबद्ध हो जाते हैं, तो इसकी संभावना ज्यादा रहती है कि वे अपने वादे का सम्मान करेंगे (सियालदिनि, 1993बी)। यहाँ तक कि उनके राजी हो जाने के बाद यदि शुरुआती या मूल प्रोत्साहन या अभिप्रेरण हटा लिया जाता है, तो भी वे समझौते को निभाना जारी रखेंगे। यही कारण है कि कार डीलर आपको एक कीमत के लिए राजी करते हैं और फिर एक अन्य विक्रेता आपको कई अतिरिक्त उत्पाद व सेवाएँ बेचने की कोशिश करता है। सियालदिनि के सिद्धांत सलाह देते हैं कि अपने विचार या सामग्री नेतृत्व के संवर्धन का एक अन्य तरीका है कि आप उनके अध्ययनों और ग्राहक के प्रमाण-पत्रों या सिफारिशों को साझा करें, जो संबंधित उद्योग में आपकी नई सोच को प्रदर्शित करे। जब तक अन्य नेता इसे उपयोगी योगदान के रूप में देखते हैं, वे इसे एक उपहार मानेंगे और इसकी ज्यादा संभावना है कि वे आपकी सहायता या आपके अनुग्रह के बदले में आपकी सहायता करें, यह भी सियालदिनि का एक सिद्धांत है। जो नेता वादे करते हैं और उस पर पूरी तरह खरे उतरते हैं, वे ग्राहकों में विश्वास की अमूल्य भावना पैदा करते हैं कि यह संगठन अपने वादों को निभाता है।

मानसिक प्रतिमान एवं विचार नेतृत्व

एपल के आईफोन की तरह चमकदार नए विचार आम तौर पर नौसिखियों से नहीं आते, बल्कि वे विशेषज्ञों से आते हैं। यहाँ यह याद करना महत्त्वपूर्ण है कि पहले इस संभावना पर विचार किया जाता है कि विशेषज्ञता लंबे अनुभव का एक सहज परिणाम है। ज्यादा हाल का साहित्य सुझाता है कि लगभग किसी भी क्षेत्र में एक विशेषज्ञ बनने में करीब दस वर्ष या सुविचारित अभ्यास के 10 हजार घंटे लगते हैं (एरिकसन, 1995)।

यह इस बात का खुलासा कर सकता है कि क्यों हमारे पास ऐसे बहुत अनुभवी लोग होते हैं, जिन्हें उनके सहयोगियों ने विशेषज्ञ के रूप में नामित किया हुआ होता है, लेकिन उनका वास्तविक कार्य-प्रदर्शन कभी-कभी उल्लेखनीय नहीं होता। ऐसे व्यक्ति जो सुविचारित अभ्यास का रास्ता चुनते हैं, वे अपनी मौजूदा क्षमताओं के परे खुद को ले जाने पर ध्यान लगाएँगे और इसकी ज्यादा संभावना है कि वे अपनी क्षमता की पूर्णता को हासिल कर लेंगे (एरिकसन, 2006)।

लेकिन एक विशेषज्ञ विचार नेता क्या है? सोचने का एक नजरिया यह समझना

है कि जब कोई सीखता है तो मानव संज्ञान प्रणाली में क्या घटित होता है। शुरू में, हम बस पहचानते हैं और अपनी अल्पकालिक याददाश्त में उस सूचना को शामिल कर लेते हैं या दर्ज कर लेते हैं, जोकि बाद में दीर्घकालीन याद बन जाती है। हम जैसे-जैसे अभ्यास करते हैं और महारत हासिल करते हैं, हम इस सूचना को इस तरह संगठित करते हैं कि हम यह सुनिश्चित कर सकें कि नई सूचना किस तरह एक समान है और पुरानी सूचना से किस प्रकार भिन्न है। अंततः, करीब दस वर्षों के ठोस प्रयासों से ज्यादातर लोग ऐसे प्रतिमान हासिल कर लेते हैं जिसके बारे में हम सोचते हैं कि वास्तविक दुनिया में हमारा ज्ञान कैसे काम करता है। मानसिक प्रतिमान गतिविधियों, वस्तुओं और एक व्यक्ति के दिमाग में ज्ञान की अमूर्त चीजों के बीच अंत:संबंध का वर्णन करने के लिए ज्ञान के ढाँचे या साँचे होते हैं और भविष्य की घटनाओं की भविष्यवाणी भी इसमें शामिल हो सकती है (जॉनसन-लेयर्ड, 1983)।

दूसरे शब्दों में, मानसिक प्रतिमान हमारे मस्तिष्कों के कारण-कार्य-संबंध के बारे में प्रतिनिधित्व करते हैं। जब हम जानते हैं कि चीजें कैसे दूसरी चीजें को प्रभावित करती हैं या कारण बनती हैं, हम भविष्यवाणी कर सकते हैं कि विभिन्न परिदृश्यों में क्या हो सकता है। ये 'मानसिक प्रतिमान' विशेषज्ञों के लिए उपयोगी बन जाते हैं और वे नए विचारों को पैदा करने या पुराने विचारों का संश्लेषण कर कुछ नया विचार गढ़ने के लिए मानसिक या वास्तविक दुनिया के 'क्या यदि' वाले प्रयोग कर सकते हैं। वे एक व्यक्ति की विचार-प्रक्रिया का एक महत्त्वपूर्ण भाग होते हैं, क्योंकि वे विचार का ढाँचा प्रदान करते हैं और नेतृत्व की निर्णय लेने की क्षमता को बढ़ाते हैं।

लॉर्ड एवं हॉल (2005) सुझाते हैं कि नेतृत्व विकास को सीखने एवं विशेषज्ञता हासिल करने के ऐसे सिद्धांतों के लेंसों के जरिए देखा जा सकता है। इस दृष्टिकोण में, नेता जिस तरह सोचते और सूचना का प्रसंस्करण करते हैं, उसमें जैसे-जैसे बदलाव आते हैं, वैसे-वैसे उनके अंतर्भूत ज्ञान के ढाँचे या मानसिक प्रतिमान बदलते हैं और इसी तरह नेतृत्व-हुनर विकसित होते हैं। कौशल या हुनर के हरेक स्तर (नौसिखिया बनाम मध्यम बनाम विशेषज्ञ नेता) में भिन्न-भिन्न ज्ञान एवं सूचना प्रसंस्करण क्षमताएँ होती हैं। इसी प्रकार, फोर्ड एवं क्रैगर (1995) मानते हैं कि प्रभावी नेताओं के पास ज्यादा सक्षम सोच प्रक्रियाएँ होती हैं और वे समुन्नित मानसिक प्रतिमानों का इस्तेमाल करते हैं, क्योंकि उनके निर्णय-व्यवहारों में 'सीखने या हस्तातरण परिवेश में सार्थक पैटर्नों की पहचान करने के लिए ज्यादा विश्लेषणात्मक गुर निहित होते हैं'। यह शोध सुझाता है कि नेताओं को यह अवश्य समझना चाहिए कि जटिल प्रक्रियाएँ–बाजार, सरकारें, कर्मचारी और शेयरधारक एवं अन्य चीजें–कैसे

काम करती हैं। एक या इनमें से ज्यादा क्षेत्रों के बारे में अपना मानसिक प्रतिमान बनाकर वे एक विशेषज्ञ बनने में समर्थ हो सकते हैं और अपने संगठनात्मक लक्ष्यों को प्राप्त करने के बेहतर तरीकों की परिकल्पना कर सकते हैं।

नए मानसिक प्रतिमान बनाना

'मानसिक मॉडल' शब्दावली एक प्रतिमान के अस्तित्व का संकेत देती है, जो एक व्यक्ति के विचारों, विश्वासों और चलनों का कुल योग हो सकता है, जो उन्हें यह समझने में मदद करता है कि दुनिया कैसे काम करती है। अंततः यह एक व्यक्ति के दुनिया के साथ कार्य-व्यवहार को प्रभावित करता है। नए मानसिक मॉडल बनाने या मौजूदा मॉडलों को संशोधित करने के लिए, नेताओं को विविध विकल्पों या 'अन्वेषण तरीकों' की जरूरत पड़ती है, जो उन्हें उन विभिन्न संभव स्थितियों के बारे में जागरूक करते हैं, जहाँ एक दिए गए विषय या क्षेत्र में विभिन्न कारक परिणामों का कारण बनते हैं (मोरेनो, 2004, 99)। अनुरूपण में, सीखनेवालों को विभिन्न मानसिक मॉडलों के साथ प्रयोग करने का मौका मिलता है और जटिल प्रणालियों और वास्तविकताओं को समझने के लिए जीते-जागते अनुभव का विकल्प मिलता है। अनुभवजन्य प्रशिक्षण सीखनेवाले खेलों और अनुकरणों के जरिए एक शक्तिशाली संभावना बन गया है।

इंफोसिस एवं विचार नेतृत्व

इंफोसिस में, विचार नेतृत्व हमारे नेतृत्व प्रतिमान का केंद्रीय भाग है। हमारी परिभाषा निम्नलिखित आचरणात्मक संकेतकों को शामिल करती है, जिन्हें सीखने और लागू करने की अपेक्षा हमारे नेताओं से की जाती है। हमारे लिए, एक उत्कृष्ट सामग्री या तत्त्व नेता–

- अपनी टीम के कारोबारी विचारों को प्रतियोगियों की तुलना में काफी ज्यादा उद्दीपित या प्रेरित करता/करती है।
- ऐसे विचारों को पैदा किया है जो आनेवाले वर्षों में उसकी यूनिट के लिए प्रतियोगी परिदृश्य को अनुकूल बनाने हेतु पुनर्परिभाषित कर देगा।
- अपने क्षेत्र में एक सफल आविष्कारक के रूप में दुनिया भर के विशेषज्ञों द्वारा सम्मानित किया जाता है।
- प्रमुख उद्योग सम्मेलनों में प्रमुख वक्ता के बाद उसकी काफी माँग रहती है।

अगर हमें उपर्युक्त से एक विचार नेतृत्व की चंद विशेषताओं को उद्धृत करना हो, तो हम कह सकते हैं कि एक सामग्री या तत्त्व नेता वह व्यक्ति होता है

जिसके पास मौलिक विचार होते हैं और जो कारोबारी समस्याओं को हल करने के लिए बेहद प्रासंगिक और महत्त्वपूर्ण होते हैं और वह होता है जिसके पास दूसरों को नए व अभिनव विचारों को अपनाने के लिए राजी करने या प्रभावित करने की योग्यता होती है।

इंफोसिस में सामग्री या तत्त्व नेता

इंफोसिस में वास्तविक विचार नेता क्या करते हैं? इस अध्याय का बाकी भाग इंफोसिस के सफल विचार नेताओं–सत्येंद्र कुमार, वाल्मीका (वाल) नाथन और ए.आर. गिरीश की सफलताओं और उनके द्वारा सीखे गए सबकों की समीक्षा करेगा। उनके शौक और पेशे के जुनूनी संयोग पर सावधानीपूर्वक ध्यान दें, ताकि आप उनकी सोच-प्रक्रिया का अनुकरण कर सकें और आप अपने विचार नेतृत्व के पोषण के लिए संभावित तरीके निकाल सकें। इन नेताओं ने अपने पक्षकारों की नजरों में विचार नेतृत्व में सबसे ऊँचे अंक हासिल किए। यह सर्वे इंफोसिस लीडरशिप इंस्टीट्यूट के नेतृत्व मात्रा आकलन (लीडरशिप जर्नी एसेसमेंट) के एक हिस्से के रूप में किया गया। हरेक नेता की पेशेवर पृष्ठभूमि को इस पुस्तक के अंत में देखा जा सकता है।

हरेक नेता का उनके दृष्टिकोणों के बारे में इंटरव्यू लिया गया कि किन बातों ने उन्हें सामग्री नेतृत्व के क्षेत्र में इतना सफल बनाया, जैसाकि आई.एल.आई. की लीडरशिप जर्नी सीरीज द्वारा मापा गया। उन नेताओं ने जो सबक सीखे, वे उनके लिए साझा करेंगे, जो अपने विचार नेतृत्व को विकसित करने में जुटे हुए हैं। सात विषय या थीम उभरे–

1. महाबोध और विचार नेतृत्व
2. गैर-परंपरागत सोच
3. सामूहिक विचार नेतृत्व
4. मौजूदा विचार नेतृत्व को विकसित करना
5. दूरदृष्टि+अंतर्दृष्टि
6. फोकस (ध्यान केंद्रित करना) + प्रवाह
7. व्यक्तिगत संपर्क, विचार एवं चुनौतियाँ

हर विषय का विस्तार से वर्णन नीचे दिया गया है।

महाबोध एवं विचार नेतृत्व

महाबोध को 'ज्ञान के बारे में ज्ञान' या 'जानने के बारे में जानने' के रूप में

परिभाषित किया जाता है। यह कई रूप ले सकता है और इसमें यह ज्ञान शामिल होता है कि कब और कहाँ सीखने के लिए या समस्या के समाधान के लिए खास रणनीतियाँ इस्तेमाल की जाएँ (मेटकॉफ एवं शिमामुरा, 1994)।

अमेरिका स्थित एक ग्राहक ने इंफोसिस के कर्मचारियों के लिए प्रशिक्षण सत्रों के बारे में सुना और उनसे मिलने के लिए समय माँगा। उस ग्राहक ने अपनी समस्या उन्हें बताई कि वह अपने ग्राहकों को समय पर सेवा नहीं प्रदान कर पाते हैं–40 फीसदी प्रोजेक्ट लेट चल रहे थे। उस ग्राहक को इसमें भरोसा नहीं था कि प्रोजेक्टों की भविष्यवाणी की जा सकती है और इसीलिए अपने वरिष्ठों से बजट सुनिश्चित करने में संघर्ष करना पड़ता था। इससे भी बदतर, टीम के सदस्यों को खुद प्रोजेक्टों को प्रभावी ढंग से पूरा करने की अपनी योग्यता के बारे में बहुत कम विश्वास था। ग्राहक जब अपनी चुनौतियों का खुलासा कर रहा था, तो कुमार के नए विचार फोकस में आ रहे थे। इस मामले में एक ऐसे प्रभावी समाधान को ढूँढ़ना महत्त्वपूर्ण था, जो उनके परिवेश में कारगर हो। कुमार को लगा कि वे बहुत ज्यादा कठोर बदलाव नहीं सुझा सकते, क्योंकि ग्राहक की प्रणाली में कई वरिष्ठ लोग थे, जो प्रस्तावित समाधान से आतंकित महसूस कर सकते थे। परिणामस्वरूप, उन्होंने सिफारिश की कि समाधान से संबंधित कुल आँकड़े वरिष्ठ उपाध्यक्ष को बता दिए जाएँ, लेकिन किसी आकलन प्रक्रिया में इस्तेमाल न किए जाएँ। कुमार का अंतिम समाधान ग्राहक को इस तरह समर्थ बनाने को लेकर था कि वह प्रोजेक्टों में संभावित खतरों और बाधाओं व कमियों की पहचान शुरू में ही कर सके। उन्होंने जिस बदलाव का प्रयास किया, वह समस्या का निदान करने से लेकर 'शुरुआती चेतावनी' तक था। साल भर के अंदर 75 फीसदी प्रोजेक्ट समय पर पूरे करके ग्राहकों को डिलीवर किए जाने लगे। करीब ढाई वर्ष बाद 90 फीसदी से भी ज्यादा प्रोजेक्ट समय पर पूरे कर दिए गए। ग्राहक उपाध्यक्ष अब सी.आई.ओ. बन गए हैं और वे कुमार के एक बहुत अच्छे दोस्त हैं। इंफोसिस ने बाद में इस ग्राहक के साथ बहुत काम किया और इंफोसिस द्वारा प्रदान की गई सेवा और उपयोगिता के लिए उनकी ओर से ढेर सारी प्रशंसा मिली।

कुमार के उदाहरण से कुछ अंतर्दृष्टियों पर विचार करें। पहला, उन्होंने ग्राहक की बातें बहुत ध्यानपूर्वक सुनने और अनूठी राजनीतिक गत्यात्मकता को समझने के बाद ही एक नया निदान निकाला। दूसरा, उन्होंने मूल संघों के आधार पर नए संघ बनाए और यह सुनिश्चित करने के लिए एक ऐसा दृष्टिकोण अपनाया कि उनकी विशेषज्ञता का इस्तेमाल हो सके। तीसरा, जैसे-जैसे बातचीत

आगे बढ़ी, कुमार के दिमाग में नए विचार आते रहे। स्पष्ट है कि कुमार के दशकों के अनुभव ने उन्हें अपने जटिल मानसिक प्रतिमान के साथ अपने ग्राहक संबंध के हुनर को मिलाकर एक नए समाधान की पहचान करने में समर्थ बनाया। उनका उदाहरण सुझाता है कि एक विचार नेता को नए उभरनेवाले आँकड़ों का प्रसंस्करण करने और पहले से ज्ञात तथ्यों के साथ संश्लेषित करने की योग्यता अवश्य ही होनी चाहिए। एक नेता के मानसिक प्रतिमान की यह एक अनिवार्य विशेषता है कि वह इसे रखे और इसमें निरंतर सुधार करता रहे। और कुमार के मामले में यह एक विजयी संयोग प्रतीत होता है।

गैर-परंपरागत सोच

विचार नेतृत्व निर्माण के क्षेत्र में गिरीश के अनुभव नए विचार पैदा करने के लिए एक मजबूत प्रक्रियात्मक मानसिक प्रतिमान का संकेत देते हैं। उनके शब्दों में, "आपको वास्तविक अच्छी कारोबारी समस्याओं, जिनका अभी तक कोई बढ़िया हल नहीं है, के लिए दृष्टि की जरूरत होती है।" परंपरागत दृष्टिकोण में पूछा जाता है कि ग्राहक को क्या जरूरत है और फिर उसका समाधान निकाला जाता है। यह इस परंपरागत दृष्टिकोण से भिन्न है। जब इंफोसिस ने उद्योग के ऊर्ध्व बाजारों पर ध्यान केंद्रित करने के लिए अपने को पुनर्गठित किया, तो ऐसी नई सर्विस लाइनें विकसित करने की स्पष्ट जरूरत थी, जो प्रौद्योगिकी और विषय या क्षेत्र (डोमेन) की गहरी समझ के उसके अनूठे संयोग के महत्त्व और मूल्य को प्रदर्शित करे। गिरीश कहते हैं, "हमने देखा कि रेडियो फ्रीक्वेंसी आइडेंटिफिकेशन (आर.एफ. आई.डी.) टेक्नोलॉजी सर्विसेज के इर्द-गिर्द एक विशाल बाजार का अवसर उभर रहा है और हमने उपक्रम अनुप्रयोगों के लिए वास्तविक इवेंट मैनेजमेंट सॉफ्टवेयर के क्षेत्र में रिक्तता की पहचान की। मैंने वास्तविक टेलीकॉम सिस्टस में विशेषज्ञता रखनेवाले एक सहयोगी से हाथ मिलाया और वेयरहाउस ऑटोमेशन एप्लीकेशंस में अपनी पृष्ठभूमि का समुन्नयन किया, ताकि एक अनूठा प्लेटफॉर्म विकसित किया जा सके और अंततः हम उसका पेटेंट करा सकें।" इस बौद्धिक संपदा के बूते पर इंफोसिस को आर.एफ.आई.डी. अपनानेवाले ढेरों शुरुआती ग्राहकों से कारोबार हासिल करने में मदद मिली और हमने हरेक करार में सफलतापूर्वक काफी फर्क लानेवाली उपयोगी सेवा प्रदान की।

सन् 2002 में कुमार ने एक अन्य उदाहरण में गैर-परंपरागत सोच का प्रदर्शन किया। ग्राहकों की शिकायतों में अचानक बढ़ोतरी हो गई थी—हर महीने तकरीबन 60 शिकायतें आ रही थीं। कुमार से कहा गया कि वे इस चुनौती का हल निकालें।

वे एक नए गैर-परंपरागत नजरिए : प्रोजेक्ट स्तरीय खतरे की निगरानी को लेकर सामने आए। यह एक ऐसी प्रणाली थी जिसमें हर हफ्ते खतरों की समीक्षा होनी थी, ताकि संभावित खतरे के पहलुओं की पहचान की जा सके। एक प्रमुख चुनौती सोच बदलने की थी कि ऊँचे खतरे को एक नकारात्मक नजरिए से न देखा जाए, बल्कि इसे महज इस रूप में लिया जाए कि मदद की जरूरत है। इस दृष्टिकोण की सफलता सुनिश्चित करने में छह महीने लगे। इस उदाहरण में, कुंजी यह प्रतीत होती है कि हर समस्या को अलग-अलग लेने के बजाय एक ऐसी प्रक्रिया को स्थापित करने की कोशिश की जाए, जो किसी समस्या के उभरने की संभावना का संकेत दे देगी। ऐसा प्रतीत होता है कि एक समाधान बताने के बजाय एक पूछताछ प्रक्रिया का अनुसरण करने की प्रणाली बनाई जाए, ताकि समस्याओं के असल कारण का पूर्वानुमान लगाया जा सके और उसे दूर किया जा सके।

नए विचारों के लिए वाल की रणनीति मान लेने या जिस तरह से चीजें हमेशा की जाती रही हैं, उनको चुनौती देने से निकलती हैं। वे कहते हैं, "एक ऐसी आदत जिसे मैं प्रोत्साहित करूँगा और कई बार खुद ही उसका आदर्श रूप प्रस्तुत करूँगा—वह है यथास्थिति पर सवाल खड़े करना।" दरअसल, वाल महसूस करते हैं कि अभिनव प्रयोग आविष्कार और दक्षता की 'सच्ची मानव भावना' यथास्थिति पर सवाल खड़े करने से आती है। उदाहरण के लिए, वे इंगित करते हैं कि कोडक शुरुआती डिजिटल चक्र में नहीं टिक पाया, क्योंकि उन्होंने अपने एनालॉग रूट्स पर सवाल खड़े नहीं किए। वाल महसूस करते हैं, 'मेरे पास ऐसा एक मॉडल अवश्य होना चाहिए जो मेरे मौजूदा कारोबारी मॉडल को मान लीजिए तीन से पाँच वर्षों में समाप्त कर देगा, क्योंकि तब तक दूसरों ने पहले ही इसकी नकल कर ली होगी—तो फिर मेरे मॉडल में फर्क क्या रहा? इसलिए हमें खेल को बदलना पड़ेगा—क्या हम ऐसा आधार पैदा कर सकते हैं जिस पर दूसरे निर्माण करें या आगे बढ़ें?'

सामूहिक विचार नेतृत्व

वाल कहते हैं कि एक नेता के रूप में, 'यह मेरे विचार नेतृत्व के बारे में नहीं है, यह इसके इर्द-गिर्द एक पारिस्थितिकी पैदा करने के बारे में है। एक ऐसी टीम बनानी है जो 'पूरकता' और विविध विचारों को समझती है।' वे खुद को एक 'तड़ित छड़' की तरह देखते हैं, जो दूसरों को अपने साथ होने के लिए प्रोत्साहित करती है और वह उपयोगिता या महत्त्व बढ़ाने में मदद करती है। वे कहते हैं, "मेरे लिए इसका आशय है कि यदि मैं थक जाऊँ, मैं निकल जाऊँ, तो भी कोई अन्य जिम्मेदारी सँभाल ले और इसकी उलट स्थिति भी ऐसे ही कारगर हो; यह एक टीम गढ़ने के

बारे में है–कई लोगों के जुनूनी प्रयास के परिणाम को समुन्नत करने की बात है। मेरे लिए यह विचार नेतृत्व है।"

वाल का दृष्टिकोण सुझाता है कि उनके अपने विचार नेतृत्व के लिए टीम का काम केंद्रीय महत्त्व का है। वे याद करते हैं कि जब वे पहली बार इंफोसिस की नौकरी में आए, तो 'मैं सिर्फ इंजीनियरिंग जानता था–आवश्यक प्रक्रियाओं या जोड़ों के बारे में बहुत नहीं जानता था। जब लोगों ने छोड़ना शुरू किया तो मैं शुरू में सहमा हुआ था। बहुत जल्द, अन्य लोग टीम में शामिल हुए और मैंने पाया कि वे मुझे सिस्टम की शब्दावलियाँ, प्रक्रियाएँ, इंफोसिस का आंतरिक कामकाज समझने में मदद कर रहे हैं। इस शुरुआती चरण को पार करने में उन्होंने मदद की। मैंने खुद को अपनी टीम के कुछ सदस्यों के साथ भावनात्मक रूप से जुड़ा हुआ पाया। उदाहरण के लिए, शांतनु ने कुछ अकाट्य बातें निकालीं और उसका तरीका था कि उपयोगिता या महत्त्व पैदा करो और आगे बढ़ो। मैंने उसके इस विचार के साथ खुद को जोड़ा और यह हम दोनों के लिए ही कारगर रहा। मैंने वस्तुतः लोगों पर भरोसा किया, जब तक कि आँकड़े अन्यथा न सिद्ध करते हों। मेरे साथ ऐसे लोग थे जो मुझसे भिन्न थे, कुछ पहलुओं में मुझसे बेहतर थे और यह भी काफी कारगर रहा।'

मौजूदा विचार नेतृत्व पर निर्माण करना

कुमार एक अन्य महत्त्वपूर्ण उदाहरण देते हैं जहाँ उनका विचार नेतृत्व एक बड़ी समस्या का हल करने का साधन बना। वे याद करते हैं, "सन् 2004 में हमारे पास डिलीवरी और सेल्स यूनिटें थीं–फिर इंडस्ट्री बिजनेस यूनिटों (आई.वी.यू.) या उद्योग कारोबारी इकाइयों, क्षैतिज कारोबारी इकाइयों (एच.बी.यू.) आदि में संक्रमणकाल आया। कारोबारी योजना बनाना हमेशा ही कॉरपोरेट योजना का काम था और इसीलिए कृश और दिनेश ने मेरे सामने एक प्रस्ताव रखा जिसने नेताओं को अपने कारोबार, अपने ग्राहक की चुनौतियों, अपने बाजार के खंड आदि को एक नजरिया या दृष्टिकोण प्रदान करने की जरूरत का संकेत दिया। जब तक यह एकदम साफ हो गया था कि इंजीनियरिंग प्रक्रियाएँ जिस क्षेत्र में काम कर रही हैं, उसके मुताबिक उन्हें दुरुस्त करने की जरूरत है। चुनौती थी: हम इसे कैसे करें?

परिणामस्वरूप, कुमार ने मैल्कम बाल्ड्रिज फ्रेमवर्क का अध्ययन किया और कारोबार को व्यापारिक योजना और ग्राहक के मद्देनजर एक उच्चतर स्तर तक ले जाने के लिए इसे उस रूप में गढ़ा। उन्होंने आगे एक प्रस्ताव रखा कि इंफोसिस के निदेशक मंडल की इच्छानुसार कारोबार के रूपांतरण के लिए कैसे इसका इस्तेमाल किया जा सकता है। कुमार ने चुनौतियों से निपटने के लिए कदम–दर–कदम एक

बहुत विस्तृत रूपरेखा बनाई और कार्यान्वयन को कारगर बनाने के लिए तर्क और प्रणालियों को सुदृढ़ किया। कुमार के काम का परिणाम था, आई.एस.ओ.पी. फ्रेमवर्क एवं प्रोग्राम।

इस उदाहरण में, आप देख सकते हैं कि कुमार ने कहाँ दूसरों के बनाए आधार पर आगे निर्माण किया और वे इसे नए स्तरों तक ले गए। उन्होंने सुधार किया और इंफोसिस के अनूठे संदर्भ के मद्देनजर गुणवत्ता के प्रतिमान का वैयक्तीकरण किया। यहाँ, उनके विचार नेतृत्व में गुणवत्ता के तरीकों का उनका मानसिक प्रतिमान और इंफोसिस की संस्कृति, इतिहास और संबंधों का उनका मानसिक मॉडल–दोनों का संयोग था।

दूरदृष्टि+अंतर्दृष्टि

गिरीश बताते हैं कि उन्होंने इंफोसिस के लिए नए ग्राहक संलग्नता प्रतिमान तलाश करने की जरूरत बहुत पहले जान ली थी। वे याद करते हैं, "जबकि ग्लोबल डिलीवरी मॉडल (जी.डी.एम.) ग्राहकों को उपयोगी सेवा प्रदान करने और बाजार का नेतृत्व हासिल करने के लिए हमारी रणनीति का केंद्रीय भाग था, हमारे विकास का हमारे आदमियों की गिनती के साथ तकरीबन रेखीय संबंध था। उसे बदलना था, नए कारोबारी मॉडल बनाने के लिए हमारी बौद्धिक संपदा (आई.पी.) को समुन्नत करने का एक अवसर था जहाँ हमारी सफलता महज लगाए गए प्रयास के बजाय दी गई कारोबारी वैल्यू पर आधारित हो।"

गिरीश ने एक आर.एफ.आई.डी.–आधारित आँकड़ा, संग्रहण युक्ति या यंत्र की अवधारणा बनाई, जिसका इस्तेमाल ऐसे उत्पादों की श्रेणी की पहचान करने और नजर रखने के लिए किया जा सकता है, जो मिशन के लिए महत्त्वपूर्ण, शीघ्र नष्ट हो जानेवाले और महँगे भी हों। वे बताते हैं कि इंजीनियरिंग टीम ऐसे यंत्र के विकास की संभावना को लेकर बड़ी उत्साहित व रोमांचित थी, जो एक नया बाजार खोल सकता है और संसाधन के दबाव के बावजूद टीम ने सफलतापूर्वक एक सॉफ्टवेयर और हार्डवेयर को तैयार किया। 'हमने अपना पहला कारोबार एक वैश्विक मेडिकल उपकरण कंपनी से हासिल किया और उनके भेजे जानेवाले माल के फेहरिस्त कारोबारी मॉल को पर्याप्त रूप से अधिकतम उपयोगी बनाने में मदद की। संलग्नता मॉडल ऐसा था कि उन्हें हमारी प्रौद्योगिकी में सीधे पूँजी निवेश करने की जरूरत नहीं थी। उन्होंने हमारी सेवा का इस्तेमाल करने के लिए बस एक मासिक शुल्क का हमें भुगतान किया और यह शुल्क उनके हासिल कारोबारी लाभों पर आधारित था।

लेकिन गिरीश स्पष्ट रूप से स्वीकार करते हैं कि यह वाकई एक पाठ्यपुस्तक–जैसी प्रक्रिया नहीं थी। वे कहते हैं, "हमने स्वास्थ्य देखभाल बाजार (हैल्थ केयर मार्किट) में पूरी तरह योजना बनाकर प्रवेश नहीं किया, बल्कि एक परिकल्पना के साथ प्रवेश किया: अगर कोई उत्पाद ऊँचे मूल्य व उपयोगिता का है और उसकी खोज–खबर रखने की जरूरत है, तो हमारे पास इसके लिए समाधान है।" वे आगे कहते हैं, "बौद्धिक संपदा की कीमत मिलने के साथ, राजस्व उत्पादकता और लाभ हमारे परंपरागत सेवा प्रदान प्रतिमान से काफी ज्यादा था। इसने हमें आई.पी. आधारित प्रौद्योगिकी सेवाओं के महत्त्व को आंतरिक रूप से सुप्रचारित करने का भी एक शानदार मौका दिया।"

नए कारोबारी मॉडल की सफलता से उत्साहित होकर गिरीश की टीम ने इस काम को आगे बढ़ाया और वायरलेस सेंसरों, रीयल टाइम लोकेशन सिस्टम्स (आर.टी.एल.एस.) यानी तत्काल स्थान बतानेवाली प्रणाली, गतिशीलता और व्यापक संगणना पर आधारित एक आई.पी. पोर्टफोलियो तैयार किया। यह खेल एवं मनोरंजन, स्वास्थ्य देखभाल, संभार–तंत्र और उपभोक्ता खुदरा उद्योगों के क्षेत्र में वैश्विक ग्राहकों से नया व्यापार प्राप्त करने का आधार रहा है। इनमें से ज्यादातर मौके एक ग्राहक की जरूरत की पूर्वाकलन के आधार पर पहचान करने और एक प्रभावी कारोबार मॉडल जो नई प्रौद्योगिकी को तेजी से अपनाने में समर्थ बनाता है, के परिणाम थे।

वाल इंफोसिस में अपनी दूरदृष्टि और अंतर्दृष्टि पर विचार करते हैं–"अब चार साल हो गए हैं। जब मैं इस नौकरी में आया था, तो मैं इस कारोबार को नहीं जानता था। हम जो करते थे, लोग उसे भाव नहीं देते थे और टीम का मनोबल गिरा हुआ था।" समूह की अंतर्दृष्टिपूर्ण तकनीकी ज्ञान पर टिप्पणी करते हुए वाल कहते हैं, "ये वे लोग हैं जिन्होंने हवाई जहाज और वाहनों (ऑटोमोबाइल्स) की डिजाइन बनाई हुई थी, और अपने युवाकाल में वे इंजीनियर बनना चाहते थे, लेकिन कुछ कारगर नहीं हो रहा था।" अपनी टीम के साथ वाल के काम ने इस स्थिति को बदल दिया है। उनके दृष्टिकोणों का एक अहम भाग पूर्व अनुमानित रूपांतरण की संभावनाओं से जुड़ा हुआ है। वाल के पास यह दूरदृष्टि थी कि 'इंजीनियरिंग एक कम मुनाफेवाला कारोबार नहीं हो सकता, बल्कि यह पैदा करने के बारे में है।' उन्होंने महसूस किया कि 'लोगों को यात्रा में शामिल करना" और एक भव्य दृष्टि रखना' ही सफलता की कुंजी है। वाल का सपना था कि पाँच वर्षों में अपनी यूनिट के कारोबार को 3 करोड़ डॉलर से बढ़ाकर एक अरब डॉलर किया जाए और अंततः इंफोसिस के पूरे कारोबार का कम–से–कम 10 फीसदी कमाईवाला बनाया जाए। वे टिप्पणी करते हैं कि आज

'कोई भी इस चमत्कारी रूपातंरण या बदलाव को देख सकता है'' प्रोडक्ट लाइफसाइकिल ऐंड इंजीनियरिंग सॉल्यूशंस (पी.एल.ई.एस.) अब पूरे इंफोसिस के सबसे ज्यादा लाभकारी कारोबारों में से एक बन गया है।'

ध्यान देना+प्रवाह (फोकस+फ्लो)

कुमार विचार करते हैं कि वे सामान्य कार्य-प्रवाह में अपने नए विचार बनाते हैं या इसके लिए वे समय-विशेष में अपना ध्यान केंद्रित करते हैं। वे याद करते हैं–

1990 के दशक के आखिरी चरण में मैं जब एक व्यक्ति के रूप में परामर्श दे रहा था, तो मेरा खुद से सवाल होता था, 'दो साल बाद मैं अलग तरीके से क्या करने जा रहा हूँ?' मुझे इसका जवाब सिर्फ तब मिला जब मैं टाटा के साथ उनकी नई इकाई टाटा क्वालिटी मैनेजमेंट में काम करने लगा और ज्ञान को निरंतर आत्मसात् करने और नए अनुभव पैदा करने के लिए विविध प्रकार के कारोबारी परिदृश्यों में इन्हें इस्तेमाल करने की उत्तेजना या उसके रोमांच को मैंने अनुभव किया। इसलिए, मेरे लिए, लगातार नए ज्ञान और अनुभव हासिल करते रहना विचार नेतृत्व निर्माण का एक भाग है। मैं यह भी स्वीकार करूँगा कि मेरे विकास और मेरी मानसिक योग्यताओं का एक बड़ा भाग प्रशिक्षण से जुड़ा है। टाटा में रहते हुए भी मैंने कोई 150 कार्यशालाएँ आयोजित की थीं। तथ्य यह है कि मैं इन विषयों में कभी प्रशिक्षित नहीं था। मैं किसी विषय में रुचि पैदा कर लेता था, एक प्रशिक्षण कार्यक्रम के लिए मौका निकालता था और इसे दूसरों के साथ साझा करता था और इस तरह मेरा विकास हुआ है। पिछले पाँच वर्षों में मैंने अपना 25 फीसदी समय दूसरों को विकसित करने में लगाया है। अभी भी, मेरी सीधी रिपोर्टों के लिए मैं साल में कम-से-कम दस दिन एक प्रशिक्षण सत्र आयोजित करने में लगाने की आकांक्षा रखता हूँ और इसे तय करता हूँ। इससे व्यक्ति सोचना शुरू कर देता है कि क्या सवाल पूछे जा सकते हैं, क्या नई बातें उभर कर सामने आ सकती हैं। दूसरों के विकास में संलग्न होना आपके विषय-वस्तु नेतृत्व का निर्माण करता है; अन्यथा आप अन्य लोगों के सामने गहराई से नहीं बोल सकते हैं।

कुमार के अनुभव से क्या निकलकर आ रहा है कि एक पहलू पर ध्यान लगाना और फिर उसमें इस हद तक खुद को डुबो लेना कि यह एक सहज प्रवाह बन जाए, का दृष्टिकोण एक तरीका है जिसके जरिए कोई विचार नेतृत्व का निर्माण कर सकता है और उसे बरकरार रख सकता है।

'प्रवाह' की अवधारणा का विकास शिकागो विश्वविद्यालय के मनोविज्ञान के

प्रोफेसर मिहाली सिसजेन्तमिहालयी ने किया था। उनका कहना था कि "हम सब में अधिकतम कार्य-प्रदर्शन एक ऐसे वक्त में होता है जब हम एक गतिविधि में पूरी तरह इस बिंदु तक डूब जाते हैं कि हम उस गतिविधि के साथ बौद्धों की योगावस्था की तरह एकाकार होने का भाव पा लेते हैं'' (राइड, 2007, 26)। प्रवाह की स्थिति का आशय एक प्रकार का केंद्रित ध्यान लगाने से है और वाकई यह देखा गया है कि सतर्कता, ध्यान लगाना, योग और मार्शल आर्ट्स प्रवाह के लिए व्यक्ति की क्षमता में सुधार करते प्रतीत होते हैं (विकिपीडिया, 2010)।

विचार नेतृत्व का निर्माण करना
व्यक्तिगत संपर्क, विचार और चुनौतियाँ

कुमार के अनुसार–

वैचारिक विषय-वस्तु और नेतृत्व से संबंध दो अलग-अलग टुकड़ों के साथ आगे की जरूरत है। नेतृत्व को बड़ी तसवीर के रूप में देखना महत्त्वपूर्ण है और उसे अपने ज्ञान की गहराई से कुछ ऐसा निकालना होता है कि भविष्य की ओर आगे बढ़ने में मदद मिले। विषय-वस्तु और सुसंगत संयोजन के भी साथ आने की आवश्यकता होती है। मैं नेता शब्द की व्याख्या इस रूप में करता हूँ कि ऐसा शख्स जो भविष्य की ओर सफलतापूर्वक नेतृत्व करे। विचार-सामग्री के बारे में क्या आप इसका आशय यह लगा सकते हैं जो संगठन और इसके कारोबार के लिए महत्त्वपूर्ण है? यह सामग्री इंजीनियरिंग हो सकती है, यह लोगों का नेतृत्व हो सकता है, या यह डोमेन (विषय या क्षेत्र) हो सकता है। मेरे विचार में, मेरा विषय-वस्तु नेतृत्व वृहत्तर इंजीनियरिंग, बड़ी तसवीरवाली सोच और उसके कार्यान्वयन और इसके साथ सुसंयोजन व रणनीतिक सोच के बारे में है। सबसे बड़ी चुनौतियों में से एक थी संगठन की राजनीति जिससे मुझे निपटना पड़ा। अगर आप एक विचारवान नेता हैं, तो आपको इसमें लिप्त नहीं होना चाहिए; आपको बस उपयोगिता सर्जन में अपना ध्यान लगाना चाहिए: विषय-वस्तु या विचार नेतृत्व मुख्य रूप से मूल्य पैदा करना है। जॉन ने एक पुस्तक लिखी है जिसमें पहला उद्धरण जमशेदजी का है और दूसरा मेरा है; मैं यह कह रहा हूँ, क्योंकि मैं जानता हूँ कि मेरे पास एक पुस्तक के लिए ढेरों कच्ची सामग्री है, लेकिन मैं अभी तक खुद को एक पुस्तक लिखने के लिए तैयार नहीं कर पाया हूँ। क्या यह एक अलाभकारी स्थिति है, क्या यह मेरे विचार नेतृत्व को प्रभावित करता है? मैं पक्का नहीं हूँ। लेकिन मैं समझता हूँ कि मेरी चुनौतियों में से एक है इस पुस्तक को लिखना जो मेरे दिमाग में है।

महत्त्वपूर्ण बात, वाल कहते हैं कि आखिर है तो वह एक आदमी ही। 'मैं सबसे शानदार नेता नहीं हूँ और इसलिए लोगों को मेरे साथ मुश्किल व चुनौती भरा समय बिताना पड़ सकता होगा। मैंने कुछ बहुत तेज-तर्रार और समर्थ लोगों की भरती की। मैं कनिष्ठ स्तरों पर भी गया। मैं लोगों की तलाश में था और मुझे ऐसे लोग मिले जिनमें ऊर्जा थी और मुझे अवश्य कहना चाहिए कि उन्होंने काफी मदद की। मैंने एक ऐसा माहौल बनाया जिसमें ऊर्जा अधिक मिलती हो। जब मैं कमतर महसूस करता, मैं भी थक जाता हूँ और इसीलिए मुझे भी कभी-कभी सहारे की जरूरत पड़ती है—माहौल, वस्तुतः लोग मुझे आगे बढ़ाने के लिए ऊर्जा पैदा करते। वे जीव जगत् से एक समरूपता बताते हैं, 'वे प्रवासी या भ्रमणशील पक्षियों की तरह हैं। जब एक चिड़िया नेतृत्व करने में थक जाती है और नीचे उड़ने लगती है, तो दूसरी चिड़िया नीचे आ जाती है और उसे फिर ऊपर उड़ने में मदद करती है। मैं याद करता हूँ कि मैं जब भी अपने लोगों से बात करता हूँ तो मैं यह बात जान-बूझकर दिमाग में रखता हूँ कि बातचीत के अंत में हम दोनों को सकारात्मक महसूस करना चाहिए और आगे और वार्त्ता के लिए ऊर्जावान महसूस करना चाहिए।'

वाल के लिए, एक विचार नेता होने का एक अंश यह मानना है कि तमाम विचार अच्छे नहीं हो सकते हैं और जैसा कि वे अपने बेटे से कहते हैं, "हम सब 'गलतियों के देवता' हैं। हम गलतियाँ करते हैं और सीखते हैं और ऐसी गलतियाँ थीं जो मैंने कीं और उनसे सीखा—और अपनी टीम के सदस्यों से भी सीखा। अंततः, यह इंजीनियरिंग उपयोगिता के लिए विश्वास, लगन और ऊर्जा थी, जिसने हमें विकास के रास्ते पर आगे बढ़ाया।"

कुमार का शुरुआती इतिहास संकेत करता है कि उनके विषय-वस्तु विस्तार का संभवतः आंशिक कारण यह था कि वे विविध विषयों व क्षेत्रों का अच्छी तरह अध्ययन किए हुए थे। वे याद करते हैं—मेरे जीवन की प्रारंभिक रुचियों में से एक थी साहित्य पढ़ना। मैं यह समझकर रोमांचित होता था कि मनुष्य और सामाजिक ढाँचे किस तरह व्यवहार करते हैं। मेरा संघर्ष वृहत्तर तसवीर समझने के लिए था, कैसे वृहत्तर समाज काम करता है, इसलिए मैं पढ़ता था और साहित्य में आए उन तत्त्वों पर मनन करता था। विभिन्न लेखकों के विविध टुकड़ों में मुझ पर प्रभाव पड़े। ऐन रैंड ने मुझमें यह विश्वास जगाया कि खुद का व्यक्तित्व बनाना महत्त्वपूर्ण है। यह स्व या व्यक्तित्व विषय-वस्तु और धारणा के बारे में होता है। मैक्सिम गोर्की, अल्बर्ट कैमस और जीन-पॉल सार्त्रे की रचनाओं ने मुझे अलग-अलग दृष्टिकोणों से अवगत कराया, विविध प्रकार के नजरिए को समझने के लिए मुझे सहनशील बनाया और संघर्षों से

ज्यादा आसानी से निपटने या उन्हें हल करने में समर्थ बनाया। उन्होंने मुझे यह समझने में मदद की कि निगमों में संघर्ष व विवाद होते हैं—आपको कंपनी की वास्तविकताओं के साथ जीना पड़ेगा, अपना दिमाग खुला रखना होगा, फैसले नहीं देने, सुनाने और मौजूदा सच्चाइयों से ज्यादा प्रभावी ढंग से निपटना पड़ेगा। इससे मुझे काफी मदद मिली, क्योंकि बाद में, मैं यह देखकर चकित हुआ कि क्वालिटी मैनेजमेंट (गुणवत्ता प्रबंधन) की शाखा यह देखने का अवसर प्रदान करती है कि एक विशाल कंपनी कैसे काम करती है।

कुमार मानते हैं कि एक गुणवत्ता पेशेवर के तौर पर जो बात उन्हें कामयाब बनाती है, वह है इंजीनियरिंग तत्त्व को कंपनी की कारोबारी जरूरत से संबद्ध करने की उनकी योग्यता। बड़ी तसवीर के बारे में रोमांच और उत्कंठा महसूस करने का पहलू, बारीकियों को समझने और वरिष्ठ प्रबंधन के साथ जुड़ने की उनकी योग्यता ने उन्हें यह विश्वास दिया कि वे फर्क ला सकते हैं।

कारोबारी संबंधों के बारे में कुमार अपना नजरिया साझा करते हैं कि अकसर लोग वरिष्ठता क्रम में कर्ता से प्रबंधक तक विकास करते हैं, लेकिन कभी-कभी वे सर्वोत्तम चलनों का प्रयोग नहीं करते, क्योंकि वे आसानी से उपलब्ध नहीं होते हैं। वे सर्वोत्तम चलनों को लागू करने का रास्ता अपना सके, क्योंकि वे गुणवत्ता की छतरी के नीचे एकजुट हो गए। तमाम ज्ञान के टुकड़ों और अपने परामर्शवाले दिनों के सर्वोत्तम चलनों को लागू करने का अनुभव उनके लिए बहुत रोमांचक था और इसने उनके विचार नेतृत्व को आकार दिया।

विचार नेता बनने की अपनी यात्रा पर विचार करते हुए वाल सुझाव देते हैं, "विचार नेतृत्व अपनी बुद्धिमत्ता व ज्ञान का प्रयोग सहज रूप से करते हुए अपेक्षित परिणाम हासिल करना है।" वाल के लिए एक प्रभावकारी टीम माहौल में कार्य करना अनिवार्य है। वे स्पष्ट करते हैं कि प्रयास आवश्यक परिणाम के अनुपात में होता है, मैं पारिस्थितिकी से ताल मिलाकर चल रहा हूँ, दूसरों के साथ संगति रखते हुए एक टीम परिवेश में काम कर रहा हूँ: ऐसा करने का अनुभव विनम्र बनानेवाला होता है, क्योंकि यह दूसरों के लिए उपयोगिता सृजित करने के बारे में होता है। वाल हरेक को उनके अपने तरीके से एक विचार नेता मानते हैं, लेकिन बौद्धिक रूप से नहीं। वाल के लिए, 'यह ज्यादा भावुकतापूर्ण है। जब आप किसी चीज के लिए जुनून या लगन महसूस करते हैं, तो यह विषय के बारे में आपके विचारों से संबद्ध या जुड़ा हुआ भी होता है। यह तथ्य कि आप किसी चीज के लिए जुनून महसूस करते हैं और उसमें संलिप्त होने के लिए अपनी बौद्धिक क्षमता का निवेश करने का फैसला करते हैं और इसके समाजीकरण की शुरुआत करते हैं,

दरशाता है कि इस विषय या क्षेत्र के साथ आपका भावनात्मक लगाव या जुड़ाव है।' वाल शौक घटक के बारे में आश्वस्त हैं। वे जोर देकर कहते हैं कि "जुनून वाला पहलू निश्चित रूप से कुंजी है।"

गिरीश मानते हैं कि उनका विचार नेतृत्व मुख्यतः उनकी जन्मजात उत्कंठा से आकार ग्रहण करता है। यहाँ तक कि जब उन्होंने एक डेवलपर के तौर पर अपने कॅरियर की शुरुआत की थी, वे प्रौद्योगिकी और कारोबार दोनों में विस्तार और गहराई पाने के अवसरों की तलाश करते थे। एक उच्च विकासवाले संगठन का हिस्सा होते हुए उन्हें कई भिन्न भूमिकाओं में काम करने का मौका मिला। उन्होंने इंजीनियरिंग, बिक्री-पूर्व कार्य, ग्राहक सेवा, परामर्श एवं अन्वेषण प्रयोगशाला आदि में काम किया और इसने उन्हें काफी हद तक प्रभावित किया। गिरीश स्वीकार करते हैं कि जबकि उन्हें संगठन के संजाल को समझने और उन फैसलों को प्रभावित करने जो ज्यादा खतरे लिये हुए होते हैं, की चुनौती का व्यक्तिगत रूप से सामना करना होता है, वे उद्भावना, अन्वेषण और विचार नेतृत्व को बढ़ाने के लिए प्रयोग करने में दृढ़ विश्वास रखते हैं।

आसन्न चुनौतियों के बावजूद, नेता अपने विचार नेतृत्व को कई अन्य लोगों के साथ साझा करने में सफल होते रहे हैं। कुमार के पास विविध गुणवत्ता प्रबंधन प्रतिमानों व तकनीकों जैसे आई.एस.ओ. 9000, एम.बी.एन.क्यू.ए., ई.एफ.क्यू.एम., सी.एम.एम./सी.एम.एम.आई. और सिक्स सिग्मा के इस्तेमाल का विशाल अनुभव है। वे सॉफ्टवेयर इंजीनियरिंग एवं प्रोसेस ग्रुप (एस.ई.पी.जो.), क्वेस्ट (क्यू.यू.ई.एस.टी.), नैस्कॉम एवं सी.आई.आई. फोरम में एक नियमित वक्ता रहे हैं। उन्होंने सन् 2006 से 2008 तक क्वेस्ट के कार्यकारिणी बोर्ड के डायरेक्टर (निदेशक) के तौर पर काम किया है और वे फोरम के लिए इंडिया हब की अध्यक्षता भी करते हैं। उनके अपने शब्दों में, "अपने अनुभव और ज्ञान का इस्तेमाल उच्चतर उपयोगिता व महत्त्व को पैदा करने और व्यवस्थित ढंग से पेश करने की योग्यता ही किसी सम्मेलन में व्याख्यान देने के लिए आमंत्रित किए जाने का सार है। उदाहरण के लिए, एक प्रमुख वक्ता के स्तर पर किसी की अवधारणा को एक उच्चतर स्तर पर अमूर्त रूप में प्रस्तुत करना होता है, विचार नेतृत्व के विषय को लागू करने से संबंधित परिदृश्यों को सामने रखना होता है, इस दृष्टिकोण के साथ विफल होना और सफल होना—और इसे साझा करना नए विचारों को जन्म देता है, जिनका इस्तेमाल किया जा सकता है। एक और लाभ यह होता है कि जब हम वृहत्तर मंचों पर अपने विचारों को प्रसारित और साझा करते हैं, तो वे हमें और ऐसे मंचों पर आमंत्रित करना शुरू कर देते हैं।"

वाल को वैश्विक इंजीनियरिंग में अपने विचार नेतृत्व के लिए व्यापक रूप से अंतरराष्ट्रीय प्रकांड विद्वानों द्वारा मान्यता दी गई है। वे सन् 2008 में पी.एल.एम. शिखर बैठक में एक वक्ता थे। हरित (ग्रीन) इंजीनियरिंग और कृश (लीन) वैश्विक इंजीनियरिंग जैसे विषयों पर सी.एक्स.ओ. पत्रिका, ईगॉव (eGov), ई.ई. टाइम्स, डेटाक्वेस्ट, हिंदू बिजनेस लाइन और डेकन हेराल्ड जैसे मीडिया ने उनका इंटरव्यू लिया है। वाल इंजीनियरिंग सेवाओं के लिए नैस्कॉम कार्यकारिणी परिषद् के सदस्य हैं। वे सिंगापुर इंडस्ट्रियल ऑटोमेशन एसोसिएशन की कार्यकारिणी परिषद् के एक सदस्य हैं और उन्होंने सिंगापुर सरकार की एक उप-समिति का भी नेतृत्व किया। यह समिति स्थानीय लघु एवं मध्यम उद्यमियों के लिए सहयोगात्मक पी.एल.एम. पहल करती है।

गिरीश ने कई पेटेंट प्रस्तावों को लिखा है और कई ट्रेड, तकनीकी और कारोबारी मीडिया ने उनके कारोबारी/तकनीकी विचारों को प्रकाशित किया है। उन्हें प्रमुख औद्योगिक एवं अकादमिक सम्मेलनों व समारोहों में वक्ता के रूप में आमंत्रित किया गया है। उन्होंने सूचना एक सर्विस और आई.पी. लाइसेंसिंग के रूप में जैसे कई गैर-रेखीय सर्विस डिलीवरी मॉडलों को विकसित किया और बेचा है।

नेताओं से बातचीत और इसके पूर्व इन विषयों की पुस्तकें सुझाव देती प्रतीत होती हैं कि विषय-वस्तु या विचार नेतृत्व से उच्च रूप से संलग्न और योगदान करनेवाले ऐसे नेता पैदा होते हैं, जो अपने इर्द-गिर्द के लोगों की सोच को भी प्रभावित एवं रूपांतरित करने में समर्थ होते हैं। अपने विचार नेतृत्व के विषय-संबंधी पहलुओं से महारत हासिल करना जबकि अनिवार्य है, परंतु उनकी सोचने की आदतों और नए एवं भिन्न मानसिक प्रतिमानों तक पहुँचने की उनकी योग्यता में संभवतः ज्यादा महारत हासिल करने की जरूरत है। कुछ उदाहरणों में, यह स्पष्ट है कि जब नेता विचार नेतृत्व की ओर आगे बढ़ता है, तो टीम भी ज्यादा आविष्कारी व अभिनव प्रयोग करने की ओर प्रवृत्त होती है। परिणामस्वरूप, विचार नेतृत्व द्वारा उन लोगों में अपार क्षमताएँ विकसित करने की संभावना होती है, जो विचार नेता के साथ काम करते हैं।

यह देखते हुए कि विचार नेतृत्व किस तरह की ऊर्जा उत्पन्न कर सकता है, यह लगभग निश्चित रूप से कमतर मनोबल या निर्लिप्त कर्मचारी लक्षण के लिए तोड़ का काम करता है। एक महत्त्वाकांक्षी नेता पहले सोचने की आदत को समझने का और फिर उसकी सोच को बदलने के लिए चंद ठोस तरीकों का इस्तेमाल करने का लक्ष्य तय कर सकता है। अध्ययन सुझाते हैं कि वे प्रभावी नेता जहाँ भिन्न होते हैं, वहाँ वे जिन समस्याओं में समर्थ होते हैं और वे नुस्खा बताते हैं कि

क्या किया जाना चाहिए और वहाँ (मुकाम) तक कैसे पहुँचा जा सकता है। नेतृत्व का 'आशय निकालने' का यह ढाँचा मानता है कि नुस्खे या उपाय बतानेवाले मानसिक प्रतिमान मौजूदा समस्याओं पर उनके व्यक्तिगत इतिहास और अनुभवों के संदर्भ में मनन करने और उनके विश्लेषण करने से आते हैं। इसमें भी खास जोर एकीकृत करनेवाले उन मुद्दों पर होता है, जो नेता उनसे आशय के रूप में निकालते हैं (स्ट्रेंज एवं मम्फोर्ड, 2005)।

विषय-वस्तु नेतृत्व का एक प्रमुख पहलू है, एक ऐसे मानसिक प्रतिमान का विकास करना और इस्तेमाल करना जो नेता को विभिन्न चुनौतियों पर लगाए गए समय की मात्रा या अवधि पर नहीं, बल्कि समय की गुणवत्ता पर ध्यान देने में मदद करता है। अतीत के ज्ञान और अनुभवों का नए और भिन्न तरीकों से और सबसे महत्त्वपूर्ण एक बहुत गुणवत्तापूर्ण, उपयोगिता-संवर्धन तरीके से अंतर्दृष्टिपूर्ण प्रयोग करने से इंफोसिस में नेता बेहतर से बेहतर विचार नेतृत्व की ओर बढ़ सके हैं। नेताओं के उदाहरणों, योगनिष्ठ बौद्ध और कवि रॉबर्ट फ्रॉस्ट के शब्दों को एकीकृत करने से ऐसा प्रतीत होता है कि वर्णित मानसिक प्रतिमानों का इस्तेमाल करके, अलग तरह से सोच करके और पेशे व शौक को एकजुट करके हम विचार नेता बनने की यात्रा पर निकल सकते हैं।

ग्रंथ-सूची–

- बी. एडलसन एवं ई. सोलोवे (1985) :'दी रोल ऑफ डोमेन एक्सपीरिएंस इन सॉफ्टवेयर डिजाइन', आई.ई.ई.ई. ट्रांजेक्शंस ऑन सॉफ्टवेयर इंजीनियरिंग, 11, 1351-60।
- बी.जे. एवोलियो एवं बी.एम. बास (1995)–'इडिविजुअल कंसिडरेशन व्यूड एट मल्टीपल लेवल्स ऑफ एनालिसिस: ए मल्टी-लेवर फ्रेमवर्क फॉर एग्जामिनिंग दी डिफ्यूजन ऑफ ट्रांसफॉर्मेशनल लीडरशिप', लीडरशिप क्वार्टरली, 6, 199-218।
- बी.एम. बास एवं बी.जे. एवोलियो (1990)–'ट्रांसफॉर्मेशनल लीडरशिप डेवलपमेंट: मैनुअल फॉर दी मल्टीफैक्टर लीडरशिप क्वेश्चनायर,' पालो एल्टो, सी.ए. : कंसल्टिंग साइकोलॉजिस्ट प्रेस।
- एलीस बॉउर (2003)–'बी ए थॉट लीडर', http ://www.elise.com से 12 मई, 2010 को निकाला गया।
- ए. ब्रायमैन (1992)–करिश्मा ऐंड लीडरशिप इन ऑर्गेनाइजेशंस, लंदन: सेज।
- जिम एफ. कैंटेरूक्की(2005)–पर्सनल ब्रिलिएंस: मास्टरिंग दी एवरीडे हैबिट्स

दैट क्रिएट ए लाइफ टाइम सक्सेस, न्यूयॉर्क: ए.एम.ए.सी.ओ.एम.।

- आर.बी. सियालदिनि (1993बी)–इनफ्लुएंस: दी साइकोलॉजी ऑफ परसुएशन, संशोधित संस्करण, न्यूयॉर्क: क्विल।
- एम. गुणे डेवनपोर्ट (2010)–जेन स्टोरीज, 13 मई को http :// goto.bilkent.edu.tr/gunes/ZEM/zenstories.htm से निकाला गया।
- के.ए. एरिकसन (2006)–'दी इनफ्लुएंस ऑफ एक्सपीरिएंस ऐंड डेलिबेरेट प्रैक्टिस ऑन दी डेवलपमेंट ऑफ सुपीरियर एक्सपर्ट परफॉर्मेंस', जो के.ए. एरिकसन, एन. चार्नेस, पी. फेल्तोविच एवं आर.आर. हॉफमैन (द्वारा संपादित) 'कैंब्रिज हैंडबुक ऑफ एक्सपर्टीज ऐंड एक्सपर्ट परफॉर्मेंस', कैंब्रिज, यू.के. कैंब्रिज यूनिवर्सिटी प्रेस, 685–706 में दिया गया है।
- के.ए. एरिकसन, आर.टी. क्रैंप एवं सी. टेक-रोमर (1993)–'दी रोल ऑफ डेलिबेरेट प्रैक्टिस इन दी एक्विजीशन ऑफ एक्सपर्ट परफॉर्मेंस', साइकोलॉजिकल रिव्यू, 100, 393–94।
- जे.के. फोर्ड एवं के. क्रैगर (1995)–'दी एप्लीकेशन ऑफ कॉग्निटिव कंस्ट्रक्ट्स ऐंड प्रिसिंपल्स टु दी इंस्ट्रक्शनल सिस्टम्स मॉडल ऑफ ट्रेनिंग : इंपलीकेशंस फॉर नीड्स एसेसमेंट, डिजाइन ऐंड ट्रांसफर' जो सी.एल. कूपर एवं आई.टी. रॉबर्टसन (द्वारा संपादित) 'इंटरनेशनल रिव्यू ऑफ इंडस्ट्रियल ऐंड ऑर्गेनाइजेशनल साइकोलॉजी, अंक 10, वेस्ट ससेक्स: जॉन विलेय में दिया गया है।
- फिलिप एन. जॉनसन-लेयर्ड (1983)–मेंटल मॉडल्स: टुवॉड्र्स ए कॉग्निटिव साइंस ऑफ लैंग्वेज, इंफरेंस ऐंड कॉन्शसनेस, कैंब्रिज : हार्वर्ड यूनिवर्सिटी प्रेस।
- जे.पी. कोटर (1990)–ए फोर्स फॉर चेंज: हाऊ लीडरशिप डिफर्स फ्रॉम मैनेजमेंट, न्यूयॉर्क: फ्री प्रेस।
- जे.पी कोटर (1999)–व्हाट लीडर्स रीयली डू, बोस्टन : हार्वर्ड बिजेनस स्कूल प्रेस।
- आर.जे. हाउस, डब्ल्यू. डी. स्पैंगलर एवं जे. वोयके (1991)–'पर्सनलिटी ऐंड करिश्मा इन दी यू.एस. प्रेसिडेंसी : ए साइकोलॉजिकल थ्योरी ऑफ लीडर इफेक्टिवनेस', एडमिनिस्ट्रेटिव साइंस क्वार्टरली, 36, 364–96।
- मैल्कॉम ग्लैडवेल (2000)–दी टिपिंग प्वाइंट: हाऊ लिटिल थिंग्स कैन मेक ए बिग डिफरेंस, लंदन: एबैकस।
- मैल्कॉम ग्लैडवेल (2005)–ब्लिंक: दी पॉवर ऑफ थिंकिंग विदाउट थिंकिंग, लंदन : पेंग्विन।

- आर.जी. लॉर्ड एवं आर.जे. हॉल (2005)–'डीप स्ट्रक्चर ऐंड दी डेवलपमेंट ऑफ लीडरशिप स्किल'–लीडरशिप क्वार्टरली, 16, 591-6 5।
- जे. मैटकॉफ एवं ए.पी. शिमामुरा (1994)–मेटाकॉग्निशन: न. ग एबाउट नोइंग, कैंब्रिज : एम.आई.टी. प्रेस।
- आर. मोरेनो (2004)–'डिक्रीजिंग कॉग्निटिव लोड फॉर नोविस स्टुडेंट्स : इफेक्ट्स ऑफ एक्सप्लेनेटरी वर्सेस करेक्टिव फीडबैक इन डिस्कवरी-बेस्ड मल्टीमीडिया', इंस्ट्रक्शनल साइंस, 32, 99-113।
- सी.के. प्रह्लाद (2004)–दी फॉर्चून एट दी बॉटम ऑफ दी पिरामिड : इरैडिकेटिंग पावर्टी थ्रू प्रॉफिट्स, फिलाडेल्फिया: व्हार्टन स्कूल पब्लिशिंग।
- सी.के. प्रह्लाद एवं गैरी हैमेल (1990)–'दी कोर कंपीटेंस ऑफ दी कॉरपोरेशन', हार्वर्ड बिजनेस रिव्यू, मई/जून।
- रोबिन राइड (2007)–थॉट लीडरशिप : मूविंग हार्ट्स ऐंड माइंड्स, न्यूयॉर्क : पाल्ग्रेव मैकमिलन।
- जे.एम. स्ट्रैंज एवं एम.डी. मम्फोर्ड (2005)–'दी ओरिजंस ऑफ विजन: इफेक्ट्स ऑफ रिफ्लेक्शन, मॉडल्स ऐंड एनालिसिस', लीडरशिप क्वार्टरली, 16, 121-48।
- जे. एफ.वी. विन्सेंट, ओ.ए. बोगतीरेव, एन.आर. बोगतीरेव, ए. बॉयर एवं ए. के. पैल (2006)–'बायोमिमेटिक्स: इट्स प्रैक्टिस ऐंड थ्योरी', जर्नल ऑफ दी रॉयल सोसाइटी इंटरफेस, 3, 471-82।
- विकिपीडिया (2010)–टी.आर.आई.जेड. : http://en.wikipedia.org/wiki/TRIZ से 13 मई को निकाला गया।
- विकिपीडिया (2010)–http : //en.wikipedia.org/wiki/mihaly csikszentmihalyi से 19 मई को निकाला गया।

□

9

उद्यमशीलता नेतृत्व

–गौरव रस्तोगी

'जब तक इंफोसिस, अभिनव प्रयोग करती है, तब तक इसका अस्तित्व बना रहेगा और यह सफल रहेगी। जिस दिन इसने ऐसा करना बंद कर दिया, यह उसी तरह गायब हो जाएगी जैसे खिली धूपवाली सुबह में ओस की बूँदें गायब हो जाती हैं।'

–एन.आर. नारायण मूर्ति, इंफोसिस के मुख्य मार्गदर्शक व अध्यक्ष, *(रमन, 2004)*

'आज की दुनिया में जहाँ इतनी ज्यादा पारदर्शिता और इतना ज्यादा ज्ञान का प्रसार है, मेरा मानना है कि जी.डी.एम. को अपनाने में हमारा नेतृत्व बहुत छोटा है...हमें निरंतर अभिनव प्रयोग करने होंगे, नई क्षमताएँ जोड़नी पड़ेंगी और हम जो सेवा प्रदान करते हैं, उसकी प्रभावशीलता बढ़ानी होगी।'

–एस. *(कृश)* गोपालकृष्णन, सी.ई.ओ., इंफोसिस *(ट्रिंबल, 2008)*

'फिलहाल इंफोसिस अपने खेल के शीर्ष पर है। लेकिन आप दावे से कह सकते हैं कि पाँच वर्षों में, इंफोसिस अपने केंद्रीय कारोबार में कुछ परिपक्वता देखने लगेगी। उस चरण में, यह एक अन्य विकास कारोबार खोजना चाहेगी, जो बहुत विशाल हो रहा है। अगर इंफोसिस

पाँच साल बाद ऐसा कारोबार अपने हाथ में लेना चाहती है, तो उसे आज से शुरुआत करनी होगी। अगर यह तब तक इंतजार करती है जब तक आँकड़े खराब न हो जाएँ, तो बहुत देर हो जाएगी।'

—क्लेटन क्रिश्चियनसेन, रॉबर्ट एवं जेन सिजिक हार्वर्ड बिजनेस स्कूल में बिजनेस एडमिनिस्ट्रेशन के प्रोफेसर (रमन, 2004)

'यह याद रखा जाना चाहिए कि एक नई व्यवस्था का आगाज करने में नेतृत्व लेने की तुलना में कुछ भी हाथ में लेना मुश्किल नहीं है, इसका संचालन करना ज्यादा खतरनाक नहीं है या इसकी सफलता ज्यादा अनिश्चित नहीं है। क्योंकि जो अभिनव प्रयोग करनेवाला होता है, उसके दुश्मन वे होते हैं जिन्होंने पुरानी परिस्थितियों में अच्छा किया था और वे भी दुश्मन होते हैं जो नई व्यवस्था में अच्छा करने की संभावनावाले अनुत्साही आत्मरक्षक हों। यह ठंडापन अंशतः उन विरोधियों से उत्पन्न होता है जिनके पक्ष में कानून होता है और अंशतः लोगों के संदेह या अविश्वास से जन्म लेता है, जो नई चीजों में तब तक यकीन नहीं करते हैं जब तक उन्हें उनका लंबा अनुभव न हो जाए।'

—मैकियावेली (1532)

इंफोसिस ने अपने नवाचारी कारोबारी प्रतिमान के लिए प्रतिष्ठा बनाई है, क्योंकि हमने नई-नई सेवाओं से ग्लोबल डिलीवरी मॉडल (जी.डी.एम.) का सफलतापूर्वक विस्तार किया है। आई.टी. सेवाओं से शुरुआत करते हुए, कंपनी ने बिजनेस प्रॉसेस आउटसोर्सिंग (बी.पी.ओ.), पैकेज कार्यान्वयन, स्वतंत्र पुष्टि, परामर्श (कंसल्टिंग) एवं शिक्षा-प्राप्ति (लर्निंग) सेवाओं में विस्तार किया है। हरेक सेवा को उसी ग्लोबल डिलीवरी मॉडल के आधार पर खड़ा किया गया है, जिसने कंपनी को 1980 और 1990 के दशक में संबलित किया।

जैसा कि रणनीतिक नेतृत्ववाले अध्याय में उल्लेख किया गया, इंफोसिस का कारोबार संचालनात्मक सिद्धांत पर टिका हुआ है जिसमें भविष्य सूचकता, निरंतरता, मुनाफा और खतरे को खत्म करने (पी.एस.पी.डी.) पर जोर रहता है। पी.एस.पी.डी. कंपनी के डी.एन.ए. का एक अनिवार्य भाग है, इसकी मानसिक श्रेष्ठता की संस्कृति का आधार है। राजस्व की भविष्यसूचकता को बनाए रखना और मुनाफे पर संचालनात्मक

नियंत्रण रखना ही वह कारण है जिससे निवेशकों ने नई वैश्विक ऊँचाइयों तक पहुँचने की इसकी योग्यता की सराहना की है। मजबूत संचालनात्मक नियंत्रण कंपनी के अल्पकालिक कारोबारी कार्य-प्रदर्शन का ध्यान रखते हैं और बाजार में तीव्र बदलावों के प्रति कंपनी को शीघ्रता से सँभालते हैं, जैसा कि सन् 2001-02 और सन् 2008-09 की कारोबारी मंदी के दौरान देखा गया। ये नियंत्रण नेताओं को बड़े विकल्प शीघ्रता और निर्णायक ढंग से चुनने की इजाजत देते हैं। वे हमें अपने सपनों को विश्वासपूर्वक साकार करने में समर्थ बनाते हैं, यह जानते हुए कि कंपनी सुचारु रूप से चलनेवाली मशीन की तरह रणनीति को लागू करने में समर्थ होगी।

बहरहाल, संचालनात्मक नियंत्रण इस तरह से बने होते हैं कि वे उन परिचित समस्याओं से किसी इकाई को बचा सकते हैं या उनके लिए हल कर सकते हैं, जिसका अतीत में पहले ही सामना किया गया है। किसी समस्या की ऐतिहासिक आवृत्ति जितनी अधिक होती है, उसके प्रति नैसर्गिक प्रतिक्रिया उतनी ही ज्यादा मजबूत होती है। यह फर्म के सामने एक पहेली प्रस्तुत करता है: उन समस्याओं और अवसरों से कैसे निपटा जाए जिन्हें अतीत में पहले नहीं देखा गया है? उन क्षमताओं या सामर्थ्य का कैसे पुर्वानुमान लगाया जाए या उन्हें हासिल किया जाए जो फर्म को महज किस्मतवाले से ज्यादा समर्थ बनाते हैं? कल की समस्याओं को बगैर सोचे-समझे जैसे-तैसे हल करना आनेवाले अवसरों का सामना करने की कोई उपयोगी तैयारी शायद ही हो सकती है। भविष्य के लिए सतर्क व सचेत रहने की जरूरत होती है। इसके लिए तैयार रहना पड़ता है कि आगे क्या है? एक नेता से ऐसे साहस की अपेक्षा की जाती है और यही वजह है कि इंफोसिस ने अपने उद्यमशील नेतृत्व का सावधानीपूर्वक पोषण किया है।

इंफोसिस के लिए उद्यमशील नेतृत्व की दो तरह से परिभाषा दी जाती है : पहला, उपक्रमी अवसरवादी नेता जिसका मकसद मौके का फायदा उठाना होता है; और दूसरा, अंत:उद्यमी होने की अब की योग्यता, जो नए उपक्रम या उद्यम के कारोबारी परिणामों की जिम्मेदारी लेता है। अंत:उद्यमी ऐसे नेता होते हैं जो कंपनी के कारोबार की संकीर्ण परिभाषाओं से बाहर निकलते हैं और नए प्रस्तावों व पेशकशों से इसे सफलतापूर्वक विस्तार देते हैं। ये वे नेता होते हैं जो बाजार में जब अवसर देखते हैं, तो साहस के साथ ऐसे फैसले लेते हैं जो इंफोसिस के भविष्य की सफलता की कहानी लिखेंगे। इंफोसिस में उद्यमशील नेतृत्व हर स्तर पर हैं और इस अध्याय में हम उन नेताओं पर रोशनी डालेंगे जिन्होंने नए कारोबार शुरू किए हैं और जिन्होंने अपनी संचालनात्मक भूमिकाओं में असाधारण उद्यमशील नेतृत्व का प्रदर्शन किया है।

उद्यमशीलता की परिभाषा

विकिपीडिया उद्यमशीलता को इस रूप में परिभाषित करता है: उद्यमी होने की क्रिया। यह (एंटरप्रेन्यूरशिप) एक फ्रेंच शब्द है जिसका अर्थ है–'ऐसा व्यक्ति जो उद्यम करता है, प्रयास करता है।' (विकिपीडिया, 2010)। यह आगे सुझाता है कि उद्यमी अभिनव प्रयोगों को आर्थिक चीजों में रूपांतरित करने के लिए नए विचारों, वित्त और कारोबारी कौशल समेत विविध संसाधनों को एकजुट करता है। इसका परिणाम नए संगठनों के रूप में सामने आ सकता है या दिख रहे अवसर या जरूरत के हिसाब से परिपक्व संगठनों में नई जान फूँकने यानी कायापलट करने के रूप में सामने आ सकता है (विकिपीडिया, 2010)।

उद्यमशीलता की अकादमिक परिभाषाएँ अवसर और नेता दोनों पर जोर देती हैं। जो परिभाषा इंफोसिस की व्याख्या के करीब है, वह शेन एवं वेंकटरमण (2000) की है; हम उद्यमशीलता के क्षेत्र को इस रूप में परिभाषित करते हैं कि कैसे, किनके द्वारा और कितने प्रभावी ढंग से भविष्य की चीजों और सेवाओं के अवसरों का पता किया जाता है, मूल्यांकन किया जाता है और उनका दोहन किया जाता है। उनकी परिभाषा सुझाती है कि उद्यमशीलता में अवसरों के स्रोतों, अवसरों को खोजने, मूल्यांकन करने और दोहन करने की प्रक्रियाओं का अध्ययन करना शामिल है और यह भी कि वे कौन व्यक्ति हैं जो खोजते हैं, अन्वेषण करते हैं, मूल्यांकन करते हैं और फिर उनका दोहन करते हैं।

क्या इस बात का सबूत है कि कुछ लोग उद्यमशीलता की दृष्टि से नेतृत्व प्रदान करने में बस नैसर्गिक रूप से दूसरों से बेहतर होते हैं? झाओ एवं सीबर्ट (2006) ने पाया कि उद्यमी, मैनेजरों की तुलना में मानसिक जुनून और सहमतिजन्यता के मामले में कमतर होते हैं, लेकिन अनुभव पाने के प्रति खुलापन और कार्य-प्रदर्शनोन्मुखी होने में मैनेजरों की तुलना में उच्चतर अंक प्राप्त करते हैं। पाँच-सूत्री मॉडल काम में लगे सामान्य व्यक्तित्व को समझने का औद्योगिक-संगठनात्मक मनोवैज्ञानिकों के बीच सुस्थापित ढाँचा है। ये मनोवैज्ञानिक काम कर रहे लोगों का अध्ययन करते हैं। यह मॉडल एक व्यक्ति के भावनात्मक एवं अंतर्वैयक्तिक गुणों पर चालीस वर्षों के अध्ययन को समाहित करता है। झाओ एवं सीबर्ट का शोध सुझाता है कि यह गुणों का एक उपयोगी वर्गीकरण भी है जो उद्यमशीलता की प्रवृत्ति को परिभाषित भी करता है। ये पाँच सूत्र निम्नलिखित हैं–

- **मानसिक जुनून** : यह सामंजस्य और भावनात्मक स्थिरता में व्यक्तिगत भिन्नता का प्रतिनिधित्व करता है। जो लोग मानसिक जुनून कारक में कम अंक लाते हैं, उन्हें आत्मविश्वासी, शांत, संतुलित स्वभाववाले और सहज कहा जा सकता

है। झाओ और सीबर्ट का महा-विश्लेषण निष्कर्ष देता है कि सफल उद्यमी मानसिक जुनून के मामले में मैनेजरों की तुलना में कम अंक प्राप्त करते हैं।

■ **बहिर्मुखता :** यह बताता है कि लोग किस हद तक दावा करनेवाले, दबदबा बनानेवाले, ऊर्जावान, सक्रिय और वाकपटु हैं। उद्यमियों के लिए पूँजी निवेशकों, सहयोगियों, साझेदारों, कर्मचारियों और ग्राहकों समेत विविध प्रकार के घटकों के साथ कार्य-व्यवहार करना आवश्यक होता है। वे अकसर विक्रेता की भूमिका में होते हैं, चाहे वे किसी विचार या अवधारणा में पूँजी निवेश करने के लिए पूँजीपति निवेशकों को मना रहे हों या किसी ग्राहक को अपना उत्पाद या सेवा खरीदने के लिए राजी कर रहे हों। नेतृत्व पर अन्य तरह के शोध दृढ़ता से सुझाते हैं कि बहिर्मुखता नेतृत्व की भविष्यवाणी करती है, लेकिन इसके विपरीत झाओ एवं सीबर्ट का महा-विश्लेषण बहिर्मुखता और उद्यमशीलता के बीच किसी सीधे संबंध को स्थापित नहीं करता।

■ **अनुभव के प्रति खुलापन :** यह व्यक्तित्व का एक पहलू है जो किसी उद्यमी का इस रूप में चित्रण करता है कि वह बौद्धिक रूप से जिज्ञासु होता है और नए अनुभवों को हासिल करने व अनूठे विचारों का अन्वेषण करने के लिए प्रवृत्त होता है। जो ज्यादा खुला होता है, उसे रचनात्मक, कल्पनाशील, विचारशील, आविष्कारी एवं अपरंपरावादी कहा जा सकता है। झाओ एवं सीबर्ट का निष्कर्ष है कि सफल उद्यमी अनुभव के लिए खुलेपन के प्रति मैनेजरों की तुलना में ज्यादा अंक हासिल करते हैं।

■ **सहमतिजन्यता :** यह कारक किसी के अंतर्वैयक्तिक रुझान का आकलन करता है। जो व्यक्ति सहमतिजन्यता में आला दरजे के होते हैं, वे भरोसेमंद, क्षमाशील, हितकारी, देखभाल करनेवाले, परोपकारी और भोले-भाले होते हैं। जिनमें यह पहलू कम होता है, उन्हें जोड़-तोड़ करनेवाले, आत्म-केंद्रित, संदेही और निर्मम के रूप में देखा जा सकता है (डिग्मैन, 1990)। झाओ एवं सीबर्ट निष्कर्ष निकालते हैं कि प्रभावी उद्यमियों को कड़ी सौदेबाजी करनी होती है, इसीलिए उन्हें सहमतिजन्यता के मामले में मैनेजरों की तुलना में कम अंक प्राप्त होने चाहिए।

■ **कर्तव्यनिष्ठा :** यह कारक लक्ष्य पाने के लिए एक व्यक्ति के संगठन, लगन, कड़ी मेहनत और सूक्ष्म बातों पर ध्यान के दरजे का संकेत देता है। कर्तव्यनिष्ठा पर दो पृथक् पहलुओं के रूप में विचार किया जा सकता है : उपलब्धि की प्रवृत्ति और निर्भरता। झाओ और सीबर्ट का निष्कर्ष है कि मैनेजरों के विपरीत उद्यमी ज्यादा अपने विवेक से और स्व-निर्देशित माहौल में काम करना पसंद करते हैं, वहाँ व्यक्तिगत निर्भरता की ज्यादा महत्त्वपूर्ण भूमिका होती है, बजाय

खतरों से निपटने के लिए संगठन के नियंत्रणों पर भरोसा करने के। उन्होंने पाया कि दृढ़ उद्यमी कर्तव्यनिष्ठा के मामले में उपलब्धि हासिल करने की अपनी अहम प्रवृत्ति के कारण ज्यादा अंक प्राप्त करते हैं, लेकिन निर्भरता के मामले में मैनेजरों की तरह ही अंक पाते हैं।

ये खोजें आश्चर्यजनक नहीं हैं, क्योंकि उद्यमशीलता के लिए घिसी-पिटी परिपाटी से हटकर चलना जरूरी होता है। ज्यादा मानसिक सनक या असंतुलनवाला व्यक्ति (अस्पष्टता के साथ निपटने की कमतर योग्यता) उद्यमी बनने के लायक नहीं होता। इस तरह, जिस व्यक्ति की यह चाहत होती है कि दूसरे लोग उसे पसंद करें, तो वह निम्नतर कोटि का विकल्प चुन सकता है, क्योंकि उनकी संबद्धता की जरूरतें उसकी तथ्यात्मकता पर भारी पड़ सकती है। अनुभव के प्रति खुलापन एक उद्यमी के लिए लाभदायक गुण होता है; उसे अपने विचारों के आधार पर अपना रास्ता बनाना पड़ता है और सर्वोत्तम एवं सर्वाधिक उपयुक्त चलनों को चुनना पड़ता है। उद्यमी स्वतंत्रता को महत्त्व देते हैं, लेकिन वे मानते हैं कि केंद्रीकृत आत्मानुशासन लक्ष्यों को पाने के लिए अनिवार्य होता है। तमाम स्रोतों से निरंतर सीखना सफल उद्यमी के श्रेष्ठ गुणों में से एक है। इसी तरह, कोई भी उद्यमी कार्य-प्रदर्शन पर अथक व अनवरत ध्यान दिए बगैर सफल नहीं होगा। वह जानता है कि दूसरों को उच्च या श्रेष्ठ कार्य-प्रदर्शन का महत्त्व तभी समझाया जा सकता है जब खुद श्रेष्ठ कार्य-प्रदर्शन कर उदाहरण पेश किया जाए।

बहरहाल, ये तमाम गुण तभी कारगर होते हैं, जब कोई उद्यमी बनने का फैसला करता है। उद्यमशीलतावाली सोच अपनाने का फैसला करना और उद्यमी नेतृत्व का प्रदर्शन करना यात्रा का शुरुआती बिंदु है।

रूपांतरणकारी नेताओं के रूप में उद्यमी

उद्यमी दोनों ही हालात में कंपनी का बेड़ा पार लगाने में मदद करते हैं—पहला, जब नए कारोबारी मॉडल को स्थापित करना हो, नए उत्पाद पेश करने हों और एकदम नए मूल्य गढ़ने हों तथा दूसरा, जब फर्में कठिनाई, दबाव और बदलाव के दौर से गुजर रही हों। नेतृत्व पर अपनी सारगर्भित रचना में, बर्न्स (1978-530) रूपांतरणकारी और कारोबारी या कार्य-व्यवहारवाले नेतृत्व के बारे में कहते हैं: 'जहाँ रूपांतरणकारी नेता अपने अनुयायियों के मनोबल, प्रेरणा और नैतिक मूल्यों को ऊपर उठाते हैं, कामकाजी या कारोबारी नेतृत्व अपने अनुयायियों के निकटस्थ स्वार्थों की चिंता करते हैं और उसे पूरा करते हैं। रूपांतरणकारी नेता इस पर जोर देते हैं कि आप देश के लिए क्या कर सकते हैं, जबकि कामकाजी

या कार्य-व्यवहारवाले नेता इस पर जोर देते हैं कि देश आपके लिए क्या कर सकता है।'

बास (1985, 256) तर्क देते हैं कि जब परिस्थितियाँ अनिश्चित, दुष्कर और तनावपूर्ण होती हैं, तब रूपांतरणकारी नेतृत्व समूहों को डटे रहने के लिए उनमें ऊर्जा भरता है, जबकि कामकाजी या कारोबारी नेतृत्व के एक सुगठित समाज में दिखने की संभावना ज्यादा होती है : 'संगठन और इसके सदस्यों के हितों को एक साथ जोड़ने की जरूरत होती है। ऐसा कार्य रूपांतरणकारी नेता के जिम्मे होता है। कार्य-व्यवहारी नेता के विपरीत जो अनुयायियों की आपात कुमक जुटाने में लगा रहता है, रूपांतरणकारी नेता प्रेरित करता है, बौद्धिक रूप से उद्‌दीपित करता है और व्यक्तिगत रूप से उनके प्रति सहानुभूति रखता है। रूपांतरणकारी नेतृत्व निर्देशात्मक अथवा सहभागितापूर्ण हो सकता है। उच्चतर नैतिक विकास की जरूरत के मद्‌देनजर, रूपांतरणकारी नेतृत्व की अवधारणा की सार्वभौमिक मान्यता है।' बाद का शोध रूपांतरणकारी नेतृत्व के अवयवों का वर्णन करता है, जिसमें निम्न घटक शामिल हैं (बास, एवोलियो, जुंग एवं बर्सन, 2003)–

■ **आदर्शात्मक प्रभाव :** इन नेताओं की प्रशंसा की जाती है, उनका सम्मान किया जाता है और उन पर भरोसा किया जाता है। अनुयायी अपने नेताओं से जुड़ते हैं, उनसे पहचान स्थापित करते हैं और उनका अनुसरण करते हैं। अपने अनुयायियों के साथ अपनी साख बनाने के लिए नेता जो कुछ करते हैं, उनमें से एक है अपनी जरूरतों के ऊपर अपने अनुयायियों की जरूरतों का ध्यान रखना। नेता अपने अनुयायियों के साथ खतरों को साझा करते हैं और अंतर्निहित नैतिकता, सिद्धांतों और मूल्यों के आचरण में या निर्वहन में निरंतरता बनाए रखते हैं।

■ **प्रेरणादायी अभिप्रेरण :** नेता अपने अनुयायियों के काम को अर्थ और चुनौती प्रदान करते हुए इस तरह आचरण करते हैं कि वे उनके इर्द-गिर्द के लोगों को अभिप्रेरित करे। व्यक्तिगत एवं टीम भावना को जाग्रत् किया जाता है, उत्साह और आशावादिता का संचार किया जाता है। नेता अनुयायियों को आकर्षक भविष्य का सपना सँजोने के लिए उत्साहित करते हैं, जिन्हें वे अंतत: अपने लिए भी देख सकते हैं।

■ **बौद्धिक उद्‌दीपन :** नेता मान्यताओं पर सवाल खड़े करके, समस्याओं को दूसरी तरह से पेश करके और पुरानी परिस्थितियों को नए तरीके से देख कर अपने अनुयायियों के प्रयासों को आविष्कारी और रचनात्मक होने के लिए उद्‌दीपित करते हैं। सदस्य विशेष की गलतियों की सार्वजनिक आलोचना नहीं की जाती या उसे डाँटा-फटकारा नहीं जाता। अनुयायियों से समस्याओं के हल के लिए नए

विचार और रचनात्मक समाधान माँगे जाते हैं। अनुयायियों को समस्याओं से निपटने और समाधान खोजने की प्रक्रिया में शामिल किया जाता है।

- **व्यक्तिगत खयाल :** नेता एक कोच या मार्ग-दर्शक के रूप में काम करते हुए। हरेक व्यक्ति के विकास और उपलब्धि की जरूरत का खयाल रखते हैं। अनुयायियों को क्रमागत रूप से उच्चतर स्तर की क्षमता के लिए विकसित किया जाता है। विकास के लिए समर्थनकारी या सहयोगात्मक माहौल में सीखने के लिए अवसर पैदा किए जाते हैं। जरूरतों और इच्छाओं के संदर्भ में व्यक्तिगत भिन्नता को माना जाता है।

इसके विपरीत, कारोबारी नेतृत्व तब घटित होता है जब नेता एक अनुयायी के लिए अपेक्षाएँ पैमाना या लक्ष्य तय कर देता है और उसे पुरस्कृत या अनुशासित इस आधार पर करता है कि उसके द्वारा कार्य-प्रदर्शन पर्याप्त है या नहीं और इसके तरीके निम्नवत होते हैं–

- **आकस्मिक पुरस्कार** (जैसे, 'हमें तब पुरस्कृत किया जाता है जब हम अपेक्षानुसार काम करते हैं।')
- **आपत्ति द्वारा प्रबंधन** (सक्रिय या निष्क्रिय रूपों में, जिसका प्रतिनिधित्व चीजों में होता है, क्रमशः पैमाने पर खरे उतरने में असफल होने पर निर्देश देते हैं और अति अनिवार्य व त्वरित समस्याओं से निपटने में देरी के लिए आगाह किया जाता है।)

शोध में निष्कर्ष निकाला गया कि सर्वोत्तम नेता रूपांतरणकारी और कारोबारी दोनों के मिश्रण होते हैं। वे कार्य-प्रदर्शन का उच्च पैमाना सकारात्मक रूप से बरकरार रखने में समर्थ होते हैं, जबकि अपनी टीम के सामने पेश चुनौतियों से सार्थक ढंग से निपटने का सामर्थ्य भी प्रदान करते हैं।

चूँकि उद्यमशील नेतृत्व का सार एक मौजूदा सफल संगठन या संस्थान के अंतर्गत चीजों की एक नई व्यवस्था बनाना है, इंफोसिस में उद्यमशील नेता रूपांतरणकारी नेता हैं, जबकि वे मौजूदा कार्य-संचालन को रचनात्मक ढंग से निष्पादित करने में भी साथ-साथ अव्वल हैं। विशुद्ध रूप से कारोबारी नेता होने के बजाय, उद्यमी रूपांतरणकारी नेता के रूप में काम करते हैं। वे इंफोसिस के मूल्यों और मिशन के अनुरूप उच्च नैतिक मानदंड तय करते हैं। वे उच्च बौद्धिक उद्दीपन का माहौल पैदा करते हुए अनुयायियों को प्रेरित करते हैं और व्यक्तिगत रूप से दूसरों का खयाल रखते हैं।

अभी तक हमने उद्यमशील नेतृत्व पर व्यक्तित्व के एक गुण के तौर पर विचार किया है। इस गुण का प्रदर्शन उन नेताओं द्वारा किया जाता है जो परंपरागत

भूमिकाओं को निभाते हुए भी कंपनी के लिए नए अवसर तलाशते हैं और उनका दोहन करते हैं और जो अपनी भूमिका की परिभाषा और उसके नतीजों की जिम्मेदारी उठाने का चयन करते हैं। अब, हम उद्यमशील नेतृत्व के दूसरे पहलू पर विचार करें–एक 'अंत:उद्यमी' के रूप में, जिसे कंपनी का कारोबारी मॉडल और कारोबारी पहुँच या पकड़ या प्रभाव बढ़ाने का दायित्व दिया जाता है। इसके लिए जरूरी होता है कि कंपनी जिस क्षेत्र में अच्छी है, उस परिचित रास्ते से अलग हटकर चला जाए और नए प्रस्तावों, नई पेशकशों, नए कारोबारी प्रतिमानों और नए ग्राहकों की अपरिचित दुनिया में कदम रखा जाए। इंफोसिस के इतिहास में अंत:उद्यमियों ने कंपनी को नए कारोबार में प्रवेश करने में अहम भूमिका निभाई है और नए कारोबार ने कंपनी के राजस्व में 5–15 फीसदी का योगदान किया है। लेकिन अंत:उद्यमियों को भविष्य में काम नहीं करना होता है जब नवाचार मुख्यधारा में आ जाएँ, बल्कि उन्हें वर्तमान में काम करना होता है, जब नवाचार अभी भी नया या नवजात है और निर्णायक अभी भी मैदान से बाहर है।

अंत:उद्यमशीलता की परिभाषा

अंत:उद्यम करना अपेक्षाकृत एक नया शब्द है, जिसे गिफोर्ड पिंचोट (1985) की सबसे ज्यादा बिकनेवाली पुस्तक ने लोकप्रिय किया। इसमें उनके अनुसार कार्याधिकारी खुद नया कारोबार शुरू नहीं करते, बल्कि वे काफी विशाल कॉरपोरेट इकाई के अंतर्गत ही उपक्रम करते हैं। पिंचोट (2010) कहते हैं–

मेरे लिए अंत:उद्यम करने का अर्थ दो चीजें हैं–

1. कारोबारी चलनों का एक सेट जो उद्यमी व्यक्तित्ववाले लोगों को स्वतंत्र कर देता है, ताकि वे उस संगठन और उसके ग्राहकों के फायदे के लिए विशाल संगठनों के अंदर ही तीव्र गति से नवाचार करें।

2. एक व्यक्ति और/अथवा एक टीम के कार्य। वे एक विशाल संगठन और इसकी आपूर्ति श्रृंखला के सर्वोत्तम हित को साधने के लिए उद्यमी तरीके से काम करते हैं, चाहे इसके लिए उन्हें संगठन की ओर से औपचारिक समर्थन मिले या नहीं।

उद्यमियों की तरह, अंत:उद्यमी 'काम करनेवाले स्वप्नद्रष्टा होते हैं' लेकिन वे अपना कोई नया कारोबार या नया संगठन स्थापित करने के बजाय मौजूदा संगठन के अंदर ही नवाचार करते हैं। जैसाकि पिंचोट (1987) खुलासा करते हैं–

ज्यादातर संगठनों में लोगों को या तो स्वप्नद्रष्टा माना जाता है या फिर काम करनेवाला। आम तौर पर एक काम में दोनों प्रतिभाओं की जरूरत नहीं

समझी जाती। लेकिन मुश्किल यह है कि काम करनेवालों को यह कहने के बावजूद कि आप सपने न देखें, वे सपने देखते हैं। जब कंपनी की मदद करने के लिए सपने देखने से रोका जाता है, तो वे बदला लेने के सपने देख रहे होते हैं। दिमाग कल्पना करने के लिए और फिर उस पर काम करने के लिए होता है। स्वप्नद्रष्टा और काम करनेवाले को अलग-अलग करना एक भयावह चीज है।

अंत:उद्यमियों पर अपने शोध के आधार पर पिंचोट (1985) अंत:उद्यमियों के लिए निम्न दस दिशा-निर्देश देते हैं–

1. अपनी टीम बनाएँ, अंत:उद्यम करना एक व्यक्ति की गतिविधि नहीं है।
2. व्यापक रूप से श्रेय साझा करें।
3. आप संसाधन माँगने के पहले सलाह माँगें।
4. वादे कम करें और परिणाम ज्यादा दिखाएँ—प्रचार कॉरपोरेट प्रतिरक्षा प्रणाली को सक्रिय कर देता है।
5. अपने सपने को कारगर बनाने के लिए आवश्यक कोई भी काम करें, चाहे यह आपके काम के वर्णन या परिभाषा के दायरे में आता हो या नहीं।
6. याद रखें कि अनुमति माँगने से आसान होता है क्षमा माँगना।
7. कंपनी और इसके ग्राहकों के सर्वोत्तम हितों को ध्यान में रखें, खास कर जब आपको नियमों को झुकाना हो या नौकरशाही को परे रखना हो।
8. रोजाना काम पर आएँ और नौकरी से निकाले जाने के लिए तैयार रहें।
9. अपने लक्ष्य के प्रति सच्चे रहें, लेकिन उन्हें हासिल करने के बारे में व्यावहारिक बनें।
10. अपने प्रायोजकों का सम्मान करें और उन्हें शिक्षित करें।

इन निर्देशों से आगे बढ़ते हुए, एक अन्य पुस्तक के लेखक (गोविंदराजन एवं ट्रिंबल, 2005) एक स्थापित और ऐतिहासिक रूप से सफल कंपनी में अंत:उद्यमशीलता की संस्कृति को बनाए रखने और चंद अंत:उद्यमियों की मेहनत का फल भोगने या फायदा उठाने की दिक्कत पर विचार करते हैं–

कुछ प्रवीण, रचनात्मक और उच्च संकल्पबद्ध लोग निस्संदेह किसी रणनीतिक प्रयोग की लंबी विसंगतियों व मुश्किलों तथा हर मोड़ पर संगठन का उनसे जूझना—इन दोनों ही बातों से पार पा सकते हैं, लेकिन ऐसे लोग विरले होते हैं। संगठन लगभग हमेशा ही व्यक्तियों से ज्यादा शक्तिशाली होते हैं। जो कॉरपोरेशन वाकई रणनीतिक नवाचार की क्षमता बनाना चाहते हैं, वे चंद अच्छे 'अंत:उद्यमियों' के भरोसे यह उम्मीद

नहीं कर सकते कि वे अपनी पहल से उनकी समस्याएँ हल कर देंगे।

इंफोसिस की कॉरपोरेट संस्कृति पिंचोट के चौथे निर्देश: 'कम वादे करना और ज्यादा परिणाम देना' की मजबूत पक्षधर है। जैसाकि हम बाद में इंटरव्यू में देखेंगे, इंफोसिस के अंत:उद्यमियों में किसी भी काम में हाथ लगाने की प्रवृत्ति होती है, जैसा कि पिंचोट के पाँचवें निर्देश में कहा गया है: 'अपने सपने को कारगर या साकार करने के लिए कोई भी आवश्यक कार्य करें'।

इन विविध दृष्टिकोणों से आगे काम करते हुए इंफोसिस के उद्यमशील नेतृत्व की अपनी परिभाषा जोर देती है कि जो नेता कमान सँभालता है, वह एक अप्रतिरोध्य दृष्टि पैदा करता है और प्रेरणाप्रद टीम नेतृत्व और कार्य-प्रदर्शन के लिए सुदृढ़ सकारात्मक नजरिए द्वारा असंभव प्रतीत होते लक्ष्य को भी हासिल कर दिखाती है।

उद्यमशील नेतृत्व की इंफोसिस की परिभाषा

इंफोसिस का कारोबारी संदर्भ—जो तगड़ी वैश्विक प्रतियोगिता में उच्च विकास की माँग करता है—का तकाजा होता है कि हम नेतृत्ववाले पहलू पर ध्यान दें, जो विकास का नया इंजन बनाने और नए विचार गढ़ने में मशगूल है। इस अर्थ में इंफोसिस की आंतरिक परिभाषा शास्त्रीय अंत:उद्यमी के बारे में पिंचोट की परिभाषा के बहुत करीब बैठती है।

इसके अलावा इंफोसिस कारोबारी नेताओं को अपने विभाग में लगातार नवाचार के लिए प्रोत्साहित करती है, ताकि इंफोसिस के कारोबार और संबंध जाल का विस्तार हो। इंफोसिस में नेताओं को विकास करने के लिए अपने नए कारोबारी विचारों, कारोबारी प्रतिमानों और कामकाजी व्यवस्थाओं की नए बाजारों, नए उत्पाद खंडों व सेवाओं में बाजार स्वीकृति बनानी पड़ती है। इसका आशय है कि नई कारोबारी शुरुआतों के संदर्भ के परे भी, इंफोसिस अपने उद्यमी नेताओं से अपेक्षा कर रही होती है कि वे रूपांतरणकारी नेता बनें। ये वे नेता हैं जिन्हें अलग तरह से सोचने और काम करने के लिए प्रोत्साहित किया जाता है, ताकि इंफोसिस के क्रमिक विकास में मदद मिले।

दूसरे शब्दों में इंफोसिस जान-बूझकर ऐसे नेताओं का पोषण करती है जो यथास्थिति से जल्दी ही उकता जाते हैं और जिनसे अपेक्षा की जाती है कि वे परंपरागत ज्ञान व बुद्धि को चुनौती देंगे और मौजूदा कारोबारी मॉडल के स्वीकृत तर्क तथा इससे संबंधित उत्पादों व सेवाओं पर सवाल खड़े करेंगे। काफी कुछ एक अच्छी तरह संतुलित निवेश सूची की तरह, जहाँ कम खतरेवाली संपदाओं को ऊँचे

खतरे और ऊँचे मुनाफेवाली संपदाओं से संतुलित किया जाता है, इंफोसिस भी एक ऐसा नेतृत्व समूह रखती है जिसमें संचालनात्मक नेतृत्व के साथ-साथ गैर-परंपरागत, लीक से हटकर सोचनेवाले और सपने देखनेवाले लोग हों—महज सामान्य स्वप्नद्रष्टा नहीं, बल्कि ऐसे स्वप्नद्रष्टा जो, जैसा कि पिंचोट कहते हैं, करते हैं और सफल होते हैं।

इंफोसिस के उद्यमी नेता

इस अध्याय में हम इंफोसिस के उन नेताओं की अंतर्दृष्टियों की समीक्षा करेंगे, जिन्होंने नए कारोबार खड़े किए, नई सेवाएँ शुरू कीं, नए व्यापारिक प्रतिमानों का सपना देखा और जो इंफोसिस को ऐसे प्रवर्तक खंडों में ले गए, जिसके बारे में बाजार ने पहले कभी सोचा ही नहीं था कि ऐसा संभव है। हमने नेतृत्व यात्रा शृंखला (लीडरशिप जर्नी सीरीज) पर उनके अपवाद स्वरूप ऊँचे अंकों के जरिए इन नेताओं की पहचान की। ये वे लोग हैं जिन्होंने परिवर्तन किया और इंफोसिस को ऐसी कंपनी का आकार दिया, जैसी वह आज है। वे इंफोसिस के प्रमाणीकृत उद्यमी नेता हैं।

इंफोसिस के शीर्ष नेता नंदन कालुस्कर एक प्रैक्टिस-एंगेजमेंट मैनेजर हैं और इंफोसिस के पुणे कैंपस के लिए वैल्यू कौंसिल (मूल्य परिषद्) का नेतृत्व करते हैं। वे भी विभिन्न समारोहों व अवसरों पर अतिथि वक्ता बनते हैं और उद्योग मंचों में उन्होंने रचनाएँ प्रकाशित की हैं। इससे आगे, वे परोपकारी कार्य में उद्यमी हैं तथा वे दो ट्रस्टों के ट्रस्टी भी हैं। ये ट्रस्ट ग्रामीण भारत में एक मंदिर और अस्पताल के निर्माण में लगे हुए हैं।

नंदन की सलाह है कि 'अपने खून की श्रेणी को जानें' जिसका आशय है कि उद्यमी नेताओं को अपनी केंद्रीय या मूल क्षमता को अवश्य जानना चाहिए। उनकी मूल क्षमता है लोगों से संवाद करने और उनसे जुड़ने की योग्यता। अपनी टीम को बनाने में—पिंचोट का पहला निर्देश—नंदन अपनी टीम के साथियों के 'अंदर के व्यक्ति' तक पहुँचने का प्रयास करते हैं। वे मानते हैं कि हर कोई अपनी एक पहचान चाहता है और यह समझना महत्त्वपूर्ण है कि हरेक व्यक्ति क्या बनना चाहता है। नंदन का परामर्श बास एवं एवोलियो के 'फुल रेंज लीडरशिप मॉडल' का एक अच्छा उदाहरण है। इस मॉडल को हमने एक पूर्ववर्ती अध्याय में देखा। शोध के एक बहुत विशाल हिस्से ने इस तथ्य की पुष्टि की है कि रूपांतरणकारी नेता दूसरों की तुलना में काम की दृष्टि से काफी आगे निकल जाते हैं और ऐसा करने के लिए वे निम्न कार्य करते हैं : भविष्य के लिए एक साझा सपना या दृष्टि

बुनते हैं, अनुयायियों के विचारों को उद्दीपित करते हैं, हर व्यक्ति को एक अनूठे व्यक्ति के रूप में समर्थन देते हैं और ऊँची अपेक्षाएँ तय करते हैं (वास, 1985; एवोलियो, 1999)। जब आप एक उद्यमी या अंतःउद्दीपन के काम पर विचार करते हैं, तो यह अंतर्निहित रूप से जाहिर हो जाता है कि एक नए प्रस्ताव, नई योजना या मौलिक कारोबारी मॉडल को रूपांतरित करना अंतर्निहित रूप से रूपांतरणकारी होता है और प्रतिकूलता और अनिश्चितता के मुकाबले संरक्षित रखने के लिए प्रेरणादायी एवं करिश्माई नेतृत्व की जरूरत होती है। हर व्यक्ति की उसके लक्ष्यों के बारे में निजी धारणा को समझना नेता को टीम की दृष्टि के साथ हर व्यक्ति के निजी लक्ष्य को जोड़ने में मदद कर सकता है। यह टीम की सफलता को संभव बनाता है।

उत्सुक और उत्साही नंदन सुझाते हैं कि पहले से मौजूद बाधाओं को स्वीकार न किया जाए। यहाँ वे पिंचोट की 'स्वप्नद्रष्टा जो कहते हैं' की परिभाषा को ध्वनित करते हैं। वे जो भी प्रोजेक्ट या परियोजना अपने हाथ में लेते हैं, नंदन एक वक्त में एक कड़ी उठाने के नजरिए में काम करते हैं और जैसे-जैसे वे आगे बढ़ते हैं, सीमाओं को तोड़ते जाते हैं और बाधाओं को चुनौती देते जाते हैं।

नंदन वह करने में विश्वास करते हैं, जो कार्य संपन्न करने के लिए जरूरी है और यह पिंचोट के निर्देश से संगति लिए हुए हैं: 'अपने सपने को साकार करने के लिए कोई भी काम करें, चाहे यह आपके अपने काम या अपनी नौकरी के दायरे में आता हो या नहीं।' वे एक-एक कर कड़ी उठाते हैं और उन्हें पूरा करते हैं। वे इस बात की चिंता कतई नहीं करते कि कोई काम उनकी जिम्मेदारियों का 'औपचारिक' रूप से हिस्सा है या नहीं।

नंदन अपनी कार्य-जिम्मेदारियों के परे जाकर भी समाज पर अमिट छाप छोड़ते हैं। वे अपने इस निजी सिद्धांत का अनुपालन कर भी अपनी टीम को प्रेरित करते हैं। ऐसा वे अपने द्वारा बनाए दो अस्पताल ट्रस्टों में काम करके और स्थानीय कॉलेजों में वक्ता बनकर विद्यार्थियों को प्रेरित और शिक्षित करके करते हैं। वे अपनी टीम के सामने अपना ही उदाहरण पेश करते हैं और उन्हें प्रेरित करते हैं कि बाहर जाएँ और अपनी भलाई के बजाय उच्चतर मकसद के लिए योगदान करें। इसमें, नंदन, बास एवं एवोलियो की प्रेरणादायी अभिप्रेरणा की कहावत और इंफोसिस के उदाहरण द्वारा नेतृत्व करना–दोनों को साकार करते हैं, जोकि बास-एवं एवोलियो के आदर्शीकृत गुणों से संगति रखता है।

इंफोसिस के एक अन्य शीर्ष नेता जो अंतःउद्यम नेतृत्व में असाधारण ऊँचे अंक हासिल करते हैं, वे हैं मृत्युंजय (मुंजय) सिंह। मुंजय इंफोसिस में डिविजनल मैनेजर

और पुणे में सबसे विशाल डिलीवरी सेंटर के लिए विकास केंद्र के प्रमुख हैं। इंफोसिस में अपने कॅरियर के दौरान मुंजय ने अपने ग्राहक उद्यम (यूरोपियन फाइनेंशियल रेगुलेशंस) को प्रभावित करनेवाली बड़ी समस्याओं के लिए नए समाधान पेश किए और उन्होंने ऐसे नए उत्पाद भी बनाए जिन्हें इंफोसिस के अंदर एक आंतरिक शुरुआत के तौर पर उद्घाटित किया गया। मृत्युंजय के नेतृत्व के अंतर्गत शुरू किए गए नए उत्पादों का एक उदाहरण है इंफोसिस का बहु-भाषी (मल्टी-लिंग्विल) एवं बहुसंपदा (मल्टी-एसेट) श्रेणी का बैंकिंग पोर्टल आई ट्रेड (i-trade), जिसका लक्ष्य मध्यम-स्तरीय ब्रोकर डीलर और इंवेस्टमेंट बैंक हैं। मुंजय की टीम द्वारा बनाए गए एक उत्पाद के ऊपर ही यह नया उत्पाद बनाया गया।

एक अंत:उद्यमी के रूप में सफल होने के लिए मुंजय अपने से ऊपर और अपने से नीचे के लोगों के साथ संबंधों का प्रबंधन करने के महत्त्व पर जोर देते हैं। जहाँ तक मातहतों की बात है, वे अपनी टीम को सावधानीपूर्वक चुनते हैं। वे मानते हैं कि हर किसी को अपने साथ ढोना संभव नहीं है इसलिए बेहतर है कि ऐसे लोगों को चुना जाए जो आपके दृष्टिकोण के प्रति वाकई रोमांचित हों और उसके साथ आगे बढ़ने को तैयार हों। मुंजय औपचारिक अधिकार के पदों पर बैठे वरिष्ठ पक्षकारों के साथ संबंधों के प्रबंधन में भी यकीन करते हैं। पिंचोट के दसवें निर्देश को ध्वनित करते हुए ('अपने प्रायोजकों का सम्मान करें और उन्हें शिक्षित करें'), मुंजय इन कार्य-व्यवहारों के लिए गृह-कार्य करने और तैयारी करने में विश्वास करते हैं। यह जानते हुए कि प्रायोजकों की प्राथमिकताएँ बदलती रहती हैं, मुंजय यह सुनिश्चित करते हैं कि वे उनके पास सिर्फ व्यावहारिक विचारों को लेकर जाएँ, ताकि जैसे ही उन्हें इसकी अनुमति मिले, वे इन्हें कार्यान्वित कर सकें। ऐसा निरंतर करते हुए वक्त गुजरने के साथ उन्हें प्रमुख प्रायोजकों का विश्वास अर्जित करने में मदद मिली है, जिससे वे अब अपने नए विचारों के लिए जल्द ही स्वीकृति पा जाते हैं।

नए अनुभवों के प्रति उद्यमी के खुलेपन पर पहले उद्धृत शोध से संगति रखते हुए, मुंजय 'कई चीजें करने' में यकीन करते हैं, न कि एक ही काम को बार-बार करने में। इस खुलेपन की वजह से वे अपनी भूमिकाओं और संगठनात्मक आदेश की व्याख्या नई रोशनी में कर सके हैं, जो उन्हें अपने काम की जिम्मेदारियों को सृजित करने की अनुमति देता है और जो उन्हें लिखित कार्य-विवरण से परे ले जाती हैं।

मुंजय के अनुसार, हर प्रणाली या व्यवस्था की अपनी सीमाएँ होती हैं और उनका काम इन सीमाओं को परखना और इसकी बाहरी सीमा को आखिर तक

अनुरूप अपनी नेतृत्व शैली को ढालने का होता है। रूपांतरणकारी नेतृत्व पर शोध के अनुरूप सुभाष अपनी टीम पर वैयक्तिक ध्यान देना पसंद करते हैं। उनकी अपनी टीम के लिए रणनीति 'मार्ग-दर्शन' बनाम 'हवाई सुरक्षा' के सापेक्षिक स्तर को व्यक्तिगत उपलब्धि के रुझान और हुनर व कौशल के अनुरूप बदलने की होती है।

आखिरकार, सफल अंत:उद्यमशीलता का एक उदाहरण है लेखक गौरव रस्तोगी द्वारा एक नए कारोबार–लर्निंग सर्विसेज–को शुरू करना। इसकी शुरुआत सन् 2008 में की गई जबकि यह विश्वव्यापी मंदी का सबसे बुरा दौर था, लेकिन इस सर्विस लाइन ने तीव्र विकास किया और महज दो साल के अंदर यह भारत की सबसे बड़ी लर्निंग सेवाओं में से एक बन गई। पहले दो वर्षों में हर साल इसका राजस्व तिगुना होता गया और वह भी ऐसे वक्त में जबकि हर साल लर्निंग सर्विसेज इंडस्ट्री 10 फीसदी के हिसाब से घट रही थी। इस कारोबार में सुदृढ़ 'समाधान' पेश करने का रुझान है और इंफोसिस में प्रति कर्मचारी राजस्व की कमाई के हिसाब से सबसे ऊँची दर हासिल करनेवालों में यह शुमार हो गई है। इंफोसिस के भविष्य का प्रतिनिधित्व करने के लिए इसका निर्माण पहले सिद्धांतों के आधार पर किया गया है। इस कारोबार ने इंजीनियरों, रचनात्मक डिजाइनरों और निर्देशात्मक डिजाइनरों आदि की भरती की और उन्हें सफलतापूर्वक एक टीम के रूप में समरस किया। नई सेवा शुरू करने के मामले में इंफोसिस की सफलता का यह सबसे ताजा उदाहरण है। नई सेवाएँ वे हैं जो इंफोसिस के मुख्य व्यवसाय 'एप्लीकेशन डेवलपमेंट एवं मेनटेंस' के दायरे से बाहर हैं। ऐसी सेवाओं में लर्निंग सर्विसेज शामिल हैं, लेकिन ये इसी तक सीमित नहीं हैं। ये नई सेवाएँ अब इंफोसिस के राजस्व में 53 फीसदी का योगदान करती हैं और नई सेवाएँ शुरू करने में लगातार सफल होना इंफोसिस के विकास और उसकी विस्तार योजनाओं के लिए अहम है।

जैसा कि इस अध्याय में अन्यों ने विशेष उल्लेख किया, मेरा इंफोसिस के पहले और यहाँ भी एक विविधतापूर्ण कॅरियर रहा है। एम.बी.ए. करने के बाद मैं इक्विटी विश्लेषक और एग्जीक्यूटिव सर्च कंसल्टेंट रहा हूँ। जब मैंने सन् 2000 में इंफोसिस में नौकरी शुरू की, तो मेरी आई.टी. में कोई पृष्ठभूमि नहीं थी, सिवा इसके कि वर्षों तक प्रोग्रामिंग करना मेरी हॉबी रही थी और सिस्टम्स के बारे में सोचना मुझे प्यारा लगता था। जब मुझे इंफोसिस के अंतर्गत वैश्विक बिक्री रूपांतरण कार्यक्रम (ग्लोबल सेल्स ट्रांसफॉर्मेशन प्रोग्राम) का नेतृत्व करने का मौका मिला, तो मैंने ऐसी भूमिका देखी जो अभी तक वर्णित मेरे कॅरियर-चाप में फिट

बैठती थी: मैं संख्याओं का जोड़-तोड़ करता था (एक इक्विटी विश्लेषक के रूप में अपने काम से), लोगों और टीमों के बारे में सोचता था और ऐसे सिस्टम्स को अपनाता था जो इंफोसिस की बिक्री टीम को नई ऊँचाइयाँ हासिल करने में मदद करता था (एक एग्जीक्यूटिव सर्च कंसल्टेंट के रूप में अपने अनुभव से)। पाँच साल तक उस भूमिका में रहने के बाद मैंने अगली चीज करने के लिए माहौल का करीब से जायजा लिया और तुरंत ही महसूस कर लिया कि मेरे कॅरियर-चाप की दिशा दृढ़ता से इंफोसिस के लिए जमीनी स्तर से एक नया कारोबार खड़ा करने की ओर बढ़ रही है। बिक्री रूपांतरण में मेरे अनुभव ने मुझे बता दिया कि ग्लोबल लर्निंग मार्केट (वैश्विक शिक्षण बाजार) में पर्याप्त अपूरित स्थान है। मैंने इंफोसिस बोर्ड के समक्ष लर्निंग सर्विसेज का विचार प्रस्तुत किया। बोर्ड उस वक्त नई सेवाओं में धन लगाने के लिए अवसर ढूँढ़ रहा था; ताकि वे इंफोसिस को अपने मौजूदा वैश्विक ग्राहक आधार में राजस्व और संबंधों का विस्तार करने में मदद करें और साथ ही इंफोसिस को अपने प्रतिभा-आधार को गैर-इंजीनियरिंग शाखाओं में लगाने में मदद करें।

लर्निंग सर्विसेज में इंफोसिस की सफलता का श्रेय मैं अपनी समर्पित कोर टीम को देता हूँ, जिनमें से हरेक ने अलग-अलग भूमिका निभाई और कारोबार को कारगर बनाने के लिए अपनी नौकरी और काम के परंपरागत निर्धारित दायरे के बाहर जाकर जिम्मेदारियाँ निभाईं। जैसा कि पिंचोट कहते हैं, अंत:उद्यमशीलता एक आदमी का काम नहीं है और इसमें पहली प्राथमिकता केंद्रीय टीम के निर्माण की है। एक अंत:उद्यमी के रूप में, मैं ऐसे लोगों की संख्या से चकित था जो मेरी तरह 'कुछ नया करना चाहते थे' और सीखने व पेशेवर रूप से विकसित होने के लिए अपने कॅरियर के कुछ वर्ष दाँव पर लगाने को तैयार थे। फिर, जैसाकि उद्यमियों पर महा-विश्लेषणात्मक शोध में गौर किया गया, अनुभव के प्रति खुलापन सफल अंत:उद्यमी टीम के लिए एक प्रमुख गुण है; कुंजी है।

गलतियाँ और गलत भरतियाँ हुईं, लेकिन केंद्रीय टीम अपने इस मूल उद्देश्य में सच्चे मन से लगी रही कि उन्हें इंफोसिस को लर्निंग सर्विसेज बिजनेस में एक असाधारण वैश्विक नेता बनाना है। इंफोसिस के अन्य अंत:उद्यमी नेताओं की तरह मेरा मानना है कि हर किसी को साथ लेकर चलना संभव नहीं है और इसलिए जो सदस्य टीम की दृष्टि को साझा नहीं करते थे, उन्हें मुक्त कर देने के प्रति भी मैं खुला रहा हूँ। एक नई सेवा के रूप में, टीम में कई भरतियाँ बाहरी लोगों से की गई थीं। उन्हें इंफोसिस की वैश्विक संस्कृति में ढालना एक चुनौती रही है और टीम को नए तरीके और चलन इजाद करने पड़े, ताकि तेजी से विस्तृत होती टीम

आपस में जुड़ाव महसूस करे और पूरी टीम को जानकारी मिलती रहे और वह संलग्न रहे।

कारोबार शुरू करने के पहले मैं मुख्य बोर्ड प्रायोजकों के पास गया और इस बारे में उनसे सलाह माँगी कि वे नए कारोबार से क्या हासिल करना चाहते हैं। उनकी सलाह माँगने से यह सुनिश्चित करने में मदद मिली कि जब अनुभवहीन कारोबार को संसाधनों की जरूरत पड़े, तो उनकी मदद हासिल की जा सके। वे इससे वचनबद्ध हो गए। पिंचोट के दसवें निर्देश–'अपने प्रायोजकों को सम्मानित और शिक्षित करें'–लर्निंग सर्विसेज टीम ने जानबूझकर अपने प्रायोजकों के साथ संवाद बनाए रखा, ताकि हम अपनी सफलता और निराशाएँ उनसे खुलकर साझा कर सकें। विचार यह था कि इस नए अनुभवहीन कारोबार के लिए इंफोसिस के वरिष्ठ प्रबंधन के अंदर 'स्वामित्व का गर्व' पैदा किया जाए और उनमें बेहतर समझदारी बनाई जाए। प्रायोजकों और शुभचिंतकों को इस नए कारोबार के बारे में सूचित व रोमांचित रखना टीम की चुनौतियों का एक महत्त्वपूर्ण हिस्सा रहा है। टीम ने ऐसे लोगों की एक सूची बना रखी है, जो 'लर्निंग सर्विसेज के दोस्त' हैं और जिन्हें इस कारोबार के अवसरों और इसकी सफलताओं के बारे में अवश्य ही सूचित व शिक्षित करना जरूरी है।

वैश्विक मंदी के सबसे खराब दौर में कारोबार को शुरू करने से मुझे कारोबार मॉडल के बारे में व्यावहारिक व परिणामवादी बनने की सीख मिली। इंफोसिस की प्राथमिकताएँ बाहरी बाजार की परिस्थितियों के अनुरूप बदली हैं और इसीलिए मूल कारोबारी योजना से चिपके रहने का कोई मतलब नहीं है। यह हमेशा सर्वोत्तम बात होती है कि मूल मंशाओं के प्रति ईमानदार व सच्चे बने रहें, लेकिन तात्कालिक कामचलाऊ प्रबंध के लिए भी तैयार रहें।

उद्यमी नेता इंफोसिस की दीर्घकालीन सफलता के लिए महत्त्वपूर्ण हैं

इंफोसिस की दीर्घकालीन सफलता नई कारोबारी समस्याओं की पहचान करने और उन्हें नवाचार से हल करने पर निर्भर करती है। ऐसी चुनौतियों को हल करना जिन्हें ग्राहकों और खुद इंफोसिस ने पहले कभी नहीं देखा है, कोई छोटी चुनौती नहीं है। अवसरवादी प्रतिक्रियाओं और नवाचार की दीर्घकालीन जरूरत को संचालनात्मक नेतृत्व के बरक्स संतुलित किया जाता है। यह रणनीतिक नेतृत्ववाले अध्याय में इंफोसिस की रणनीति के एक प्रमुख पहलू के रूप में उल्लिखित है और हमारे संचालनात्मक नेतृत्व की उपलब्धियों में इसे त्रुटिहीन तरीके से कार्यान्वित किया जाता है, जिसका जिक्र एक अन्य अध्याय में किया गया है। इंफोसिस को यह

सुनिश्चित करना होता है कि अल्पकालिक लक्ष्य कंपनी के दीर्घकालीन नवाचार की जरूरतों पर भारी न पड़ें। हमने उद्यमी नेतृत्व को सावधानीपूर्वक पोषित करने के लिए कड़ी मेहनत की है।

अंततः, एक सफल उद्यमी वह करता है जिसे इंफोसिस के मूल उद्यमियों ने एक मंत्र का रूप दे दिया है: 'कम वादे करो और ज्यादा परिणाम दो'। बाजार में इंफोसिस की सफलता को सीधे इस रूप में देखा जा सकता है कि उसने प्रारंभ से ही किसी भी अति प्रचार या दावे के परे सेवा प्रदान की है और यह उसकी खास काबिलियत है। इंफोसिस का उद्यमी नेतृत्व कंपनी को स्टीव जॉब्स के इस उद्धरण को साकार करने की इजाजत देता है: भूखे रहो और मूर्ख बने रहो, (स्टे हंग्री, स्टे फूलिश) (जॉब्स, 2005)। आशय यह है कि नई चीजें सीखने के लिए हमेशा जिज्ञासु रहो और ज्ञान-विज्ञान की नई ऊँचाइयाँ पाने की खातिर अपने को निरा मूर्ख ही समझो, कभी संतुष्ट मत हो जाओ।

ग्रंथ-सूची–

- बी.एम. बास (1985)–लीडरशिप ऐंड परफॉर्मेंस बियॉन्ड एक्सपेक्टेशंस, न्यूयॉर्क: फ्री प्रेस।
- बी.एम. बास, बी.जे. एवोलियो, डी.आई. एवं वाई. बर्सन (2003)–'प्रेडिक्टिंग यूनिट परफॉर्मेंस बाई एसेसिंग ट्रांसफॉर्मेशनल ऐंड ट्रांजेक्शनल लीडरशिप', जर्नल ऑफ एप्लायड साइकोलॉजी, 207-18।
- जे.एम. बर्न्स (1978)–लीडरशिप, न्यूयॉर्क: हार्पर एवं रो।
- जे.एम. डिग्मैन (1990)–'पर्सनलिटी, स्ट्रक्चर: इमरजेंस ऑफ दी फाइव-फैक्टर मॉडल', एनुअल रिव्यू ऑफ साइकोलॉजी, 417-40 ।
- वी. गोविंदराजन एवं सी. ट्रिंबल (2005)–टेन रूल्स फॉर स्ट्रैटेजिक इनोवेटर्स: फ्रॉम आइडिया टु एक्जीक्यूशन, बोस्टन: हार्वर्ड बिजनेस स्कूल प्रेस।
- एस. जॉब्स (2005)–स्टैनफोर्ड यूनिवर्सिटी में 14 जून को दिया गया उद्घाटन भाषण, जिसे 18 जून को वेबसाइट http : //news.standford.edu/news/2005/june15/jobs-061505.html से निकाला गया।
- एन. मैकियावेली (1532)–दी प्रिंस, फ्लोरेंस: एंटोनियो ब्लाडो डी' असोला।
- जी. पिंचोट (1985)–इंट्राप्रेन्यूरिंग: वाई यू डोंट हैव टु लीव दी कॉरपोरेशन टु बीकम एन इंटरप्रेन्यूरट, न्यूयॉर्क: हार्पर एवं रो।

- जी. पिंचोट (1987)–'इनोवेशन थ्रू इंट्राप्रेन्यूरिंग', रिसर्च मैनेजमेंट, 30 (2) मार्च–अप्रैल।
- जी. पिंचोट (2010)–'बैक टु इंट्राप्रेन्यूरिंगः दी पिंचोट पर्सपेक्टिव', 21 जनवरी, 15 जून को वेबसाइट http ://www.pinchot.com/2010/01/back-to-intrapreneuring.html से निकाला गया।
- जी. पिंचोट (एन.डी.)–'दी इंट्राप्रेन्यूर्स टेन कमांडमेंट्स, 15 जून, 2010 को वेबसाइट http ://www.intrapreneur.com/mainPages/History/TenCommandments.html से निकाला गया।
- एम. रमण (2004)–'कैन इंफोसिस बी ए डिसरप्टिव इनोवेटर?' बिजनेस स्टैंडर्ड, 20 जनवरी, 14 जून, 2010 को वेबसाइट http ://www.business-stanoaQrd.com/india/news/can-infosys-bedisruptive-innovator/142819 से निकाला गया।
- एस. शेन एवं एस. वेंकटरमण (2000)–'दी प्रॉमिस ऑफ इंटरप्रेन्यूरशिप एज ए फील्ड ऑफ रिसर्च', एकेडेमी ऑफ मैनेजमेंट रिव्यू, जनवरी, 29 अगस्त, 2008 को जे.एस.टी.ओ.आर.: http ://www.jstor.org//pss/259271 से निकाला गया।
- पी.सी. ट्रिंबल (2008)–इंफोसिसः मेंटेनिंग एन एज, डार्टमाउथ कॉलेज, टक स्कूल ऑफ बिजनेसः ट्रस्टीज ऑफ डार्टमाउथ कॉलेज।
- विकिपीडिया (2010)–'इंटरप्रेन्यूरशिप', 14 जून को Wikipedia. org : httpp ://en.wikipedia.org/wiki/Entrepreneurship से निकाला गया।
- एच. झाओ एवं एस.ई. सीबर्ट (2006)–'दी बिग फाइव पर्सनलिटी डाइमेंशंस ऐंड इंटरप्रेन्यूरल स्टेटसः ए मेटा–एनालिटिकल रिव्यू', जर्नल ऑफ एप्लायड साइकोलॉजी, 91, 259–71।

□

उपसंहार : नेतृत्व का महत्त्व

–टी.वी. मोहनदास पई

यह कहना अतिशयोक्तिपूर्ण नहीं होगा कि मानवता के विकास में नेता संभवतः सबसे महत्त्वपूर्ण संचालक होते हैं। नेता अपने विचारों की शक्ति से लोगों से संवाद करने और उन्हें प्रोत्साहित करने की अपनी योग्यता से, सामाजिक परिवर्तन करके और समाज के वंचित व तिरस्कृत तबके को आवाज देकर, धन सृजित कर, लड़ाइयाँ व संघर्ष जीतकर, संकटों से पार पाकर और एक देश को बेहतर भविष्य की ओर अग्रसर करके लोगों की जिंदगी को रूपांतरित करते हैं। प्रगति का इतिहास उन नेताओं की कहानी है जिन्होंने परिवर्तन किया है। नेतृत्व एक अनूठा गुण है–और यही कारण है कि इतने कम नेता हैं। इस ग्रह पर बेहतर जिंदगी लाने के लिए दृष्टि, प्रभाव और मूल्यों की जरूरत होती है जो अन्यों को अनुसरण करने के लिए प्रेरित करें।

एक समयातीत सवाल है कि नेता पैदायशी होते हैं या बनाए जाते हैं। कुछ लोग महसूस करते हैं कि महान् नेता नैसर्गिक रूप से बने हुए होते हैं; इसे 'गुण सिद्धांत' कहते हैं। दूसरे गौर करते हैं कि खास परिस्थितियाँ—संकट या महत्त्वपूर्ण घटनाएँ—किसी व्यक्ति को ऐन मौके पर उठ खड़ा होने को बाध्य करती हैं, एक साधारण व्यक्ति में असाधारण नेतृत्व के गुण पैदा कर देती हैं; इसे कभी-कभी 'महान् घटना सिद्धांत' कहा जाता है। एक अन्य दृष्टिकोण है कि लोग नेता बनने का फैसला करते हैं और नेतृत्व का कौशल सीखते हैं। नेतृत्व कौशल विकास के इर्द-गिर्द सबसे ज्यादा परिवर्तित सिद्धांत को 'प्रमाणीकृत, पूर्ण रूपांतरणकारी नेतृत्व सिद्धांत' कहा जाता है।

उत्तर संभवतः गुणों, परिस्थितियों और कौशलों के बीच कहीं निहित है। और हमें यह नहीं भूलना चाहिए कि एक नेता को ऊर्जावान बनाने में मूल्यों व आदर्शों का

मूलभूत महत्त्व होता है। मूल्य नेता को मकसद, ईंधन और वह स्तर प्रदान करते हैं जिनकी जरूरत एक नेता को दुनिया की सबसे मुश्किल समस्याओं से निपटने और असंभव को हकीकत में बदलने के लिए जरूरत होती है। सार्थक नेतृत्व वह होता है जो एक ज्वलंत मकसद से अनुप्राणित होकर खुद उदाहरण प्रस्तुत कर नेतृत्व करे। गांधी ने थोरू के 'अहिंसक अवज्ञा आंदोलन' को अपनाया और इसे वास्तविकता में तब्दील किया। उन्होंने एक देश को एकजुट किया और इस क्रम में निःशस्त्र किंतु नैतिक बल को अपने अंदर सँजोए लोगों को सुनने के लिए दुनिया को पाठ पढ़ाया। गांधी के नेतृत्व का मतलब था 60 फीसदी मानवता की आजादी, जो तब औपनिवेशिक दासता में जकड़ी हुई थी।

मेरा मानना है कि नेता तीन प्राथमिक कारणों से महत्त्वपूर्ण होते हैं। पहला, नेता बदलाव के दौर में हालात को सँभालते हैं। वे उस दिशा को तय करते हैं, जो लोगों का एक समूह अपनाएगा और उन्हें उनकी मौजूदा स्थिति से एक रोमांचक भविष्य की ओर ले जाते हैं। दूसरा, नेता चीजों को कारगर बनाते हैं। वे अपने गहन आस्थावाले मूल्यों का आदर्श प्रस्तुत कर संस्कृति को आकार देते हैं। वे अनिश्चितता का आदर करते हैं और साधनों का समुचित प्रयोग कर काम को संपन्न करते हैं। तीसरा, नेता क्रांतिकारी होते हैं। वे वास्तविकता का सामना करते हैं और संसाधनों को जुटाकर असंभव चीज को भी हकीकत में तब्दील कर देते हैं। और महत्त्वपूर्ण यह कि वे दूसरों को भी ऐसा करने के लिए प्रेरित करते हैं।

इंफोसिस में, और बाकी दुनिया में, नेतृत्व वह होता है, जो साधारण लोगों को भी असाधारण लक्ष्यों को हासिल करने में मदद करे—यह असाधारण रूप से दुष्कर है। एक नेता की उपलब्धियों को बनाए रखने के लिए आवश्यक होता है कि ढेरों अन्य लोग 'वाल्ट डिज्नी परिदृश्य' से बचें। डिज्नी के मरने के बाद उनकी कंपनी एक दशक तक इस बात पर चकित होती रही कि एक दी हुई परिस्थिति में उन्होंने क्या किया होता। एक करिश्माई नेता के प्रभुत्ववाला संगठन खुद को बनाए नहीं रख सकता। अंततः, यह व्यापक दृष्टिकोणवाले श्रेष्ठ, जुनूनी, स्वप्नद्रष्टा नेताओं की एक टीम होती है जो बेहतर फैसले लेती है और नेतृत्व की परंपरा को बनाए रखती है। और हमने इंफोसिस में इसी का अनुसरण किया है और मैं उम्मीद करता हूँ कि अन्य लोग भी इस पुस्तक से यही सबक ग्रहण करेंगे। □

योगदान करनेवालों पर टिप्पणियाँ

लेखकों का संक्षिप्त परिचय

डॉ. मैट बार्ने इंफोसिस लीडरशिप इंस्टीट्यूट के उपाध्यक्ष एवं निदेशक हैं। डॉ. बार्ने सबसे वरिष्ठ इंफोसिस नेता हैं जो दुनिया भर में वरिष्ठ और उच्च क्षमतावाले नेताओं के चयन, विकास, शोध और उत्तराधिकार के लिए उत्तरदायी हैं। इससे पूर्व, वे इंटेल, ए.टी. ऐंड टी., ल्युसेंट टेक्नोलॉजीज, मोटोरोला और मर्क में ऐसी ही भूमिकाओं में रहे हैं। उन्होंने लीन सिक्स सिग्मा, नेतृत्व विकास, मनोमितीय, मानव पूँजी, खतरा प्रबंधन और अनुरूपण समेत विविध क्षेत्रों में पुस्तकें प्रकाशित की हैं और परचे प्रस्तुत किए हैं। वे विस्कोन्सिन विश्वविद्यालय मेडिसन से मनोविज्ञान में बी. एस. और तुल्सा विश्वविद्यालय से औद्योगिक-संगठनात्मक मनोविज्ञान में एम.ए. एवं पी-एच. डी. किए हुए हैं। वे मोटोरोला मास्टर ब्लैक बेल्ट और इंस्टीट्यूट फॉर प्रोफेशनल एजुकेशन द्वारा एक प्रमाणीकृत, खतरा प्रबंधक हैं। सन् 2007 में उन्हें 'ह्यूमन कैपिटल' पत्रिका द्वारा 'फ्यूचर लीडर' (भविष्य का नेता) की उपाधि दी गई।

~**~

प्रदीप चक्रवर्ती इंफोसिस लीडरशिप इंस्टीट्यूट में नेतृत्व विकास विभाग के प्रिंसिपल हैं। वे एम.सी.सी. से राजनीति विज्ञान में स्नातक और जवाहरलाल नेहरू विश्वविद्यालय, दिल्ली से अंतरराष्ट्रीय संबंध में स्नातकोत्तर तथा लंदन स्कूल ऑफ इकोनॉमिक्स से औद्योगिक संबंध एवं कार्मिक प्रबंधन में स्नातकोत्तर डिग्रीधारी हैं। उन्होंने जून 2005 से आई.एल.आई. में नौकरी शुरू की। प्रदीप 'हिंदू बिजनेस लाइन' के स्तंभकार हैं और एक धरोहर प्रेमी भी हैं।

~**~

एस. गोपालकृष्णन (कृश) इंफोसिस के मुख्य कार्यकारी अधिकारी (सी.ई.ओ.) एवं प्रबंध निदेशक हैं। कृश इंफोसिस के संस्थापकों में से एक हैं। उनकी शुरुआती जिम्मेदारियों में अमेरिका में उपभोक्ता उत्पाद उद्योग में ग्राहकों के लिए सूचना प्रणालियों के डिजाइन, विकास, कार्यान्वयन एवं सहयोग करना शामिल थे। सन् 1987 से 1994 के बीच वे के.एस.ए.-इंफोसिस (इंफोसिस और अमेरिका के एटलांटा में के.एस.ए. के बीच एक संयुक्त उपक्रम) के उपाध्यक्ष (तकनीकी) के रूप में तकनीकी कार्य-संचालनों के प्रमुख रहे। सन् 1994 में वे भारत लौटे और उन्हें इंफोसिस का उप-प्रबंध निदेशक नियुक्त

किया गया। जून 2007 में कृश को इंफोसिस का सी.ई.ओ. एवं प्रबंध निदेशक बनाया गया। इसके पूर्व वे मुख्य कार्य-संचालन अधिकारी (सी.ओ.ओ., अप्रैल 2002) और अध्यक्ष व संयुक्त प्रबंध निदेशक (अगस्त 2006) के रूप में काम कर चुके थे। उनकी जिम्मेदारियों में ग्राहक सेवाएँ, प्रौद्योगिकी, निवेश एवं अधिग्रहण शामिल थे। कृश को एक वैश्विक विचार नेता माना जाता है। वे थिंकर्स 50 (50 विचारकों) में चुने गए। यह वैश्विक कारोबारी विचारकों की एक विशिष्ट सूची है, जिसे डेस डीयरलन एवं स्टुअर्ट केनर ने आई.ई. बिजनेस स्कूल, मैड्रिड एवं लंदन बिजनेस स्कूल के मैनेजमेंट इनोवेशन लैब के सहयोग से संकलित किया था। वे भारतीय उद्योग परिसंघ (सी.आई.आई.) दक्षिणी क्षेत्रीय परिषद् के अध्यक्ष हैं तथा भारतीय प्रबंधन संस्थान, बेंगलुरू के बोर्ड ऑफ गवर्नर्स के सदस्य हैं। वे भारतीय सूचना प्रौद्योगिकी एवं प्रबंधन संस्थान (आई.आई.आई.टी.एम.), केरल के अध्यक्ष हैं। वे कर्नाटक सरकार द्वारा स्थापित इंफॉर्मेशन टेक्नोलॉजी एजुकेशन स्टैंड्र्स बोर्ड (बी.आई.टी.ई.एस.) के उपाध्यक्ष हैं तथा ए.सी.एम., आई.ई.ई.ई. एवं आई.ई.ई.ई. कंप्यूटर सोसाइटी के भी सदस्य हैं। कृश भारतीय प्रौद्योगिकी संस्थान (आई.आई.टी.) मद्रास से पदार्थ विज्ञान (फिजिक्स) और कंप्यूटर साइंस में स्नातकोत्तर डिग्रीधारी हैं।

~**~

अशोक काकर को कारोबार प्रबंध और नेतृत्व विकास के क्षेत्र में चालीस साल से भी ज्यादा का अनुभव है। उन्होंने सिटी बैंक, मेल, कॉमक्राफ्ट ग्रुप और कल्याणी ग्रुप जैसे प्रमुख संगठनों के साथ काम किया है। अशोक के शुरुआती कार्य क्षेत्र वित्त और अंतरराष्ट्रीय विपणन थे; बाद में वे दो सरकारी कंपनियों के प्रमुख बने और उन्होंने इन दोनों को उनके संबंधित अंतरराष्ट्रीय बाजारों में स्थापित करने में योगदान किया। नेतृत्व विकास के क्षेत्र में अशोक का प्रवेश एक उद्यमी के रूप में तब हुआ जब उन्होंने अमेरिका स्थित बहुराष्ट्रीय कंपनी लीडरशिप मैनेजमेंट इंटरनेशनल की फ्रेंचाइजी ली। इस क्षेत्र में उनके उल्लेखनीय कार्य के लिए सन् 2003 में उन्हें वर्ल्ड सेल्स मैनेजर्स अवार्ड से नवाजा गया। यह अंतरराष्ट्रीय मान्यता पानेवाले वे पहले भारतीय थे। अशोक आई.एल.आई. के साथ सन् 2005 से जुड़े हुए हैं और उन्होंने कई भूमिकाएँ निभाई हैं, जो आई.एल.आई. के लगभग तमाम कार्य-क्षेत्रों में फैली हुई हैं। इस समय वे आई.एल.आई. के सलाहकार के रूप में काम कर रहे हैं।

~**~

जेफ कैवनॉफ इंफोसिस कंसल्टिंग में भागीदार हैं और प्रोडक्ट इनोवेशन कंसल्टिंग प्रैक्टिस (उत्पाद अनुसंधान परामर्श कारोबार) का नेतृत्व करते हैं। उन्हें अपने ग्राहकों के साथ उत्पाद अनुसंधान, विकास, जीवन चक्र और रणनीति बनाने में बीस साल से भी ज्यादा का अनुभव है। इंफोसिस कंसल्टिंग के पूर्व जेफ ने कंसल्टिंग एवं इंडस्ट्री में एग्जीक्यूटिव की भूमिकाएँ निभाई थीं। वे व्यावसायिक प्रकाशनों में नियमित रूप से लिखते रहे हैं और उद्योग से संबंधित समारोहों में वक्ता भी रहे हैं।

~**~

सत्येंद्र कुमार वरिष्ठ उपाध्यक्ष एवं इंफोसिस टेक्नोलॉजीज में ग्रुप हैड क्वालिटी हैं।

वे कंपनी में गुणवत्ता एवं उत्पादकता सुधार प्रयासों, संतुष्टि मापन एवं सुधारों के लिए मुहिम चलाने और बिजनेस प्रोसेस मैनेजमेंट (बी.पी.एम.) जैसे कार्यों में लगे रहते हैं। गुणवत्ता प्रबंधन के क्षेत्र में उन्हें नेतृत्वकारी पदों पर बत्तीस साल से भी ज्यादा का अनुभव है। वे अब संगठन के अंदर गुणवत्ता सुधारने के लिए विविध नवाचारी ढाँचे, प्रतिमान और दृष्टिकोण पैदा करने में अहम भूमिका निभाते हैं। कुमार ने अपना कॅरियर सन् 1977 में एक भारतीय फर्म के साथ शुरू किया, जो रक्षा-संबंधित इलेक्ट्रॉनिक्स के लिए प्रोग्रामिंग का काम करती थी। वे इंफोसिस में सन् 2000 में उपाध्यक्ष के रूप में आए और उन्हें सन् 2001 में क्वालिटी ऐंड प्रोडक्टिविटी (गुणवत्ता एवं उत्पादकता) का प्रमुख नियुक्त किया गया। उन्होंने नवजात क्वालिटी कार्यों का नजरिया बदलने में अहम भूमिका निभाई। इसे ऑडिट उन्मुखी होने के बजाय प्रक्रिया सुधार एवं भागीदारी उन्मुखी बनाया। उन्होंने क्वालिटी के कार्यों में विकास किया, उसके कार्मिकों की तादाद 40 से बढ़कर 600 से भी ज्यादा हो गई। विविध विशाल प्रयासों की अवधारणा बनाने और फिर उन्हें कारगर बनाने में भी सक्रिय रहे, जैसे पी.एम. लीड, एस्टीम, ट्रांसीड, इंफोसिस स्केलिंग ऑफ आउटस्टैंडिंग परफॉर्मेंस (आई. एस.ओ.पी.), आई.पी.एम. प्लस आदि। उन्होंने टूल्स एवं रीयूज जैसे विशाल उत्पादकता सुधार कार्यक्रमों का भी नेतृत्व किया, जोकि इस उद्योग में अपने किस्म का पहला प्रयास था। उनके नेतृत्व में क्वालिटी की श्रेष्ठता के लिए इंफोसिस अवाड्र्स में दो वर्षों तक लगातार 2007 और 2008 में बेस्ट डिपार्टमेंट अवार्ड (सर्वोत्तम विभाग पुरस्कार) दिया गया। कंपनी को आई.एस.ओ. 9000 से शुरुआत करके विविध आई.एस. (इंटरनेशनल स्टैंडर्ड) प्रमाणपत्र दिलाने में भी कुमार ने महती भूमिका निभाई।

~**~

एन.आर. नारायण मूर्ति इंफोसिस के संस्थापक-अध्यक्ष एवं इसके मुख्य मार्गदर्शक हैं। उन्होंने सन् 1981 में इंफोसिस की स्थापना की। उनके नेतृत्व में इंफोसिस सन् 1999 में नैस्डेक में सूचीबद्ध हुआ। नारायण मूर्ति ने ग्लोबल डिलीवरी मॉडल की रूपरेखा बनाई उसकी डिजाइनिंग की और फिर उसे लागू किया और यह भारत से आई.टी. सेवाओं की आउटसोर्सिंग में भारी सफलता की नींव बन गया है। उन्होंने भारत में प्रमुख कॉरपोरेट प्रशासनिक प्रयासों का नेतृत्व किया है और वे कई एशियाई देशों के आई.टी. सलाहकार हैं। वह एच.एस.बी.सी., फोर्ड फाउंडेशन और संयुक्त राष्ट्र फाउंडेशन के बोर्डों में कार्यरत हैं। उन्होंने सन् 2007 और 2010 के बीच यूनिलीवर बोर्ड के सदस्य के रूप में भी काम किया है। वे कॉर्नेल यूनिवर्सिटी, व्हार्टन स्कूल, सिंगापुर मैनेजमेंट यूनिवर्सिटी, इंडियन स्कूल ऑफ बिजनेस, हैदराबाद, इंटरनेशनल इंस्टीट्यूट ऑफ इंफॉर्मेशन टेक्नोलॉजी, बेंगलुरू तथा आई.एन.एस.ई.ए.डी. के बोर्डों में भी काम करते हैं। इकोनॉमिस्ट ने सन् 2005 में नारायण मूर्ति को दस सर्वाधिक प्रशंसा प्राप्त वैश्विक कारोबारी नेताओं में शुमार किया। उन्होंने सन् 2004 से 2006 लगातार तीन वर्षों तक इकोनॉमिक टाइम्स की भारत के सर्वाधिक शक्तिशाली सी.ई.ओ. की सूची में शीर्ष स्थान हासिल किया। उन्हें भारत सरकार ने पद्म विभूषण पुरस्कार से, फ्रांस सरकार ने लेजियन दी ऑनर से और ब्रिटिश सरकार ने सी.बी.ई. से सम्मानित किया है। अर्नस्ट एवं यंग (Ernst and Young) के वर्ल्ड इंटरप्रेन्यूर के सालाना पुरस्कार से नवाजे जानेवाले वे पहले भारतीय हैं। उन्हें

मैक्स शिमधीनी (Max Schmidheiny) लिबर्टी पुरस्कार भी मिला है। वे इंडिया टुडे, बिजनेस स्टैंडर्ड, फोर्ब्स, बिजनेस वीक, टाइम, सी.एन.एन., फॉर्चून एवं फाइनेंशियल टाइम्स द्वारा प्रकाशित कारोबारियों और अनुसंधानकर्ताओं की रैंकिंग में भी शामिल रहे हैं। वे इंडियन नेशनल एकेडमी ऑफ इंजीनियरिंग के फेलो तथा यू.एस. नेशनल एकेडमी ऑफ इंजीनियरिंग के विदेशी सदस्य भी रहे हैं। उनकी सबसे ज्यादा बिक्रीवाली पुस्तक 'ए बेटर इंडिया: ए बेटर वर्ल्ड' को पेंग्विन ने सन् 2009 में प्रकाशित किया।

~**~

टी.वी. मोहनदास पई इंफोसिस टेक्नोलॉजीज में एक बोर्ड सदस्य तथा फिनैकल, प्लेटफॉर्म्स, प्रशासन, मानव संसाधन, इंफोसिस लीडर इंस्टीट्यूट, शिक्षा एवं शोध के निदेशक एवं प्रमुख और इंफोसिस की सहयोगी बिजनेस प्रोसेस आउटसोर्सिंग के अध्यक्ष रहे। वे इंफोसिस में सन् 1994 में आए और मई 2000 से बोर्ड के एक सदस्य के रूप में काम किया। वे सन् 1994 से 2006 तक मुख्य वित्तीय अधिकारी (सी.एफ.ओ.) रहे। सी.एफ.ओ. के रूप में मोहन ने इंफोसिस को दुनिया की सबसे सम्मानित एवं व्यापक रूप से ज्ञात सॉफ्टवेयर सर्विसेज कंपनियों में से एक कंपनी बनाने में रणनीतिक भूमिका निभाई। उन्होंने कंपनी के लिए देश की पहली सार्वजनिक रूप से सुवर्णित वित्तीय नीति का निर्माण किया और निवेशक समुदाय के बीच कंपनी का ब्रांड स्थापित करने में प्रमुख भूमिका निभाई। उन्होंने इसके लिए पारदर्शिता और खुलासा स्तर को बढ़ाया। उनकी निगरानी में तैयार की गई इंफोसिस की वार्षिक रिपोर्ट ने इंस्टिट्यट ऑफ चार्टर्ड एकाउंटेंट्स ऑफ इंडिया से दस वर्षों तक लगातार बेस्ट प्रजेंटेड एनुअल एकाउंट्स अवार्ड (सर्वोत्तम प्रस्तुत वार्षिक लेखा पुरस्कार)जीता। इंफोसिस की वार्षिक रिपोर्ट को साउथ एशिया फेडरेशन ऑफ एकाउंटेंट्स से भी सन् 2000 में पुरस्कार मिला। मोहन उस इंफोसिस टीम का अभिन्न हिस्सा रहे, जिसने भारत में पंजीकृत कंपनी को नैस्डेक (NASDAQ) में पहली बार सूचीबद्ध कराया और एक भारतीय कंपनी द्वारा पहला प्रायोजित अमेरिकन डिपॉजटरी शेयर्स का सेकेंडरी ऑफर दिया। वे आई.एम.ए. इंडिया (पहले ई.आई.यू. इंडिया के नाम से जानी जाती थी) और अमेरिकन एक्सप्रेस द्वारा सन् 2001 में 'सी.एफ.ओ. ऑफ दी ईयर' (वर्ष के मुख्य वित्तीय अधिकारी) चुने गए। उन्होंने फाइनेंस एशिया से सन् 2002 में 'बेस्ट सी.एफ.ओ. इन इंडिया' (भारत में सर्वोत्तम मुख्य वित्तीय अधिकारी) का पुरस्कार जीता। एशिया मनी द्वारा सन् 2004 में कराए गए सर्वोत्तम प्रबंधित कंपनियों के सर्वे में उन्हें 'भारत में सर्वोत्तम मुख्य वित्तीय अधिकारी' चुना गया। मोहन कारोबारी पारिस्थितिकी को सुधारने के लिए नियामकों के साथ सक्रिय रूप से काम करते रहे हैं। वे भारत सरकार के वित्त मंत्रालय द्वारा गठित केलकर समिति के एक सदस्य रहे, जिसका काम प्रत्यक्ष करों में सुधार करना था। वे नॉनरेसिडेंट टैक्सेशन कमेटी (अनिवासी भारतीय कर-प्रणाली समिति) तथा ई-कॉमर्स व टैक्स प्रणाली पर उच्चाधिकार प्राप्त समिति के भी सदस्य रहे। वे वर्तमान में सेबी की एकाउंटिंग स्टैंडर्ड्स सब कमेटी और भारत सरकार के लिए टैक्स इंफॉर्मेशन नेटवर्क (कर सूचना संजाल) स्थापित करने के लिए बनाई गई अधिकार-प्राप्त समिति के सदस्य हैं। वे केंद्र एवं राज्य सरकारों के साथ शिक्षा, सूचना प्रौद्योगिकी और कारोबार के क्षेत्रों में भी काम करते हैं। मोहन इंटरनेशनल एकाउंटिंग स्टैंडर्ड्स

कमेटी फाउंडेशन के न्यासी हैं। यह निकाय इंटरनेशनल एकाउंटिंग स्टैंडर्ड्स बोर्ड के कामकाज की निगरानी करता है।

~✻✻~

डॉ. सिद्धार्थ पटनायक इंफोसिस लीडरशिप इंस्टीट्यूट में एसेसमेंट (आकलन विभाग) के एसोसिएट प्रिंसिपल हैं। वे एक्स.एल.आर.आई. जमशेदपुर से संगठनात्मक व्यवहार में डॉक्टरेट किए हुए हैं। इसके अलावा उन्होंने समाज शास्त्र में स्नातकोत्तर एवं कानून में स्नातक की डिग्री भी हासिल की है। कुछ समय तक वे अकादमिक क्षेत्र में भी रहे। वे मानव संसाधन प्रबंधन और संगठनात्मक व्यवहार पढ़ाते थे। वे इंफोसिस लीडरशिप इंस्टीट्यूट में सन् 2006 में आए।

~✻✻~

गौरव रस्तोगी लर्निंग सर्विसेज बिजनेस, जिसकी उन्होंने अवधारणा बनाई और इंफोसिस के अंदर उसे शुरू किया, के कारोबारी चलन के उपाध्यक्ष और प्रमुख हैं। गौरव भारतीय प्रबंधन संस्थान, अहमदाबाद से एम.बी.ए. और दिल्ली विश्वविद्यालय से बी.ई. हैं। उनका कॅरियर अब तक उन्हें इक्विटी शोध, कार्याधिकारी खोज, बिक्री, बिक्री रूपांतरण और कारोबारी यूनिट नेतृत्व के क्षेत्र से गुजार चुका है। सन् 2000 से गौरव इंफोसिस की बिक्री एवं नेतृत्व टीम में विभिन्न पदों पर रहे हैं। उन्होंने सन् 2002 से सन् 2008 तक इंफोसिस की बिक्री रूपांतरण कार्यक्रम चलाया। उन्होंने एक संस्थागत ढाँचा स्थापित किया जो बाजार में इंफोसिस को बिक्री की सफलता को जारी रखेगा। वे एक अन्य दीर्घकालीन रूपांतरणकारी कार्यक्रम के आंतरिक प्रायोजक बने हुए हैं, जिसका मकसद इंफोसिस के अंदर ग्राहक के लिए विश्वस्त परामर्शदाता पैदा करना है। गौरव कैलिफोर्निया के फ्रीमोंट स्थित इंफोसिस के अमेरिकी मुख्यालय में कार्यरत हैं। वे एक सक्रिय ब्लॉग लेखक और लेखक भी हैं। वे अपटतीय सेवा उद्योग पर अपनी पुस्तक लिखने पर काम कर रहे हैं।

~✻✻~

चित्रा सरमा इंफोसिस लीडरशिप इंस्टिट्यूट में नेतृत्व विकास की प्रिंसिपल हैं। सत्रह वर्षों के अपने कॅरियर में उन्होंने तकनीकी एवं गैर-तकनीकी दोनों ही तरह की फर्मों में मानव संसाधन (एच.आर.) एवं संचालनात्मक विकास (ओ.डी.) प्रयासों का नेतृत्व किया है, निगमों एवं परामर्श देनेवाली फर्मों में मानव संसाधन विकास विभाग में प्रमुख पदों का दायित्व सँभाला है। उन्होंने मानव संसाधन विकास की रणनीति बनाने और कार्यान्वित करने, नेतृत्व क्षमता विकास, संगठन का कायापलट, टीम संवर्धन और कार्य-प्रदर्शन संबंधी कोचिंग या प्रशिक्षण जैसे क्षेत्रों में काम किया है। अवधारणा बनाने और उसे कार्यान्वित करने, डिजाइन करने और सेवा प्रदान करने में अपनी मजबूती के कारण उन्होंने रूपांतरण या बदलाव लानेवाली विविध प्रकार की तकनीकों के साथ बहुत प्रभावकारी ढंग से काम किया है।

~✻✻~

डॉ. आरती श्यामसुंदर 'इंफोसिस लीडरशिप इंस्टीट्यूट में आकलन (एसेसमेंट) की एसोसिएट प्रिंसिपल हैं। वे मूल रूप से मुंबई की हैं। आरती का पेशेवर जीवन अमेरिका

और भारत में काम करते हुए बीता है। उन्होंने ओहियो में एक्रोन विश्वविद्यालय से औद्योगिक-संगठनात्मक मनोविज्ञान में पी-एच.डी. किया है। उन्होंने विशाल रूप से फैले हुए संगठनों के लिए ओरेगॉन के पोर्टलैंड में कर्मचारी चयन, तकनीक-समर्थित कर्मचारी आकलनों की डिजाइन बनाने, पुष्टि करने या मान्यता देने तथा कार्यान्वित करने के क्षेत्र में काम दिया है। सन् 2009 में उन्होंने स्वदेश लौटने के मौके का लाभ उठाया और इंफोसिस के लिए काम करने लगीं। अपनी मौजूदा भूमिका में वे नेतृत्व क्षमता के मापन, विकासात्मक मानचित्र बनाने, कार्यक्रम प्रभावकारिता का मूल्यांकन करने तथा शोध कार्य में शामिल हैं। भारत लौटना उनके लिए कई प्रकार से घटनापूर्ण, आँखें खोलनेवाला और पूर्णता प्रदान करनेवाला रहा है और कॉरपोरेशन भारत के सबसे रोमांचक वक्त में से एक के दौरान वह उच्च-प्रभाव वाले संगठन में काम करके और भी सीखने के लिए उत्सुक हैं।

~**~

टी.एस. श्रीकुमार इंफोसिस लीडरशिप इंस्टीट्यूट में नेतृत्व विकास के प्रिंसिपल हैं। उन्होंने केरल विश्वविद्यालय से मैकेनिकल इंजीनियरिंग में बी. टेक किया है। वे सन् 1998 में इंफोसिस में आए। श्रीकुमार ने जापान, उत्तरी अमेरिका और यूरोप में कई फॉर्चून 500 ग्राहकों के लिए डिजाइन बनाने, परामर्श देने और प्रोजेक्ट/कार्यक्रम प्रबंधन में प्रमुख भूमिका निभाई है। उन्होंने सॉफ्ट स्किल विकास में रुचि पैदा कर ली है और वे व्यक्तिगत रूपांतरण के लिए आंतरिक-बाह्य दृष्टिकोण में विश्वास करते हैं। उन्होंने कई आत्म-विकास कार्यशालाओं में सक्रियता से भाग लिया है और स्टैंनफोर्ड व यू.सी.एल.ए. में एग्जीक्यूटिव एजुकेशन प्रोग्राम्स (कार्याधिकारी शिक्षा कार्यक्रमों) को पूरा किया है। वे प्रबंधन और योग में अपने डॉक्टरेट पर काम कर रहे हैं।

नेतृत्व करनेवालों का संक्षिप्त परिचय

संगमेश बगाली ग्राहक खुदरा-समाधान, उपभोक्ता डिब्बा बंद सामग्री (सी.पी.जी.) और इंफोसिस टेक्नोलॉजीज के लिए संभार-तंत्र के प्रमुख हैं। अपनी भूमिका में, वे मौजूदा ग्राहकों और नई संभावनाओं (ग्राहकों) के लिए प्रस्ताव-मुहिम चलाते हैं। उन्होंने खुदरा क्षेत्र, सी.पी.जी. और लॉजिस्टिक्स क्षेत्र में चुनिंदा ग्राहक रिश्तों का प्रबंधन किया है। वे खाता विकास या बढ़ोतरी और कारोबार विकास तथा संबंधित इंफोसिस टीमों के प्रबंधन का दायित्व सँभालते हैं। संगमेश को खुदरा क्षेत्र की कंपनियों के साथ काम करने का तेरह वर्षों का अनुभव है और वे किराना कारोबार में विशेषज्ञता रखते हैं। उनकी रुचि के क्षेत्रों में माँग की योजना बनाना एवं पूर्वानुमान करना, सतत् सामान-सूची प्रबंधन और शेल्फ सौदेबाजी शामिल हैं।

~**~

रमेश चौगुले इंफोसिस में उपक्रम समाधान इकाई में सैप (SAP) जीवन विज्ञान कारोबार के लिए सेवा प्रदान करनेवाले मैनेजर हैं। रमेश को ई.आर.पी. और आपूर्ति श्रृंखला प्रबंधन में तेरह वर्षों से भी ज्यादा का अनुभव है, अधिकांशतः जीवन विज्ञान क्षेत्र में।

~**~

गोपाल देवनहल्ली उपाध्यक्ष हैं और संचार, मीडिया एवं मनोरंजन, इंफोसिस बी.पी.ओ. के स्वतंत्र कारोबार इकाई प्रमुख हैं। गोपाल इंफोसिस बी.पी.ओ. के विलयों और अधिग्रहण (एम. ऐंड ए.) गतिविधियों के लिए उत्तरदायित्व सँभालते हैं। उन्हें अठारह साल से भी ज्यादा का पेशेवर अनुभव है, वे सन् 1999 से इंफोसिस के साथ हैं और इंफोसिस बी.पी.ओ. के साथ अगस्त 2007 से जुड़े हुए हैं। वे इंटरनेशनल एसोसिएशन ऑफ आउटसोर्सिंग प्रोफेशनल्स (आई.ए.ओ.पी.) के बेंगलूर चैप्टर के सह-अध्यक्ष भी हैं। गोपाल ने भारतीय प्रबंधन संस्थान, कोलकाता से प्रबंधन में स्नातकोत्तर डिप्लोमा और बिड़ला इंस्टीट्यूट ऑफ टेक्नोलॉजी ऐंड साइंस, पिलानी से कंप्यूटर साइंस में एम.एस-सी. (टेक्नॉलोजी) किया हुआ है।

सुभाष धर इंफोसिस में वरिष्ठ उपाध्यक्ष और संचार, मीडिया एवं मनोरंजन इकाई के प्रमुख हैं। वे कार्यकारिणी परिषद् के भी एक सदस्य हैं; जोकि फर्म के लिए बिक्री व विपणन के लिए जिम्मेदार हैं। वे इंफोसिस ऑस्ट्रेलिया के बोर्ड में भी काम करते हैं। सुभाष सन् 1997 में इंफोसिस में इसके ई-कारोबार प्रैक्टिस के सदस्य के रूप में आए थे और तब से विविध क्षमताओं में काम कर चुके हैं। सन् 2007 में, वे विश्व आर्थिक मॉडल (वर्ल्ड इकोनॉमिक फोरम) द्वारा भारत से पच्चीस युवा वैश्विक नेताओं में से एक चुने गए। सुभाष बिड़ला इंस्टीट्यूट ऑफ टेक्नोलॉजी, मेसरा, रांची से कंप्यूटर साइंस में डिग्री लिए हुए हैं और उन्होंने भारतीय प्रबंधन संस्थान, बेंगलुरू से एम.बी.ए. किया है।

ए.आर. गिरीश इंफोसिस में एसोसिएट वाइस प्रेसिडेंट (सहायक उपाध्यक्ष) और कंज्यूमर रिटेल लैब्स के प्रमुख हैं। गिरीश भारतीय प्रबंधन संस्थान, बेंगलुरू से मैनेजमेंट में स्नातक हैं और यू.वी.सी.ई., बेंगलुरू से मैकेनिकल इंजीनियर हैं। उन्हें इंफोसिस में काम करने का पंद्रह वर्षों का अनुभव है। उनके कार्यानुभवों में सॉफ्टवेयर विकास, प्रौद्योगिकी का कारोबार परामर्श और आई.पी. (बौद्धिक संपदा) विकास एवं व्यावसायीकरण शामिल हैं। उन्होंने प्रयोगों, अनुसंधानों एवं कारोबारी समाधानों के लिए पाँच बार इंफोसिस श्रेष्ठता पुरस्कार जीता है।

नंदिता गुर्जर वरिष्ठ उपाध्यक्ष और मानव संसाधन, इंफोसिस टेक्नोलॉजीज की समूह प्रमुख हैं। नंदिता को दिसंबर 2007 में मानव संसाधन प्रमुख के तौर पर नियुक्त किया गया। एक लाख 22 हजार से भी ज्यादा कर्मचारियों के साथ, वे इंफोसिस को वैश्विक प्रतिमानों के लिए पसंदीदा विकल्प बनाने में जुटी हुई हैं। इसके पूर्व नंदिता ने इंफोसिस बी.पी.ओ. में मानव संसाधन विभाग को स्थापित किया और उसकी अध्यक्षा भी बनीं। वे एच.आर. विभाग को ऊँचा उठाने में भी कारगर रहीं, क्योंकि 16 हजार कर्मचारियों के साथ कारोबार का विकास 25 करोड़ अमेरिकी डॉलर तक हो चुका था। इसके पाँच केंद्र भारत में और छह वैश्विक केंद्र काम कर रहे थे। नंदिता इंफोसिस में सन् 1999 में आईं और उन्होंने शिक्षण-प्रशिक्षण को प्रभावी रूप से लागू करने के लिए लर्निंग एवं डेवलपमेंट (प्रशिक्षण एवं विकास) इकाई

की स्थापना की। उन्होंने बढ़ोतरी व विकास के लिए पैमाने तय किए। उन्होंने जिन एच.आर. चलनों की स्थापना की, उन्हें अंतरराष्ट्रीय मंचों जैसे अमेरिकन सोसाइटी फॉर ट्रेनिंग ऐंड डेवलपमेंट तथा वर्कफोर्स ऑप्टिमा व अन्यों ने मान्यता दी है। नंदिता निजाम कॉलेज, हैदराबाद से साहित्य (लिटरेचर) में डिग्री प्राप्त हैं। उन्होंने उस्मानिया विश्वविद्यालय से मनोविज्ञान में स्नातकोत्तर डिग्री भी ली हैं।

~**~

चंद्रशेखर काकल इंफोसिस में कार्यकारिणी परिषद् के एक सदस्य और वरिष्ठ उपाध्यक्ष हैं। वे एंटरप्राइज सॉल्यूशंस ग्रुप (उपक्रम समाधान समूह) के वैश्विक प्रमुख भी हैं। वे इंफोसिस कंसल्टिंग इंक के बोर्ड के एक सदस्य भी हैं। काकल ने बेंगलुरू विश्वविद्यालय से मैकेनिक इंजीनियरिंग में डिग्री प्राप्त की है और वे एशियन इंस्टीट्यूट ऑफ टेक्नोलॉजी, बैंकाक से अंतरराष्ट्रीय व्यापार में एम.बी.ए. भी हैं। उन्होंने इंडियन इंस्टीट्यूट ऑफ मैटीरियल्स मैनेजमेंट से सामग्री प्रबंधन में स्नातक डिप्लोमा भी किया है। काकल ने सन् 1999 में इंफोसिस में नौकरी शुरू की और तब से विविध क्षमताओं में उन्होंने काम किया है। वे उन सर्वप्रथम लोगों में से एक हैं जिन्होंने पैकेज कार्यान्वयन और उपक्रम समाधान से जुड़ी सेवाओं पर ध्यान केंद्रित किया। उन्होंने सन् 2000 में इंफोसिस हैदराबाद की स्थापना की। वे चार वर्षों तक इसके प्रमुख बने रहे। उनके नेतृत्व में हैदराबाद सेंटर को इंफोसिस में सबसे बढ़िया ढंग से प्रबंधित केंद्र करार दिया गया। उपक्रम समाधान समूह के संस्थापकों के एक हिस्से के रूप में काकल ने ऑरेकल ई.आर.पी. प्रैक्टिस की शुरुआत की। बाद में उन्होंने सी.आर.एम. और माइक्रोसॉफ्ट डायनेमिक्स प्रैक्टिसेज को भी अपनाने का माहौल पैदा किया। उन्होंने आपूर्ति श्रृंखला, मानव पूँजी प्रबंधन और एंटरप्राइज एप्लीकेशन इंटिग्रेशन (उपक्रम अनुप्रयोग एकीकरण) में सिरे-से -सिरा समाधान मुहैया कराने के लिए समूह का पुनर्गठन भी किया। उनके नेतृत्व में एंटरप्राइज सॉल्यूशंस ग्रुप इंफोसिस में सबसे बड़ी और सबसे सुप्रबंधित इकाई बन गया है। इसमें श्रेष्ठता के लिए कई आंतरिक पुरस्कार भी जीते हैं और सैप (एस.ए.पी.) व ऑरेकल ई.आर.पी. सर्विसेज के विश्लेषकों द्वारा नेतृत्व के लिए इसे मान्यता भी दी गई है।

~**~

नंदन कालुस्कर न्यू जर्सी में इंफोसिस स्थित प्रोडक्ट इंजीनियरिंग डिवीजन के साथ प्रैक्टिस एंगेजमेंट मैनेजर हैं। नंदन मुंबई विश्वविद्यालय से इलेक्ट्रॉनिक्स एवं दूरसंचार इंजीनियरिंग में सन् 1993 के स्नातक हैं और तब से दुनिया भर में सीमेंस, एच.सी.एल. पेरोट सिस्टम्स और अब इंफोसिस के साथ काम किया है। सन् 2004 से इंफोसिस में नंदन ने प्रक्रिया डिजाइन करने, विशाल कार्यक्रम प्रबंधन करने और उत्पाद विकसित करनेवाले कार्यक्रमों का नेतृत्व किया। उन्होंने पूरे संगठन में एम.एस.ए. और निविदागत अनुपालनों के लिए एक ढाँचा बनाने हेतु प्रमुख वास्तुशिल्पी की भूमिका निभाई। नंदन अपने उद्यमी हुनरों का श्रेय अपने लालन-पालन और अपने शुरुआती जीवन में अपने आध्यात्मिक गुरु (जो खुद भी एक सफल उद्यमी हैं) से प्राप्त मार्ग-दर्शन को देते हैं। इक्कीस वर्ष की आयु में उन्होंने अपने गुरु और चंद समान सोच रखनेवाले लोगों के साथ मिलकर ग्रामीण भारत में

एक मंदिर और अस्पताल बनाने के लिए एक न्यास का गठन किया।

~✲✲~

के. मुरली कृष्ण उपाध्यक्ष और इंफोसिस टेक्नोलॉजीज में ग्लोबल आई.टी. (वैश्विक सूचना प्रौद्योगिकी) के प्रमुख हैं। मुरली का 25 वर्षों का कार्यानुभव है और यह पूरी अवधि इंफोसिस में ही बीती है। सन् 2007 में मौजूदा भूमिका लेने के पूर्व वे सिस्ट्म्स इंटिग्रेशन बिजनेस यूनिट के प्रमुख थे। यह यूनिट दुनिया के विभिन्न भौगोलिक क्षेत्रों में प्रौद्योगिकी-संचालित विभेदक प्रदान करती थी।

~✲✲~

माइकल लैंग्लोइस एक प्रमुख दूरसंचार नेटवर्क उपकरण मुहैया करानेवाली कंपनी जुनिपर नेटवर्क्स में जुनोस सॉफ्टवेयर के वरिष्ठ उपाध्यक्ष हैं। यह कंपनी कई वर्षों तक इंफोसिस की ग्राहक रही है। उन्होंने सिस्को सिस्टम्स में इंजीनियर के पद से प्रबंधन के जरिए आगे बढ़ते हुए अपने केंद्रीय इंजीनियरिंग ग्रुप (जिसमें 5000 से भी ज्यादा कर्मचारी हैं) के एस.वी.पी. (वरिष्ठ उपाध्यक्ष) के रूप में नेतृत्व किया। इस ग्रुप में आई.ओ.एस. सॉफ्टवेयर शामिल था, जिसे सामान्य तौर पर 'इंटरनेट की कार्य-संचालन प्रणाली' माना जाता है। वे अब जुनिपर के जुनोस सॉफ्टवेयर के नेता हैं। जुनोस सॉफ्टवेयर कंपनी की तीव्र विकास दर (एक अरब डॉलर का वार्षिक राजस्व हासिल करनेवाली दूसरी सबसे तेज गतिवाली कंपनी और वर्तमान में करीब 4 अरब डॉलर के राजस्व वाली कंपनी) का अभिन्न भाग रहा है। वह एकमात्र गैर-इंफोसिस नेता हैं जिनका इस पुस्तक में उल्लेख किया गया है।

~✲✲~

श्रीधर मारी उपाध्यक्ष और इंफोसिस टेक्नोलॉजीज में कम्युनिकेशन डिजाइन ग्रुप (संचार डिजाइन समूह) के प्रमुख हैं। वे इंफोसिस की लेबलपंक्ति 'विचार-शक्ति से संबलित, मूल्यों से संचालित' के लेखक हैं। श्रीधर को पत्रकारिता, उपभोक्ता अनुभव डिजाइन (यूजर एक्सपीरिएंस डिजाइन), डिजाइन शिक्षा एवं प्रबंधन में बीस साल से ज्यादा का बहुक्षेत्रीय अनुभव है। वे इस समय भारत के सबसे विशाल उपभोक्ता अनुभव डिजाइन टीमों में से एक का नेतृत्व करते हैं और वे इंफोसिस में विविध किस्म के कार्यकारी प्रयासों में शामिल रहे हैं। उन्होंने भारत के पहले कॉरपोरेट टेलीविजन चैनल इंफी टी.वी. की अवधारणा प्रस्तुत की और अंततः इसे लागू करने में कारगर भूमिका निभाई। यह चैनल दुनिया भर में फैले इंफोसिस कर्मचारियों के लिए है। श्रीधर के नेतृत्व में इंफोसिस भारत की पहली कंपनी बनी जिसने नीलसेन नॉर्मन ग्रुप द्वारा दिया जानेवाला वर्ल्ड्र्स टेन बेस्ट-डिजाइन इंट्रानेट्स अवार्ड (दुनिया के दस सर्वोत्तम डिजाइन किए हुए इंट्रानेट्स पुरस्कार सन् 2007 में जीता। श्रीधर नेशनल इंस्टीट्यूट ऑफ डिजाइन, अहमदाबाद और भारतीय प्रबंधन संस्थान, कोलकाता के छात्र रहे हैं।

~✲✲~

श्रीकांतन ('टैन') मूर्ति वरिष्ठ उपाध्यक्ष और इंफोसिस के शिक्षा एवं शोध (ई. ऐंड आर.) के समूह प्रमुख हैं। उन्होंने आई.टी. उद्योग में पच्चीस वर्षों से भी ज्यादा काम

किया है। वे बेंगलुरू विश्वविद्यालय से प्रशिक्षित इंजीनियर हैं। टैन ने अमेरिका में रणनीति बनाने, कार्य-संचालन प्रबंधन और प्रतिभा विकास करने में बारह वर्ष बिताए। इंफोसिस में अपनी कार्यावधि के दौरान टैन ने एक विशाल कारोबारी यूनिट के लिए ग्राहक सेवा प्रदान करने का प्रबंधन किया। यह यूनिट 20 करोड़ डॉलर से ज्यादा के प्रोजेक्ट सँभालती थी और इसकी टीम में 4000 से भी ज्यादा लोग थे। इंफोसिस में शिक्षा एवं शोध का प्रमुख होने के नाते, टैन की प्राथमिक जिम्मेदारी क्षमता निर्माण के जरिए प्रतिभा विकसित करने की है। पंद्रह हजार से भी ज्यादा इंजीनियर प्रति वर्ष ई. एवं आर. द्वारा संचालित प्रसिद्ध छह-मासिक प्रशिक्षण कार्यक्रम से गुजरते हैं। टैन ए.सी.एम. (एसोसिएशन फॉर कंप्यूटिंग मशीनरी) पेशेवर विकास समिति से भी जुड़े हुए हैं।

~**~

मनोज नारायण इंफोसिस में सॉल्यूशंस एवं कंसल्टिंग ग्रुप (समाधान एवं परामर्श समूह) में वरिष्ठ संलग्नता प्रबंधक (सीनियर एंगेजमेंट मैनेजर) हैं। यह समूह मान्यता एवं क्यू.ए. सल्यूशन विकसित करने में तल्लीन रहता है। उन्हें आई.टी. क्षेत्र में काम करने का ग्यारह साल से भी ज्यादा का अनुभव है। इस दौरान वे जटिल समाधान परामर्श, कार्यक्रम प्रबंधन और कार्यगत एवं स्वचालित परीक्षण समाधान में सेवा प्रदान करने में लगे रहे। उन्होंने उत्तरी अमेरिका में प्रमुख बड़े वित्तीय संस्थानों के लिए श्रेष्ठता कार्यक्रमों के परीक्षण केंद्र और स्वचालन प्रतिस्पर्धा या क्षमता केंद्रों का प्रबंधन किया है।

~**~

आनंद नटराज उपाध्यक्ष और इंफोसिस में आधारभूत ढाँचा प्रबंधन सेवाओं (आई.एम.एस.) के प्रमुख हैं। आई.एम.एस. का दायित्व सँभालने के पहले वे इंफोसिस की सी.एम.ई. यूनिट में थे। आनंद इंफोसिस में छह वर्षों से हैं। उन्होंने एक वैश्विक टीम का गठन व विकास किया है, जिसने संचार सेवा प्रदाता (सी.एम.पी.) खंड में इंफोसिस के लिए बाजार में प्रभुत्व व दबदबे की स्थिति पैदा कर दी है। आनंद ने अतीत में आई.एम.एस. के विविध लोगों के साथ बहुत करीब से काम किया है और अभी तक आई.एम.एस. व इंफोसिस के लिए सबसे बड़ा सौदा जीतने में मजबूती से योगदान दिया है। इस सौदे में आई.एम.एस. का हिस्सा पाँच वर्षों से ज्यादा समय के लिए 20 करोड़ डॉलर से भी ज्यादा का था और इसे बंद भी बगैर किसी आर.एफ.पी. बकाए के किया गया, क्योंकि अमेरिका के एक प्रमुख टेलिकॉम केबल सर्विस प्रोवाइडर कंपनी के कार्यकारिणी समूह के साथ शानदार संबंध था। आनंद अमेरिका में मध्य-अटलांटिक भू-क्षेत्र समूह की अध्यक्षता करते हैं। वहाँ वे एक लघु कंपनी संस्कृति के निर्माण में जुटे हुए हैं और कर्मचारी संलग्नता को बढ़ाने के लिए उन्होंने विविध गतिविधियों का आयोजन किया है, जिसमें सामुदायिक बैठकें, खेलकूद एवं संस्कृति, स्थानीय विश्वविद्यालयों में ब्रांड निर्माण, प्रशिक्षण एवं संचार उद्घाटन शामिल हैं। आनंद को श्रेष्ठता के विविध पुरस्कार मिले हैं। वे बेंगलूरू विश्वविद्यालय से इंजीनियरिंग में स्नातक डिग्रीधारी हैं और उन्होंने भारतीय प्रबंधन संस्थान, बेंगलुरू से एम.बी.ए. भी किया है।

~**~

वाल्मीका ('वाल') नाथन इंफोसिस में उपाध्यक्ष एवं उत्पाद जीवन चक्र व

इंजीनियरिंग समाधान (पी.एल.ई.एस.) कारोबारी इकाई के प्रमुख हैं। अपने पच्चीस साल से भी ज्यादा अनुभव के साथ वे इंजीनियरिंग और पी.एल.एम. कारोबारी समाधानों में पक्षकारों के लिए बाजार नेतृत्व, राजस्व विकास और मुनाफा प्रदान करने में अहम भूमिका निभाते हैं। ये कारोबार एशिया-प्रशांत क्षेत्र, जापान, यूरोप और अमेरिका के विविध वैश्विक उद्योग ऊर्ध्वों की पूरी उपयोगिता श्रृंखला में फैले हुए हैं। वाल इंफोसिस में सन् 2005 में उत्पाद जीवन चक्र एवं इंजीनियरिंग समाधान विभाग के प्रमुख बनकर आए। उन्हें सन् 2006 में उपाध्यक्ष का पद दिया गया और महज दो वर्षों के अंदर रूपांतरणकारी कारोबारी उपलब्धियों के लिए इंफोसिस बोर्ड ने भी उन्हें मान्यता दी। वाल ने सालान 35 फीसदी विकास को सुनिश्चित करते हुए संचालन-मुनाफे को तिगुना करने में निर्णायक भूमिका निभाई। उन्हें कारोबारी श्रेष्ठता के लिए एक चैंपियन के रूप में पहचाना गया है, मान्यता मिली है और उन्हें आई.एस.ओ.पी. 2009 के लिए वरिष्ठ परीक्षक की भूमिका के लिए चुना गया है। उन्होंने सन् 1988 में अभिनव डिजाइन के लिए तारा इनोवेशन ऐंड ओरिजनलिटी अवार्ड जीता। वे बिड़ला इंस्टीट्यूट ऑफ टेक्नोलॉजी ऐंड साइंस, पिलानी से मैकेनिकल इंजीनियरिंग में स्नातक डिग्रीधारी हैं।

~**~

ऋषि राज पॉल ने इंफोसिस में अपनी दस साल की कार्यावधि में कई पदों पर काम किया है, जिनमें कारोबार विकास, परामर्श, परियोजना प्रबंधन, कार्यक्रम प्रबंधन और कार्यान्वयन शामिल हैं। हरेक में उन्होंने कारोबारी माहौल जिसमें इंफोसिस काम करती है, को समझने में श्रेष्ठता हासिल की है। उन्होंने सफल होने के लिए आवश्यक संबंधों और संजालों के महत्त्व को भी समझा और अपनाया है। वैश्विक गठबंधन प्रबंधक की अपनी मौजूदा भूमिका में ऋषि ऑरेकल साल्यूशंस, गठबंधनों, इनोवेशन सेंटर तथा ऑरेकल के साथ संयुक्त व्यापार विकास के लिए उत्तरदायी हैं।

~**~

एन.आर.ए. प्रसाद (नंजानागुडु प्रसाद) सहायक उपाध्यक्ष और यूरोप में इंफोसिस के एयरोस्पेस (विमानन से संबंधित प्रौद्योगिकी एवं उद्योग) एवं रक्षा कारोबार के ग्लोबल एंगेजमेंट मैनेजर (वैश्विक संलग्नता प्रबंधक) हैं। उन्हें एयरोस्पेस उद्योग और सूचना प्रौद्योगिकी/इंजीनियरिंग सेवाओं में चौबीस साल से भी ज्यादा अवधि का अनुभव है। वह इंजीनियरिंग में बेंगलुरू विश्वविद्यालय में टॉपर (शीर्ष स्थान हासिल करनेवाले) रहे हैं। उन्होंने भारतीय प्रौद्योगिकी संस्थान, मद्रास से स्नातकोत्तर डिग्री भी प्राप्त की। प्रसाद ने अपना कॅरियर हिंदुस्तान एयरोनॉटिक्स में एक प्रबंधन प्रशिक्षु के तौर पर शुरू किया। इसके बाद वे सूचना प्रौद्योगिकी उद्योग में चले गए और टी.सी.एस. (टाटा कंसल्टेंसी सर्विसेज) में वरिष्ठ पदों पर रहे। इस दौरान उन्होंने भारत में फिलिप्स तथा बजाज उद्योग में तथा अमेरिका में ई.डी.एस. व जी.ई. कंपनियों में विशाल कार्यक्रमों का प्रबंधन किया। सन् 2001 में इंफोसिस में आने के पहले छोटी अवधि के लिए उन्होंने सिलिकॉन वैली में कारोबार शुरू करनेवाली एक कंपनी में भी काम किया।

~**~

यू.बी. प्रवीण राव इंफोसिस में वरिष्ठ उपाध्यक्ष और खुदरा, उपभोक्ता उत्पाद समूह (सी.पी.जी.) तथा लॉजिस्टिक्स प्रैक्टिस के प्रमुख हैं। अपनी भूमिका में वे उत्तर अमेरिका और यूरोप में खुदरा, सी.पी.जी. और लॉजिस्टिक्स ग्राहकों को सेवाएँ देने के लिए उत्तरदायी हैं। यह समूह इंफोसिस के राजस्व में 12 फीसदी से भी ज्यादा का योगदान करता है। प्रवीण इंफोसिस में इंफ्रास्ट्रक्चर मैनेजमेंट सर्विसेज (आई.एम.एस.) यानी संभार-तंत्र प्रबंधन सेवा के भी प्रमुख हैं। इस भूमिका में वे दुनिया भर में ग्राहकों को आधार-तंत्र प्रबंधन सेवाएँ प्रदान करने के लिए उत्तरदायी हैं। यह समूह इंफोसिस के राजस्व में 4 फीसदी से ज्यादा का योगदान करता है। वे इंफोसिस ऑस्ट्रेलिया के बोर्ड में निदेशक के रूप में भी काम करते हैं। प्रवीण इंफोसिस में सन् 1986 में आए। अपनी मौजूदा भूमिका के पूर्व वे यूरोप में कारोबार के लिए डिलीवरी प्रमुख थे। इंफोसिस में अपनी बीस साल से भी ज्यादा की कार्यावधि में उन्होंने मुख्यतः खुदरा और वित्तीय सेवाओं के क्षेत्र में ग्राहकों के साथ सौदे किए हैं। वे इंजीनियरिंग में स्नातक डिग्रीधारी हैं।

~**~

राजेश्वर राव इंफोसिस में सहायक उपाध्यक्ष (एसोसिएट वाइस प्रेसिडेंट) और स्वतंत्र मान्यता सेवाओं (इंडिपेंडेंट वैलिडेशन सर्विसेज) के प्रमुख हैं। उन्हें सूचना प्रौद्योगिकी के क्षेत्र में कुल बाईस वर्षों का अनुभव है और इंफोसिस में उन्हें दस साल से ज्यादा समय हो गया है। वे इस समय पूरे बी.एफ.एस.-अमेरिकी ग्राहकों को मान्यता सेवाएँ प्रदान करने के लिए आई.वी.एस. कारोबार का नेतृत्व करते हैं। वे दुनिया भर में कोर बैंकिंग कार्यान्वयनों का दायित्व भी सँभालते हैं। उन्होंने कई परिवर्तन प्रबंधन कार्यक्रमों में सक्रियता से भाग लिया है।

~**~

मृत्युंजय (मुंजय) सिंह इंफ़ोसिस की बैंकिंग एवं पूँजी बाजार (बी.सी.एम.) इकाई में सहायक उपाध्यक्ष हैं। उन्हें विविध क्षमताओं में कार्य करने का अठारह साल से भी ज्यादा का पेशेवर अनुभव है। वे बनारस हिंदू विश्वविद्यालय के प्रौद्योगिकी संस्थान (आई.टी.) से इलेक्ट्रॉनिक्स इंजीनियर हैं। इंफोसिस में आने के पूर्व उन्होंने टाटा स्टील, कैन्बे और क्विनॉक्स जैसी कंपनियों में भारत और अमेरिका में नौ साल तक काम किया।

~**~

बी.जी. श्रीनिवास इंफोसिस कार्यकारिणी परिषद् के सदस्य और वरिष्ठ उपाध्यक्ष हैं जो विनिर्माण विभाग, उत्पाद इंजीनियरिंग और उत्पाद जीवन चक्र तथा इंजीनियरिंग सॉल्यूशंस बिजनेस यूनिटों के प्रमुख हैं। वे इंफोसिस बी.पी.ओ. इंफोसिस कंसल्टिंग और इंफोसिस स्वीडन के बोर्डों में निदेशक के रूप में भी काम करते हैं। इससे पहले बी.जी. इंफोसिस के लिए यूरोपीय कार्य-संचालनों के प्रमुख थे। उन्होंने इंफोसिस में एंटरप्राइज सॉल्यूशंस प्रैक्टिस (उपक्रम समाधान कारोबार) की भी स्थापना की। सन् 1999 में इंफोसिस में आने से पूर्व बी.जी. ने ए.बी.वी. लिमिटेड के साथ विविध भूमिकाओं में चौदह वर्षों तक काम किया था, जिसमें वे विनिर्माण विभाग के प्रमुख भी थे। उन्होंने

बेंगलुरू विश्वविद्यालय से मैकेनिकल इंजीनियरिंग में बी.ई. किया है।

~**~

वी. श्रीराम इंफोसिस की जापान कारोबार इकाई के प्रमुख हैं। उन्होंने इंफोसिस के लिए तेरह साल पहले काम करना शुरू किया था और इस दौरान उन्होंने जापान में रहने और काम करने का आनंद उठाया है। प्रशिक्षण से इंजीनियर होते हुए उन्होंने अपना कॅरियर तकनीकी समर्थन या सहायता में शुरू किया। नए क्षितिज की ओर देखते हुए उन्होंने भारतीय प्रबंधन संस्थान, अहमदाबाद से व्यापार प्रबंधन में स्नातकोत्तर डिग्री हासिल की। इंफोसिस में आने से पूर्व उन्होंने नए उत्पाद उतारने में और कारोबार विकास में अपने हाथ आजमाए। जब वे अंततः इंफोसिस में आए, तब कंपनी महज 2. 6 करोड़ डॉलर की थी और उसमें महज एक हजार कर्मचारी काम करते थे। यहाँ से शुरुआत करके उनकी संबंध एवं संजाल नेतृत्व यात्रा ने कई बाधाओं को पार किया है और कई अहम बातों को सीखा है और इस क्षेत्र में वे एक मजबूत नेता बन गए हैं।

~**~

के. सूर्यप्रकाश (सूरी) इंफोसिस में उपाध्यक्ष और इन्फॉर्मेशन सिस्टम्स (सूचना प्रणाली) के प्रमुख हैं। सूरी को बीस साल से भी ज्यादा का अनुभव है और उन्होंने यह पूरी अवधि इंफोसिस में ही गुजारी है। मौजूदा भूमिका के पूर्व सूरी उत्पादन प्रक्रिया में डिलीवरी प्रमुख थे। वे कई ग्रीनफील्ड उपक्रमों में शामिल रहे हैं, जिसमें इंफोसिस चीन कार्य-संचालन की स्थापना शामिल है।

~**~

आनंद स्वामीनाथन हाई-टेक उत्पादन (मैन्यूफैक्चरिंग) में उपाध्यक्ष हैं। वे इंफोसिस के साथ ग्यारह साल से भी ज्यादा समय से हैं। इसमें से अधिकांश वक्त उन्होंने अमेरिका में बिताया है। एक सुदृढ़ संबंध एवं संजाल निर्माण नेता बनने की उनकी यात्रा थोड़ी अपरंपरागत रही है। वित्तीय पृष्ठभूमि से वे उत्पादन पुनर्डिजाइन और संगठनात्मक परिवर्तन प्रबंधन के क्षेत्र में कूद गए। और फिर वे आई.टी. सेक्टर में, खासकर रूपांतरणकारी कार्यक्रमों में दिचलस्पी लेने लगे। इसके बाद इंफोसिस में वे ग्राहक सेवाओं में नेता बन गए, विशेषकर रणनीतिक एवं विशाल ग्राहक संबंधों को विकसित करने में उन्होंने महारत हासिल की।

~**~

मनीष टंडन उपाध्यक्ष और स्वतंत्र पुष्टि एवं परीक्षण समाधान इंफोसिस टेक्नोलॉजीज के प्रमुख हैं। मनीष इंफोसिस में स्वतंत्र पुष्टि एवं परीक्षण समाधान कारोबार के लिए व्यापारिक रणनीति बनाने और उसे लागू करने के लिए उत्तरदायी हैं। वे यूनिट का खास तौर पर व्यापारिक मकसद व लक्ष्य पूरा करने में मार्ग-दर्शन करते हैं। इसके अतिरिक्त वे ग्राहक के कार्याधिकारियों, उद्योग विश्लेषकों एवं सौदा सलाहकारों से अहम संबंधों का प्रबंधन करते हैं तथा प्रमुख कार्मिकों के प्रशिक्षण और विकास की भी निगरानी करते हैं। मनीष को उद्योग का करीब उन्नीस वर्षों का अनुभव है, जिसमें तीन साल तक उनका उद्यमी रहने का अनुभव भी शामिल है। वे इंफोसिस में सन् 1996 में आए और

उन्होंने परियोजना प्रबंधन, बिक्री एवं ग्राहक संबंध प्रबंधन में विविध भूमिकाएँ निभाई हैं। अपनी मौजूदा भूमिका से पूर्व मनीष उपाध्यक्ष और खुदरा, सी.पी.जी. एवं लॉजिस्टिक्स कारोबार के लिए ग्राहक सेवाओं के प्रमुख थे। यहाँ, वे यूनिट की प्रबंधन समिति का हिस्सा थे और रणनीति बनाने और उन्हें कार्यान्वित करने के लिए उत्तरदायी थे। उन्होंने अमेरिका में चालीस से भी ज्यादा ग्राहकों के साथ संबंधों का प्रबंधन भी किया। मनीष ने कंपनी का सी.पी.जी. कारोबार भी खड़ा किया और दो वर्षों में इसमें 8 करोड़ डॉलर का विकास किया। इंफोसिस के साथ तेरह वर्षों की कार्याविधि के दौरान, बिक्री एवं खाता प्रबंधन, ग्राहक संतुष्टि और लोगों का विकास करने के क्षेत्र में उनके योगदान को आंतरिक रूप से मान्यता मिली है। मनीष ने भारतीय प्रौद्योगिकी संस्थान, कानपुर से इंजीनियर्स की डिग्री और भारतीय प्रबंधन संस्थान, बेंगलुरू से व्यापार प्रशासन में स्नातकोत्तर डिग्री ली है।

~**~

अशोक वेमुरी इंफोसिस में कार्यकारिणी परिषद् के सदस्य हैं और अमेरिकी महाद्वीप कारोबार प्रमुख और बैंकिंग एवं पूँजी बाजार (बी. सी.एम.) के वैश्विक प्रमुख हैं। चे इंफोसिस कंसल्टिंग, इंफोसिस चीन एवं इंफोसिस लोक सेवाओं के बोर्डों के भी सदस्य हैं। कार्यकारिणी परिषद् के सदस्य होने के नाते अशोक कंपनी की रणनीतिक दिशा परिभाषित करने में अहम भूमिका निभाते हैं। अमेरिकी महाद्वीप में कारोबारी कार्य-संचालनों के लिए वे विशेष रूप से उत्तरदायी हैं। अशोक को विश्व आर्थिक मंच (वर्ल्ड इकोनॉमिक फोरम) द्वारा सन् 2009 में युवा वैश्विक नेता (यंग ग्लोबल लीडर) चुना गया। कुशाग्रबुद्धि, अभ्यासकर्ता और वैश्विक स्रोतों के जिज्ञासु प्रेक्षक के तौर पर उन्हें प्रमुख प्रकाशनों में व्यापक रूप से उद्धृत किया गया है। अशोक अपने विचार नेतृत्व के लिए भी जाने जाते हैं और वे अमेरिकन बैंकर्स एसोसिएशन, एशिया सोसाइटी एवं वाटर्स द्वारा आयोजित सम्मेलनों और विचार-गोष्ठियों में अकसर वक्ता होते हैं। एक प्रमुख व्यापारिक पत्रिका 'बिजनेस टुडे' ने अशोक को असाधारण प्रबंधकों के समूह (लीग ऑफ एक्स्ट्राऑर्डिनरी मैनेजर्स) का एक सदस्य चुना और उन्हें इंडिया इंक की पच्चीस शीर्ष युवा प्रतिभाओं में से एक करार दिया। अशोक ने सेंट स्टीफन कॉलेज, दिल्ली से भौतिकी (फिजिक्स) में स्नातक डिग्री और भारतीय प्रबंधन संस्थान, अहमदाबाद से व्यापार प्रबंधन में स्नातकोत्तर डिग्री प्राप्त की है।

~**~

टी.डी. योगानंद भारत के मैसूर में इंफोसिस के कंप्यूटर एवं संचार डिवीजन में सूचना प्रौद्योगिकी सेवा, सहयोग एवं कार्य-संचालन के क्षेत्रीय प्रबंधक हैं। सन् 2008 में इंफोसिस में आने के पूर्व उन्होंने आई.बी.एम. ग्लोबल सर्विसेज तथा टोयोटा किर्लोस्कर मोटर्स में काम किया था। वे एस.जे.सी.ई., मैसूर से इलेक्ट्रिकल एवं इलेक्ट्रॉनिक्स इंजीनियरिंग में स्नातक डिग्रीधारी हैं।

□□□